O imaginário trabalhista

Jorge Ferreira

O imaginário trabalhista
Getulismo, PTB e cultura política popular 1945–1964

2ª edição
Revista e ampliada

Rio de Janeiro
2024

Copyright © Jorge Ferreira, 2005

Diagramação: Abreu's System

Todos os direitos reservados. É proibido reproduzir, armazenar ou transmitir partes deste livro, através de quaisquer meios, sem prévia autorização por escrito.

Todos os esforços foram feitos para localizar os fotógrafos das imagens e os autores dos textos reproduzidos neste livro. A editora compromete-se a dar os devidos créditos em uma próxima edição, caso os autores as reconheçam e possam provar sua autoria. Nossa intenção é divulgar o material iconográfico e musical, de maneira a ilustrar as ideias aqui publicadas, sem qualquer intuito de violar direitos de terceiros.

Texto revisado segundo o Acordo Ortográfico da Língua Portuguesa de 1990.

A pesquisa que deu origem a este livro recebeu financiamento do CNPq.

Direitos desta edição adquiridos pela
EDITORA CIVILIZAÇÃO BRASILEIRA
Um selo da
EDITORA JOSÉ OLYMPIO LTDA.
Rua Argentina, 171 – 3º andar – São Cristóvão
Rio de Janeiro, RJ – 20921-380
Tel.: (21) 2585-2000.

Seja um leitor preferencial Record.
Cadastre-se no site www.record.com.br
e receba informações sobre nossos lançamentos e nossas promoções.

Atendimento e venda direta ao leitor:
sac@record.com.br

CIP-BRASIL. CATALOGAÇÃO NA PUBLICAÇÃO
SINDICATO NACIONAL DOS EDITORES DE LIVROS, RJ

F441i
2. ed.

Ferreira, Jorge
   O imaginário trabalhista : Getulismo, PTB e cultura política popular 1945-1964 / Jorge Ferreira. – 2. rev. e ampl. – Rio de Janeiro : Civilização Brasileira, 2024.
   420 p.

   encarte
   ISBN 978-65-5802-134-6

   1. Trabalhismo – Brasil. 2. Partido Trabalhista Brasileiro – História. 3. Brasil – Política e governo – 1945-1964. I. Título.

24-88660
                  CDD: 320.981
                  CDU: 32(81)

Gabriela Faray Ferreira Lopes – Bibliotecária – CRB-7/6643

Impresso no Brasil
2024

Dedico este livro a Tatiana, minha filha, parceira de vida e de Friends.

Sumário

PREFÁCIO À SEGUNDA EDIÇÃO (2024)   9

INTRODUÇÃO   15

1. Quando os trabalhadores "querem":
política e cidadania na transição democrática de 1945   25

2. O ministro que conversava:
João Goulart no Ministério do Trabalho   107

3. O carnaval da tristeza: os motins urbanos do 24 de agosto   175

4. Trabalhadores e soldados do Brasil: a Frente de Novembro   225

5. A legalidade traída:
os dias sombrios de agosto e setembro de 1961   295

6. O último ato: sexta-feira 13 na Central do Brasil   341

PALAVRAS FINAIS   401

BIBLIOGRAFIA   411

SOBRE O AUTOR   417

Prefácio à segunda edição (2024)

Publicado originalmente em 2005, *O imaginário trabalhista* recebe sua segunda edição em 2024, dezenove anos depois. Motivo para um prefácio que esclareça algumas questões para quem já leu o livro e para os novos leitores.

Quando iniciei a pesquisa, no início de 1997, meus interesses até então voltavam-se para duas tradições políticas fortemente arraigadas na cultura política dos trabalhadores da época: o trabalhismo e o comunismo. Minhas preocupações não eram tanto com as lideranças, como Getúlio Vargas ou Luís Carlos Prestes, mas sim ao que passei a chamar de "pessoas comuns", termo sem maior fundamentação teórica, é verdade, mas que aponta para assalariados de baixa renda ou para militantes políticos de base. Minha preocupação era mais com o trabalhador que vivia do salário mínimo do que com Getúlio, mais com o militante que distribuía jornais do PCB nas portas das fábricas do que com Prestes. A História Cultural e a História Política eram referências teóricas que apoiavam minhas análises.

Estávamos na segunda metade dos anos 1990 e foi com surpresa que constatei o pouco interesse dos historiadores pelo estudo da experiência liberal-democrática, entre 1945 e 1964, chamada aqui de Terceira República. Foram nossos colegas da Sociologia e da Ciência Política que se dedicaram a temas da história política brasileira da época. Basta conferir os nomes dos autores que ainda são obrigatórios para o estudo daquela temporalidade.[1]

Como vários colegas da Ciência Política e da Sociologia, compreendo que a Constituição de 1946 inaugurou o regime de democracia liberal com participação política ampliada e que o Partido Trabalhista Brasileiro (PTB) se constituiu em um partido de trabalhadores. Como a temporalidade e o partido eram tradicionalmente chamados de "populistas", houve certo incômodo entre muitos historiadores com minhas abordagens. Um dos objetivos de *O imaginário trabalhista* foi o de compreender o período 1945–1964 como uma experiência liberal-democrática, sem qualificações, particularmente as depreciativas, a exemplo de "populismo".

Da primeira edição de *O imaginário trabalhista* até a segunda, em 2024, mudou a compreensão de grande parte dos historiadores sobre o período que se abriu com a Constituição de 1946. Muitos dedicaram-se ao estudo do movimento operário e sindical, resultando em linha de pesquisa conhecida como História Social do Trabalho. A ideia tão arraigada que aludia ao "sindicalismo populista", manipulado e sem autonomia, foi fortemente questionada e superada. Outros historiadores dedicaram-se ao estudo do PTB em seus estados, com enfoques renovadores.[2]

As pesquisas sobre o período avançaram, permitindo que o conceito de "populismo" recebesse críticas pela sua elasticidade excessiva e valoração pejorativa. Confusões conceituais surgiram nos textos acadêmicos, é verdade. Muitos acreditaram que a proposta seria a de substituir a expressão "populismo" por "trabalhismo". Neste caso, invariavelmente meu nome e o de Angela de Castro Gomes foram citados. Trata-se de algo surpreendente porque nunca houve tal proposta. Por uma razão simples: populismo e trabalhismo não são expressões intercambiáveis. Não se pode substituir uma pela outra. Por exemplo, pode-se dizer, se assim quiser, que Juscelino, Goulart e Lacerda foram políticos populistas. Mas não se pode caracterizar os três como trabalhistas. Seria um erro. Trabalhista somente havia um deles: João Goulart. Portanto, não existe em nenhum trabalho de minha autoria ou de Angela Castro Gomes sugestão desse teor, a de substituir populismo por trabalhismo.

A proposta é outra e bastante conhecida. A experiência democrática que se abriu em 1945 abrigou vários projetos políticos, como o liberalismo udenista, o desenvolvimentismo conservador pessedista, o reformismo dos socialistas ou o projeto revolucionário dos comunistas. O trabalhismo petebista foi mais um desses projetos políticos. Aliás, é melhor falar em trabalhismos, no plural, porque a tradição política não se reduz ao PTB. A proposta é a de conhecer os diversos projetos políticos que circulavam na sociedade da época. Estudá-los em suas especificidades, particularidades, singularidades. E não agrupar todos sob o amplo e difuso conceito de populismo, perdendo, assim, a capacidade de conhecer cada um desses projetos políticos. E quanto ao conceito de "populismo"? A proposta nunca foi de substituí-lo por trabalhismo, mas, sim, abandoná-lo devido à sua excessiva elasticidade e evidente valoração negativa.

A segunda edição do livro foi revisada com alguns cortes, que em nada alteram as ideias centrais do texto original. Mas também foi ampliada. Acrescentei novas reflexões, incluindo, ainda, livros mais recentes. Há um novo caderno de fotografias.

A pesquisa, como disse anteriormente, começou a ser realizada no início de 1997 e terminou dois anos depois. Portanto, entre o final do primeiro mandato de Fernando Henrique Cardoso e o início do segundo. Nesses dois governos, empresas estatais, instituições muito valorizadas no trabalhismo, foram privatizadas, como a Companhia Vale do Rio Doce. A Companhia Siderúrgica Nacional foi privatizada no governo anterior, o de Itamar Franco. Vale ressaltar que ambas as empresas foram criadas na época do governo Vargas e tornaram-se impulsionadoras do desenvolvimentismo brasileiro e do próprio processo de industrialização. Nos governos de Fernando Henrique Cardoso também começaram reformas, como a da previdência social, que resultaram em perdas de direitos sociais dos trabalhadores. Era o começo da chamada "flexibilização" das leis trabalhistas. O avanço para o "Estado mínimo" e a abertura para a economia globalizada resultou na desindustrialização do país, no desemprego e na precarização do trabalho.

Nas páginas de O *imaginário trabalhista* o que encontramos é um outro país, bastante diferente da época da pesquisa que resultou no livro. A sociedade brasileira também vivia sob regime de democracia liberal, mas importantes projetos políticos eram valorizados por diversos grupos políticos e sociais: a necessidade da industrialização para o desenvolvimento econômico; a defesa do nacionalismo como instrumento para a autonomia do país em relação aos grandes centros capitalistas; a valorização do estatismo, com a defesa de empresas e investimentos estatais; a crença de que os direitos sociais e trabalhistas eram, ao mesmo tempo, conquistas e patrimônio dos trabalhadores. Havia debates entre representantes e organizações das esquerdas, dos conservadores e das direitas. Greves operárias e mobilizações populares garantiam a participação deles na vida política do país. Não se trata de idealizar o passado, longe disso. A pobreza era muito grande e as injustiças sociais imensas, tanto no campo quanto nas cidades. Contudo, havia um projeto de desenvolvimento econômico e de justiça social, particularmente o patrocinado pelos trabalhistas, que mobilizou amplas parcelas da sociedade brasileira.

As pesquisas que resultaram na primeira edição do livro foram realizadas no contexto de implementação das políticas neoliberais nos anos 1990. Olhando retrospectivamente, poderia dizer que a perda dos direitos do trabalho naqueles anos me instigaram a conhecer, no passado anterior a 1964, a luta dos trabalhadores pela conquista daqueles mesmos direitos. A segunda edição vem a público em outro contexto político ainda mais ameaçador aos direitos do trabalho. Sobretudo a partir de 2016, nos governos de Michel Temer e Jair Bolsonaro, novas reformas da previdência social e a reforma trabalhista, a perda dos direitos sociais, o alto desemprego, o avanço da precarização do trabalho e o abandono social de milhões de brasileiros levaram aos trabalhadores sofrimentos ainda maiores. Direitos sociais e direitos do trabalho deixaram de ser considerados direitos de cidadania para se tornarem empecilhos ao desenvolvimento econômico – eis o argumento de políticos e empresários no século XXI.

O livro demonstra que houve uma época no Brasil em que os trabalhadores, organizados em partidos políticos e sindicatos, lutaram por seus direitos e conquistaram muitos deles. Direitos sociais e direitos do trabalho não eram considerados travas para o crescimento econômico. Ao contrário, direitos de cidadania eram avaliados, inclusive por setores das elites políticas e intelectuais, como necessários ao próprio desenvolvimento da economia.

Por tais motivos, considero que *O imaginário trabalhista* continua livro atual, agora em sua segunda edição. Afinal, é função do historiador compreender as experiências e vivências das sociedades do passado para demonstrar o quanto podemos avançar em termos civilizatórios, o quanto é possível criar instituições que permitam a maior igualdade dos cidadãos em seus direitos políticos, econômicos e sociais – mas também o quanto podemos regredir.

Espero que o livro, em sua segunda edição, continue contribuindo para o conhecimento e a compreensão da sociedade brasileira, de seus projetos, seus dilemas, suas contradições e seus conflitos.

Jorge Ferreira, janeiro de 2024.

NOTAS

1. Maria Victória Benevides publicou obra sobre a UDN e o udenismo, resultado de seu doutoramento em Sociologia na USP; Lucia Hippolito tem livro clássico sobre o PSD, versão de seu mestrado em Ciência Política no IUPERJ; Lucília de Almeida Neves Delgado publicou livro sobre o PTB a partir de seu doutoramento

em Sociologia na USP; Maria Celina D'Araujo também publicou obra sobre o PTB após seu doutoramento em Ciência Política no IUPERJ; Miguel Bodea tem livro sobre o trabalhismo no Rio Grande do Sul resultado de seu mestrado em Ciência Política na USP; Antonio Lavareda contribuiu com importante livro para conhecer o processo político-eleitoral após seu doutoramento em Ciência Política no IUPERJ; outra obra para conhecer o período é A democracia nas urnas, de Gláucio Ary Dillon Soares, doutor em Sociologia em universidade dos Estados Unidos. As obras clássicas sobre o golpe de 1964, estão a cargo de doutores em Ciência Política, como Argelina Figueiredo, Moniz Bandeira, René Dreyffus e Wanderley Guilherme dos Santos.

2. Entre vários trabalhos, cito Alessandro Batistela. *O Partido Trabalhista Brasileiro no Paraná (1945-1965)*. Curitiba, Ed. UFPR, 2016; Carla Brandalise & Marluza Marques Harres, *O PTB no Rio Grande do Sul e a experiência democrática (1945-1964)*. São Leopoldo, Oikos/Editora Unisinos, 2017; Marylu Alves Oliveira. *Da terra ao céu*. Culturas políticas e disputas entre o trabalhismo oficial e o trabalhismo cristão no Piauí (1945-1964). Teresina, Cancioneiro, 2020.

Introdução

Escrever sobre o passado político brasileiro anterior a 1964 é trabalho difícil, sobretudo para aquele que deseja tão somente compreender e não, apressadamente, julgar. A literatura que, a partir da segunda metade dos anos 1960, procurou analisar a temporalidade que se abriu em 1930 e se encerrou com o golpe militar, salvo diversas exceções, formulou e difundiu, no imaginário acadêmico, representações muito negativas: "período populista", "Estado populista", "pacto populista" e "populismo na política brasileira" são algumas das expressões que encontramos facilmente nos livros. Noções como manipulação, cooptação, demagogia, traição e desvio seguem no rastro das análises. O grande problema, não muito bem explicado, é responder por que os trabalhadores seguiram lideranças "populistas" que os "manipulavam" e, ao final, os "traíam".

Sobre o movimento sindical entre 1930 e 1964, em particular, a literatura especializada contribuiu, de maneira decisiva e igualmente exitosa, para a difusão de imagens negativas sobre as lutas dos trabalhadores do passado. Para Hélio da Costa, o sindicalismo da "era populista" é definido nos textos como cupulista, devido ao esforço para construir estruturas paralelas fortemente verticalizadas, mas descuidando da organização nos locais de trabalho; distante das reivindicações do cotidiano dos operários nas fábricas e incapaz de romper com o atrelamento dos sindicatos ao Estado. Em síntese, no "sindicalismo populista", os trabalhadores não passariam de reféns da política ditada por suas lideranças.[1] John French, por sua vez, chama a atenção para o "consenso populista" que se firmou entre os estudiosos do movimento sindical brasileiro. Segundo os textos especializados, diz o historiador norte-americano, os líderes operários desacreditaram-se ao aceitar as estruturas sindicais corporativistas, adaptando-se a um sistema extremamente rígido e burocratizado, planejado para inibir a mobilização popular. Ao preferirem contar com a boa vontade do Estado, tinham que desestimular iniciativas que extrapolassem a Consolidação das Leis do Trabalho, de origem fascista. Além disso, as novas lideranças que surgiram na época de Getúlio Vargas não necessitavam prestar contas às suas bases por estarem legalmente garantidas nos seus cargos, enquanto o imposto sindical desestimulava a filiação em massa dos operários a seus sindicatos. Surge, desse modo, a imagem tão pejorativa do "pelego". Assim, o sindicalismo, dito "populista", deixou de representar os interesses dos operários que, dependentes do Estado, teriam sido usados como massa de manobra das classes dominantes. Na avaliação de French, o "consenso populista" na historiografia trata-se de um conhecimento tradicional, historicamente discutível e conceitualmente falho.[2]

O trabalho sistemático de desmerecimento das lutas dos trabalhadores do passado atuou com muita eficácia no modo de pensar das gerações que se formaram após o golpe militar que depôs João Goulart. Da maneira que passou a ser contada, a história política brasileira contemporânea tornou-se bem conhecida, povoada por seres imaginários, a exemplo dos "populistas", dos pelegos, dos autoritários comunistas, da falta de consciência da classe, do cupulismo, da despolitização, dos camponeses que vestiram macacão, entre outras construções teóricas destituídas de base empírica, mas que transformaram a luta dos operários, dos sindicatos e dos partidos de esquerda, entre 1930 e 1964, em uma sucessão de derrotas, desvios e subordinação a patrões e ao Estado. A começar, segundo Daniel Aarão Reis Filho, pelos clássicos dos clássicos da teoria do "populismo": Francisco Weffort e Octávio Ianni. Nos textos fundadores, não encontramos referências "à ação consciente dos trabalhadores, à sua capacidade de elaborar avaliações, cálculos, escolhas. Na aliança que demarca o *populismo*, há uma burguesia industrial consciente, há líderes carismáticos empreendedores e maquiavélicos e, do lado dos trabalhadores, apenas massas – própria para amassar – de manobra".[3] Em síntese, os assalariados, definidos como objetos de regulamentação do Estado, cooptados por lideranças exteriores ao seu meio e vitimados pela dominação burguesa, não teriam sido capazes de se expressar como classe. Daí o sucesso que o conceito de "populismo" alcançou.

Sobre a política brasileira pós-1945, a literatura insiste em denunciar as continuidades das anomalias que, surgidas no período anterior, passaram a reger as relações entre Estado e classe trabalhadora, sobretudo com a atuação dos trabalhistas na esfera do poder. É verdade que há vozes discordantes, a exemplo de Maria Celina D'Araujo, ao afirmar que o PTB, embora repleto de erros e de virtudes, como tantas outras histórias, "reservou para si alguns méritos e foi o partido que mais registros deixou na memória de seus militantes e eleitores".[4] No entanto, a prudência da autora, via de regra, não é a representação mais corrente que descreve o PTB entre 1945 e 1964. As imagens mais vulgarizadas sobre a atuação do partido ressaltam a ilegitimidade de sua fundação, fruto da argúcia de Getúlio Vargas para afastar os trabalhadores do PCB; as ligações com o sindicalismo corporativista, submetendo os operários a uma casta de "pelegos"; a corrupção, o fisiologismo, as nomeações e benesses públicas, sobretudo com o uso do Ministério do Trabalho e dos Institutos de Previdência; o domínio de quadros exteriores à classe trabalhadora no partido, elementos sempre dispostos a atos de "traição"; enfim, a existência de um partido *para* os trabalhadores e não *dos* trabalhadores, desvirtuando-os e controlando-os politicamente. As categorias de manipulação, cooptação, desvio e controle utilizadas para explicar a atuação dos assalariados na época do Estado Novo permanecem nas análises do período posterior a 1945.

Abandonando categorias teóricas longamente aceitas e compartilhadas, mas nem sempre comprovadas, procuro, neste livro, compreender a política brasileira entre 1945 e 1964 em um enfoque histórico. Assim, entendo que o sucesso político dos trabalhistas e o crescimento eleitoral do PTB não foram casuais nem arbitrários, resultados das ações de um líder superconsciente, como Getúlio Vargas, ou de uma burocracia "pelego-ministerial", mas sim corresponderam a tradições, crenças e valores que circulavam na sociedade brasileira da época. O "getulismo", expressão que, na década de 1940, traduzia a defesa e as conquistas do trabalho associadas à imagem do chefe do governo, além de um estilo político que privilegiava uma relação sem mediações entre líder e trabalhadores, não mais satisfazia às necessidades políticas de uma geração que passou a se manifestar politicamente nos anos 1950.[5] Da personalização da política, o "getulismo" institucionalizou-se em um partido político, o PTB, transformando-se em um projeto para o país, nomeado de trabalhismo. Nessa mesma década, uma geração de homens e de mulheres, partilhando ideias, crenças e representações, acreditou que no nacionalismo, na defesa da soberania nacional, nas reformas das estruturas socioeconômicas do Brasil, na ampliação dos direitos sociais dos trabalhadores do campo e da cidade, entre outras demandas materiais e simbólicas, encontraria os meios necessários para alcançar o real desenvolvimento do país e o efetivo bem-estar da sociedade. Esperança, reformismo, distributivismo e nacionalismo, diz Lucília de Almeida Neves, tornam-se "elementos integrantes da utopia desenvolvimentista que se constituiu como signo daquela época".[6] Da década de 1940 até o golpe militar, diz a autora, expressivos segmentos da sociedade civil brasileira acreditaram que a modernidade somente seria alcançada "se apoiada em um programa governamental sustentado para a industrialização, por políticas sociais distributivistas e por efetiva defesa do patrimônio econômico e cultural do país". Projeto e geração, assim, interagiram entre si, num processo de constante "diálogo".

Além disso, uma conjuntura internacional, complexa e conflituosa, mas rica em projetos alternativos, permitia que essa geração se identificasse politicamente com o projeto nacional-estatista[7] defendido pelos trabalhistas: embora afastados ideologicamente do modelo de socialismo soviético, os sucessos obtidos pela antiga União Soviética com o planejamento econômico e o dirigismo estatal serviam de exemplos para a industrialização acelerada e o desenvolvimento econômico autônomo; as experiências social-democratas na Europa Ocidental, com a valorização da democracia, a estatização de setores estratégicos da economia e as políticas públicas de bem-estar social apresentavam opções mais humanas ao capitalismo liberal; os movimentos anti-imperialistas que proliferavam na América Latina, as lutas pela emancipação política que se alastravam na África e na Ásia, entre outros conflitos no Terceiro Mundo, sinalizavam que a possibilidade de construção de uma nova sociedade, politicamente soberana e socialmente justa, era possível, desde que se livrassem da opressão econômica do antigo colonialismo e do moderno imperialismo. Os exemplos, portanto, eram diversos no Brasil dos anos 1950 e início dos anos 1960. As esquerdas trabalhistas, comunistas, socialistas e cristãs, além dos movimentos sindicais urbanos, organizações camponesas, estudantis e, inclusive, facções das Forças Armadas, também não deixaram de elaborar um projeto de libertação nacional.

Assim, este livro tem por objetivo lembrar à sociedade o que aconteceu, em termos políticos, entre 1945 e 1964, no Brasil. Sobretudo, é um estudo da história do trabalhismo brasileiro. A preocupação, no entanto, não é centrada nas grandes lideranças. Embora elas estejam presentes, como não poderia deixar de ser em um partido de origem carismática como o PTB, procuro recuperar ideias, crenças, sensibilidades e valores de caráter político que circulavam entre trabalhadores, militantes e simpatizantes do trabalhismo. Talvez a expressão que melhor defina as personagens do livro, embora se trate de um conceito sem a menor precisão teórica, seja "pessoas comuns". São homens e mulheres, velhos e jovens, pretos e brancos, pobres e assalariados de baixa renda em geral que, a seu modo, participaram ativamente da política brasileira naquele período, engajando-se no projeto político conhecido como trabalhismo.

Além do esforço de conhecer, ainda que parcialmente, vivências e experiências políticas de trabalhadores, populares e eleitores do Partido Trabalhista Brasileiro (PTB), pretendo analisar imagens, símbolos e mitos que, traduzidos em ideias, crenças e certezas, atiçaram a imaginação dos militantes petebistas; reconstituir a linguagem coletiva que permitiu a eles se comportarem e se comunicarem sobre um terreno comum; compreender, enfim, as atitudes, as motivações e a maneira como os quadros do PTB, entre 1945 e 1964, deram significados e interpretaram a realidade social que viveram. Um objetivo mais amplo acompanha a análise: estudar alguns episódios da história política brasileira naquela época, investigando um passado de grande mobilização da sociedade, os trabalhadores em particular, por reformas que ampliassem seus direitos políticos, econômicos e sociais e que distribuíssem a renda nacional de maneira mais justa. Ao mesmo tempo, procuro revisitar o embate entre dois grandes projetos para o país que marcaram a agenda do debate político naqueles anos. De um lado, as esquerdas, compostas por trabalhistas, comunistas, socialistas, sindicalistas, estudantes e facções do Exército, com o projeto nacional-estatista, cujo programa, em termos gerais, baseava-se na soberania nacional, no desenvolvimento econômico e na justiça social; de outro, os liberais-conservadores de direita, como udenistas, políticos tradicionais, empresários, latifundiários, meios de comunicação e facções da Aeronáutica, Marinha e Exército, defendendo restrições aos direitos do movimento sindical, o liberalismo econômico, a abertura do país ao capital estrangeiro e o alinhamento incondicional aos Estados Unidos.

Contudo, o trabalho de investigar a atuação política dos segmentos populares, sabemos, é tarefa particularmente difícil. Ao contrário dos grupos dominantes, nem sempre as pessoas comuns deixaram o registro sistemático de suas vivências e experiências. Ao historiador, neste caso, cabe usar de argúcia e sensibilidade e abordar as cartas, os depoimentos e as manifestações comportamentais e discursivas de trabalhadores e populares como artefatos culturais. Particularmente neste livro, utilizarei o conceito de cultura para definir todo o conjunto de atitudes, representações sociais e códigos de comportamento que forma as crenças, ideias e valores socialmente reconhecidos por um setor, grupo ou classe social. Esses padrões comportamentais surgem das experiências econômicas, políticas e culturais dos indivíduos e dos grupos, que os expressam por meio da linguagem. Como Darnton, partirei do princípio de que a expressão individual ocorre dentro de um idioma mais geral fornecido pela cultura de sua época e lugar.[8] Assim, acredito na possibilidade de conhecer, ainda que parcialmente, não apenas o que o militante ou o simpatizante petebista pensava, mas também como interpretava e dava significados ao mundo em que vivia. Ao abordar teoricamente as manifestações políticas das camadas populares adeptas do trabalhismo e do PTB sob o conceito de cultura, acredito ser possível reconstituir um aparato simbólico que, para elas, teve existência real. Como uma linguagem, necessariamente coletiva, a cultura organiza a realidade na consciência social das pessoas, tornando possível, ao pesquisador, resgatar e compreender a "gramática" desse idioma.

É verdade que, segundo o relativismo cultural, ou histórico, no entender de Clifford Geertz, não podemos entender adequadamente a imaginação social das sociedades do passado da mesma forma que entendemos a nossa. Partindo desse princípio, há aqueles que, com ceticismo metodológico, afirmam a impossibilidade de se entender qualquer coisa do passado. Como Geertz, não tenho dúvidas: podemos compreender sim – e de maneira bastante adequada. No entanto, para isto, não basta olhar *por trás* das interpretações intermediárias que nos relacionam com a imaginação que queremos recuperar e compreender.

"É preciso olhar através delas."[9] Com esse objetivo, recorri a um tipo de fonte que, na definição de Vavy Pacheco Borges, atua no campo cotidiano da cultura, da política partidária e do conflito entre grupos e projetos: a imprensa.[10] Utilizando os jornais como fonte privilegiada da pesquisa, embora não a única, procurei analisar a cultura e o imaginário político dos trabalhistas olhando *através* das interpretações daqueles que serviram de intermediários entre o meu presente e o passado que estudei. Muitas vezes, e espero que o leitor me acompanhe, tive acesso a episódios através dos olhares e sensibilidades de repórteres que trabalharam nas ruas das grandes cidades.

Em seis capítulos, procuro analisar alguns momentos decisivos da história do trabalhismo e da própria política brasileira. O primeiro, "Quando os trabalhadores 'querem': política e cidadania na transição democrática de 1945", investiga a participação política dos trabalhadores que, nas ruas, manifestaram sua vontade política em um movimento de massas ainda muito mal estudado, o queremismo. O segundo, "O ministro que conversava: João Goulart no Ministério do Trabalho", volta-se para a ascensão política de Goulart e as manifestações do movimento sindical no cenário da conservadora política brasileira. O terceiro, "O carnaval da tristeza: os motins urbanos do 24 de agosto", apresenta uma multidão de homens e mulheres chocados, sobretudo profundamente magoados e furiosos, diante da notícia do suicídio de Getúlio Vargas. O quarto, "Trabalhadores e soldados do Brasil: a Frente de Novembro", analisa a tentativa de golpe da direita e o contragolpe da facção dominante no Exército, episódio que aproximou os trabalhistas dos militares. O quinto, "A legalidade traída: os dias sombrios de agosto e setembro de 1961", apresenta a sociedade brasileira lutando pela manutenção da democracia, recusando qualquer alternativa fora da democracia e da legalidade. Por fim, o capítulo "O último ato: sexta-feira 13 na Central do Brasil" avalia as estratégias políticas das esquerdas que, a partir do comício, decidiram partir para o embate com os conservadores e as direitas.

PREFÁCIO À SEGUNDA EDIÇÃO (2024)

Este livro é o resultado de uma pesquisa que realizei com o apoio de uma bolsa de Produtividade em Pesquisa do CNPq. Agradeço o auxílio de Alessandra Ciambarella, Márcia Rita Berbet Braga, Lucília Maria Santiso Diegues e Jayme Lúcio Fernandes Ribeiro, bolsistas PIBIC-UFF.

Cabe lembrar que, embora a pesquisa em história seja um trabalho muito solitário, ninguém está imune, e ainda bem que é assim, ao companheirismo de seus colegas de ofício. Digo isso porque outros historiadores, direta ou indiretamente, contribuíram em muitas reflexões aqui presentes. Ao longo desse tempo, e de outros, tive o privilégio de partilhar da convivência sempre enriquecedora de Angela de Castro Gomes, Daniel Aarão Reis Filho, Francisco Carlos Teixeira da Silva, Lucília de Almeida Neves, Maria Helena Capelato, Mariza de Carvalho Soares, Rachel Soihet e Ronaldo Vainfas. A todos, meus agradecimentos sinceros.

Por fim, dedico o livro à minha filha Tatiana.

NOTAS

1. Hélio da Costa, "Trabalhadores, sindicatos e suas lutas em São Paulo (1943-1953)", in Alexandre Fortes, Antonio Luigi Negro, Fernando Teixeira da Silva, Hélio da Costa, Paulo Fontes. *Na luta por direitos*. Estudos recentes em História Social do Trabalho, Campinas, Editora da Unicamp, 1999, p. 90.
2. John D. French, *O ABC dos operários*. Conflitos e alianças de classe em São Paulo, 1900-1950, São Paulo/São Caetano do Sul, Hucitec/Prefeitura de São Caetano do Sul, 1995, pp. 4-6.
3. Daniel Aarão Reis Filho, "O colapso do colapso do populismo ou A propósito de uma herança maldita", in Jorge Ferreira (org.), *O populismo e sua história*. Debate e crítica, Rio de Janeiro, Civilização Brasileira, 2001.
4. Maria Celina D'Araujo, "Partidos trabalhistas no Brasil: reflexões atuais", in *Estudos Históricos* (6), Rio de Janeiro, Ed. da Fundação Getúlio Vargas, 1990, p. 202.
5. Angela de Castro Gomes e Maria Celina D'Araujo, *Getulismo e trabalhismo*, São Paulo, Ática, 1989, pp. 8-9.
6. Lucília de Almeida Neves, "Trabalhismo, nacionalismo e desenvolvimentismo: um projeto para o Brasil (1945-1964)", in Jorge Ferreira, *op. cit.*
7. A expressão nacional-estatismo foi sugerida por Daniel Aarão Reis Filho.

8. Robert Darnton, *O grande massacre de gatos e outros episódios da história cultural francesa*, Rio de Janeiro; Graal, 1986, p. XVII.
9. Clifford Geertz, *O saber local*. Novos ensaios em antropologia interpretativa, Petrópolis, Editora Vozes, 1999, pp. 69–70.
10. Vavy Pacheco Borges, *Tenentismo e revolução brasileira*, São Paulo, Brasiliense, 1992, p. 92.

1. QUANDO OS TRABALHADORES "QUEREM": POLÍTICA E CIDADANIA NA TRANSIÇÃO DEMOCRÁTICA DE 1945

*"Gê... gê... gê... túlio é de colher,
só ele a gente quer."*
(Autor desconhecido)

*"Nós queremos... oba!
Nós queremos... oba!"*
(Autor desconhecido)

Com o avanço das tropas Aliadas e a derrota, agora vista como inevitável, do nazismo e dos fascismos no continente europeu, o Estado Novo, sobretudo no segundo semestre de 1944, dava mostras de esgotamento político. Estudantes, comunistas, liberais, empresários que enriqueceram sob a ditadura e coalizões de civis e militares, organizados em grupos de resistência, surgiram no cenário político.[1] Em contatos e articulações diversas, o nome do brigadeiro Eduardo Gomes, em outubro, foi confirmado pelas oposições como candidato a suceder Vargas no governo. Mais alguns meses e o aparato repressivo de Estado não daria mais conta dos protestos que surgiam dos grupos organizados da sociedade. Em janeiro de 1945, por exemplo, o 1º Congresso de Escritores clamou por liberdade de expressão e sufrágio universal, direto e secreto. No entanto, foi em 22 de fevereiro que José Américo de Almeida, rompendo o cerco da censura, concedeu entrevista aos jornais, exigindo eleições livres e exaltando a candidatura do brigadeiro. A entrevista sinalizou à sociedade que os censores do Departamento de Imprensa e Propaganda (DIP) haviam se afastado das redações dos jornais. A ditadura dera sinais definitivos de cansaço.

Sem o apoio dos altos escalões das Forças Armadas, cindido o grupo que o cercava no Palácio do Catete e com a derrota irremediável dos fascismos na Europa, Vargas, no início de 1945, perdeu a base de sustentação de seu poder e, portanto, as condições políticas para continuar na presidência da República. O próprio embaixador norte-americano, então recém-nomeado por Roosevelt, declarou que seu país, em matéria de política externa, combateria os governos nacionalistas.

A partir da entrevista de José Américo de Almeida, os acontecimentos se precipitaram e, com a democratização que se anunciava,[2] muitos perderam o medo e os constrangimentos impostos pelos regimes autoritários. Em alguns lugares públicos, por exemplo, críticas ao ditador tornaram-se rotineiras. Segundo Elza Borghi de Almeida Cabral, em bares elegantes da Zona Sul do Rio de Janeiro, os retratos de Vargas "foram retirados por sugestão e sob o aplauso de seus requintados frequentadores".[3]

Sem as limitações impostas pela censura, na imprensa, majoritariamente hostil a Vargas, os ataques tornaram-se virulentos. De acordo com o *Correio da Manhã*, Benito Mussolini publicou *La nuova politica dell'Italia* e, por tal obra, entrou para a Real Academia da Itália. Vargas, por sua vez, não fez por menos: imitando o Duce, publicou *A nova política do Brasil* e foi eleito para a Academia Brasileira de Letras.[4] Em editorial, o mesmo jornal, com o título "O Magnânimo", afirmou: "A verdade clara e positiva é que o sr. Getúlio Vargas jamais teve em vista qualquer outra coisa além da satisfação de suas ambições pessoais, dele se podendo dizer que, para alcançar esse objetivo, foi capaz até de praticar boas ações."[5]

Os ataques das oposições veiculados na imprensa desmereciam particularmente a legislação trabalhista, sobretudo no tocante à implantação do sindicalismo controlado pelo Ministério do Trabalho, definida como obra do fascismo. *O Jornal*, de Assis Chateaubriand, na mesma linha de acusações, citou algumas páginas de *Mein Kampf*, de Adolf Hitler, para comprovar que a organização sindical imposta por Vargas no Brasil tinha origem no nazismo: o sindicato, nas duas ditaduras, nada mais se tornou que um instrumento do Estado.[6] O *Diário de Notícias*, com o título "Trabalhismo policial", assim definiu a legislação social promulgada na década anterior: "A política trabalhista do 'Estado Novo' consistiu essencialmente em duas coisas: procurar convencer a classe operária de que as leis sociais eram um presente do ditador, e controlar policialmente as atividades dos sindicatos."[7] Sabedores de que, entre os trabalhadores, as leis sociais promulgadas por Vargas repercutiram de maneira positiva, as oposições insistiam em desvincular a imagem presidencial dos "supostos" benefícios que eles teriam recebido com a legislação trabalhista. Logo no início de março, Carlos Lacerda, em comício patrocinado pela União Nacional dos Estudantes (UNE), no Rio de Janeiro, declarou: "A demagogia do Estado Novo pensa haver conquistado o apoio do operariado com as suas mistificações. Na verdade, a legislação trabalhista não é obra da ditadura, e sim de uma revolução liberal. E suprimiu todas as liberdades do operariado, reduzindo os sindicatos a simples máquina fascista."[8]

Ditador, tirano, fascista, demagogo, hipócrita, traidor, mistificador e opressor dos operários, entre tantos outros impropérios, assim Vargas passou a ser qualificado pela oposição e na imprensa a partir de fins de fevereiro. Utilizando diversos recursos simbólicos, os jornais manejavam um conjunto de representações, um imaginário, no dizer de Bronislaw Baczko, que, no mesmo movimento em que *informava* acerca de uma realidade, fazia um apelo à ação.[9] Formulando uma contralegitimidade fundada nos pressupostos liberais-democráticos, as oposições, utilizando sobretudo a imprensa, questionavam os bens simbólicos de caráter político que, até então, sustentavam o governo ditatorial de Vargas.

A liberdade de manifestação política, porém, não se restringiu apenas às páginas dos jornais, mas invadiu as ruas. Os comícios da frente oposicionista e, sobretudo, as manifestações da UNE pela democratização do país e pela anistia tornavam-se cada vez mais agressivas, particularmente quando o nome de Vargas era pronunciado. Objeto de cólera e de rancores das "oposições coligadas", os insultos, as ofensas e as agressões tornaram-se comuns, praticamente uma norma, na linguagem virulenta de estudantes e liberais, unidos pelo mais profundo sentimento antigetulista.

Menos de dez dias após a entrevista de José Américo, estudantes universitários filiados ao Centro Acadêmico Onze de Agosto promoveram um comício na praça da Sé, na cidade de São Paulo. As faixas e cartazes pregavam "Liberdade de palavra", "Anistia aos presos políticos", "Nunca se poderá enganar toda a multidão todo o tempo" e "Fora o getulismo". Os oradores, com veemência, davam vivas à democracia e pediam a morte do Estado Novo e do ditador. Após ofender e insultar Vargas com linguagem contundente, Rui Nazareth, presidente do Centro Acadêmico, declarou: "Trabalhadores e estudantes de São Paulo, avante! Pela Democracia!"[10] No entanto, para grande surpresa dos manifestantes, centenas de pessoas, de aparência humilde, mas profundamente indignadas, chegaram na praça e, batendo em panelas, começaram a vaiar os jovens universitários. Sem se intimidar, o orador lembrou a derrota do integralismo naquele mesmo local e, com coragem, aumentou o tom dos ataques a Getúlio Vargas. Os trabalhadores, ainda mais revoltados, bateram mais forte nas panelas e, aos gritos, exclamaram: "Abaixo o P.R.P.!", "Viva os trabalhadores!" e, surpreendentemente, "Nós queremos Getúlio!". Sem condições de continuarem o comício, os estudantes, desalentados, se dispersaram, e a multidão, com suas panelas, apoderou-se da praça.

Dias depois, em Belo Horizonte, novos incidentes ocorreram. Ao presenciarem estudantes ofendendo Vargas, populares acabaram com o comício e tentaram, por quatro vezes, embora sem conseguir, invadir e depredar a sede de *O Estado de Minas*, jornal do grupo *Diários Associados*, cuja linha editorial era de ataques sistemáticos ao presidente. Insatisfeitos, os trabalhadores dirigiram-se para a avenida Afonso Pena e, aos gritos de "Getúlio!, Getúlio!, Getúlio!", ameaçaram destruir o comitê eleitoral de Eduardo Gomes. Na rua São Paulo, atacaram a Rádio Mineira, também do grupo *Associados*.[11]

Na imprensa, aqueles incidentes foram explicados de maneira muito simples. Em São Paulo, garantiu *O Jornal*, um grupo de "arruaceiros", "perturbadores", "desordeiros" e "agentes provocadores", armados com pedaços de pau, teriam impedido uma manifestação estudantil cívica e ordeira. Depois, os "selvagens" invadiram bares das redondezas exigindo bebidas. Em Belo Horizonte, "exaltados" e "arruaceiros", na maioria lixeiros da Prefeitura orientados por indivíduos em atitude suspeita, provocaram todo tipo de desordens.

Entre fins de fevereiro de 1945, quando José Américo de Almeida rompeu o cerco da censura, e 29 de outubro, com a deposição de Vargas, a sociedade brasileira, em pleno processo de democratização política e mobilizada em dois campos antagônicos, assistiu e participou de um movimento de massa, de proporções grandiosas, conhecido como queremismo. "Presença de inegável importância na História Política contemporânea de nosso país", diz Arnaldo Spindel, "a mobilização queremista de 1945 ainda não mereceu a análise aprofundada à qual faz jus".[12] Em termos gerais, as análises sobre a transição democrática de 1945 centram suas preocupações nos comportamentos de grandes lideranças, como Vargas, Prestes, Eduardo Gomes, entre outras, e em instituições, a exemplo das Forças Armadas e dos partidos políticos, e não tanto em compreender as motivações de milhões de pessoas que foram às ruas defender a continuidade do presidente no poder.[13] Sobretudo, grande parte dos textos ainda não observou, e particularmente não valorizou, que a atuação e a intervenção dos trabalhadores, determinados e com vontade política, impediram que a transição à democracia ficasse restrita a uma negociação, pactuada pelo alto, entre as elites.

O objetivo, aqui, é compreender as ideias, anseios, crenças e tradições políticas que, manifestadas com vigor por trabalhadores, assalariados e pessoas que se definiam como "pobres" ou "comuns", entre fevereiro e outubro de 1945, assentaram, a partir daí, uma maneira de acreditar, se definir e se comportar politicamente no Brasil.

Mobilização somente comparada, em período anterior, à da Aliança Nacional Libertadora (ANL), e, décadas depois, à das "diretas já", o queremismo apresenta ao estudioso algo que, na tradição intelectual de liberais ou das esquerdas, soa como estranho: cai a ditadura do Estado Novo, mas cresce o prestígio do ditador; vislumbra-se o regime democrático e, no entanto, os trabalhadores exigem a permanência de Vargas no poder.

Populismo, efeitos das hábeis técnicas de propaganda política, mistificação ideológica, manipulação de massas, consciências desvirtuadas de seus "reais" interesses, nenhuma dessas explicações, atualmente, convence o estudioso. Os historiadores etnográficos, há bastante tempo, nos ensinam que se a cultura erudita tem o objetivo de subjugar os povos, não há por que acreditar que "estes foram real, total e universalmente submetidos". Para Roger Chartier, "é preciso, ao contrário, postular que existe um espaço entre a norma e o vivido, entre a injunção e a prática, entre o sentido visado e o sentido produzido, um espaço onde podem insinuar-se reformulações e deturpações".[14] O queremismo, antes de ser apressadamente interpretado como a vitória final de um suposto condicionamento homogeneizador da mídia do Estado Novo, expressou uma cultura política popular e a manifestação de uma identidade coletiva dos trabalhadores, resultados de experiências vividas e partilhadas entre eles, ao mesmo tempo políticas, econômicas e culturais, antes e durante o primeiro governo de Vargas.

Muitas vozes daquele passado surgirão dizendo-nos muitas coisas. As narrativas que se repetem, as expressões partilhadas e os comportamentos comuns serão tratados aqui como "textos", no sentido dado por Clifford Geertz. Atencioso aos significados, o estudioso das manifestações populares pode, por sobre os ombros daqueles que "escreveram", "ler" os seus "textos". "As sociedades, como as vidas", diz o antropólogo norte-americano, "contêm suas próprias interpretações. É preciso apenas descobrir o acesso a elas".[15] Mas também, e sobretudo, querer ouvi-las.

UMA VOZ DESTOANTE (?): "NÓS QUEREMOS GETÚLIO"

Em 6 de abril de 1945, as "oposições coligadas" realizaram no prédio da Escola Nacional de Música, na cidade do Recife, o lançamento da campanha pela anistia dos presos políticos, intitulado "noitada democrática". Após uma série de discursos exaltando a democratização do país e insultando Getúlio Vargas e seu regime, os participantes, eufóricos, comemoraram com "vivas" à anistia, à democracia, à liberdade, às eleições livres, ao brigadeiro Eduardo Gomes, entre diversas outras palavras de ordem.

Nesse mesmo momento, porém, Nelson Pinto, um jovem preto, padeiro por profissão, passava pela porta da Escola de Música. Curioso com tantos "vivas", Nelson entrou no prédio e, percebendo que se tratava de uma manifestação política, novidade para ele, não se conteve e gritou: "Viva Getúlio Vargas!" Um estudante, indignado e furioso, agrediu violentamente Nelson. Sem nada entender e caído no chão, o jovem padeiro ainda recebeu vários golpes de diversos outros estudantes. Atordoado e confuso, ele foi arrastado até a janela e jogado do primeiro andar do prédio. Muito machucado, Nelson foi medicado no pronto-socorro local.

O Ministério do Trabalho imediatamente interveio no episódio. Um representante do Ministério responsabilizou-se pelo rapaz, exigindo que a enfermeira prestasse todo o atendimento necessário e o medicasse, inclusive, com penicilina – novidade para a época. Alguns dias depois, recuperado das agressões, o funcionário do Ministério o colocou em um avião: Nelson seria recebido pessoalmente por Getúlio Vargas no Palácio do Catete diante de dezenas de jornalistas. Ao perceber o interesse do presidente da República pelo seu drama, Nelson, emocionado, relatou o incidente em minúcias. Vargas, após ouvi-lo com atenção, concluiu para os repórteres: "A isso, eles chamam democracia."[16]

O episódio, ainda que trágico, permitiu que Nelson saísse da obscuridade própria das pessoas comuns e se tornasse objeto de disputa entre grupos políticos poderosos. A imprensa oposicionista, majoritária no país, tinha dificuldades em lidar com populares simpáticos a Vargas e nas suas páginas as imagens se repetem: Nelson, descrito como um "bêbado", "arruaceiro" e "provocador", teria praticado violências em uma manifestação pacífica. Para O *Radical*, um pequeno e possivelmente o único jornal na capital da República que apoiava o governo, Nelson, ao contrário, surgia como um brasileiro humilde, mas honrado, que queria apenas expressar sua preferência política.

Desordeiros, provocadores, arruaceiros, bêbados, exaltados, violentos, selvagens, entre outros qualificativos, era difícil para os grupos sociais culturalmente eruditos compreender as razões para o inconformismo e definir os comportamentos de indignação de populares que se insurgiam contra os que ofendiam Getúlio Vargas. Sobretudo, nos limites da interpretação liberal, não havia instrumentos para nomear aquela gente. Contudo, era necessário um esforço intelectual para explicar um problema que, por mais constrangedor que fosse, estava nas ruas: quando o país finalmente se liberta de uma ditadura e a sociedade, até então subjugada a um Estado autoritário, vislumbra as liberdades políticas sufocadas desde 1937, os trabalhadores se insurgem contra os liberais defensores da democracia e, pior, gritam "queremos Getúlio".

Um jornalista tentou enfrentar a questão.[17] Inicialmente, alegou, é preciso evitar explicações que sustentam a maldade inerente à natureza humana ou, seu oposto, a partir da leitura rousseauniana. O que importa, em seu argumento, é que as "ações más devem ser suprimidas para impedir-se a sua repetição". Assim, a presença de arruaceiros que tentam impedir manifestações pela democracia tem origem, fundamentalmente, na presença, no Brasil, de uma "atitude mental obscurantista" oriunda da importação da ideologia nazista. Tais ideias, perniciosas, mas ainda vivas na sociedade brasileira, perturbam a ordem, impedem encontros políticos legítimos e repelem a marcha para as liberdades democráticas. Portanto, conclui o autor, é preciso eliminar essas "forças do mal que, esmagadas na Alemanha nazista, ainda procuram defender posições que não podem defender pelas armas". Para as forças liberais e antigetulistas havia, sem dúvida, uma grande dificuldade, incapacidade mesmo, para compreender e assimilar manifestações populares de defesa do ditador, embora não deixassem de refletir e de produzir discursos sobre aqueles episódios. Mas é nas épocas de crise de um poder, diz Baczko, que "se intensifica a produção de imaginários sociais concorrentes e antagonistas", em que as representações de uma nova legitimidade ganham difusão e, muitas vezes, agressividade.[18] Entre a influência do nazismo e a atuação de embriagados, entre a mentalidade obscurantista e o comportamento próprio de arruaceiros, assim a oposição liberal esforçava-se para dar conta dos conflitos que surgiam. Portanto, a explicação liberal, em seu limite, denunciava a aplicação, nos anos do Estado Novo, das técnicas de propaganda política de massa pelo DIP, importadas da Alemanha nazista, sobre uma população pobre, analfabeta e ignorante, permitindo que, no ocaso da ditadura, surgissem tais constrangimentos. Reprimir as manifestações a favor de Getúlio, assim, era a saída legítima para o problema.

No entanto, alguns indícios para compreender a indignação popular, manifestada sempre que Vargas era ofendido publicamente, estavam à disposição da sociedade brasileira naquele momento. Em fins de abril, a Federação dos Empregados no Comércio do Rio de Janeiro publicou uma nota nos jornais convocando seus filiados a comparecerem nas comemorações do Dia do Trabalho, no estádio de São Januário. Para os sindicalistas, os trabalhadores não poderiam se ausentar do evento, "a nossa maior festa trabalhista". Agora que o extermínio final do nazifascismo europeu se aproxima, alegam no texto, é preciso que "nos reunamos numa grandiosa manifestação de solidariedade e de coesão, de confiança e respeito aos nossos direitos, de aprimoramento de nosso patrimônio, que é a legislação do Trabalho". Sobretudo porque, no 1º de maio, o proletariado iria "comprovar nossa união em torno dos ideais trabalhistas, nosso reconhecimento e nossa amizade ao grande estadista que concretizou nossas aspirações, nossa confiança no futuro da Pátria e a certeza de que a legislação do trabalho é patrimônio valioso e intocável, não só dos trabalhadores como de todo o Brasil".[19]

Também em abril, *O Radical*, defensor solitário da candidatura de Eurico Dutra, advertia sobre a campanha desencadeada pela grande imprensa de São Paulo e do Rio de Janeiro contra a legislação trabalhista, cujo objetivo era, simplesmente, aboli-la. A freguesia desses jornais, denunciou *O Radical*, é aquela que o povo designa de "grã-finos", abandonando o proletariado à própria sorte, embora saibamos que "dar expressão aos interesses dos ricos é sempre mais confortável e mais remunerado". Assim, concluiu o editorial, "a legislação trabalhista é obra do presidente Vargas" e não passa de atitude ridícula e de má-fé a "oposição pseudodemocrática" transformar "um velho assalariado do capitalismo internacional" – Eduardo Gomes – "em patrono do operariado".[20]

Nos textos dos sindicalistas, da pequena imprensa que apoiava o governo e, como veremos mais adiante, nas falas dos próprios trabalhadores havia o temor de que, com a saída de Vargas da presidência, os benefícios da legislação social fossem suprimidos, como também suspeitas e desconfianças sobre o grupo político que se preparava para assumir o poder. Para Spindel, a frase "queremos Getúlio" expressava o receio de que a democratização, sem o controle de Vargas, ameaçasse os princípios que fundamentavam a cidadania social alcançada pelos trabalhadores desde 1930.[21] O conjunto de leis de proteção ao trabalho, definido pelos assalariados, no início de 1945, de "trabalhismo" ou "getulismo" – nesse momento as expressões eram intercambiáveis –, tinha que ser defendido. Os ataques a Vargas significavam, na cultura política popular, grande perigo para aqueles que, desde o início dos anos 1930, se beneficiavam da legislação.

Para a grande surpresa das oposições, os trabalhadores saíram às ruas na luta por demandas políticas e não, como seria o esperado, por reivindicações econômicas. A política do "esforço de guerra", com a suspensão temporária de alguns benefícios da legislação trabalhista, e a inflação que corroera os salários resultaram em um empobrecimento dos assalariados. A pauperização obrigou o governo, por exemplo, a estabelecer tarifas especiais nas barcas Rio–Niterói para os trabalhadores que andavam descalços. Contudo, diz Elza Borghi de Almeida Cabral, foi este mesmo povo empobrecido que saiu às ruas exigindo a permanência de Vargas. Para a autora, "não se pode atribuir o apoio inconteste das massas à sua ignorância ou à força da propaganda de seu mito, como o fazia o pensamento liberal".[22] Ao contrário do que pregavam as oposições, os benefícios sociais não foram poucos.

É muito difícil, hoje, imaginar um mundo sem um conjunto de leis sociais que resguardem os direitos dos trabalhadores. Este mundo, no entanto, já existiu – e aqueles que pediam a continuidade de Vargas o conheceram. No caso brasileiro, entre 1931 e 1934, em apenas quatro anos portanto, toda a legislação trabalhista, a exceção do salário mínimo, foi promulgada: limitação da jornada de trabalho, regulamentação do trabalho feminino e infantil, horas extras, férias, repouso semanal remunerado, pensões e aposentadorias, entre diversos outros benefícios. Mas não bastava legislar. Era preciso obrigar o empresariado a cumprir as leis. Daí a criação da Justiça do Trabalho. É nesse sentido que a oposição liberal desqualificava a legislação social promulgada nos anos 1930. Segundo Michelle Reis de Macedo, a imprensa liberal reiterava que as leis trabalhistas não foram de responsabilidade de Vargas, mas que se tratava de "evolução natural do mundo". Mas também afirmava que as leis sociais tinham origem no fascismo italiano.[23] Não casualmente é dessa época a denúncia, sem comprovação alguma, de que a Consolidação das Leis do Trabalho, a CLT, era uma cópia da *Carta del Lavoro*, documento de 1927 que regulamentava as relações de trabalho na Itália fascista.

O impacto das leis sociais entre os assalariados não pode ser minimizado. Sem alguma repercussão em suas vivências, o governo Vargas não teria alcançado o prestígio que obteve entre os trabalhadores, mesmo com a divulgação de sua imagem patrocinada pelo DIP. Como defendi em trabalho anterior, o "mito" Vargas não foi criado simplesmente na esteira da propaganda política, ideológica e doutrinária veiculada pelo Estado. Não há propaganda, por mais elaborada, sofisticada e massificante, que sustente uma personalidade pública por tantas décadas sem realizações que beneficiem, em termos materiais e simbólicos, o cotidiano da sociedade. O "mito" Vargas – e o movimento que decorre dele, o queremismo – expressava um conjunto de experiências que, longe de se basear em promessas irrealizáveis, fundamentadas tão-somente em imagens e discursos vazios, alterou a vida dos trabalhadores.[24]

Se em fins de fevereiro e em março a população apenas revidava as agressões nos comícios da oposição, indignada com as ofensas a Vargas, em abril o conflito começou a assumir contornos mais nítidos, sobretudo no campo das ideias, e um novo personagem surgiu no cenário político brasileiro: os trabalhadores. A partir de abril, a transição democrática não ficaria mais restrita aos interesses das elites políticas, governistas ou de oposição, mas a presença e a intervenção dos trabalhadores teriam que ser consideradas – ainda que, nesse momento, eles tivessem que aprender, mesmo que às pressas, a participar do jogo político.

É em abril que surgem pela primeira vez na imprensa as expressões "queremos", "nós queremos" ou ainda "nós queremos Getúlio". No mês seguinte, o movimento, de base popular, ainda sem direção e organização centralizada, e cujo único ideário político era a continuidade de Vargas no poder, espalhou-se por todo o país e, como que reagindo ao objetivo comum que unia as oposições – "Fora Getúlio" – pregavam, tão-somente, "Queremos Getúlio". Embora resistissem, os jornais não mais podiam omitir o movimento. No interior da Bahia, um repórter, fingindo-se de cabo eleitoral, perguntou a um grupo de pessoas: " – Posso contar com o seu voto, não é? Todos respondem sorridentes: – Se Deus quiser, pode contar, mas somente se for para votar no dr. Getúlio, em outro não."[25]

Os jornais, no entanto, noticiavam o queremismo de uma maneira muito peculiar. Em Natal, diz o *Correio da Manhã*, liam-se por toda parte pichações nos muros e paredes com frases "Queremos Getúlio" e "Viva o presidente Getúlio Vargas". No entanto, sugerindo a interferência, a manipulação e o financiamento governamental, completou: "Liam-se em grandes letras bonitas, pintadas de tinta azul, às vezes numa altura que demonstrava que os pintores necessitaram de uma escada." A bela caligrafia, a cor da tinta e o uso de escadas, portanto, denunciavam a intervenção estatal, insinuava o texto. Na grande imprensa, invariavelmente as notícias sobre o queremismo surgiam com mensagens de suspeita, com ironias e, mesmo, com franca má vontade: "A Paraíba era um dos raros estados por onde a praga do curuquerê do 'queremismo' ainda se não havia alastrado, foi afinal invadida pelo mal." Segundo o mesmo jornal, o "queremos Getúlio" teria sido uma criação artificial e sem substância do Ministério da Fazenda, do Departamento de Administração do Serviço Público (DASP) e da Associação dos Servidores

Civis do Brasil, cujos funcionários, sem alternativas, eram obrigados a descontar um percentual de seus salários e a comparecer nas manifestações "espontâneas" do queremismo.

Embora equivocados quanto às instituições estatais que apoiavam o queremismo, os jornais revelavam episódios que, àquela altura, era difícil esconder: o apoio que o movimento recebia do DIP e, sobretudo, de um órgão do Ministério do Trabalho, o Departamento Nacional do Trabalho (DNT), na pessoa de seu diretor e fundador do PTB, Segadas Viana. Apoio hábil e particularmente cauteloso, afirma Lucília de Almeida Neves, os vínculos não poderiam ser, e sobretudo parecer, explicitados. "A conjuntura", diz a autora, "já era por demais desfavorável a Vargas, e demonstrar a participação da máquina estatal em campanhas de sustentação de sua imagem, para respaldar um projeto continuísta, poderia acabar por se tornar mais um argumento nas mãos da oposição."[26]

Com o discreto apoio oficial, o queremismo também recebeu o suporte, sobretudo financeiro, de empresários favoráveis a Vargas. O ministro da Fazenda, Souza Costa, seguindo orientação presidencial, realizou alguns contatos com homens de negócios, em busca de dinheiro e amparo político. Hugo Borghi, empresário que enriqueceu com o comércio do algodão, foi um deles, ouvindo o seguinte apelo do ministro: "Nós estamos no governo há tantos anos e não temos um tostão, nem elementos para defender o governo contra a oposição. Não temos recursos, não temos nada."[27] Em vez de dinheiro, Borghi, getulista convicto, comprou três estações de rádio e, mais tarde, alugou outras. Como os próprios homens do governo não rebatiam as críticas dos oposicionistas, Borghi, indignado, começou a escrever textos em defesa de Vargas que eram lidos por locutores e, alguns dias mais tarde, ele mesmo tomou a voz aos microfones. Quando os queremistas o ouviram pelas rádios, imediatamente procuraram o empresário: "Eu tinha dinheiro", afirmou anos mais tarde, "e na mesma hora comecei a ajudar o movimento queremista – aluguei uma porção de caminhões, comprei caminhões, lotei alto-falantes nos caminhões... E a coisa queremista foi-se propagando pelo Brasil inteiro." Mas o queremismo não foi simples criação do Ministério do Trabalho com o suporte do dinheiro privado, como pregava a oposição. Sem a vontade política dos trabalhadores e a presença popular nas ruas, o apoio oficial e empresarial seria inócuo e condenado ao fracasso. O próprio Hugo Borghi avalia que existia um clima político de luta de classes no país: "A UDN conseguiu unir a direita e a extrema direita. Todos os jornais e rádios atacavam o Getúlio frontalmente, mas esqueciam que estavam atacando a obra trabalhista do Getúlio. E havia nitidamente uma luta de classes travada. Eu sentia aquilo."

No dia 28 de maio, o governo emitiu decreto regulamentando o alistamento eleitoral e as próprias eleições – conhecido como Lei Agamenon.[28] As mulheres tiveram garantido o direito ao voto, mas não os analfabetos. As eleições seriam organizadas e fiscalizadas pela Justiça Eleitoral, com o voto obrigatório, direto e secreto. Os partidos políticos teriam âmbito nacional – e não mais regional, como antes de 1930. As eleições para presidente da República, senadores e deputados federais seriam realizadas no dia 2 de dezembro. As eleições para governadores de estados e deputados estaduais seriam no ano seguinte, em 6 de maio de 1946. As eleições municipais seriam regulamentadas pelas assembleias estaduais.

Com as eleições regulamentadas, os conflitos nos comícios da oposição, já rotineiros, aumentavam de intensidade. Nas capitais e em muitos municípios do interior, as ruas amanheciam pichadas exaltando Vargas ou exigindo sua continuidade no poder. Embora sem nenhuma divulgação oficial e com acesso muito restrito aos meios de comunicação, a frase "queremos Getúlio", em maio, apoderou-se das crenças e das sensibilidades políticas populares. Nas propagandas comerciais, diz Elza Borghi de Almeida Cabral, eram comuns *slogans* como "Nós queremos vender barato!" ou "Nós queremos Beverly!". Dos centros espíritas, nos afastados subúrbios, vinham notícias de que D. Pedro I e Pinheiro Machado, materializados, pediam, igualmente, que Vargas permanecesse na presidência da República.[29]

O BRIGADEIRO E SEU PARTIDO

O grande movimento de oposição, no entanto, surgiu oficialmente em 7 de abril de 1945. Com o nome de União Democrática Nacional (UDN), o partido, nesse momento, abrigava diversos grupos políticos heterogêneos, nem sempre afinados ideologicamente, mas unidos pelo mesmo rancor a Vargas. Aglutinando nomes como os de Arthur Bernardes, Júlio Prestes, Borges de Medeiros, Prado Kelly, Otávio Mangabeira, Oswaldo Aranha, Ademar de Barros, Graciliano Ramos, Evaristo de Morais Filho, Isidoro Dias Lopes, a família Caiado, entre tantos outros, além de ter o apoio da Esquerda Democrática e de comunistas dissidentes da linha oficial do PCB,[30] todos, no entanto, tinham os mesmos anseios políticos: além do fim do Estado Novo e da luta pela democratização do país, nutriam um combate sem tréguas a Vargas. Mais ainda, unia-os a candidatura do brigadeiro Eduardo Gomes para suceder o ditador. Para todos os grupos que compunham as "oposições coligadas", diz Maria Victoria Benevides, o nome do brigadeiro era ideal para a campanha sucessória: alta patente militar, legenda de herói, tradição em lutas democráticas e um "nome limpo".[31] Partido que resumia o horror a Vargas, a UDN tornou-se também, nesse momento da vida política brasileira, o "partido do brigadeiro".

Na imprensa, nos meios intelectuais, entre as elites políticas e empresariais, Eduardo Gomes recebia apoio entusiasmado. Manuel Bandeira, por exemplo, escreveu o seguinte poema, publicado nas páginas dos jornais:

Homem mesmo escandaloso!
Não tem mancha,
Não tem medo,
Quem não sente?
Brigadeiro da fiúza,
Sem agacho, sem empino,
Foi assim desde tenente,
Foi assim desde menino!
Homem mesmo escandaloso!
Não é bruto,
Ambicioso,
Maldizente,
Nunca diz um disparate,
Nunca faz um desatino,
Foi assim desde tenente,
Foi assim desde menino!

Homem mesmo escandaloso!
Não zunzuna,
Nem na fala
Atoamente
Será nosso presidente
Estava no seu destino
Desde que ele era tenente,
Desde que ele era menino![32]

Seus comícios, como candidato à presidência, eram noticiados nas primeiras páginas dos jornais com grande destaque e eloquência: "Quem conhece Alagoas sabe o que representam as forças que apoiam Eduardo Gomes"; "Esperado com maior interesse o discurso do candidato democrático, na concentração popular em São Paulo"; "Belo Horizonte prepara-se para receber o candidato nacional"; "O povo de Goiás consagrou a candidatura de Eduardo Gomes"; "Verdadeira apoteose a manifestação ao Brigadeiro, em Porto Alegre"; "Incalculável multidão assegurou em Recife a candidatura de Eduardo Gomes"; "Eduardo Gomes foi consagrado em Fortaleza pela maior concentração popular já realizada".[33]

Os espaços políticos de destaque, nas páginas da grande imprensa, eram reservados à campanha do candidato da oposição. A imagem projetada, plena de otimismo e entusiasmo, era a da vitória certa e inequívoca do brigadeiro. O candidato do Partido Social Democrático (PSD), general Eurico Gaspar Dutra, por sua vez, surgia em pequenas notas, cercadas por outras notícias, sugerindo ao leitor uma candidatura sem maior importância e fracassada, com mensagens de desalento, inviabilidade política e, sobretudo, envolvida pelo estigma condenável do continuísmo. Os textos, negativos e sem brilho, se sucediam: "O general Dutra será o candidato e continuador do atual governo"; "Fracasso na convenção governista. Poucas dezenas de pessoas na reunião do PSD de Curitiba".[34] Em sua primeira página, o *Correio da Manhã* noticiou: "Um fracasso a Convenção do Partido Social Democrático em São Paulo". Segundo o jornal, o encontro político "transcorreu na maior tristeza. Notava-se, por exemplo, a falta de muita gente que lá deveria ter comparecido em pessoa e, no entanto, se fez representar. E também o general Dutra lá não apareceu".[35] Imposta por grupos militares e empresariais, a candidatura de Eurico Dutra dependia do apoio explícito do presidente, o que não ocorria. Vargas a aceitava para dividir as Forças Armadas, mas não lhe manifestava apoio pessoal e político. Nenhuma palavra a seu favor era pronunciada publicamente. Ansioso pela definição do presidente, sempre adiada, Dutra convenceu-se de que seu verdadeiro embate não seria com o brigadeiro, mas com o próprio Vargas.[36]

Seja como for, a marca dos comícios da UDN, nas capitais e mais importantes cidades do país, era a agressividade dos oradores contra

Getúlio Vargas, sempre em tom crescente. Em Barbacena, logo após o discurso do brigadeiro, o padre Antonio Dutra iniciou sua intervenção exclamando "chega de Getúlio!".[37] Em seu argumento, antes de 1930, se ouvia dizer que a moral se dividia em privada e pública, mas, naquele momento, só existia a primeira porque Getúlio acabara com a última. Mais ainda, argumentou o padre, 15 anos de ditadura transformaram 45 milhões de seres humanos em "gado anônimo". Portanto, do alto de sua autoridade eclesiástica, concluiu: "Concito o povo reunido em praça pública a tudo fazer para pôr termo a esse tremendo pecado público que é o governo de Vargas."

Embora os discursos do brigadeiro, escritos por Prado Kelly e repletos de citações históricas e jurídicas, fossem absolutamente incompreensíveis para os trabalhadores,[38] seus comícios eram noticiados com grande antecedência pela imprensa. Recorrendo a imagens que sugeriam entusiasmo e mobilização popular pela candidatura da UDN, as manchetes procuravam convencer o público da vitória certa, praticamente inevitável, da oposição. O comício na cidade de São Paulo é ilustrativo. Marcado para 16 de junho, já no dia 5, o *Correio da Manhã*, sempre na primeira página, informava que, na capital e no interior do estado, notava-se "vivo entusiasmo" e "expectativa do povo que demonstra por todos os meios sua simpatia ao brigadeiro". Nesse dia, o jornal calculava que 100 mil pessoas compareceriam no estádio do Pacaembu.[39] No dia 16, o mesmo jornal publicou que os organizadores esperavam a participação de 150 mil pessoas. Na manhã seguinte, noticiando o encontro, o *Correio da Manhã*, sem citar números, referiu-se à "apoteose da entrada no estádio do Pacaembu do major-brigadeiro" que recebeu entusiasmados aplausos. "Senhoritas de todas as classes sociais, empunhando bandeiras, percorreram o estádio sob aclamação." Por mais que se esforçasse em apresentar uma candidatura vitoriosa e carismática, a imprensa disseminava mensagens que destoavam dos acontecimentos. Hermes Lima, presente no Pacaembu, lamentou: "Ao entrar no estádio fiquei aterrado.

Repletas as sociais de um público seleto, elegante mesmo, em que se destacava numeroso concurso de senhoras, de chapéu e calçando luvas, mas as gerais vazias. Era um espetáculo politicamente constrangedor, a enorme praça de esportes, metade morta, metade bem composta, até nas palmas com que saudou o candidato e lhe aplaudiu o discurso." Segundo Maria Victoria Benevides, a campanha da UDN mobilizou as camadas médias, os intelectuais, os oficiais das Forças Armadas, "mas não os trabalhadores; este povo permaneceu à parte da campanha feita, pelo menos teoricamente, em seu nome".[40] Os trabalhadores, quando se manifestavam, por sua própria vontade, queriam Getúlio.

O "NÓS QUEREMOS" EM SEGUNDO MOVIMENTO

Noite de 31 de julho, centro da cidade do Rio de Janeiro. Em "um prédio velho, sujo, sombrio, e com entrada misteriosa, por um beco de mau aspecto", pessoas se reúnem para um encontro. Na sala pequena, "escura e acanhada, tudo foi preparado para dar ideia de uma grande sessão". Na assistência, o índio Lírio do Vale, cacique dos tembés e "pai de santo" nos subúrbios, distribui "passes" e "bons fluidos" para o bom andamento do encontro. Com imagens negativas e irônicas, assim os jornais noticiaram o lançamento do Comitê Pró-Candidatura Getúlio Vargas do Distrito Federal.[41]

Ao descreverem a fundação do comitê, a imprensa recorreu a um conjunto de representações que, ao longo dos séculos XIX e XX, segundo Raoul Girardet, obsedia o imaginário político ocidental: os homens do complô. Agindo na noite e nas sombras, movimentando-se por áreas urbanas suspeitas, como becos, entradas misteriosas, lugares mal-iluminados e de aspecto repugnante, conjugados, nesse caso, a cultos ao sobrenatural, eles têm objetivos definidos: urdir complôs, conluios e tramas nunca confessadas. Trata-se, no dizer de Girardet, de profissionais no manejo da corrupção, do aviltamento dos costumes, da desagregação das tradições sociais e dos valores morais[42] – tudo, aliás, o que Vargas representava para a oposição. A maior prova de que aqueles homens e sua reunião deveriam ser tratados com suspeita, portanto, era que eles "queriam Getúlio".

Fundado e liderado por Jaime Boavista, o comitê tinha por objetivos organizar, unificar e dar direção ideológica a centenas de outros núcleos que já existiam em inúmeras cidades do país. Em seu discurso de abertura da solenidade, Boavista, então recém-chegado do Rio Grande do Sul, onde acabara de fundar o comitê gaúcho, disse não ter relações pessoais com Vargas, conhecendo-o apenas por fotografias, mas "neste momento em que se chocam forças populares e reacionárias" e quando seu nome é "apoiado pelo povo anônimo, queremos dar-lhe a oportunidade de sentir-se realmente apoiado pelas correntes populares". A seguir, Aristides Saldanha ressaltou o distanciamento dos queremistas da candidatura de Eurico Dutra: "O povo", alegou, "não foi consultado". Logo, não há razões para apoiá-lo, ainda mais porque se sabe que os adeptos do candidato do PSD também são queremistas, embora não declarados. Lembrando o recente discurso de Vargas na cidade de Santos, quando o presidente garantiu que o povo teria total liberdade de votar no candidato de sua preferência, Saldanha concluiu: "Pois bem, senhores queremistas, a nação aceita os conselhos do presidente: sagrará nas urnas o candidato de sua preferência e este candidato é Getúlio Vargas. Nós queremos Getúlio." Na plateia, exclamações interrompiam os oradores: "Muito bem, apoiado e viva Getúlio!", "Até morrer eu sou Getúlio Dorneles Vargas!", "Abaixo as eleições e viva o dr. Getúlio!", entre diversas outras. Quando o marinheiro Aquiles Rocha, em seu discurso, perguntou "quem não recebeu o apoio e o amparo do dr. Getúlio Vargas?", logo diversas respostas surgiram: "Somos queremistas porque sabemos o que queremos!", "Por mais quinze anos!", entre outras.

O queremismo, inicialmente um conjunto de manifestações populares de reação aos insultos a Vargas, tornou-se, a partir daí, um movimento com feições mais definidas em termos organizacionais e políticos. As adesões, núcleos e comitês de bairros, abaixo-assinados e declarações de solidariedade aumentavam diariamente. No dia seguinte à fundação do Comitê do Distrito Federal, operários da construção civil, entrevistados por *O Radical*, declararam que só votariam em Vargas. Um deles completou: "Se o presidente Vargas não comparecer às urnas como candidato terá faltado o melhor soldado na batalha decisiva para os destinos do Brasil. Pode ficar certo de que o operariado brasileiro não tem outro candidato."[43] Moradores da estrada da Gávea, local que, mais tarde, ficaria conhecido como "Rocinha", publicaram um abaixo-assinado: "Essa candidatura natural nada mais é do que a tradução consciente da vontade popular, agradecida à pessoa do exmo. sr. Getúlio Vargas, que durante 15 anos consecutivos como Chefe da Nação soube compreender tão bem os anseios do seu povo."

O entusiasmo político permitiu que surgissem, entre os trabalhadores, vocações para lideranças políticas, nos bairros e locais de trabalho. Alcebíades V. Tôrres, operário da fábrica Cerâmica Brasileira, tornou-se o elo entre os 600 empregados da empresa em que trabalhava, os moradores dos morros da Mangueira e do Jacarezinho e o comitê recém-fundado. Segundo seu depoimento: "Em todas as localidades onde tenho amizades vinculadas, estamos realizando um grande movimento de todos os moradores, levados por um sentimento de gratidão e civismo, no sentido de reeleger o presidente Getúlio Vargas, amigo dos operários." Provocado pelo repórter, Alcebíades disse não entender a legislação que impedia a candidatura de Vargas: "Se isso é crime", argumentou, "não existe mais mentira do que a democracia! O povo quer e o povo é soberano em qualquer regime democrático! Se estamos no caminho de liberdades populares, como se apregoa, por que evitar que o povo escolha e eleja aquele que é o chefe da pobreza, o amigo dos humildes que nos garantiu e só é atacado pelos que estão furtando o povo e lucrando de barriga cheia?" Lembrando que o presidente Roosevelt "foi reeleito porque morava no coração do seu povo", completou, "ou há democracia ou não há!"

Pela cidade, comícios-relâmpago eram realizados. Nas barcas que ligam o Rio de Janeiro a Niterói, líderes queremistas discursaram para trabalhadores que, cansados, voltavam no final da tarde para suas casas. No início curiosos, mas logo entusiasmados com os discursos a favor de Vargas, os passageiros aplaudiam os oradores e davam "vivas" ao presidente. Após a atracação, algumas pessoas deram seus depoimentos sobre o inusitado comício marítimo. Uma senhora, pobremente vestida, descreveu o repórter, declarou: "Só votarei se o presidente for candidato. O meu voto eu não dou a ninguém, a não ser ele."[44] Um carregador de embrulhos afirmou: "Os inimigos do presidente são uns mal-educados. Quando fazem comício não sabem dizer outra coisa a não ser desaforos." Um operário, com o apoio de um outro colega de trabalho, comentou as atitudes dos opositores a Vargas: "Eles estão é com saudades. Ninguém pense que eles tenham verdadeiramente interesse pelo Brasil. Tanto tempo estiveram no poder e não fizeram coisa alguma."

Entre 15 e 18 de agosto, uma campanha nacional, sistemática e coordenada, foi deflagrada em todo o país para mobilizar a população para o primeiro grande comício queremista, programado para o dia 20. Todas as capitais, no dia 18, amanheceram inundadas com boletins e retratos de Vargas.[45] Somente nesse dia, quatro comícios-relâmpago foram realizados, em diferentes pontos da cidade do Rio de Janeiro, com o objetivo de convocar a população para o encontro político. No largo de São Francisco, centenas de pessoas ouviram com interesse os oradores, mas os interrompiam, a todo momento, dando "vivas" a Vargas. O cabo da Força Expedicionária Brasileira (FEB) Luiz R. Fernandes, recém-chegado dos campos de batalha, discursou afirmando que lutara na Itália pela vitória da democracia e estava disposto a mantê-la no Brasil, mas com Vargas no governo. Na praça Tiradentes, os oradores tiveram dificuldades para falar devido aos aplausos e exclamações de "queremos Getúlio". No Méier, a presença de uns poucos opositores ao presidente indignou a multidão que, aos gritos de "morram os desordeiros", expulsou-os do local. Em Madureira, algumas pessoas que participavam do comício deram seus depoimentos. O condutor de bondes Luiz A. Rodrigues disse: "Sou pelo presidente Vargas, porque nunca os pobres tiveram tantos direitos. Que é que tínhamos antes de 1930?" A operária Olivia M. Santos garantiu: "Ele deve continuar como presidente e farei tudo o que estiver ao meu alcance para conseguir isso."

Para os trabalhadores, Vargas, por suas realizações e atitudes ao longo dos 15 anos na presidência da República, tornara-se um *mito*. A expressão, ao contrário do que comumente se pensa, não trata de uma "ficção" ou de uma "ilusão", mas o que etnólogos e historiadores das religiões definem como modelo exemplar, tradição sagrada, revelação primordial. Fenômeno humano, cultural por definição, o mito fornece parâmetros para a conduta dos homens, conferindo significado e valor à existência, e narra um modelo exemplar de comportamento. O mito, diz Mircea Eliade, "relata de que modo algo foi produzido e começou a *ser*. O mito fala apenas do que *realmente* ocorreu, do que se manifestou plenamente".[46] Quando os trabalhadores se expressavam, descreviam Vargas como um modelo exemplar de governante: aquele que se preocupou com a questão social, elevou os pobres à categoria de cidadãos, implantou a justiça social, generosamente doou leis sociais, atuou no sentido de impedir a exploração desmesurada do capital sobre o trabalho, lutou pelo progresso do país, compreendeu os anseios dos assalariados, "falou" a linguagem dos operários, entre outros feitos até então nunca realizados por um governante. Como modelo exemplar, como o relato de algo que *realmente* aconteceu no passado, o mito narrava uma série de *realidades* vivenciadas e experimentadas pelos trabalhadores.

QUANDO OS TRABALHADORES "QUEREM"

Ao mesmo tempo em que o movimento mobilizava a população com os comícios-relâmpago, sobretudo com o objetivo de convocar o povo para o primeiro comício queremista, populares e trabalhadores impediam, sempre que possível, e utilizando os mais diversos expedientes, que a UDN realizasse manifestações públicas a favor do brigadeiro Eduardo Gomes. Em 4 de agosto, um comício udenista em Vila Isabel, com a participação de Juraci Magalhães e Maurício de Lacerda, foi interrompido por gritos de "viva Getúlio!". Os cabos eleitorais da UDN revidaram com insultos a Vargas, o que gerou brigas corporais entre os adversários. Um soldado do Exército sacou o revólver e disparou várias vezes para o alto, assustando as pessoas que, apavoradas, correram sem rumo certo. Quando a situação se acalmou, as luzes foram cortadas e, na escuridão, o comício foi suspenso.[47] Em Madureira, outra manifestação da UDN foi interrompida por populares. Um integrante da comitiva da oposição que, a muito custo, tentara discursar diante das vaias e apupos, desceu do palanque e abordou um manifestante queremista. Segundo sua descrição, a aparência pessoal daquele homem indicava que "o que ele ganhava não dava para vestir-se, muito menos para alimentar-se, pois seu aspecto era de um subnutrido".[48] Pobre, mal-vestido e subnutrido, pensou o oposicionista, aquele queremista, pela lógica, não deveria apoiar Vargas. Em um esforço para entender seu comportamento, perguntou se ele estava satisfeito com o governo. Portador de uma *outra* lógica, a resposta foi imediata: "Nós queremos Getúlio." Sem compreender a relação entre a pobreza do manifestante e seu apreço por Vargas, e com o aumento das hostilidades da multidão, ele voltou ao palanque e encerrou a manifestação.

Nesse clima político de confronto crescente, o Comitê do Distrito Federal preparava o primeiro grande comício. No dia 17 de agosto, em páginas compradas na grande imprensa, o comitê, pregando a palavra de ordem "Queremos Getúlio, com ou sem Constituinte", publicou uma espécie de "manifesto queremista", esclarecendo por que eles queriam

Getúlio. As razões eram claras e objetivas: além de querer o "bem do Brasil" e transformá-lo economicamente, Vargas "é um gênio político" que "só tem compromissos com os homens que trabalham" e apenas é atacado pelos "políticos" e pelos "gananciosos exploradores do povo". Sobretudo, queriam sua permanência

> porque, antes de Getúlio, o trabalhador tinha deveres e [ele] lhe deu direitos; tinha família e lhe deu assistência; tinha fome e lhe deu pão; estava doente e lhe deu hospital; ficava velho e lhe deu aposentadoria; morria e lhe garantiu a família; o trabalhador tinha filhos e lhe deu escola; o operário era homem e lhe deu a mão; enfim, Getúlio viu que o trabalhador era gente e lhe deu uma situação na sociedade.
> É por isso que
> NÓS QUEREMOS GETÚLIO.[49]

O crescimento do movimento, os conflitos nas manifestações da UDN e a proximidade do comício inquietaram as oposições. Os jornais, insistindo na mesma linha, aumentaram ainda mais seus ataques. O *Correio da Manhã*, por exemplo, dizia que o queremismo elevou-se ao nível de verdadeira religião. "Possui culto próprio, apóstolos, iniciados, noviços e prosélitos", embora dividida em duas seitas: uma delas, a ortodoxa, dos místicos, iluminados e salvadores, conhecida como "fiquismo"; a outra, a dos que "fingem não querer", mas que querem ardentemente, nomeada de "continuísmo".[50] No *Diário da Noite*, de São Paulo, a análise foi menos irônica. Segundo o editorial, Vargas, de fato, "desfruta de alguma popularidade" entre certas categorias de trabalhadores. Mas o prestígio do ditador explica-se fundamentalmente "pela propaganda demagógica do Estado Novo. Hitler e Mussolini também, por força mística que souberam difundir, desfrutaram de popularidade de milhões de homens fanatizados, bestializados, excitando sua imaginação".[51] Como Hitler e Mussolini, continua o jornal, Vargas, durante o Estado Novo, inundou as mentes dos trabalhadores com sua "propaganda totalitária", permitindo que surgisse a "praga daninha" do "queremismo". O lema "nós queremos", frase definida como "enervante", diz o *Diário de Notícias*, apresenta um "espetáculo totalitário", orquestrado por "minoria absoluta" de pessoas e financiado pelo Ministério do Trabalho e por pelegos sindicais da ditadura, gerando esta "mistificação ignóbil". No editorial de *Diário da Noite*, encontramos a explicação liberal para a popularidade de Vargas.

Os ataques ao queremismo aumentavam à medida que se aproximava o dia do comício – ou, talvez, exatamente por isso.

O "AGOSTO" DAS OPOSIÇÕES

Às 18 horas de 20 de agosto, uma multidão tomou o largo da Carioca, no Rio de Janeiro, para participar do primeiro comício queremista. Exclamando, compassadamente, "Ge-tú-lio" ou, simplesmente, "queremos Getúlio", as pessoas aguardavam o primeiro orador. Muitos trabalhadores ostentavam, com orgulho, retratos de Vargas. Um deles chegou ao local com um grande painel escrito "Queremos Getúlio" e, após conversações com outros operários, decidiu colocá-lo em local bem visível. Alto-falantes irradiavam marchas e hinos patrióticos e os equipamentos das rádios Tamoio e Tupi, presentes no evento graças ao pagamento em dinheiro a Assis Chateaubriand, permitiram que um público, muito mais amplo, tomasse conhecimento do ato político. Na mesma hora, comícios eram realizados em outras capitais. A seção do PTB de Minas Gerais, por exemplo, reuniu 2 mil pessoas no estádio Benedito Valadares.[52] O primeiro orador, o jornalista Waldyr Rodrigues, insistiu no tema que legitimava o movimento: o povo não foi consultado na escolha dos candidatos e ninguém pode falar pelos trabalhadores, a não ser eles mesmos.

A oposição, alegou, irreverentemente, começou a chamar de "queremismo" a toda manifestação de apreço tributada ao presidente Vargas. O povo, ferido por essa irreverência, levantou-se e aceitou o cartel de desafios. Surgiu, então, o slogan "Queremos Getúlio". Foi o bastante. A Nação inteira, pela sua maioria incontestável, que é a massa trabalhadora – o homem pobre, o brasileiro desajustado da sorte, o indivíduo simples e desambicioso – pronunciou-se pela candidatura do sr. Getúlio Vargas.[53]

A partir daí, tornou-se difícil para aqueles que se seguiram falar. Os aplausos, assobios e coros de "queremos, queremos, queremos" interrompiam os discursos. Apartes como "Viva Getúlio Vargas, o padroeiro do Brasil!" ou "Ele já é como São Jorge ou São Damião!" inibiam aqueles que discursavam. No entanto, uma forte chuva caiu sobre a cidade, obrigando as pessoas a se refugiarem em marquises próximas, mas continuando a ouvir os oradores graças aos alto-falantes.

Ao final, os organizadores do comício convidaram o povo para a marcha até o Palácio Guanabara com o objetivo de falar diretamente com o presidente. Em passeata pelas ruas da cidade, os manifestantes chegaram aos jardins do Palácio e, recebidos pelo oficial de serviço, capitão Carlos, fizeram um apelo para que o presidente aparecesse nas varandas. Mais do que isso, Vargas, acompanhado tão-somente pelo capitão, veio falar diretamente com a multidão. Recebido com aplausos entusiasmados, algumas pessoas, tomando a palavra, saudaram o líder político e enalteceram seu governo. Após agradecer a todos, Vargas fez um pequeno retrospecto de sua administração desde 1930, lembrando, particularmente, de Volta Redonda e das leis trabalhistas. Iniciou-se, então, um diálogo, em que povo e presidente apresentaram seus argumentos: " – Já se passaram 15 anos. Não acham que tenho o direito de descansar?" – disse Vargas. "– Não! Não! V. Exa. não pode nos abandonar!" – Argumentando que não pretendia abandonar os trabalhadores, Vargas afirmou, sempre interrompido por aplausos, que apenas iria descer as escadas do Palácio para viver no meio do povo, de onde saíra, e que, juntos, encontrariam um caminho para a felicidade do Brasil. Novos protestos surgiram: " – Não! Não! Não! Queremos V. Exa." – Agradecendo as manifestações de carinho, Vargas, despedindo-se, declarou que a sua preocupação era lutar pelos humildes, mas advertiu: " – O caminho é longo. O povo deve prosseguir na luta em defesa de seus direitos." O episódio não foi casual. Muito certamente os líderes queremistas combinaram com assessores de Vargas, ou com ele próprio, o encontro no Palácio Guanabara.

O diálogo entre o povo e o presidente permitiu que, nesse momento, as representações que sustentavam o modelo exemplar de Vargas sofressem adaptações e, de maneira similar como o que ocorre no imaginário social de outras coletividades, modelos de heróis foram resgatados no passado longínquo da humanidade. Para Raoul Girardet, "os mitos políticos de nossas sociedades contemporâneas não se diferenciam muito, sob esse aspecto, dos grandes mitos sagrados das sociedades tradicionais".[54] Entre o modelo de Sólon, aquele que, com serenidade e firmeza, legislou pelo bem-comum, e o de Cincinnatus, símbolo da experiência e prudência, que após exercer altos cargos preferiu o retiro modesto, distante dos tumultos da vida pública,[55] eis o novo elemento simbólico que passou a representar Vargas em seu final de governo.

Ao saírem do Palácio, os manifestantes concentraram-se no largo do Machado e realizaram outro comício, com o objetivo de comunicar à população as conversas que haviam tido com o presidente. Mesmo após se dispersarem, as manifestações continuaram e diversos grupos se formaram na praça Paris, avenida Rio Branco, praça Tiradentes e Lapa. Traduzindo suas demandas políticas por meio de suas tradições culturais, os populares, nas ruas centrais da cidade, realizaram um carnaval fora de época. Com objetos que encontravam pelo caminho, eles improvisaram tambores, tamborins, surdos e reco-recos. As faixas de propaganda transformaram-se em estandartes que esvoaçavam nas mãos de hábeis mulheres. Como em um baile carnavalesco, as pessoas dançavam e pulavam no compasso de sambas e breques, com letras improvisadas no momento: "Nós queremos... oba! Nós queremos... oba!" ou "Gê... gê... gê... túlio é de colher, só ele a gente quer".

Outros grupos, menos festivos, rumaram para as sedes do *Diário Carioca*, *Diário de Notícias* e *Diário da Noite*. Com "vivas" a Getúlio, exigiram que os jornais parassem de insultar o presidente. No *Diário de Notícias*, os manifestantes invadiram a redação e, circulando pelas mesas, ou saltando sobre elas, assustaram funcionários e jornalistas. Sem nada quebrar, o "brincar de roda" entre as mesas expressava, com irreverência simbólica, ameaças à imprensa de oposição. Um outro grupo, por fim, apedrejou a fachada da Faculdade de Direito, no Catete, por ostentar cartazes do brigadeiro. Os estudantes, indignados, saíram das salas de aula e enfrentaram os manifestantes. A chegada da polícia, contudo, acalmou os ânimos.

As oposições, sem dúvida, viviam o seu "agosto". Dias antes do comício, nas sedes do PSD em São Paulo e no Recife, a propaganda eleitoral de Dutra foi substituída pela de Vargas. Diversas alas do PSD declararam apoio político ao presidente. A candidatura de Dutra, até aquele momento sem empolgação alguma, ameaçava esvaziar-se por completo. Ainda mais grave para os antigetulistas foi a linha política tomada pelo PCB. No dia 15, cinco dias antes do comício, Luiz Carlos Prestes, em telegrama enviado a Vargas, mas tornado público, comunicou que o partido decidira lutar por uma Assembleia Constituinte a ser instalada *antes* das eleições presidenciais. O Partido Comunista assumia, assim, o lema cuja autoria até então recusara: "Constituinte com Getúlio." O medo de que o lema permitisse que Vargas ampliasse suas manobras continuístas uniu, no mesmo protesto, líderes da UDN, PSD, PL, Esquerda Democrática, católicos e o próprio Góes Monteiro.[56]

O PTB, no entanto, mantinha relações mais complexas com o queremismo. Embora oficialmente apoiasse a candidatura do general Dutra, às vésperas do comício suas seções de Minas Gerais e da Paraíba, logo seguidas pelas de outros estados, aderiram à proposta de continuidade de Vargas na presidência. A sede trabalhista do Distrito Federal, por exemplo, tornou-se quartel-general do queremismo. Em agosto, portanto, a aliança entre ambos foi estabelecida. Contudo, se a inspiração para o surgimento do PTB e do queremismo foram a imagem de Getúlio Vargas e a legislação social, e mesmo que, naquele momento, lutassem em conjunto pela continuidade do presidente no poder, eles tinham identidades próprias e não devem ser confundidos. O partido e o movimento, diz Angela de Castro Gomes, "bebiam da mesma fonte; eram, basicamente, a mesma *ideia*'. Mas é certo que do ponto de vista organizacional o PTB e o queremismo não eram a mesma coisa". Por meio de cuidadosas gestões do Ministério do Trabalho, os queremistas, organizados em núcleos e comitês por todo o país, evitavam ingressar no PTB, embora fossem trabalhistas. Mas seja no partido ou no movimento, não importa, os militantes seguiam a mesma linha política.[57] Mais ainda, os líderes e dirigentes do PTB e do queremismo eram pessoas completamente desconhecidas na vida política do país e suas fileiras não apresentavam nomes de expressão, o que não era casual. De acordo com a estratégia traçada pelo Ministério do Trabalho, ambos surgiam no cenário político como iniciativas espontâneas e de caráter eminentemente popular. Portanto, suas origens, seus objetivos comuns e suas relações fluidas e não explicitadas, embora com identidades distintas, permitiram, segundo Lucília de Almeida Neves, que os trabalhadores tomassem as expressões *trabalhismo* e *queremismo* como sinônimas de *getulismo*. O movimento queremista, diz a autora, "contribuiu, de maneira decisiva, para que a união trabalhismo-getulismo se consolidasse ainda mais", embora seja um equívoco concluir que "PTB e queremismo fossem a mesma coisa".[58]

Mas agosto ainda reservaria novos dissabores para as oposições. No dia 22 daquele mês, populares do Distrito Federal receberam, com grande alegria, os soldados do Regimento Sampaio que lutaram em Monte Castelo. Acompanhado por Góes Monteiro, Eurico Dutra, Mascarenhas de Moraes, Cordeiro de Farias e outros militares de alta patente, Vargas, às 10 horas da manhã, recepcionou os soldados da FEB que desembarcavam no cais do Porto. Para os generais, a cena não poderia ser mais desconfortável. Ao se darem conta da presença do presidente, os "pracinhas", manifestando visível contentamento, expressaram seus sentimentos com longos aplausos para, logo a seguir, darem repetidos "vivas" a Getúlio.[59]

Os constrangimentos, no entanto, aumentariam na parte da tarde. Na avenida Rio Branco, os mesmos soldados iriam desfilar para as autoridades e o povo. A parada militar da FEB, simbolizando a luta pela democracia e a derrota do fascismo, e portanto do Estado Novo, seria a festa da UDN e do brigadeiro Eduardo Gomes. No entanto, quando Vargas chegou no palanque, em frente à Biblioteca Nacional, a multidão, ovacionando-o, manifestou sua alegria com aplausos demorados e insistentes. Ao final do desfile, a população, em verdadeiro delírio, rompeu o cordão de isolamento e avançou em sentido ao palanque para saudar, bem de perto, o presidente. Somente a muito custo, e forçando a passagem, o carro oficial aproximou-se de Vargas que, de pé no automóvel conversível, saiu do local sob fortes aplausos e ouvindo seu próprio nome e "vivas" pronunciados, em coro, por milhares de vozes. Um pouco mais adiante, ocorreu um incidente inesperado: o revólver de um investigador caiu no chão e um popular imediatamente apanhou a arma e a devolveu ao policial. A proximidade dos dois homens de Vargas permitiu que muitos interpretassem o episódio como um possível atentado ao presidente. O investigador, acuado, foi cercado pela multidão que, em coro, gritava "lincha! lincha!". Dois soldados da Aeronáutica salvaram o policial da fúria popular. "O movimento era assimétrico", diz Angela de Castro Gomes, "caía o Estado Novo, mas crescia o prestígio de Vargas".[60]

As manifestações populares a favor de Vargas, embora constrangedoras, continuavam sendo ignoradas pelas oposições. No dia 24 de agosto, um comício da UDN no largo do Machado, em plena hora do *rush*, não chamava a atenção das pessoas que, com frieza e parecendo não ouvir os discursos, esperavam pelos ônibus e bondes. Sem público algum, os políticos e cabos eleitorais, pensando em atrair ouvintes, passaram a insultar agressivamente Vargas. Rapidamente um numeroso público surgiu cercando o palanque, hostilizando e ameaçando os udenistas que, surpresos e apavorados, fugiram rapidamente do local. Mais alguns minutos e o palanque ardia em chamas.[61] Em Belo Horizonte, em comício promovido pelo PTB, os discursos atacavam duramente as candidaturas de Eurico Dutra e Eduardo Gomes. Soldados da FAB, indignados com as críticas ao brigadeiro, apareceram de surpresa e dispararam contra a multidão várias vezes. Na confusão, várias pessoas se machucaram, mas o operário e ex-pracinha José Azeredo Filho, que gritava "morras" ao brigadeiro, foi vítima de um petardo certeiro e teve morte instantânea. Ao perceberem a tragédia, os queremistas homenagearam ali mesmo o trabalhador morto com um minuto de silêncio, uma oração do "credo" e, em passeata, levaram o cadáver até o necrotério dando vivas a Vargas.[62]

Na cidade de São Paulo, em fins de agosto, distúrbios também ocorreram. Na praça do Patriarca, o Comitê Pró-Candidatura Getúlio Vargas paulista montou um posto de coleta de assinaturas com o objetivo de enviar um telegrama de apoio ao presidente. Logo uma multidão aglomerou-se em volta das pequenas mesas. Policiais, fortemente armados, assistiam de longe, prontos para a eventualidade de conflitos. Não demorou muito e alguns estudantes da Universidade de São Paulo apareceram gritando "não queremos!". Antes que a confusão surgisse, a polícia interveio e os afastou dali. Uma hora depois, no entanto, eles voltaram e, ao lado das mesas dos queremistas, montaram as suas, com o igual objetivo de colher assinaturas, mas contra Vargas. Novamente a polícia interveio e, para evitar conflitos, expulsou-os do local. Teimosos, eles montaram suas mesas 30 metros mais adiante e pediam para as pessoas assinarem um telegrama que dizia: "queremos Getúlio em São Borja" e "nós queremos que o presidente não fique". O delegado, irritado, cercou o grupo com seus homens. Das discussões iniciais, policiais e estudantes passaram a trocar empurrões e pontapés que resultaram em fugas e correrias generalizadas. Muitas pessoas, assustadas, também começaram a correr, gerando conflitos diversos, em meios a gritos de "vivas" e "morras" a Getúlio.[63]

Também em fins de agosto, uma novidade surgiu nos jornais. Em páginas compradas na imprensa, o Comitê do Distrito Federal passou a publicar milhares de telegramas enviados pela população, oriundos de todas as capitais e dos mais diversos municípios do país, pedindo a continuidade de Vargas no poder. Em textos telegrafados, individuais ou coletivos, curtos ou longos, trabalhadores exigiam a candidatura do presidente. Da cidade de São Paulo, o abaixo-assinado colhido na praça do Patriarca resultou no seguinte texto: "O povo que não decepcionou o seu governo pede e espera que Vossa Excelência não o decepcione, recusando a candidatura que espontaneamente lhe oferece. Comissão povo instalada em plena praça pública que até este momento representa 35.000 assinaturas conforme comprovante em seu poder, remetido por via aérea."[64]

Da mesma capital, Durvalino Dourado, em telegrama acompanhado de mais 32 assinaturas, disse que "para presidente só v. excia."; Alfredo Coimbra e 38 companheiros declararam que "nós, cidadãos brasileiros compenetrados de nossas responsabilidades, temos a honra de dirigir v.excia, esta mensagem formulando um apelo para que aceite candidatura presidente da República". Moisés Santos, por sua vez, garantiu que "minha mãe e eu, abaixo assinados, declaramos que v. excia aceite a candidatura à presidência". Comissões de trabalhadores também telegrafaram. Uma delas afirmou que "quinhentos operários indústria

Firestone Santo André querem candidatura v. excia". Com a mesma expectativa, outro telegrama coletivo garantiu: "É com força do coração que nós operárias aclamam sua candidatura."

De Belo Horizonte, uma comissão de barbeiros, cabeleireiros e similares se declarou solidária com a candidatura Vargas. De Recife, Natal Natarelli, representando 23 pessoas, enviou o seguinte texto: "Candidatando-vos à presidência da República sabereis pela votação dos trabalhadores o quanto sois benquisto no seio da massa trabalhadora nacional." Genesio Miranda, de Niterói, alegou: "Não pertenço a alta sociedade: tenho porém os mesmos sentimentos que eles e peço-vos, como o povo, candidatar-se." Os trabalhadores da indústria do açúcar do município de Santo Amaro, Bahia, também por meio de uma comissão, aplaudiram "o gesto democrático que teve o partido queremista apresentar candidatura v. excia. Próxima eleição poderá v. excia. contar mais de dez mil votos desta classe. Queremos ser reconhecidos v. excia. a quem devemos tudo como redentor nosso Brasil".

Os telegramas, aos milhares, se multiplicavam nas páginas dos jornais. De todas as capitais e de inúmeros municípios, o clamor popular se repetia, exigindo a candidatura de Vargas.

O "agosto" das oposições avançava. Na última semana do mês, os queremistas se dedicaram à organização do segundo comício, intitulado o "dia do fico". No Rio de Janeiro, as ruas foram tomadas por cartazes, panfletos e comunicados anunciando o evento. Marcada para o dia 30 no largo da Carioca, a manifestação terminaria com a "marcha luminosa", nome dado à passeata até a sede do governo. Tanto o comício como a passeata seriam transmitidos por uma cadeia de rádios – 58 no total –, permitindo que a população do Rio de Janeiro, então capital federal, São Paulo, Belo Horizonte, Salvador, Porto Alegre, Manaus, Natal e Fortaleza acompanhasse as manifestações. As páginas compradas na grande imprensa, a cadeia de rádios e as modernas técnicas de propaganda política dificilmente poderiam esconder a presença do Ministério do

Trabalho, do DIP e de empresários que, muito discretamente, apoiavam e financiavam os líderes queremistas.

A expectativa que cercou o "dia do fico" foi grande, se lembrarmos que o prazo de desincompatibilização para a inscrição das candidaturas se encerraria quatro dias depois, no dia 3 de setembro. A possibilidade de Vargas se desincompatibilizar e concorrer às eleições inquietou a oposição. No dia do comício, a *Gazeta Judiciária*, em longo editorial, atacou duramente o presidente e o queremismo. Segundo o jornal, Vargas, após 15 anos de "administração infecunda e perturbadora, traindo os seus compromissos", surge à frente do queremismo, "uma estúpida teimosia sem ideologia política" e tomada pela "absoluta ausência de bom senso. Simples caso de polícia". Para os editorialistas: "O 'queremismo', que é um dos índices mais expressivos dos efeitos morais e sociais da ditadura fascista que o sr. Getúlio Vargas instaurou no Brasil, é um fenômeno deprimente para a nossa cultura, e só se tornou possível pela ação corrosiva de um regime de corrupção e delinquência moral."[65]

Embora sob os ataques da imprensa, no dia 30 o largo da Carioca foi tomado pela multidão. Muitos trabalhadores, ao chegarem, espalharam seus cartazes pelas redondezas: "Queremos Getúlio, que nos deu aposentadoria", pregava um deles. Ao final, todos rumaram para o Palácio presidencial. Nos jardins, após clamarem por sua presença, Vargas apareceu. Diante do presidente, falaram operários, sindicalistas, estudantes, empresários, soldados que lutaram na Itália e representantes de delegações vindas de outros estados. Em seu discurso, Hugo Borghi, nessa altura líder queremista e integrante de uma ala do PTB, demonstrou que o movimento procurava elaborar melhor seu projeto político. Ao reconhecer como novo lema que "A solução é a Constituinte", Borghi, em nome dos queremistas, clamou por uma "Constituinte com Getúlio". As mudanças, de julho para agosto, portanto, são significativas. Da simples personalização da política com a palavra de ordem "Queremos Getúlio", o movimento passou a reconhecer a necessidade da própria institucionalização da política, por meio de uma Assembleia Nacional Constituinte.

Para a decepção de todos, no entanto, Vargas declarou que seu desejo era o de apenas presidir as eleições e, reforçando a imagem do governante desinteressado, voltou a afirmar que nada queria a não ser "recolher-se à tranquilidade de seu lar". Contudo, afirmou estar "profundamente comovido" com a homenagem e, aproveitando a oportunidade, respondeu aos ataques das oposições: "é que eu compreendo o significado destas manifestações. Elas constituem uma reação do povo contra as injúrias dos gazeteiros; contra aqueles que, cegos pelas paixões políticas, procuram pela injúria e pela faceria, amesquinhar a pessoa do chefe da Nação. A resposta foi esta: o protesto do povo!"[66] Reagindo com mais contundência aos insultos da imprensa, ainda afirmou: "Estou vingado, porque nenhuma vingança desejava ter. Eu sempre fiz a política do trabalhador, a política dos homens que trabalham e produzem nos campos e cidades. Não me gostam os gazeteiros e os sibaritas que, vivendo na abundância, não querem pagar aos homens que trabalham uma justa remuneração dos seus serviços." Após acusar os trustes e monopólios que, premeditadamente, elevam o custo de vida, oprimindo os assalariados, e destoando de seu habitual comedimento, citou os Evangelhos: "Perdoai-os, Senhor, porque eles não sabem o que fazem." Por fim, convocou os trabalhadores a usarem o voto como uma arma e fazer dele um instrumento de sua vontade.

Inconformados, os ouvintes insistiam, quase em coro, na frase "queremos Getúlio". Inútil. Com grande frustração, os queremistas chegaram no dia 3 de setembro sem verem Vargas se desincompatibilizar do cargo. Definitivamente, ele não seria candidato.

Mas o "agosto" das oposições se estenderia até o dia seguinte, 4 de setembro. Surpreendentemente, Vargas apareceu, no Centro da cidade, caminhando tranquilamente. Ao ser percebido pelo povo, logo estrondosos aplausos ecoaram pelas ruas. Com gritos de "viva o presidente" e outras expressões, a população, com alegria, manifestou seus sentimentos. O aumento desmesurado da multidão, no entanto, obrigou Vargas a entrar em um ônibus que passava pelo local. Cercado pelo povo que não parava de aplaudir, o ônibus seguiu seu caminho, não sem alguma dificuldade.[67] Seu prestígio entre os trabalhadores, sem dúvida, era cada vez maior.

SOBERANIA POPULAR E APRENDIZADO DEMOCRÁTICO

Em pleno processo de democratização, os trabalhadores, recusando as candidaturas de Eurico Dutra e Eduardo Gomes, queriam a oportunidade de votar em outra, a de Vargas. Embora por trás do queremismo estivesse o Ministério do Trabalho, é muito simples alegar, como faziam os liberais em 1945, que o sucesso do movimento teria ocorrido exclusivamente pelo apoio estatal. "O que importa ressaltar", diz Angela de Castro Gomes, "é que o trabalhismo como ideologia política centrada na figura de Vargas, em sua obra social e no tipo de relação – direta e emocional – que ele se propunha manter com a massa trabalhadora, vinha sendo construído dentro do Ministério do Trabalho desde 1942. Assim, sem o suporte ideológico do trabalhismo, o queremismo teria sido praticamente impossível".[68] Surgindo tão-somente como reação aos insultos ao presidente, mais adiante, os trabalhadores, com entusiasmo e vontade política, responderam de maneira positiva aos líderes e organizadores do queremismo. Historicamente, é muito difícil negar. Eles queriam Getúlio. A questão a ser enfrentada, portanto, é a seguinte: queriam por que e para quê?

Muitas respostas já foram dadas, páginas atrás, por trabalhadores e populares. É interessante, contudo, sistematizar com mais cuidado suas ideias, anseios e crenças de caráter político. Em espaços comprados na grande imprensa, o Comitê Pró-Candidatura Getúlio Vargas do Distrito

Federal, a partir de agosto, passou a publicar, como já foi dito, milhares de telegramas oriundos dos mais diversos pontos do país. O que estas pessoas diziam?

Inicialmente, um conjunto de experiências estabeleceram um marco muito bem delimitado na cultura política popular daquela época. Para aqueles que viviam do trabalho, havia o tempo de "hoje" e o tempo de "antes", e a linha simbólica que os separava era 1930. Nelson Siqueira, representante da comissão eleita pelos operários da Companhia de Fiação e Tecelagem de Pelotas, disse, em nome de seus colegas de fábrica, que eles "não querem voltar tempos antigos quando bala e pata de cavalo imperavam". Seu argumento, com base em experiências vividas no passado, era objetivo: "Que era o operário antes de 1930? Escravo. Operário não tinha casa morar, rua para andar quando políticos não perseguiam; não tinha férias, estabilidade, segurança contra acidentes e nem instituto de previdência para ampará-lo" (sic).[69]

Do Distrito Federal, Alcina Pecegueiro, em telegrama acompanhado de mais três assinaturas, recorda a política brasileira no tempo de "antes". Segundo ela, Arthur Bernardes, atual político da UDN, afirmara que 99% dos fiéis a Getúlio eram comprados ou intimidados pelo Ministério do Trabalho. Para Alcina, "povo não se abala isso, nem palavra fácil políticos carcomidos que usam falatório pomposo, empregando abusivamente vocábulos 'liberdade e democracia' depois terem governado país Estado Sítio durante quatro anos e viveram trancados Palácio Catete, deixando desterrados verdadeiros campos concentração Clevelândia muitos brasileiros morrendo crime ter opinião". Após lembrar o movimento dos 18 do Forte, a repressão policial aos sindicatos e Clevelândia, Alcina afirma que, no governo Bernardes, imperava "regime de opressões e terrorismo, em que nenhum jornal ousaria o que hoje fazem. Voz do povo é forte, sufocando inúteis tentativas destruir V. Exa. coração povo".

Os argumentos se repetem, sempre de descrédito com a política e os políticos do tempo de "antes". Ferroviários paulistas, por exemplo, pediam a candidatura de Vargas para "salvar o Brasil garras políticos carcomidas evitando desgraça do povo". José de Souza Neto, de Vera Cruz, São Paulo, afirmou que "povo consciente e exausto de política" apela pela candidatura de Vargas. Archimedes de Andrade, de Itaboraí, Rio de Janeiro, foi enfático e resolveu telegrafar a Vargas para

> falar com franqueza. Por que não se candidatou à Presidência? Por ventura V. Excia. ignora que o povo brasileiro está firme e intransigente seu lado? Como pretende nos deixar sem proteção o maior brasileiro vivo? Uma porção de olhos agoureiros estão arregalados sobre nós; só V. Excia. nos salvará. Vamos à frente e a demagogia dos macedo, zésmericos, aranhas e toda esta cáfila de ratos barriga branca que estore no inferno. Povo quer Getúlio Vargas e pronto. Fique V. Excia. com Brasil que é estar com o povo que adora seu Getúlio.

Repressão policial às reivindicações sindicais, campos de concentração, censura aos jornais operários, políticos indiferentes aos anseios populares, trabalhadores sem garantias, direitos sociais e reconhecimento político, eis a maneira como, em 1945, os que viviam do trabalho descreviam o tempo de "antes". A repercussão verdadeiramente impactante que as leis sociais causaram entre os assalariados dificilmente pode ser minimizada e permitiu que, na memória popular, 1930 surgisse como um divisor de águas nas relações entre Estado e classe trabalhadora.

É verdade que, lendo os telegramas, seria uma perda de tempo procurar operários com inclinações revolucionárias ou "autonomistas" – como queiram. Mas como nos adverte Barrington Moore Jr., "agir assim seria forçar os sentimentos e os comportamentos dos trabalhadores a encaixarem-se em categorias predeterminadas, que podem guardar pouca relação com suas vidas e preocupações reais".[70] O que eles nos falam, por meio de seus textos, é de sensações de justiça e injustiça que mediaram suas relações com outras classes sociais e com o próprio

Estado.[71] Seguindo algumas ideias do autor ao estudar o caso alemão, trabalhadores e populares perceberam no governo de Vargas sobretudo a possibilidade de serem tratados e viverem como seres humanos, ou seja, de serem reconhecidos politicamente e valorizados socialmente. Para Moore Jr., "concreta e especificamente, o tratamento humano decente significava aquele mínimo de respeito e preocupação merecido por todos os membros da comunidade nacional". Por "tratamento humano decente" entende-se segurança na velhice, garantia contra as arbitrariedades patronais, justiça nas relações trabalhistas, regulamentação de salários e jornadas de trabalho e, particularmente, o reconhecimento e a valorização social e política. Equivalia também à aceitação da ordem social existente, mas "de sua modificação no sentido de uma maior igualdade", sem, no entanto, pretensões a revoluções sociais.[72]

O reconhecimento dos benefícios sociais, da valorização política e do "tratamento humano decente", portanto, era uma necessidade. Ramiro Benoliel, do Rio de Janeiro, declarou seu voto a Vargas por tudo o que ele "tem feito pela grandeza do Brasil e bem-estar dos trabalhadores a quem deu o direito de ter direitos".[73] Em seu telegrama, o recifense Angelino Ferri, subscrito por mais 32 assinaturas, disse que "trabalhadores nacionais querem demonstrar gratidão para com V. Excia. apoiando vossa candidatura". Luiz P. de Figueiredo, de Jequitinhonha, Minas Gerais, comunicou: "meu voto será dado a Getúlio Vargas para presidência da República como prova do reconhecimento de um sertanejo."

As manifestações de gratidão e reconhecimento se repetiam muitas vezes nas páginas dos jornais. Afonso Salatino e mais 27 companheiros, todos da cidade de São Paulo, afirmaram que "a gente quer Getúlio porque Getúlio nos deu leis boas". Pedro T. Silva, expressando os sentimentos de 172 ferroviários de Santos, declara que eles são "agradecidos pelos benefícios recebidos do Benemérito Governo de V. Excia". e manifestam "gratidão ao seu benfeitor". José A. Resende, de Ribeirão Preto, escreveu que "humilde trabalhador votará em vosso nome em pagamento da dívida de gratidão ao grande benemérito do Brasil". Igualmente oito trabalhadores da cidade de Rio Grande disseram que "nós operários agradecidos exigimos candidatura".

Em seus telegramas, os trabalhadores ressaltavam, com insistência, os benefícios alcançados com as leis sociais, mas as repetidas declarações de *gratidão* e *reconhecimento* demonstram sensibilidades políticas que dizem algo mais do que a simples constatação dos ganhos materiais obtidos com a legislação. As culturas humanas, nos ensina Marshall Sahlins, não se explicam tão-somente pelas atividades materiais, pela perseguição individualmente racionalizada de seus melhores interesses utilitários. A esta espécie de razão, prática, uma outra, mais significativa, rege as culturas: a simbólica. "Concebendo-se a criação e o movimento de bens somente a partir de suas quantidades pecuniárias", diz o antropólogo, "ignora-se o código cultural de propriedades concretas que governa a 'utilidade' e assim continua incapaz de dar conta do que é de fato produzido".[74] Por essa interpretação, não é casual que Antonio Fernandes, da cidade de Santos, afirme que "se bem não esteja satisfeito aumento aposentados invalidez, meu voto é seu, fui e sempre serei Getúlio".[75] Portanto, outra lógica, simbólica, cuja abrangência cultural se estende além da razão material, mediou as relações entre Estado e classe trabalhadora a partir dos anos 1930.

Um manifesto de trabalhadores publicado em *O Radical* nos auxilia a compreender os fundamentos simbólicos que regiam as repetidas manifestações de gratidão e reconhecimento. "Bagunceiros, analfabetos e bêbados!", é assim, dizem eles em seu manifesto, que os políticos de oposição tratam os operários brasileiros. "Mas, nós, os operários, não devemos estranhar esse tratamento por parte dos tais 'democratas', pois foi sempre assim que eles nos julgaram quando, antes da subida ao poder do Grande Presidente Vargas – o redentor do operário brasileiro – tentávamos erguer a nossa voz em defesa dos nossos direitos."[76] Segundo o texto, as oposições declaram que Vargas nada fez pelos operários. "Mas porque, então, falam hoje tanto em operário; em proteção ao operário, em casa para o operário, quando antigamente, antes do advento getuliano, eles, os tais 'democratas', não se lembravam do operário nas suas campanhas políticas e nos parlamentos?!..." Se Vargas nada fez pelos trabalhadores, como denunciam as oposições, continua o manifesto, "ao menos um grande benefício ele prestou: despertou na sua consciência o valor que representa dentro da nação, o que sempre lhe foi negado; deu-lhe personalidade, civismo e liberdade para fazer valer os seus direitos que sempre lhe negaram os tais 'democratas'". O texto ainda pedia aos companheiros para se lembrarem da greve da "L. R.", no Distrito Federal, quando os trabalhadores reivindicavam, pacificamente, aumento salarial. Logo os "democratas" enviaram "uma grande força policial que trancafiou no xadrez e seviciou os operários menos temerosos, fazendo calar pela força a voz do então desprotegido operário". Continuando, o manifesto ainda declara:

> Operário! em que democracia brasileira você foi recebido no Palácio do Catete? Em que democracia brasileira você escreveu uma carta ao Presidente da República e obteve resposta prontamente?[77] Em que democracia brasileira você se ombreou, nas ruas, com o Presidente da República e teve a honra de apertar-lhe a mão? Em que democracia brasileira você teve o prazer de ver o Presidente da República tomar nos braços o seu filho querido, pobre, mas tão brasileiro quanto os filhos dos tais "democratas"?

Por fim, conclui o manifesto: "é por isso que eles, os tais 'democratas', injuriam o Presidente Vargas, taxando-o (sic) de Fascista e nos chamam de 'BAGUNCEIROS, ANALFABETOS E BÊBADOS'."

Portanto, não se trata apenas de uma lógica utilitarista, com a troca de benefícios sociais por obediência e subordinação política. Sem negar a lógica material presente no pacto estabelecido entre Estado e classe trabalhadora, Angela de Castro Gomes afirma que houve uma combinação com a lógica simbólica embutida no discurso estatal, cujas mensagens, fundamentadas na ideologia trabalhista, resgataram ideias, crenças, valores e a autoimagem construída pelos próprios trabalhadores na Primeira República. Para a autora, o Estado varguista não surgia apenas como produtor de bens materiais, mas, como formulador de um discurso que tomava componentes simbólicos da identidade construída pelos próprios operários no período anterior a 1930, articulava demandas, valores e tradições da classe e os apresentava como seus – além de ressaltar os benefícios sociais como uma atitude generosa que exigia reconhecimento e, fundamentalmente, reciprocidade. Segundo Angela de Castro Gomes, a classe trabalhadora "obedecia", se por obediência política ficar entendido o reconhecimento de interesses e a necessidade de retribuição. "Não havia, neste sentido, mera submissão e perda de identidade. Havia pacto, isto é, uma troca orientada por uma lógica que combinava os ganhos materiais com os ganhos simbólicos da reciprocidade, sendo que era esta segunda dimensão que funcionava como instrumento integrador de todo o pacto."[78]

Receosos de que, com outro governante, os fundamentos materiais e simbólicos do pacto fossem rompidos e, no mesmo movimento, os benefícios da legislação e o discurso estatal que os reconhecia politicamente se perdessem, os textos telegrafados eram bastante objetivos:[79] "A garantia do trabalhador é V. Exa.", disseram João Isidoro e mais 23 pessoas da cidade de São Paulo. Três outras, da mesma cidade, declararam que "sem vossência não há garantia trabalhador"; Nicolino Perusso junto com 28 companheiros, todos também paulistanos, escreveram que "unicamente vossência poderá garantir continuidade da legislação trabalhista". Justino A. dos Santos, de Friburgo, Rio de Janeiro, foi claro: "peço encarecidamente para V. Excia aceitar candidatura para não ser destruído tudo que vos tendes feito pelo povo Brasileiro."

Vargas, no entanto, não se desincompatibilizou, relutando em concorrer às eleições, pelo menos publicamente. Diante da recusa em se candidatar, muitos trabalhadores, em seus telegramas, manifestaram receios, medos e inquietações. É o caso de Odilon Melucci, do Rio de Janeiro, ao declarar que "se recusardes a candidatura os humildes chorarão e não haverá mais esperanças para os desamparados"; da mesma capital, Gloria M. Couceiro, por sua vez, afirmou que "se recusardes a candidatura haverá lágrimas sobre a terra brasileira". Com dúvidas, Maria Aparecida de Oliveira, da cidade de São Paulo, em nome de outras 15 pessoas, foi enfática: "Nós queremos Getúlio porque ele encarna os nossos ideais. Por que será que Getúlio não nos quer mais?"

Ao reconhecerem um governo que os elevou à categoria de cidadãos, com deveres, mas sobretudo com direitos sociais, e ao afirmarem os ganhos materiais e simbólicos usufruídos desde o início dos anos 1930, os trabalhadores, partilhando ideias, crenças e comportamentos em comum, não poderiam admitir ofensas e agressões àquele que presidia o pacto. Aceitar os insultos públicos a Vargas seria não reconhecer devidamente os benefícios. Em uma palavra, ingratidão, uma falta condenável, porque muito grave, na cultura popular. Inúmeros telegramas, citados anteriormente, repudiavam as agressões dirigidas a Vargas por seus opositores. Partilhando dos mesmos valores, o mecânico Ovídio Barros telegrafou em nome de uma comissão de trabalhadores da cidade de Propriá, Sergipe, comunicando que

> os trabalhadores de Propriá, com o apoio do povo em geral, levaram a efeito uma passeata de desagravo querida pessoa de V. Exa. agredida de público com acusações pesadas, injustas e desleais por quem tem o dever de respeitar as leis e assegurar a ordem pública distribuindo uma verdadeira justiça. A festa teve o verdadeiro aspecto de civismo em um ambiente patriótico de disciplina numa belíssima lição moral e de democracia para quantos necessitem aprender a respeitar os seus adversários políticos.

Insatisfeitos com os rumos da transição à democracia, sentindo-se ameaçados com a possibilidade de voltarem ao tempo de "antes", os trabalhadores se mostraram indignados. "É na defesa de sua condição de 'vencedores', de 'cidadãos'", diz Spindel, "que eles tomam consciência de sua nova situação de 'vencidos'".[80] Muitos reagiram com intransigência, recorrendo a argumentos autoritários e de confronto político. Tobias Canto, telegrafando pelos operários da construção civil de Patos, Minas Gerais, disse que "trabalhadores nesta cidade mandam dizer que estão aguardando ordens de V. Exa. para o que der e vier". Da capital paulista, Palmira Longhi e outras 31 pessoas garantiram que "o povo não se intimida com ameaças". Vitor Pujol, de Blumenau, protestou "contra baixezas atitudes sórdidas utilizada forças oposicionistas com seus termos, próprios de irresponsabilidade". Mais ainda, afirmou Vitor, "fui dos que se bateram em 32 de armas na mão contra V. Exa., mas hoje sou um dos que se baterão de armas na mão para defender V. Exa.". Com argumentos diversos, os trabalhadores formulavam discursos autoritários e antidemocráticos. "Estamos aí", afirma Daniel Aarão Reis Filho, "diante de um tema delicado, doloroso para a memória da esquerda e para a reconstituição da trajetória das classes trabalhadoras". Recusando um certo tipo de interpretação mais comprometida com premissas não demonstráveis do que com as evidências disponíveis, o autor lembra que, nesse momento, para os trabalhadores, as alternativas eram muito restritas: "de um lado, a democracia liberal excludente das elites. De outro, o estatismo nacionalista e social (a democracia social e autoritária prezada por Vargas)." Portanto, no Brasil e na América Latina, pelo menos nessa época, o regime liberal-democrático nem sempre esteve afinado com as demandas da classe trabalhadora: "a democracia é 'liberal' e não 'social', exclui os trabalhadores, e o programa social não passa pelas instituições da democracia representativa, os trabalhadores votam nos ditadores.[81]

O radicalismo político popular muitas vezes revelava disputas econômicas para a melhor repartição da riqueza, expressando antagonismos entre as classes sociais. Em junho, por exemplo, Vargas decretou a lei 7.666, que dispunha sobre os Atos Contrários à Economia Nacional, conhecida popularmente como "lei malaia". Pela legislação, a indústria nacional seria protegida contra a ação de trustes e cartéis, permitindo, ainda, que o governo federal interviesse em empresas e expropriasse seus bens, se atentassem contra os interesses do país. O protesto das elites foi imediato e contundente. Na imprensa, lideranças empresariais e políticos de oposição acusaram Vargas de afugentar o capital estrangeiro e de provocar uma crise política com o grande aliado econômico do país, os Estados Unidos da América. Assis Chateaubriand, assustado com a "lei malaia", foi o seu maior crítico, mobilizando, para isso, seu conjunto de jornais. *O Radical*, entrevistando alguns trabalhadores do Distrito Federal sobre a "lei malaia", deixou registrados em suas páginas alguns depoimentos reveladores. No entender de um caixa empregado em uma casa comercial, "'trust' é sinônimo de domínio econômico. A lei fiscaliza o capital estrangeiro e nacional. É um passo para a socialização inevitável. Se todos os homens são filhos de Deus, por que tudo para um grupo e nada para nós todos?"[82] Gomes Filho, um poeta, foi taxativo: "Pau no capital opressor. Livre concorrência, para que o pobre possa esperar um lugar ao sol. No mais, socialização." A comerciária Eneida Batista, após pedir ao repórter maiores explicações sobre a lei, refletiu um pouco e afirmou: "Tenho uma confiança inabalável no presidente. Ele sabe o que faz. Duvidar dele é acreditar nos que querem gozar a vida à custa dos pobres." O engraxate Ormindo F. Galvão comentou: "Li o estrilo dos jornais de oposição. Ele [o presidente] prometeu acabar com a política do rico contra o pobre e está cumprindo a palavra." Manoel Rosas, garçom e antigo líder operário, aprovou a lei com entusiasmo, mas duvidou de sua aplicação: "O capitalismo internacional é um polvo terrível. Será muito difícil livrar a pobreza dos seus tentáculos.

Se o presidente executar a lei, as classes trabalhadoras devem-lhe um grande serviço."[83]

Radicalismo popular mas, sobretudo, saídas legais para a continuidade de Vargas no governo, defendiam muitos telegramas. Os textos dos assalariados demonstram que o aprendizado de cidadania social fincou tradições em sua cultura política, embora eles, naquele momento, se sentissem ameaçados; agora tratava-se do aprendizado político, de lidar com os direitos inerentes ao regime democrático para fazer valer a sua vontade como cidadãos. Nesse aspecto, trabalhadores e populares, muito rapidamente, apropriaram-se de um dos fundamentos republicanos e do regime representativo, transformando-o em uma ideia-força. *Soberania popular*, alegavam em seus textos, seria o elemento mais importante do regime democrático, refletindo a liberdade política do povo de fazer suas escolhas e de expressar a vontade da maioria. Em particular, diziam os telegramas, a democracia não poderia se restringir a votar em nomes para a presidência da República, mas também, e sobretudo, permitir a interferência do povo na *escolha* dos próprios candidatos. Ao se instituírem politicamente soberanos, os trabalhadores questionavam a maneira como a transição à democracia estava sendo conduzida pelas elites políticas do país. "É o povo quem escolhe seus mandatários, não cabe nenhuma recusa aos escolhidos", escreveu do Recife Romildo Souza.[84] Rafael Ozi, da cidade de São Paulo, declarou em seu telegrama, seguido de 30 assinaturas, que "só ao povo cabe o direito de indicar seu presidente, e o povo quer Vossência". Walter Barreto e mais 11 companheiros, todos de Itabuna, disseram: "não compreendemos eleições livres, sem poder votar nome vossência." Para Benedito de Almeida e 17 outras pessoas, todas da capital paulista, "somos a maioria do povo, portanto Dr. Getúlio não pode decepcionar". Jeronimo Gomes, em nome de 3 mil operários da fábrica Suerdick, de Maragogipe, Bahia, foi enfático: "compreendendo ser este regime [democrático] onde o povo tem direito de apresentar seu governo não lhe ser imposto como querem políticos demagogos profissionais, solicitamos candidatura sua personalidade."

Apenas votar, portanto, não bastava. A democracia, em sua plenitude, exigia também o direito de escolher os candidatos que concorreriam às eleições. Afinados com as noções populares de soberania e vontade popular, os líderes queremistas, em editorial publicado nos jornais, afirmaram que "o voto é a mais legítima propriedade do eleitor", permitindo que "os homens investidos das funções de Governo sejam depositários da confiança popular". No entanto, a democratização do país se vê ameaçada em sua legitimidade por um dispositivo do código eleitoral que impede Vargas de candidatar-se. Portanto, alegaram:

> Que diabo de redemocratização é esta onde o povo fica impedido de fazer a sua livre escolha para a suprema magistratura do país?
>
> Uma lei que impede alguém de ser eleito para a Presidência da República, pode ser justa em qualquer outro regime, nunca em uma democracia.
>
> Na democracia, quando a lei contraria a vontade popular, não é esta que deve conformar aquela, mas ao contrário.
>
> A lei que contraria a vontade popular é antidemocrática e precisa ser revogada. Nós queremos Getúlio. É preciso que a lei se conforme com a nossa vontade.

Por não terem sido consultados sobre as candidaturas e impedidos de escolherem a sua, alegavam muitos trabalhadores, eles interpretavam os nomes de Eduardo Gomes e Eurico Dutra como sendo "impostos" ao povo pelas elites políticas e, questionando a legitimidade das eleições, se recusavam a participar do pleito, como forma de protesto. "Governo do povo para o povo é o povo quem manda", era assim que Americo Villante e 28 outros colegas do Rio de Janeiro entendiam a democracia. Portanto, sentindo-se impedidos de exercerem a soberania política, as recusas se multiplicavam nos jornais. Carlos Rossi, da cidade de São Paulo, escreveu para declarar que "os brasileiros não querem Dutra ou Gomes. Nós queremos Dr. Getúlio Vargas". Aguinaldo S. Marques, de Salvador, Bahia, ameaçou: "Seja nome Vossa Excelência candidato ou não sairei minha residência para dar voto." Igualmente, Julio C. Arruda e mais 20 outras pessoas da capital paulista pediram a candidatura de Vargas, "caso contrário votaremos em branco". Desire G. Silva, do Rio de Janeiro, disse que "se V. Excia. não for candidato terei de votar em branco". Também Trindade Gil e outros 12 companheiros, da cidade de São Paulo, declararam que "se V. Excia. não se candidatar seremos obrigados votar em branco". Otavio Pavão, da mesma cidade, acompanhado por 14 assinaturas em seu telegrama, pediu, em nome dos trabalhadores, a candidatura de Vargas "para que os mesmos possam preencher seus votos".

Os líderes do Comitê Pró-Candidatura Getúlio Vargas do Distrito Federal, no entanto, não se limitaram a publicar milhares de telegramas nas páginas compradas aos jornais, a organizar comícios e a centralizar as atividades de outros comitês espalhados pelo país. Em pequenos editoriais, verdadeiros modelos de pedagogia política, eles explicavam, com linguagem simples e didática, o que era uma Assembleia Constituinte, os fundamentos da democracia, o que significavam direitos políticos e de cidadania, entre diversas outras questões relativas ao regime representativo. Mais ainda, em textos muito bem escritos e ilustrados com desenhos que chamavam a atenção do leitor, os líderes do movimento reinterpretaram a história política do Brasil, elegendo como personagem central o "povo brasileiro". Com o título "Através da História, um povo marcha para a Liberdade!", a série, com otimismo dosado, "sem o ufanismo típico do Estado Novo e sem a agressividade ou a erudição do discurso udenista",[85] descreveu, em oito etapas, a luta do povo por seus direitos políticos.[86] A série, publicada a partir de setembro, demonstrava que o queremismo mudava suas feições. Não se tratava mais de "Getúlio com ou sem constituinte", mas, apostando na institucionalização da política, e não na sua simples personalização, o movimento passou a defender o regime democrático e a se comprometer com ele. "Desde a Inconfidência", diz o primeiro texto, "crescia no povo brasileiro a necessidade de obter direitos políticos e conquistar sua liberdade" e assim, sob a pressão popular, D. Pedro I libertou o Brasil do jugo colonial. No entanto, insatisfeito com a primeira constituição, porque outorgada, "o povo, que conhecia seus direitos, continuou seus movimentos de reivindicação", desejando uma carta "votada por uma assembleia livremente eleita". Com o Ato Adicional de 1834, "dando direitos mais sólidos à vontade popular, a causa da liberdade tinha vencido sua primeira batalha!"[87]

Mas havia o "espetáculo degradante das senzalas". Na luta por seus direitos, o povo clama pelo fim do "crime monstruoso" da escravidão até que mesmo os senhores "mais recalcitrantes vão cedendo, aos poucos, à pressão popular". Com a Lei Áurea, enfim, "o povo conquista a sua maior vitória". Todavia, sem o trabalho escravo, o regime imperial rapidamente se esgotou, incapacitado de responder adequadamente aos novos problemas econômicos e sociais. Assim, "o povo brasileiro falou, então, novamente, elaborando em 1891, a primeira Constituição da República, distribuindo equitativamente os direitos dos cidadãos". Contudo, com o passar do tempo, novamente "o Povo Brasileiro impõe a sua vontade! A República de 1889 começava a perder a confiança do povo. Esquecidos daqueles que os tinham eleito, os parlamentares e o Governo cogitavam mais os seus problemas pessoais, deixando em segundo plano os reais interesses da coletividade". Insensível, o governo, hostilizando o próprio povo, provocou os movimentos armados de 1922 e 1924 até que, "finalmente, contando com o apoio de toda a Nação, triunfou a Revolução de 1930, levando ao Governo os homens que conheciam as necessidades da coletividade". Mais adiante, com a carta de 1934, "o povo brasileiro tinha, mais uma vez, imposto a sua vontade". Contudo, os conflitos, sobretudo partidários, se agravaram. O país necessitava de uma estrutura político-administrativa mais enérgica para vencer as dificuldades e alcançar "uma verdadeira democracia". Assim, em 1937, "o povo aceitou a Constituição outorgada pelo Governo, porque compreendeu a sua necessidade".

Finalmente, avaliando que "há mais de um século, através da história este povo marcha para a liberdade", diziam os líderes queremistas no oitavo texto, chega-se aos dias atuais e, com a perfeita sincronia entre Estado e sociedade, "o povo exige a Assembleia Constituinte e o Governo concordará, porque isso representa a vontade popular". Mas nesse momento, crucial "para a construção de uma verdadeira democracia popular", a liberdade do povo não pode depender da personalidade que, eventualmente, exerça o governo. A sua luta, nesta "encruzilhada da história", era a de alcançar seus direitos políticos, mas também o de garantir, constitucionalmente, os seus direitos sociais: "O povo brasileiro sabe de uma coisa: que só uma imediata ASSEMBLEIA CONSTITUINTE, livremente eleita e traduzindo a vontade da coletividade, pode assegurar uma base jurídica que corresponda a nossos anseios de liberdade. Fora da Assembleia Constituinte, há apenas promessas sinceras de homens honestos, mas que, apesar disso, são apenas promessas." Se o povo adquiriu, ao longo de sua história, experiência política de luta pela liberdade, ele, contudo, "não quer arriscar seu futuro na dependência de promessas". É preciso que seus direitos estejam garantidos na Constituição, pois "precisamos solidificar a nossa liberdade, de modo a garantir ao povo sua plena soberania nos destinos da pátria. Nossos direitos e nossas reivindicações devem estar a salvo da vontade oscilante dos homens!" O objetivo, pregavam os líderes queremistas, era a democracia, mas "democracia por princípios e não por concessão dos homens!" E a garantia para a democracia, a liberdade e os direitos sociais estava na "Constituinte, com Getúlio Vargas!"

A série "Através da História, um povo marcha para a Liberdade!", não é difícil perceber, fala em nome do povo, interpreta os acontecimentos do passado de acordo com interesses políticos imediatos e resulta em uma narrativa teleológica.

No entanto, as novidades discursivas contidas na série não são desprezíveis. Em um momento em que a "oficina da História" privilegiava os grandes homens e seus feitos memoráveis, os queremistas elegeram o "povo" – vale dizer, os trabalhadores na interpretação getulista – como protagonista da história. O povo não apenas "obrigou" D. Pedro I a declarar a independência e a Princesa Isabel a assinar a Lei Áurea, mas, particularmente, lutou por seus direitos – sociais, em um momento, políticos, em outro. Na série, diz Elza Borghi de Almeida Cabral, "todas as etapas mostravam-se como momentos em que o povo compreendera a inadequação de uma situação, o povo pedira para mudar e o povo agira, sempre o mesmo povo, fazendo a história, em marcha para a democracia".[88] Na versão dos líderes queremistas, não foram os "homens notáveis" ou um líder carismático que fizeram a história, mas sim o povo. Novidades, portanto.

Os queremistas, naquele momento, não compreendiam a democracia da mesma maneira que os liberais udenistas. Para estes, democracia era o direito de votar nos candidatos indicados pelos partidos políticos. Para os líderes queremistas, democracia era o regime político que expressava a vontade do povo, a soberania popular, a decisão da maioria. A democracia, sobretudo, era o regime que garantia a cidadania social dos trabalhadores.

Convencidos de que a democratização do país era inevitável, os queremistas perceberam que era necessário aprender a lidar com os direitos políticos. Tomaram consciência de que a cidadania política dos trabalhadores poderia ser utilizada para garantir a cidadania social adquirida na década anterior, principalmente por meio da legislação trabalhista. A ameaça de perder os direitos sociais surgia como real, sobretudo, acreditavam eles, com uma transição política sem o controle de Vargas. Somente escrevendo as leis sociais em uma Constituição, na letra da lei, os assalariados estariam seguros, exercendo, na plenitude, a cidadania social e política. Assim, a presença de Vargas no governo durante a Constituinte era um imperativo, tanto para a garantia de seus direitos quanto para a ampliação deles. Para os trabalhadores, portanto, o lema "Constituinte com Getúlio" expressava uma *escolha* política, cuja estratégia se explica a partir de seus próprios interesses como personagem político.

O "NÓS QUEREMOS": ATO FINAL

A partir de setembro, o cenário privilegiado da transição continuou sendo as ruas e os jornais, embora governo e oposições, muito discretamente, procurassem um outro: os bastidores da política. Vargas, embora cauteloso, aproveitava-se das candidaturas de um general e de um brigadeiro para dividir as Forças Armadas. Se conseguisse enfraquecer os dois candidatos à presidência, o que já conseguira no caso de Dutra, um *tertius* poderia surgir vitorioso – certamente o próprio Vargas.

Entretanto, o contínuo crescimento do queremismo, a possibilidade de convocação de uma Assembleia Constituinte – agora com o apoio de Luiz Carlos Prestes –, e as manobras continuístas de Vargas inquietaram as oposições. Em 21 de setembro, a UDN inaugurou a prática de recorrer às Forças Armadas para a resolução de seus próprios problemas políticos. O secretário-geral do partido, em carta ao general Góes Monteiro, pediu "garantias indispensáveis à liberdade do pleito".[89] A imprensa também contra-atacou. Com o título "São Paulo contra a Constituinte. Manifestam-se vários próceres", os jornais de Assis Chateaubriand publicaram depoimentos de algumas personalidades importantes. Segundo o sr. João Sampaio, "a ditadura e sua grei alimentam e incentivam o movimento subversivo pró-constituinte com Getúlio e procuram alarmar a opinião pública com as tendenciosas notícias sobre desordens imaginárias, que poderiam resultar do pleito eleitoral".[90] A sra. Carlota Pereira Queiroz, por sua vez, argumentou: "Por que razão constituinte com Getúlio Vargas? Os que o apoiam deveriam estar satisfeitos com a Constituição por ele pessoalmente outorgada e são incoerentes por essa pretensão."

Tentando reagir ao crescimento do queremismo, a UDN lançou, em fins de setembro, algumas campanhas para popularizar a candidatura de Eduardo Gomes, mas insistindo na temática antigetulista. Aproveitando a frase enunciada pelo brigadeiro, "Lembrai-vos de 1937", o partido patrocinou um "concurso popular para cartazes" que melhor representasse o alerta, com prêmio de 3.000 cruzeiros. Como exemplo, os organizadores do concurso publicaram o desenho de um rosto com a boca e os olhos vendados.[91] Também nessa época, à procura de recursos financeiros, a UDN publicou nos jornais o seguinte texto: "O Brasil está dividido em dois campos de luta: os que querem salvá-lo e OS QUE QUEREM SALVAR-SE. Adquira 'CÉDULAS DEMOCRÁTICAS' PRÓ-EDUARDO GOMES e você estará contribuindo para salvar o Brasil das garras dos que estão querendo SE SALVAR." Senhoras de classe média, com o objetivo de arrecadar fundos, passaram a vender um doce, cuja receita foi elaborada por elas mesmas, chamado "brigadeiro". Também visando popularizar a candidatura, cabos eleitorais gritavam: "vote no brigadeiro, é bonito e é solteiro."

O contexto internacional igualmente inquietava as oposições. Na Inglaterra, por exemplo, o Partido Trabalhista, com uma política antiliberal, preparava-se para iniciar a nacionalização de indústrias e do sistema bancário. Mas, sobretudo, assustava o quadro político argentino, em que sindicalistas e trabalhadores, nas ruas, exigiam Perón no governo do país. Nesse caso, em particular, o perigo era assustador para os opositores de Vargas devido à similaridade dos dois casos. Nos jornais, as notícias sobre a situação argentina surgem na primeira página, embora com manchetes contraditórias e pouco esclarecedoras: "Perón escorraçado do governo."[92] "Perón candidato oficial à presidência." "Vítimas da demagogia fascista os partidários do coronel." "Insurgem-se os trabalhadores contra Perón." "Perón deposto por um golpe militar." "Perón assumiu o controle da política argentina." "O terror domina a Argentina. O governo tenta destruir o último vestígio de resistência", entre diversas outras. Como um espelho que mostra um futuro ameaçador, assim a Argentina surgia aos olhos das oposições brasileiras naquele momento. Embora não explicitadas com clareza, as correlações entre ditadores apoiados por trabalhadores e sindicalistas eram constantes: Não casualmente, Otávio Mangabeira, um dos mais importantes líderes das oposições, declarou: "Aqui não tem peronada."

Seja como for, faltando três meses para as eleições, as duas candidaturas não conseguiam mobilizar o eleitorado, sobretudo os trabalhadores. Na percepção de Segadas Viana, que viveu de perto aqueles acontecimentos, as duas campanhas eram lastimáveis: "a candidatura do brigadeiro não tinha sensibilizado a massa, e depois, porque o marechal Dutra, por sua vez, ele tinha conseguido dessensibilizar a massa."[93] Dois episódios são reveladores. Em um deles, um grupo de portuários e estivadores foi levado pelo primo de Carlos Lacerda para conhecer Eduardo Gomes, no Ministério da Aeronáutica. Após esperarem por meia hora, o brigadeiro surgiu com um lacônico "boa tarde". Acostumados com a recepção calorosa de Vargas ou Marcondes Filho, mesmo assim um deles tomou a palavra e saudou a candidatura da UDN. Ao fim do discurso, Eduardo Gomes limitou-se a dizer "obrigado", virou-se e entrou em seu gabinete. Segundo Viana, "eles saíram dali odiando o brigadeiro". Mas com Eurico Dutra as coisas não foram muito diferentes. Ao falar no auditório da Federação dos Rodoviários, o general discorreu longamente sobre os feitos gloriosos do Duque de Caxias, sobre o relevante papel de Deodoro da Fonseca na Proclamação da República, sobre as vitórias retumbantes do almirante Tamandaré, entre outros militares famosos, mas nem uma única vez sequer utilizou a palavra "trabalhadores". Ao finalizar o discurso, somente duas pessoas, Marcondes Filho e um sindicalista, aplaudiram Dutra, à frente de uma plateia silenciosa.

Enquanto isso, os líderes queremistas mostravam-se cada vez mais audaciosos. Marcado não casualmente para o dia 3 de outubro, o próximo comício, chamado de "dia V", de "vitória", revelava imaginação e ousadia política. Embora o ponto central do evento, como os anteriores, fosse o largo da Carioca, no Rio de Janeiro, o caráter da manifestação era nacional. No mesmo dia e na mesma hora, centenas de outros seriam realizados "nas capitais, cidades, vilas e nos mais distantes e modestos lugarejos espalhados por todos os estados do Brasil",[94] dizia o manifesto de convocação. Ao final, enquanto os manifestantes do Distrito Federal, em passeata, iriam até o Palácio do governo da República, nas capitais o povo marcharia para as sedes das interventorias e nas cidades até as prefeituras. O Comitê Pró-Candidatura Getúlio Vargas do Distrito Federal não mais se preocupava em esconder o apoio logístico estatal e o financiamento privado. Muito dinheiro foi gasto para a realização do comício. No Rio de Janeiro, trens suburbanos e bondes, com hora marcada e faixas identificando-os com o queremismo, levariam as pessoas, gratuitamente, até o Centro da cidade. Trens de longo percurso, com trajeto de ida e volta e alimentação pagos pelo comitê, estariam à disposição da população das cidades de Volta Redonda, Três Rios, Porto Novo do Cunha e Cachoeiro – esta última em São Paulo. Uma cadeia nacional de rádios, com mais de 60 emissoras, também seria acionada.

Calcula-se que, no largo da Carioca, compareceram entre 80 mil e 100 mil pessoas. Em São Paulo, o número teria chegado a 200 mil – ou 250 mil, segundo outras versões. Outras capitais, como Porto Alegre, Salvador, Recife e Belo Horizonte, também presenciaram grandes concentrações. No Rio de Janeiro, representantes de São Paulo, Volta Redonda, Niterói, das favelas cariocas, entre diversos outros, discursaram. O palanque, muito bem iluminado com lâmpadas em forma de V e com um imenso retrato a óleo de Vargas, cercado com cartazes que aludiam às suas realizações no governo, chamava a atenção do público. O primeiro orador, Martins Silva, lembrou da Revolução Francesa e afirmou que o povo deveria igualmente derrubar a sua Bastilha, representada, no Brasil, pelos "políticos profissionais".[95] José Junqueira, líder do comitê do Distrito Federal, repudiou as declarações do embaixador norte-americano sobre os rumos da democracia no Brasil. Os brasileiros, disse, não comentam que na "democracia americana haja restrições de raça, cadeiras elétricas e câmaras letais". Todos, no entanto, insistiram na convocação de uma Assembleia Constituinte.

Às 20 horas, iniciou-se a "marcha luminosa". Milhares de pessoas conduzindo cartazes, retratos de Vargas, emblemas e lanternas chegaram ao Palácio Guanabara. Emissoras de rádio, transmitindo para todo o país, registraram o que se seguiu. Após as palavras iniciais de José Junqueira, Hugo Borghi, ao lado de Vargas e cercado de microfones, leu o seguinte documento:

ASSEMBLEIA GERAL DO POVO BRASILEIRO,
realizada em praça pública, no dia 3 de outubro de 1945

Reunidos em praça pública, em todos os centros, capitais do país, cidades, vilas, povoados, estabelecimentos, lares etc., o Povo Brasileiro, em uso de seus direitos e atribuições, resolveu o seguinte:

1 – A Nação brasileira, representada pela opinião soberana de seu povo, quer as eleições a 2 de dezembro próximo;

2 – as referidas eleições devem ser destinadas a eleger os legítimos representantes do povo para comporem a ASSEMBLEIA NACIONAL CONSTITUINTE, destinada à criação de Estatuto Legal, que deverá reger a vida política do país;

3 – as eleições para Presidente da República deverão ser realizadas em época que a nova Constituição elaborada prefixar;

4 – o povo determina que S. Exa., o Presidente da República, proceda à convocação imediata de seu Ministério, a fim de atender ao que ficou decidido por essa Assembleia Geral, para que se cumpram os trâmites legais da redemocratização do país.

O POVO

Brasil, 3 de outubro de 1945, ano do centésimo vigésimo quarto da Independência e quinquagésimo sétimo da República.

O texto, em papel de luxo e letras góticas, traduzia as noções mais fundamentais do queremismo: a soberania do povo, a vontade da maioria, a democracia direta e popular.

Ao receber o documento, Vargas, como de praxe, discursou. Reafirmando que não seria candidato, nem pretendia dar golpes, insistiu que presidiria as eleições e retornaria ao sossego e à obscuridade do lar. No entanto, disse ele, "devo acrescentar que atravesso um momento dramático de minha vida pública e que preciso falar ao povo com prudência e lealdade". Reconhecendo o clamor popular por uma Assembleia Constituinte, afirmou que o atual problema político do país deveria ser resolvido dentro da lei e da ordem. Contudo, ressaltou, quando a vontade do povo não é satisfeita, há o perigo da desordem e da revolta. Assim, denunciou ele, "devo dizer-vos que há forças reacionárias poderosas, ocultas umas, ostensivas outras, contrárias todas à convocação de uma Constituinte". E, em tom de desafio, acrescentou: "Posso afirmar-vos que, naquilo que de mim depender, o povo pode contar comigo." Sob aplausos e o canto do Hino Nacional, a manifestação chegou ao fim. Mas o queremismo e, sobretudo, o presidente, no "dia V", tinham ido longe demais para os padrões da conservadora política brasileira. Vargas, avalia com razão Elza Borghi de Almeida Cabral, "radicalizava tarde demais e sobre uma base de apoio precária".[96]

A reação das oposições foi imediata. Em nota oficial publicada nos jornais, a UDN ridicularizou o comício: "o povo desta cidade acaba de presenciar, estarrecido, um inacreditável espetáculo que, este sim, se diria ocorrido num 'manicômio político'."[97] Qualificando o comício de "bombachada" e denunciando os milhões de cruzeiros gastos, o texto acusou Vargas de manobras continuístas e que "o caráter subversivo, já do comício em si mesmo, já dos pronunciamentos do ditador não pode ser contestado. A nação é agredida e ameaçada. As forças civis e militares que se opõem ao continuísmo são tachadas de 'reacionárias' pelo fundador do 'Estado Novo' totalitário fascista. O representante de um país ligado ao Brasil pela mais profunda amizade é objeto de remoques". Por fim, clamando pela intervenção militar, a nota concluiu que a UDN "confia em que as forças vivas, de que disponha o Brasil, não serão menos fiéis ao seu grande dever para com a Pátria".

Embora o ministro da Guerra tivesse manifestado sua contrariedade ao comício e, em São Paulo, a manifestação do "dia V", na praça da Sé, tivesse ocorrido sob clima de forte tensão, cercada por tanques, soldados armados com metralhadoras e carros de combate, os queremistas não recuaram. Em 13 de outubro, um novo comício foi realizado, repetindo os moldes dos anteriores. A novidade, no entanto, foi a presença, sem discrição alguma, de comunistas e socialistas. Cartazes do MUT, Partido Comunista do Brasil, Partido Nacional Classista, Partido Socialista, Partido Socialista Cristão e Partido Democrático Libertário surgiam ao lado das fotos de Vargas. Maurício Grabois, líder comunista, discursou pedindo a Constituinte. Vargas, ao falar aos manifestantes, novamente denunciou que "existem forças reacionárias contrárias a essa ideia",[98] mas, surpreendentemente, acrescentou que, para a tranquilidade do povo, ele poderia ouvir os partidos políticos e as forças organizadas da sociedade sobre a conveniência da convocação de uma Assembleia Constituinte. E, para maior irritação de seus adversários, ainda afirmou: "Eu vos prometo fazer esta consulta para que cada corrente de opinião assuma perante o povo a parcela de responsabilidade que lhe cabe. Eles precisam dizer se estão de encontro aos clamores populares ou se persistem em ficar na corrente reacionária."

À promessa de Vargas, sem dúvida inquietante para as oposições, somou-se, dias depois, o discurso de Luiz Carlos Prestes, em comício em Belo Horizonte. O líder comunista não apenas exigiu uma Constituinte antes da eleição presidencial, mas sugeriu que Dutra e Gomes renunciassem às suas candidaturas.[99] Embora sem comprovações, os rumores de que Vargas e Prestes teriam pactuado um acordo mostravam-se cada vez mais convincentes para os oposicionistas. O perigo, portanto, era muito grande: os dois maiores líderes populares do país, verdadeiros mitos políticos, falavam a mesma linguagem e, pior, com o apoio dos trabalhadores.

Vargas adiantava-se aos acontecimentos e criava outros, provocando a ira das oposições. Ao inaugurar mais 14 quilômetros de eletrificação de trens suburbanos, ele convocou os trabalhadores a aderirem ao PTB. O partido, disse, seria uma organização alternativa aos extremismos de esquerda e permitiria "evitar que os operários constituam uma massa de manobra para os políticos de todos os tempos e de todos os matizes, os quais, depois de eleitos pelos trabalhadores, se esquecem dos compromissos com eles assumidos".[100] Sobretudo, com o PTB, acrescentou, "os trabalhadores deviam ir às urnas escolhendo os representantes saídos de seu seio e intérpretes de suas aspirações".

O discurso de Vargas tinha objetivos precisos. Os relatórios que ele recebia sobre a situação eleitoral, a partir de inícios de outubro, continham indagações dos líderes queremistas sobre quais rumos dar ao movimento. Quais as orientações, perguntavam: dissolver o queremismo? Ingressar no PTB? Aderir a outro partido? A resposta, portanto, não tardou.[101] Mas ao indicar o PTB como um partido de trabalhadores, defender uma política classista, denunciar os políticos tradicionais e ferir os princípios básicos do liberalismo, Vargas continuava avançando muito além do permitido no comportamento das elites políticas do país. *O Radical*, por exemplo, interpretou as palavras de Vargas à sua maneira: no Brasil, a divisão social era bem definida e os trabalhadores, conscientes de sua classe, deveriam se organizar politicamente: de um lado, diz o editorial, os "grã-finos", os bacharéis, os "intelectualoides" e aqueles que, ricos, preocupados tão-somente com seus interesses pessoais, escolheram a UDN; mas de outro, "os homens e mulheres que tressuam nas oficinas, nas fábricas, nos escritórios, nas lojas comerciais, e aquela massa enorme dos que laboram nos campos, se haviam decidido pelo Partido Trabalhista Brasileiro, pela simples razão de que o trabalhador procura o seu partido como os reacionários vão procurar, por simples instinto, o desfalecente udenismo".[102]

Embora as palavras de Vargas fossem apropriadas de diversas maneiras, sua indicação permitiu que um conjunto de ideias, crenças e atitudes coletivas – o *trabalhismo* como projeto político, o *getulismo* como a sua personalização e o *queremismo* como movimento social, termos até então sinônimos e intercambiáveis – se institucionalizasse em um partido político, o PTB. Nas páginas da grande imprensa, o comitê do Distrito Federal, patrocinando a travessia do movimento social para o partido político, incitava os trabalhadores: "Queremistas ontem e, agora, nas hostes do PTB."

No entanto, a partir do dia 15 de outubro, os jornais se abstiveram de noticiar a política nacional. As manchetes sobre a sucessão, até então vibrantes, cederam lugar a temas diversos. Exceção feita à Argentina, sempre de denúncia aos "métodos fascistas" de Perón. O novo comício queremista marcado para o dia 26 foi proibido pela polícia. Naquele dia, trabalhadores desavisados compareceram no largo da Carioca, mas encontraram apenas um choque da Polícia Especial. Limitaram-se a debater política em pequenos grupos.[103]

No dia 27 de outubro, o ministro do Trabalho, Marcondes Filho, em cadeia de 21 rádios que cobriam todas as capitais e mais 54 que alcançavam o interior do país, explicou aos trabalhadores o programa e as finalidades do PTB, o "partido criado para defender os seus interesses e o seu futuro".[104] No dia seguinte, o comitê do Distrito Federal publicou nos jornais, em folha inteira, um desenho estilizado de um operário com a frase: "Forja teu futuro, alistando-te no PTB." No dia 30, *O Jornal* deu a sua versão sobre o que ocorrera nas ruas da capital da República no dia anterior:

> Desfilando sob os aplausos populares a poderosa concentração blindada que se deslocou ontem de Deodoro para a cidade era bem uma expressão do poder do povo. Mais uma vez colocavam-se as tropas a serviço do país e restituíam à Nação o direito de determinar o seu próprio destino. O poderoso tank 'Shermann' roda sobre as avenidas dos subúrbios para cumprir a grande missão. Nenhum tiro foi disparado. Emanando da soberania da Nação, o pronunciamento das forças confunde-se com a aspiração coletiva da democracia, liberdade, justiça.[105]

A MALDIÇÃO DOS MARMITEIROS

A conspiração para depor Vargas estava em andamento há algum tempo. O pretexto para a deposição, em 29 de outubro, foi a nomeação de seu irmão, Benjamin Vargas, para a Chefatura de Polícia do Distrito Federal. Com o aval do embaixador norte-americano, Góes Monteiro e Eurico Dutra, entre outros, estiveram à frente do golpe militar. Algumas tentativas para impedir a deposição de Vargas ocorreram no Distrito Federal. Para dificultar a passagem dos tanques pela cidade, Segadas Viana planejou bloquear as ruas com bondes. Contudo, os dirigentes do Sindicato dos Carris nada puderam fazer, pois o Dops, que aderira ao golpe, os vigiava na sede da entidade. Hugo Borghi, por sua vez, entrou no Palácio Guanabara e logo recebeu uma metralhadora. Na Vila

Militar, o general Paquet pensou em resistir, recuando, todavia, por falta de condições políticas nos quartéis.

Vitoriosos, os militares entregaram o poder ao presidente do Supremo Tribunal Federal, ministro José Linhares, assim como pregava a UDN. Com um ministério de maioria udenista, as perseguições aos adeptos do antigo regime foram imediatas. Segadas Viana foi preso; Hugo Borghi, procurado pela polícia, escondeu-se em um hotel; funcionários públicos foram ameaçados com demissões arbitrárias; o banimento de Vargas do país estava nos planos de grupos civis e militares. Com o título "Vingança e ódio", *O Radical* denunciou: "Insinuam eles a necessidade de exílio, de prisões, demissões em massa, estranham a permanência nos cargos, de certos funcionários; aconselham devassas, sugerem inquéritos no sentido de punir, condenar, aniquilar. É uma verdadeira campanha de derrubada, de ódio, de extermínio."[106]

Para os trabalhistas, era preciso reagir muito rapidamente, impedindo que as perseguições continuassem. Ao confirmar, por meio de alguns amigos oficiais do Exército, que, na Vila Militar, a deportação de Vargas era certa, o grupo político do PTB, liderado por Borghi, concluiu que a melhor alternativa para sustar as arbitrariedades era a vitória eleitoral do candidato do PSD. Após conversações, Eurico Dutra, com seu prestígio nos quartéis, impediu que Vargas fosse banido, apostando que o ex-presidente e os queremistas o apoiariam politicamente.[107] Embora Vargas se recusasse a prestigiar a candidatura do general, acusando-o de traidor por sua conivência com o golpe, Borghi mandou imprimir milhões de cartazes que inundaram as ruas do Rio de Janeiro e de São Paulo. Com a foto de Vargas, o panfleto dizia: "Ele disse: trabalhador alista-te e vota no Partido Trabalhista Brasileiro." O "Ele disse", portanto, teve uma primeira versão, a que sugeria aos trabalhadores que votassem no PTB. Mais adiante, um outro "Ele disse" tratou da indicação de Vargas para que votassem em Dutra. Logo após a deposição de Getúlio, diz Lucília de Almeida Neves, "os trabalhistas receberam, de imediato, a orientação para transformar os comitês queremistas, que se multiplicavam em grande número de cidades, em diretórios do PTB, e em comitês eleitorais para apoio dos candidatos petebistas nas eleições que ocorreriam no final de 1945".[108] Mas a adesão e a filiação ao PTB não modificaram o clima de desalento dos queremistas. Chocados com o golpe que depôs Vargas do poder, eles pareciam ter perdido a capacidade de iniciativa e de mobilização dos trabalhadores. Entretanto, continuaram comprando páginas na grande imprensa e, com a mesma imaginação política, iniciaram uma nova série, agora propagandeando o PTB. Diariamente, um tema de interesse dos trabalhadores era explorado, com gravura e texto, ressaltando a necessidade de os assalariados terem um partido próprio.

Em meados de novembro, contudo, um novo fato político deu algum impulso aos trabalhistas. Vargas, em seu primeiro pronunciamento após a deposição, dirigiu um manifesto aos trabalhadores: "Trabalhadores do Brasil! Condensa as vossas energias e moldai a vossa consciência coletiva, ingressando no Partido Trabalhista Brasileiro."[109] De março a novembro, as mudanças, sem dúvida, foram significativas: um movimento social que começou com o simples lema "Queremos Getúlio, com ou sem Constituinte", passou, mais adiante, a clamar por "Constituinte com Getúlio", até chegar a um partido que moldasse a consciência política da classe trabalhadora.

O PTB, no entanto, frágil e sem estrutura política, dividia-se em diversas alas, principalmente entre a dos fundadores do partido, a exemplo de Segadas Viana, e aquela proveniente do queremismo, liderada por Hugo Borghi. Mas, sobretudo, estavam desorientados os trabalhadores. Com a ausência de Vargas e, particularmente, sem a sua palavra, o voto dos assalariados tendia a se dispersar entre o brigadeiro e o candidato do PCB, Yedo Fiúza. Se a UDN contava com nomes de expressão na política nacional e o apoio maciço dos meios de comunicação, os comunistas apresentavam como trunfo a imagem emblemática do *Cavaleiro da esperança* e uma militância aguerrida, e o PSD dispunha de uma poderosa máquina eleitoral, o PTB nada tinha além de Getúlio Vargas – que insistia no silêncio.

Enquanto o ex-presidente não declarasse seu apoio ao general, a estratégia dos trabalhistas, quase desesperada, era atacar sistematicamente a candidatura de Eduardo Gomes e conclamar o eleitorado a votar no PTB. Os apelos para que os trabalhadores escolhessem o PTB como o seu partido tornaram-se diários. Nas eleições de 2 de dezembro, dizia *O Radical*, "vai ser jogada a sorte do trabalhador brasileiro: ou perde tudo o que já conquistou à custa de muito sacrifício, voltando a ser considerado 'caso de polícia', ou mantém a posição de dignidade que hoje desfruta. E para manter esta posição, só votando com o seu único partido, que é o PARTIDO TRABALHISTA BRASILEIRO".[110] Votar no PTB, mas também denunciar a candidatura da UDN. Definido na pequena imprensa que apoiava Vargas como "O candidato dos grã-finos", os ataques ao candidato da UDN aumentavam de intensidade à medida que o dia das eleições se aproximava. O *Correio Paulistano*, por exemplo, publicou:

EDUARDO GOMES

Inimigo de São Paulo em 1924.

Inimigo de São Paulo em 1930.

Inimigo de São Paulo em 1932.

Inimigo de São Paulo em 1937.

É atualmente constitucionalista por imediatismo, pela ambição de ser presidente da República. [...]

Bombardeador de São Paulo na memorável campanha constitucionalista de 1932.

O célebre avião vermelhinho pilotado por Eduardo Gomes em 1932 participava dos que derramaram sangue paulista, principalmente em Campinas. [...]

Ainda haverá paulista ou brasileiro em São Paulo que vote em seus algozes?[111]

Por mais que se esforçassem na estratégia, restava menos de duas semanas para o pleito eleitoral e dificilmente Eduardo Gomes perderia as eleições, acreditavam até mesmo os líderes trabalhistas. Na avaliação de Hugo Borghi, "o brigadeiro já tinha ganho a eleição por 90% dos votos. Não tenho dúvida. O Dutra não ia ter 10% dos votos".[112] Somente um evento de grande impacto, forte o suficiente para indignar os mesmos trabalhadores que participaram do queremismo, mobilizando seus sentimentos e incitando-os a uma ação política em comum, poderia sustar a vitória da UDN.

Hugo Borghi foi quem criou esse fato. Com imaginação e talento político, ele conseguiu estabelecer, com extrema habilidade, um símbolo que representou uma identidade coletiva dos trabalhadores e, no mesmo movimento, projetou uma imagem absolutamente negativa do adversário. Atento aos discursos de Eduardo Gomes, Borghi, pelo rádio, ouviu a seguinte frase: "Não necessito dos votos desta malta de desocupados que apoia o ditador para me eleger presidente da República."[113] Malta, para o brigadeiro, seria o conjunto de trabalhadores que participou dos comícios queremistas, porque, em sua percepção política, recebeu dinheiro do Ministério do Trabalho para comparecer às manifestações pela continuidade de Vargas no poder. Borghi foi ao dicionário e leu: "Malta – agrupamento de lobos, conglomerado de má catadura, operários que percorrem as linhas ferroviárias levando suas marmitas, marmiteiros..." Marmiteiros, pensou ele, era melhor do que malta. Com sensibilidade política, não foi difícil perceber que marmiteiro "pegava" mais do que malta. No dia seguinte, Borghi acionou uma cadeia de 150 rádios. Sem meias-palavras, declarou: "A maior prova de que o senhor Brigadeiro é o candidato dos grã-finos, dos milionários, dos ricos, dos barões, dos exploradores do povo é que ele declarou que não precisa do voto dos marmiteiros, que trabalham, que lutam."

Similar às limalhas de ferro que se separam, para utilizar uma metáfora do historiador E. P. Thompson,[114] a *marmita* agiu como uma placa magnetizada. Como um símbolo de caráter político, ela permitiu, por meio de imagens e representações, que os trabalhadores percebessem os embates políticos, os conflitos econômicos e as contradições sociais experimentadas por uma sociedade dividida em classes. De um lado, os grã-finos, os milionários, os ricos, os barões, as elites, os exploradores do povo; de outro, os que vivem do trabalho, os pobres, os simples, os humildes, a plebe, os que lutam. "Entre a plebe e a elite, um divisor: – marmiteiro", afirmava em uma manchete *O Radical*.[115] O sucesso da expressão foi imediato, impactante, entre os assalariados. "Os símbolos", diz Baczko, "só são eficazes quando assentam numa comunidade de imaginação".[116] E naquele momento, a simbologia da marmita encontrou um "território" cultural e político fértil para ser assimilada e apropriada, com significados diversos, na imaginação social dos trabalhadores. "É porque havia o sentimento de luta de classes criado", diz Borghi muitos anos mais tarde. "Havia na mentalidade do povo o sentimento de que a UDN era contra ele. E faltava apenas um denominador comum, alguma coisa que galvanizasse aquilo, um catalisador. E a palavra marmiteiro catalisou." Panfletos pregavam a dignidade dos marmiteiros. Nos comícios dos candidatos do PTB, milhares de trabalhadores participavam com marmitas, panelas e outros utensílios domésticos de metal, batendo neles com talheres. Em uma manifestação no Vale do Anhangabaú, uma multidão, avaliada em 500 mil pessoas, promovendo barulho ensurdecedor, batia em latas e marmitas.

Naqueles poucos dias, esquemas de interpretação, sistemas de legitimação e códigos comportamentais coletivos permitiram, por meio de uma "linguagem" comum, imaginar a divisão social e, no mesmo movimento, desqualificar suas hierarquias, promovendo uma ação conjunta. Representados nas metáforas do marmiteiro e do grã-fino, trabalhadores e elites eram traduzidos por imagens antagônicas e conflituosas. "Nomear é saber", afirma Robert Darnton, e "nós pensamos no mundo da mesma maneira que falamos sobre ele, estabelecendo relações metafóricas".[117] Por meio da marmita, um simples utensílio doméstico agora transformado em poderoso bem simbólico de caráter político, os trabalhadores identificaram seus interesses materiais e simbólicos, resultando em uma identidade coletiva própria. É o que lemos em uma espécie de "manifesto dos marmiteiros":

> Manhã cedo, ainda, e eles deixando o lar, rumo ao trabalho. Enchem os bondes, chova, faça sol, esteja frio, esteja calor. Que importa? Em casa, a mulher e os filhos esperam que o chefe da família, ao voltar logo mais, ao anoitecer, diga que cumpriu o seu dever, para ser digno de si mesmo e para que as contas possam ser pagas corretamente.
> Lá vai ele... vestido com limpeza e simplicidade, com alguns remendos, feitas caprichosamente as costuras pela esposa, enquanto os meninos ajudavam a arrumar a casa...
> Lá vai ele, com a marmita debaixo do braço.
> Ele é, portanto, um marmiteiro.[118]

A marmita representava a dignidade, o respeito e a decência do trabalhador. Tratava-se portanto de um conflito de interesses e de uma luta por valores – ou de classes, no entender de Thompson –, vividos e socialmente experimentados, e não apenas construídos intelectualmente. Mas também a delimitação simbólica de lugares sociais opostos e a denúncia das contradições estabelecidas no interior da sociedade:

> É marmiteiro sim. E honra-se de o ser. Não podendo frequentar os restaurantes dos grã-finos, nem ter os acepipes dos fidalgos, ele conduz para a sua atividade a marmita que contém a comida preparada, com prazer, pela sua companheira. Quantos indivíduos poderão apresentar, como o marmiteiro apresenta, uma vida honesta, laboriosa e esforçada?

Há muitas e muitas coisas que, formando embrulhos, grandes ou pequenos, mancham as mãos que os carregam. Mas a marmita não. A marmita é um símbolo de que a pessoa que a está carregando luta pela vida, honestamente, sem ter medo das dificuldades.

Congregando em sua imagem bens simbólicos que definiam valores qualitativamente diferentes entre as classes sociais, a marmita igualmente representava disputas por uma melhor distribuição da riqueza econômica:

> O marmiteiro deseja, simplesmente, que baixe o aluguel das casas. Que a alimentação, por causa do preço dos gêneros, não vá além de trinta por cento do seu salário. Que os seus filhos possam também, como os filhos dos grã-finos, cursar as escolas. Que o vestuário não lhe leve mais dum quinto do que recebe na fábrica.
> Isso é que o marmiteiro tem por ideal.

Com um poder incomum de mobilização, a palavra marmiteiro, com extrema rapidez, varreu o país e tornou-se elemento integrante do imaginário popular, como um patrimônio simbólico do trabalhador. Cartazes com imagens de marmitas amanheciam pregados nas paredes e postes das ruas. As charges, quase diárias, divertiam os leitores de *O Radical*. Em uma delas, o desenho mostrava um operário, sentado no chão e comendo macarrão em uma marmita, olhando para um homem elegantemente vestido. O texto completava o desenho: "Virgilinho: – Você vota conosco?"; "Operário: – Seu doutor, 'marmiteiro' não se mistura com grã-fino." Em outra, aparece um homem trabalhando em casa, enquanto seu filho recebe na porta um indivíduo de terno e gravata: "– Papai, está aí um grã-fino que diz que quer falar com o marmiteiro da casa"; "– Diga a ele que só dou audiência após 3 de dezembro."[119] O mesmo jornal dizia que os marmiteiros, "a patuleia e a ralé de cujos votos não precisa o candidato udenista, são assim denominados pelos chefes dessa corrente política, não são grã-finos, são trabalhadores, simples e modestos, também são cidadãos dignos de respeito".[120]

Se interpretarmos o símbolo como polissêmico, fluido e complexo,[121] como *algo* que transmite sentido, ou múltiplos sentidos, percebemos que a marmita, para os trabalhadores, significava muitas coisas ao mesmo tempo, mas nada dizia para os membros das elites sociais e políticas do país. Na UDN, um dos poucos políticos que percebeu o perigo que o partido corria foi Carlos Lacerda. Ao alertar o brigadeiro, o candidato limitou-se a dizer: "Você fale com o Dr. Prado Kelly." Este, por sua vez, pouco se importou com o episódio: "Mas Carlos, isto não tem tanta importância! O povo não vai acreditar nisso. Imagine!" Lacerda, mais sensível politicamente, argumentou sobre o poder dos meios de comunicação e sobre uma questão que eles não poderiam mais ignorar: "O operariado é grato a Getúlio porque personificou nele uma porção de coisas que não tinha antes e passou a ter."[122]

A partir daí, a campanha eleitoral da UDN e as páginas da grande imprensa dedicaram-se apenas a desmentir as acusações. "Explique-se o mentiroso!", acusando Hugo Borghi, exigia o *Correio da Manhã*: "Para impedir a vitória do verdadeiro candidato do povo, juntaram-se todos: integralistas, saudosistas da ditadura antigamente chamados queremistas, dutristas, prestistas hoje também conhecidos como fiuzistas; e desse caldo nasceu a mentira dos 'marmiteiros'."[123] Na primeira página, o mesmo jornal descreveu o diálogo entre Eduardo Gomes e um repórter: "Marmiteiro? Que é isso?", disse o udenista. Na apressada tentativa de desfazer o boato, o jornalista agravou ainda mais a delicada situação política do candidato, escrevendo: "Eduardo Gomes evidentemente não está familiarizado com o termo." A frase, dúbia, permitia concluir que o brigadeiro, de fato, era um homem das elites, pois sequer sabia o que era uma marmita. Os desmentidos, os ataques ao queremismo e a Hugo Borghi se multiplicavam nos jornais: "Essa intriga é uma zombaria aos 'marmiteiros', é usar da pobreza como máscara, para miseráveis propósitos políticos."

Em poucos dias, uma onda de boatos, intrigas, difamações e toda sorte de calúnias e falsas notícias apoderou-se da sociedade. A Liga Eleitoral Católica, por exemplo, teria imposto aos candidatos um programa de governo que subordinaria totalmente o país ao Vaticano. Notícias de que o dinheiro popular seria confiscado logo após a vitória da UDN amedrontaram os trabalhadores. Com o título "Em perigo o dinheiro do pobre", *O Radical* denunciou: "Eduardo Gomes se propõe a confiscar os depósitos das Caixas Econômicas e dar, em troca, títulos da dívida pública, a fim de sanear as finanças e, salvaguardar, com isso, o dinheiro dos magnatas."[124] Mais desmentidos na grande imprensa, outras notas oficiais da UDN defendendo o brigadeiro.

A candidatura de Eduardo Gomes, que até então não alcançara popularidade, tornou-se definitivamente antipática aos eleitores de baixa renda. O que não significava, automaticamente, a vitória de Eurico Dutra. Somente com o apoio público de Vargas, acreditava uma facção dos trabalhistas, o general teria alguma chance.

Os insultos crescentes da oposição e a ameaça de banimento, convenceram o ex-presidente a apoiar Dutra. O acordo seria selado, desde que o candidato garantisse a manutenção das leis sociais e o Ministério do Trabalho para o PTB.

O manifesto de Vargas apoiando Dutra chegou meia hora antes do encerramento do último comício do general, no Rio de Janeiro. Em 29 de novembro, *O Radical*, com o título "Não vencerá o candidato dos grã-finos. Os 'marmiteiros' votarão no general Eurico Dutra", publicou a cópia fotostática do manifesto de Vargas.[125]

Nas eleições de 2 de dezembro, Eurico Dutra, surpreendentemente e contrariando todos os prognósticos, obteve 55,39% dos votos, com votação maciça em São Paulo, Minas Gerais e Rio Grande do Sul; Eduardo Gomes conseguiu 35,74%; enquanto Yedo Fiúza amealhou

9,7%. Getúlio Vargas e Luiz Carlos Prestes dividiram entre si o voto popular e urbano. O PTB surgiu como o terceiro partido na Câmara, sobretudo devido a Vargas, seu "puxador de legenda".[126] O grande vitorioso, no entanto, foi o PSD que, graças à sua máquina eleitoral, elegeu a maioria de vereadores e deputados estaduais e federais, além do próprio presidente da República.

PALAVRAS FINAIS: QUEREMISMO E CLASSE TRABALHADORA

O queremismo surgiu no cenário político da transição democrática como um movimento de protesto dos trabalhadores, receosos de perderem a cidadania social conquistada na década anterior. Inicialmente, eles projetaram na *pessoa* de Getúlio Vargas a única garantia de preservar as leis sociais e trabalhistas. Mais adiante, o queremismo evoluiu no sentido de reivindicar uma Assembleia Constituinte. Tratou-se da percepção de que, para além da pessoa de Vargas, havia outras formas de luta.[127] O resultado foi a institucionalização do movimento em um partido de trabalhadores, o PTB.

O queremismo também foi uma experiência política de aprendizado dos trabalhadores. Na década de 1930, eles aprenderam a exercer a cidadania social, aprenderam que tinham direito a ter direitos. Ao longo de 1945, na luta para garantir leis sociais, eles aprenderam a lidar com a cidadania política. Perceberam a importância da participação política para garantir as leis trabalhistas. Para Michelle Reis de Macedo, o queremismo chamou às ruas trabalhadores e populares, agindo como instrumento de "pedagogia política, ensinando os setores populares a lidar com os direitos políticos".[128]

É verdade que o queremismo não alcançou seu quase obcecado objetivo: manter Vargas no poder. Nem com a Constituinte, nem sem ela. Mas concluir tão-somente que o movimento foi derrotado, pelo simples fato de que Vargas foi deposto pelos militares, é não perceber a sua importância e o seu alcance político. Após as eleições, na imprensa e em diversas interpretações de líderes pessedistas e udenistas, houve a constatação, espantosa para eles, de que os trabalhadores, de maneira contundente e irreversível, passaram a ter *vontade* política. Esta, inclusive, foi a conclusão a que os jornais chegaram para explicar a eleição de Dutra e o revés sofrido pelo brigadeiro. José Lins do Rego, por exemplo, comparou a derrota da UDN em São Paulo com a batalha de Waterloo. Chefes políticos republicanos tinham sido derrotados em seus próprios "currais", algo inédito na tradição política brasileira. Sobral Pinto igualmente percebeu que os trabalhadores passaram a decidir por si mesmos, votando no PTB e no PCB, "para nossa humilhação", disse ele.[129] Portanto, se Vargas não continuou no poder, Eduardo Gomes não se elegeu e, muito mais importante, os trabalhadores surgiram no cenário político com consciência de seus interesses e vontade política.

O queremismo foi absorvido pelo PTB, mas, historicamente, o surgimento de ambos somente foi possível por estarem afinados com um conjunto de experiências econômicas, políticas, ideológicas e culturais, vividas e partilhadas pelos trabalhadores, consubstanciado no projeto nomeado de trabalhismo.

Houve, decerto, a intervenção estatal. Sobretudo a partir de 1942, a formulação do projeto trabalhista pelo Estado contribuiu, de maneira decisiva, para configurar uma identidade coletiva que se manifestou, com vigor, nos conflitos políticos do segundo semestre de 1945. Mas, em qualquer experiência histórica, os trabalhadores sofrem influências dos contextos sociais, políticos e ideológicos em que vivem. Refutando as interpretações que insistem na passividade dos trabalhadores, sempre vítimas de influências externas à sua classe, Thompson demonstra que, se eles sofrem com os contextos políticos, reagem à sua maneira e, à medida que modificam sua organização e consciência, também alteram as próprias circunstâncias que os incitaram à mudança. A consciência de classe, defende o historiador inglês, traduz as experiências vividas pelos trabalhadores em termos culturais, "encarnadas em tradições, sistemas de valores, ideias e formas institucionais".[130] No caso brasileiro, como em outros, tratou-se de uma *relação*, em que as partes, Estado e classe trabalhadora, identificaram interesses comuns. No trabalhismo, origem e motivação do queremismo e do PTB, estavam presentes ideias, crenças, valores e códigos comportamentais que circulavam entre os próprios trabalhadores muito antes de 1930. O trabalhismo, portanto, traduziu uma consciência de classe, legítima como qualquer outra, porque histórica.

Mas as classes sociais, sabemos hoje, não antecedem a história de suas próprias lutas políticas e ideológicas; surgem como o efeito delas.[131] Afinal, é no terreno das ideologias e da conflitividade política e social que as pessoas tomam ciência das relações em que estão envolvidas na sociedade. Ao longo do ano de 1945, a sociedade brasileira conheceu um acirramento das lutas sociais, manifestado, muitas vezes, por uma luta de valores. E foi no próprio decorrer do conflito que os trabalhadores se reconheceram como classe social, em oposição a outras, com uma cultura política e interesses próprios. O queremismo, portanto, atuou no sentido de mobilizar os trabalhadores como classe social. "A classe", diz Adam Przeworski, "molda o comportamento político dos indivíduos tão-somente se os que são operários forem organizados politicamente como tal".[132] Este, a meu ver, foi o papel político de relevo do queremismo e, mais adiante, do próprio PTB. Resgatando crenças, ideias, tradições, sensibilidades e valores políticos presentes entre os trabalhadores, antes e depois de 1930, e "dialogando" com eles, o queremismo mobilizou-os como classe social, com consciência de sua identidade coletiva.

Evidentemente que a análise se afasta frontalmente das interpretações que veem na política brasileira após 1930, ou 1945, nada além do que repressão e propaganda governamental, resultando em uma classe trabalhadora sem consciência de seus "reais" interesses, sempre a reboque de "pelegos" e "líderes burgueses de massa". Contudo, afirma Przeworski:

> No papel, podem se enquadrar as pessoas nas classificações que se desejar, mas na prática política é preciso tratar com pessoas de carne e osso, com seus interesses e a consciência dos mesmos. E tais interesses, quer sejam ou não 'reais', não são arbitrários; tampouco é arbitrária sua consciência e a própria prática política que os forja.[133]

NOTAS

1. Os grupos e movimentos mais conhecidos de resistência à ditadura foram a União Nacional dos Estudantes (UNE); os comunistas seguidores de Luiz Carlos Prestes que organizaram a Comissão Nacional de Organização Provisória (CNOP); liberais unidos nas chamadas "oposições coligadas"; banqueiros e financistas que, majoritariamente, assinaram o "Manifesto dos Mineiros", texto sem grande repercussão na época; grupos civis e militares aglutinados na Sociedade dos Amigos da América e na Liga de Defesa Nacional.
2. Em 28 de fevereiro, o governo decretou a Lei Constitucional nº 9 que deu nova redação a vários artigos da Constituição de 1937. Entre diversas outras medidas, regulamentou as eleições para presidente da República, senadores, deputados federais e governos e deputados estaduais. Disponível em <https://www2.camara.leg.br/legin/fed/leicon/1940-1949/leiconstitucional-9-28-fevereiro-1945--365005-publicacaooriginal-1-pe.html>. Acesso em 27 dez. 2023.
3. Elza Borghi de Almeida Cabral, *O queremismo na redemocratização de 1945*, Programa de Pós-Graduação em História da Universidade Federal Fluminense, Niterói, 1984, dissertação de Mestrado, p. 72.
4. *Correio da Manhã*, Rio de Janeiro, 3 de abril de 1945, 1ª página.
5. Idem, 7 de março de 1945, p. 4.
6. Idem, 4 de abril de 1945, p. 4.
7. *Diário de Notícias*. Rio de Janeiro, 13 de março de 1945, p. 4.
8. Idem, 8 de março de 1945, p. 3.
9. Bronislaw Baczko, "Imaginação social", in *Enciclopédia Einaudi*, Anthropos--Homem, vol. 5, Lisboa, Imprensa Nacional-Casa da Moeda, 1985, p. 311.
10. *O Jornal*, Rio de Janeiro, 3 de março de 1945, p. 3, e 4 de março de 1945, 2ª seção, 1ª página.
11. Idem, 21 de março de 1945, p. 2 e 22 de março de 1945, p. 2.

12. Arnaldo Spindel, *O Partido Comunista na gênese do populismo*, São Paulo, Edições Símbolo, 1980, p. 59.
13. Sob o risco de cometer injustiças com outros trabalhos, excetuo aqui a importante contribuição de Elza Borghi de Almeida Cabral, *O quererismo na redemocratização de 1945*.
14. Roger Chartier, "Cultura popular: revisitando um conceito historiográfico", in *Estudos Históricos*, nº 16, Rio de Janeiro, Editora da Fundação Getúlio Vargas, 1995, p. 182.
15. Clifford Geertz, *A interpretação das culturas*, Rio de Janeiro, Jorge Zahar, 1978, p. 321.
16. *O Radical*, Rio de Janeiro, 18 de abril de 1945, pp. 1 e 7, e 19 de abril de 1945, pp. 1 e 7.
17. *O Jornal*, Rio de Janeiro, 11 de maio de 1945, p. 2.
18. Bronislaw Baczko, op. cit., p. 310.
19. *O Radical*, Rio de Janeiro, 27 de abril de 1945, p. 3.
20. Idem, 11 de abril de 1945, 1ª página.
21. Arnaldo Spindel, op. cit., p. 61.
22. Elza Borghi de Almeida Cabral, op. cit., p. 55.
23. Michelle Reis de Macedo. *O movimento queremista e a democratização de 1945*. Trabalhadores na luta por direitos. Rio de Janeiro, Editora 7 Letras, 2013, p. 44.
24. Jorge Ferreira, *Trabalhadores do Brasil*. O imaginário popular, Rio de Janeiro, Editora da Fundação Getúlio Vargas, 1997.
25. *Correio da Manhã*, Rio de Janeiro, 18 de maio de 1945, 1ª página; 16 de maio de 1945, 1ª página; 9 de junho de 1945, 1ª página; e 18 de abril de 1945, 1ª página.
26. Lucília de Almeida Neves, *PTB: do getulismo ao reformismo (1945–1964)*, São Paulo, Marco Zero, 1989, p. 48.
27. Hugo Borghi (Depoimento), Rio de Janeiro, FGV/CPDOC – História Oral, 1982, pp. 36–41 e 47.
28. Decreto-Lei n. 7.586, de 28 de maio de 1945. Disponível em <https://www2.camara.leg.br/legin/fed/declei/1940-1949/decreto-lei-7586-28-maio-1945-417387-norma-pe.html>. Acesso em 27 dez. 2023
29. Elza Borghi de Almeida Cabral, op. cit., pp. 124–125.
30. Em agosto de 1943, os comunistas seguidores de Luiz Carlos Prestes, na "Conferência da Mantiqueira", decidiram pela linha política de União Nacional em torno de Getúlio Vargas.
31. Maria Victoria de Mesquita Benevides, *A UDN e o udenismo*. Ambiguidades do liberalismo brasileiro (1945–1965), Rio de Janeiro, Paz e Terra, 1981, p. 42.
32. *Revista do O Jornal*, Rio de Janeiro, 1º de abril de 1945, 1ª página.
33. *O Jornal*, Rio de Janeiro, 29 de maio de 1945, 2ª seção, 1ª página; 30 de maio de 1945, p. 3; 30 de junho de 1945, p. 3; 17 de julho de 1945, p. 3; 23 de outubro de 1945, 1ª página; 30 de outubro de 1945, 2ª seção, 1ª página; 11 de novembro de 1945, p. 3; e 13 de novembro, 2ª seção, 1ª página.
34. Idem, 6 de junho de 1945, p. 3; 11 de julho de 1945, p. 6; e 19 de julho de 1945, 2ª seção, p. 5.
35. *Correio da Manhã*, Rio de Janeiro, 6 de junho de 1945, 1ª página.

36. Elza Borghi de Almeida Cabral, op. cit., p. 108.
37. *Correio da Manhã*, Rio de Janeiro, 14 de agosto de 1945, p. 12.
38. Elza Borghi de Almeida Cabral, op. cit., p. 198.
39. *Correio da Manhã*, Rio de Janeiro, 5 de junho de 1945, 1ª página; 16 de junho de 1945, 1ª página e 17 de junho de 1945, 1ª página.
40. Maria Victoria de Mesquita Benevides; op. cit., p. 45.
41. *O Jornal*, Rio de Janeiro, 1º de agosto de 1945, p. 3; *Correio da Manhã*, Rio de Janeiro, 1º de agosto de 1945, p. 4.
42. Raoul Girardet, *Mitos e mitologias políticas*, São Paulo, Companhia das Letras, 1987, p. 40.
43. *O Radical*, Rio de Janeiro, 2 de agosto de 1945, p. 3 e 15 de agosto de 1945, p. 3.
44. Idem, 17 de agosto de 1945, 1ª página.
45. Elza Borghi de Almeida Cabral, op. cit., p. 114.
46. Mircea Eliade, *Mito e realidade*, São Paulo, Perspectiva, 1972, p. 11.
47. *O Jornal*, Rio de Janeiro, 5 de agosto de 1945, p. 3.
48. *Correio da Manhã*, Rio de Janeiro, 7 de agosto de 1945, p. 16.
49. *O Jornal*, Rio de Janeiro, 17 de agosto de 1945, p. 3.
50. *Correio da Manhã*, Rio de Janeiro, 27 de julho de 1945, p. 4.
51. Citado em *O Jornal*, Rio de Janeiro, 18 de agosto de 1945, 2ª seção, 1ª página. É interessante e curioso observar que essa linha de análise foi, muitos anos mais tarde, retomada por historiadores que, utilizando o argumento liberal, procuraram explicar a popularidade de Vargas entre os assalariados. Com o apoio de teóricos do "totalitarismo" e ressaltando os efeitos de uma todo-poderosa propaganda política veiculada pelo DIP, à semelhança do nazismo alemão, o processo teria resultado na dominação das mentes dos trabalhadores.
52. Para os udenistas, diz Hugo Borghi, os trabalhadores eram pagos para participar das manifestações queremistas. Segundo sua versão de um episódio, "a mulher do Arturzinho Bernardes um dia chegou para mim furiosa, porque tinha havido um grande comício no largo da Carioca, e me disse: 'Escuta uma coisa, Borghi, quanto é que vocês pagam para esses operários comparecerem lá nos comícios? Pagam 50 cruzeiros, 100 cruzeiros?' A mentalidade da UDN era essa, a de que nós pagávamos". Hugo Borghi (Depoimento), op. cit., p. 50.
53. *O Radical*, Rio de Janeiro, 21 de agosto de 1945, pp. 1 e 3; *O Jornal*, Rio de Janeiro, 21 de agosto de 1945, 2ª seção, 1ª página; *Correio da Manhã*, Rio de Janeiro, 21 de agosto de 1945, p. 14.
54. Raoul Girardet, op. cit., p. 15.
55. Idem, capítulo 2.
56. Elza Borghi de Almeida Cabral, op. cit., p. 111.
57. Angela de Castro Gomes, *A invenção do trabalhismo*, Rio de Janeiro, Vértice/IUPERJ, 1988, pp. 308–309.
58. Lucília de Almeida Neves, op. cit., p. 47.
59. *O Radical*, Rio de Janeiro, 23 de agosto de 1945, pp. 1 e 7.
60. Angela de Castro Gomes, op. cit., p. 311.
61. *O Radical*, Rio de Janeiro, 24 de agosto de 1945, 1ª página.
62. *Correio da Manhã*, Rio de Janeiro, 24 de agosto de 1945, p. 12.

63. *O Jornal*, Rio de Janeiro, 30 de agosto de 1945, p. 2.
64. As citações que se seguem estão em *O Jornal*, 31 de agosto de 1945, p. 6; 26 de agosto de 1945, 3ª seção, p. 8; 28 de agosto de 1945, p. 6; 26 de agosto de 1945, p. 8; 28 de agosto de 1945, p. 6; 31 de agosto de 1945, p. 6; 28 de agosto de 1945, p. 6; 30 de agosto de 1945, 2ª seção, p. 4; 21 de setembro de 1945, 2ª seção, p. 4.
65. Citado em *Correio da Manhã*, Rio de Janeiro, 30 de agosto de 1945, p. 6.
66. *O Jornal*, Rio de Janeiro, 31 de agosto de 1945, 2ª seção, 1ª página.
67. *O Radical*, Rio de Janeiro, 5 de setembro de 1945, 1ª página.
68. Angela de Castro Gomes, op. cit., p. 309.
69. As citações que se seguem estão em *O Jornal*, Rio de Janeiro, 2 de setembro de 1945, p. 6; 7 de setembro de 1945, p. 6; 26 de agosto de 1945, p. 6; 12 de setembro de 1945, 2ª seção, p. 4; 20 de setembro de 1945, 2ª seção, p. 4; e 31 de setembro de 1945, 2ª seção, p. 6.
70. Barrington Moore Jr., *Injustiça*, As bases sociais da obediência e da revolta, São Paulo, Brasiliense, 1987, p. 247.
71. Ao descreverem a política brasileira antes e depois de 1930, os trabalhadores expressavam as mesmas sensibilidades daqueles que, *no próprio decorrer da década de 1930*, explicavam as mudanças políticas que estavam vivendo. A implementação da justiça nas relações entre Estado e sociedade e nas relações de trabalho, mediadas pelo próprio Estado, era o tema mais recorrente nas enunciações populares nos anos 1930 e nos primeiros da década de 1940. Veja Jorge Ferreira, op. cit.
72. Barrington Moore Jr., op. cit., p. 313.
73. As citações que se seguem estão em *O Jornal*, Rio de Janeiro, 28 de setembro de 1945, p. 6; 30 de agosto de 1945, 2ª seção, p. 4; 12 de setembro de 1945, p. 6; 28 de agosto de 1945, p. 6; 22 de setembro de 1945, 2ª seção, p. 4; 21 de setembro de 1945, p. 4; e 23 de setembro de 1945, p. 3.
74. Marshall Sahlins, *Cultura e razão prática*, Rio de Janeiro, Jorge Zahar, 1979, p. 185.
75. *O Jornal*, Rio de Janeiro, 22 de setembro de 1945, 2ª seção, p. 4.
76. *O Radical*, Rio de Janeiro, 4 de outubro de 1945, p. 6.
77. Escrever ao presidente da República e obter "resposta prontamente" não é declaração sem fundamentos. A partir de 1930, a Secretaria da Presidência da República instituiu um moderno e eficiente mecanismo para receber, avaliar e responder as cartas de populares enviadas a Vargas, em prazo bastante curto. Veja Jorge Ferreira, op. cit.
78. Angela de Castro Gomes, op. cit., pp. 22 e 195.
79. As citações que se seguem estão em *O Jornal*, Rio de Janeiro, 1º de setembro de 1945, 2ª seção, p. 4; 7 de novembro de 1945, p. 6; 26 de agosto de 1945, p. 8; 22 de setembro de 1945, p. 4; 12 de setembro de 1945, 2ª seção, p. 5; 6 de setembro de 1945, p. 6; 30 de agosto de 1945, 2ª seção, p. 4; 2 de setembro de 1945, p. 6; 28 de agosto de 1945, p. 6; e 31 de agosto de 1945, p. 6.
80. Arnaldo Spindel, op. cit., p. 65.
81. Daniel Aarão Reis Filho, "Turbulência ao sul do rio Grande", in *Jornal de Resenhas*, São Paulo, *Folha de S. Paulo*, 1997, p. 2.
82. *O Radical*, Rio de Janeiro, 26 de junho de 1945, 1ª página.

83. Um dos primeiros atos do novo governo que substituiu Vargas foi revogar a "lei malaia".
84. As citações que se seguem estão em *O Jornal,* Rio de Janeiro, 28 de agosto de 1945, p. 6; 30 de agosto de 1945, 2ª seção, p. 4; 31 de agosto de 1945, p. 6; 15 de setembro de 1945, 2ª seção, p. 4; 11 de setembro de 1945, 2ª seção, p. 4; 26 de setembro de 1945, 2ª seção, p. 4; 5 de setembro de 1945, 2ª seção, p. 4; 19 de setembro de 1945, 3ª seção, p. 4, e 20 de setembro de 1945, 2ª seção, p. 4.
85. Elza Borghi de Almeida Cabral, op. cit., p. 138.
86. Os temas tratados foram os seguintes: o primeiro reinado e as regências, a abolição da escravidão, a crise do segundo reinado, a proclamação da República, a Revolução de 1930 e a constituinte de 1934, a constituição outorgada em 1937, a Segunda Guerra e, finalmente, a necessidade de uma Assembleia Constituinte em 1945.
87. As citações que se seguem estão em *O Jornal,* Rio de Janeiro, 16 de setembro de 1945, 2ª seção, p. 3; 18 de setembro de 1945, 2ª seção, p. 3; 19 de setembro de 1945, p. 5; 21 de setembro de 1945, 2ª seção, p. 4; 22 de setembro de 1945, 2ª seção, p. 3; e 26 de setembro de 1945, 2ª seção, p. 3.
88. Elza Borghi de Almeida Cabral, op. cit., p. 138.
89. *O Jornal,* Rio de Janeiro, 22 de setembro de 1945, p. 3.
90. Idem, 28 de setembro de 1945, p. 3.
91. Idem, 29 de setembro de 1945, p. 3 e 2ª seção, 1ª página
92. *Correio da Manhã,* Rio de Janeiro, 10 de outubro de 1945, 1ª página e 3 de outubro de 1945, 2ª seção, 1ª página; *O Jornal,* Rio de Janeiro, 29 de setembro de 1945, 2ª seção, 1ª página; 10 de outubro de 1945, 1ª página; 17 de outubro de 1945, 2ª seção, 1ª página; 19 de outubro de 1945, 1ª página; 20 de outubro de 1945, 1ª página e 26 de outubro de 1945, 1ª página.
93. José de Segadas Viana (Depoimento), Rio de Janeiro, FGV/CPDOC – História Oral, 1983, pp. 164–166.
94. *O Jornal,* Rio de Janeiro, 3 de outubro de 1945, p. 3.
95. *O Radical,* Rio de Janeiro, 4 de outubro de 1945, pp. 1, 5 e 7; *O Jornal,* Rio de Janeiro, 4 de outubro de 1945, pp. 1, 3 e 5.
96. Elza Borghi de Almeida Cabral, op. cit., p. 142.
97. *O Jornal,* Rio de Janeiro, 5 de outubro de 1945, p. 3.
98. *O Radical,* Rio de Janeiro, 14 de outubro de 1945, pp. 1 e 8; *O Jornal,* Rio de Janeiro, 14 de outubro de 1945, pp. 2 e 3.
99. *O Radical,* Rio de Janeiro, 17 de outubro de 1945, 1ª página.
100. *O Jornal,* Rio de Janeiro, 16 de outubro de 1945, 2ª seção, 1ª página.
101. Elza Borghi de Almeida Cabral, op. cit., p. 184.
102. *O Radical,* Rio de Janeiro, 16 de outubro de 1945, p. 1 e 7.
103. *O Jornal,* Rio de Janeiro, 28 de outubro de 1945, 2ª seção, 1ª página.
104. Idem, 27 de outubro de 1945, p. 3.
105. Idem, 30 de outubro de 1945, 1ª página.
106. *O Radical,* Rio de Janeiro, 20 de novembro, de 1945, p. 5.
107. Hugo Borghi (Depoimento), op. cit., p. 43.
108. Lucília de Almeida Neves, op. cit., p. 48.
109. *O Jornal,* Rio de Janeiro, 15 de novembro de 1945, p. 3.
110. *O Radical,* Rio de Janeiro, 20 de novembro de 1945, p. 5.

111. Citado em *O Radical*.
112. Hugo Borghi (Depoimento), op. cit., p. 51. O líder queremista, aqui, não considerou a candidatura de Yedo Fiúza e o prestígio dos comunistas e de Luiz Carlos Prestes.
113. Idem, pp. 51-52.
114. E.P. Thompson, *Tradición, revuelta y consciencia de clase*, Barcelona, Editorial Critica, 1979, p. 40.
115. *O Radical*, Rio de Janeiro, 27 de novembro de 1945, p. 3.
116. Bronislaw Baczko, op. cit., p. 325.
117. Robert Darnton, *O beijo de Lamourette*. Mídia, cultura e revolução, São Paulo, Companhia das Letras, 1990, pp. 289-290.
118. *O Radical*, Rio de Janeiro, 22 de novembro de 1945, p. 5.
119. Idem, 22 e 23 de novembro de 1945, 1ª página.
120. Idem, 21 de novembro de 1945, p. 5.
121. Robert Darnton, op. cit., 289.
122. Citado em Elza Borghi de Almeida Cabral, op. cit., p. 163.
123. *Correio da Manhã*, Rio de Janeiro, 12 de novembro de 1945, pp. 1 e 16.
124. *O Radical*, Rio de Janeiro, 24 de novembro de 1945, p. 5.
125. *O Radical*, Rio de Janeiro, 29 de novembro de 1945, p. 5.
126. Eleito senador por dois estados e deputado por sete, a grande votação de Vargas permitiu, por exemplo, que Segadas Viana se elegesse deputado pelo PTB com apenas 700 votos.
127. Elza Borghi de Almeida Cabral, op. cit., p. 169.
128. Michelle Reis de Macedo, op. cit., p. 162
129. Angela de Castro Gomes, op. cit., pp. 318-319.
130. E.P. Thompson, *A formação da classe operária inglesa*, Rio de Janeiro, Paz e Terra, 1987, vol. 1, p. 10.
131. Idem. *Tradición...*, op. cit., e Adam Przeworski, *Capitalismo e social-democracia*, São Paulo, Companhia das Letras, 1989.
132. Idem, p. 42.
133. Idem, p. 85.

2. O MINISTRO QUE CONVERSAVA: JOÃO GOULART NO MINISTÉRIO DO TRABALHO

"Existe
Lá no Catete
Um palacete
Que vai se desocupar!...
Não adianta
Anunciar!...
O povo quer
Jango Goulart!..."
(marcha de Edgar Cardoso)

Em março de 1953, na capital paulista, o Sindicato dos Trabalhadores da Indústria Têxtil declarou greve por melhores salários, acompanhado, logo a seguir, pelo dos metalúrgicos. Mesmo que a Delegacia Regional do Trabalho tivesse declarado as greves ilegais, outras categorias também paralisaram as suas atividades, como os carpinteiros e os gráficos. Manifestações e passeatas promovidas pelos trabalhadores eram violentamente reprimidas pela polícia política, cavalaria da Força Pública, Bombeiros e Guarda Civil, com muitos feridos e centenas de prisões. Mas pouco adiantou a repressão policial. Indignados com as grandes perdas salariais, trabalhadores dos setores de vidro, gás, construção civil, sapatos, doces, conservas, tintas, cerveja e telefonia também paralisaram as suas atividades, todos reivindicando entre 50% e 60% de reajustes salariais. Como o movimento assumia a dimensão de uma greve generalizada, os conflitos de rua entre manifestantes e policiais aumentavam, com pedras e tijolos respondendo aos tiros de metralhadora. Os novos feridos e presos somente acirravam os ânimos dos operários, e o movimento, em expansão, não mais se restringia à cidade de São Paulo, mas se alastrava por Osasco, Taubaté, Santos, Sorocaba, Jundiaí e Ribeirão Preto. Após um mês de grandes tensões e conflitos violentos, as partes chegaram a um acordo e o Comitê Intersindical da Greve, que reunia vários sindicatos, aceitou a oferta patronal de um reajuste médio de 32% nos salários e garantias para os trabalhadores presos. Terminava, vitoriosa, aquela que ficou conhecida como greve dos 300 mil.[1]

O movimento grevista em São Paulo e, em menor escala, no Rio de Janeiro repercutiu com grande impacto no governo federal. Sofrendo com os ataques sistemáticos da oposição e a hostilidade da imprensa, Vargas, desde a sua posse, investiu na estratégia de aliança com seus adversários, em busca de estabilidade política. Mesmo oferecendo diversos ministérios à UDN, ele não obteve êxito algum. Os ressentimentos da oposição, que mais uma vez perdera as eleições, associavam-se às desconfianças sobre Vargas, outrora ditador do Estado Novo.

A instabilidade política, no entanto, foi agravada pela crise econômica. Ao herdar de seu antecessor, Eurico Dutra, um quadro difícil de administrar, as opções de Vargas, em matéria de política econômica, eram muito restritas. Sem reservas em moeda estrangeira, gastas em importações inúteis na gestão anterior, o governo ainda teve que enfrentar a baixa nos preços internacionais do café. Assim, com a inexistência de reservas, a queda na principal receita de exportação e o saldo negativo na balança de pagamentos, rapidamente se fez sentir o fenômeno da inflação. É verdade que ela começara no governo de Dutra, embora minimizada com a importação de alimentos. Mas agora, a inflação, em processo de aceleração crescente, e a queda da produção industrial geravam insatisfações generalizadas.

Criticado pelos economistas ortodoxos por não abrir a economia aos capitais estrangeiros, sob ataques da oposição conservadora e dos comunistas, Vargas ainda sofria com o descontentamento em suas próprias bases de apoio político. Os trabalhadores, castigados pelas perdas salariais, demonstravam que a estima e o reconhecimento ao presidente tinham limites. As constantes greves sinalizavam a insatisfação. O PTB, por sua vez, vivia em permanente crise, apesar da vitória eleitoral nas eleições presidenciais de 1950 – ou por causa dela. Mesmo sendo o partido que elegeu o presidente da República, sentia-se desprestigiado, relegado a um plano menor, premiado com apenas um ministério no governo, com a pasta do Trabalho. A estratégia política de Vargas de aproximar-se dos grupos políticos conservadores, a exemplo da UDN, desagradava ainda mais seus militantes. Vivendo crises constantes e disputas acirradas entre as suas diversas alas, o PTB, fragmentado e sob o domínio inconteste de Vargas, carecia de identidade e iniciativa próprias. Assim, em 1948, Danton Coelho assumiu a presidência do partido. Sua política foi a de fortalecer a liderança pessoal de Vargas visando às eleições presidenciais que se aproximavam. A prática, no entanto, afastava-se bastante da orientação dada por Salgado Filho, dirigente partidário anterior, que procurava fortalecer a organização, dando-lhe um perfil próximo ao trabalhismo inglês. Mais adiante, em 1952, Danton foi nomeado ministro do Trabalho. Seu sucessor, Dinarte Dornelas, indicado pelo grupo de Ivete Vargas, passou a sofrer forte pressão dos militantes, particularmente pela prática fisiológica desta ala partidária. Os conflitos abriram espaços para que a bancada de deputados federais eleita em 1950 indicasse João Goulart, o Jango, à presidência do PTB.

Participando da política do Rio Grande do Sul desde cedo, somente naquele ano o jovem político gaúcho conheceria mais de perto a vida pública em nível nacional, sendo eleito deputado federal pelo PTB. Nas eleições de 1950, o sucesso eleitoral dos trabalhistas, embalado pela expressiva votação em Vargas à presidência da República, não apenas aumentou a bancada do partido, mas elegeu deputados comprometidos com o nacionalismo e com mudanças na estrutura econômica do país. Entre eles, estava João Goulart. Contudo, em um contexto de alta do custo de vida e deterioração dos salários, era muito difícil para os trabalhistas seguirem a orientação do presidente e defenderem a "política de consenso", de "colaboração de classes" e de "união nacional". As dificuldades econômicas do país e a queda do nível de vida dos trabalhadores, por um lado, e a tradição nacionalista que se manifestava com vigor naquele momento, como a campanha do "petróleo é nosso", por outro, permitiram que os parlamentares trabalhistas eleitos em 1950, identificados com as reformas econômicas e sociais, ganhassem espaços no partido. Na crise vivida pelo PTB, "um grupo mais jovem", diz Lucília de Almeida Neves, "sob a liderança de João Goulart, assumiu a sua direção". Na avaliação da autora, "esse seria um momento histórico na trajetória do PTB. Significava o início de uma renovação de seus quadros dirigentes e de bases e também uma adoção preliminar, mesmo que ainda frágil, de uma nova linha de ação que se consolidaria ao longo da história petebista".[2]

Embora os grupos rivais não levassem muito a sério o deputado que ascendia, não apenas por sua inexpressividade política e juventude, mas particularmente porque era visto como um *playboy*, Goulart muito rapidamente se tornaria uma das figuras centrais do trabalhismo brasileiro. Próximo de Vargas em termos pessoais, muitos não se deram conta de que ele foi o "escolhido".[3] Sua tarefa, à frente do partido, era reverter o descontentamento nas bases de legitimidade política do presidente: unificar o PTB, reduzindo os conflitos e as disputas internas, e aproximar-se do movimento sindical, indicando a disposição do governo em abrir canais de negociação. Como sinal de seu grande prestígio junto a

Vargas, o presidente do PTB, mesmo sem cargo executivo algum, dispunha de um gabinete no Palácio do Catete, recebendo líderes sindicais para conversações e agindo como uma espécie de intermediário entre os anseios dos trabalhadores e o governo. As suas tarefas, contudo, não seriam nada fáceis, levando-se em consideração a queda dos salários, o processo inflacionário crescente e a atuação repressiva do então ministro do Trabalho, Indústria e Comércio, Segadas Viana.

O desempenho de Goulart, no entanto, em nada diminuiu as insatisfações do movimento sindical e, em junho, os marítimos, setor estratégico para a economia do país, declararam-se em greve. Segadas Viana não demorou em declarar a ilegalidade do movimento e negou-se a qualquer negociação. Um dos fundadores do PTB e homem de grande preparo técnico, o ministro do Trabalho, contudo, apegava-se excessivamente à legislação trabalhista elaborada na época do Estado Novo e, mesmo em outra conjuntura, não admitia articulações políticas na área sindical. Com a determinação dos marítimos em manter a paralisação, ele recorreu ao antigo serviço do Ministério de infiltrar policiais nos sindicatos e, como medida extrema, ameaçou acionar as leis do tempo da Segunda Guerra: os grevistas seriam considerados desertores e, assim, sujeitos a tribunais militares e a penas rigorosas.

Não demoraria muito para Goulart entrar em rota de colisão com Viana, criticando-o publicamente por recorrer a métodos repressivos para conter a onda reivindicatória do movimento sindical, em particular no caso dos marítimos. Vargas, em atitude ousada, para recuperar o prestígio entre os trabalhadores, desautorizou seu próprio ministro, obrigando-o a se demitir, e nomeou Goulart para o Ministério do Trabalho, exatamente um ano após ascender à presidência do PTB. Se na direção do partido ele agia como interlocutor privilegiado nas relações entre o governo e os trabalhadores, agora estenderia as funções como ministro.

No entanto, mesmo antes de assumir o Ministério, João Goulart já frequentava o noticiário político. Atentos a todas as movimentações de Vargas, os jornais, afinados com os grupos conservadores da sociedade, não economizavam páginas para criticar o jovem político gaúcho desde que ele assumira a presidência do PTB. O *Correio da Manhã*, informando sobre o início da greve dos marítimos, garantiu que Jango, após dominar o PTB, planejava, junto a uma pequena cúpula de amigos, assumir o controle dos principais sindicatos do país, mobilizando os trabalhadores para desencadearem paralisações em diversos estados. A sua defesa da "unicidade sindical", diz o jornal, visava unificar os sindicatos operários sob uma única organização e, dessa maneira, sustentar o "programa popular" de Vargas. Todavia, continua o *Correio da Manhã*, os planos de Goulart seriam mais ambiciosos. Fomentando paralisações, como a dos portuários do Rio de Janeiro e a dos 300 mil de São Paulo, e desenvolvendo ampla atividade no Nordeste brasileiro, em São Paulo e Porto Alegre, seu objetivo final seria tomar o poder por meio de uma greve geral, a começar pela dos marítimos, e até o fim do ano "arregimentar uns cinco milhões de simpatizantes. Se isto fosse feito", diziam eles, "seria completamente dominada a vida nacional, e as próprias Forças Armadas, que são o único obstáculo para esse intento, seriam controladas por essa força popular. Com isso, ficaria assegurada a subida dos 'trabalhadores' ao poder".[4]

O objetivo, neste capítulo, é conhecer a trajetória de João Goulart no Ministério do Trabalho, de junho de 1953 a fevereiro de 1954. O político que nesse momento ascendia, pela repercussão de suas ações, impactantes para a época, inaugurou um novo estilo de relação entre Estado e sindicatos e contribuiu para aproximar o PTB do movimento sindical. Segundo Angela de Castro Gomes e Maria Celina D'Araujo, em sua atuação no Ministério "não podem ser minimizadas as inovações que dizem respeito ao estilo de relacionamento com as lideranças sindicais e com as massas trabalhadoras". Resgatando tradições passadas nas relações entre a autoridade pública e os trabalhadores, a exemplo de Marcondes Filho durante o Estado Novo, ao mesmo tempo ele inovou essas mesmas relações, conversando, negociando, concedendo e aproximando-se dos trabalhadores.[5] Goulart, na presidência partidária e à frente do Ministério do Trabalho, não apenas revigorou o trabalhismo, dando-lhe um novo perfil, mais definido ideologicamente, embora ainda marcado pelo personalismo, como também estampou no PTB a marca de partido reformista e incentivou os trabalhadores a participarem da vida política do país. Contudo, o seu estilo de lidar com o movimento sindical e as medidas que tomou no Ministério permitiram o recrudescimento dos ataques oposicionistas a Vargas e ao trabalhismo, agravando ainda mais os conflitos na vida política do país. A sua nomeação para o Ministério, em 18 de junho de 1953, inaugurou um período que se encerraria, ainda que parcialmente, em 24 de agosto do ano seguinte e, em definitivo, em 1º de abril de 1964.

O ESTILO JANGO

Com a saída de Segadas Viana do Ministério do Trabalho, Hugo de Faria, funcionário de carreira no governo federal e, na época, diretor do Departamento Nacional do Trabalho, assumiu interinamente o seu lugar. No entanto, ao tomar conhecimento de que o presidente do PTB fora indicado para assumir o cargo, Faria, que conhecia Goulart apenas pelos jornais, tomou a decisão de deixar o Ministério logo após a solenidade de posse. Afinal, entre os trabalhistas, ele era tido como homem reacionário e por pertencer à UDN, embora nunca tivesse sequer votado naquele partido. Mas a versão prevalecia e Faria queria evitar desgastes políticos.[6]

Mesmo conhecendo o cotidiano do Ministério, e sobretudo a sua importância na vida política brasileira daquela época, Hugo de Faria não poderia imaginar as mudanças que ocorreriam com o novo titular da pasta. Sem dúvida, de todos os que ocuparam o cargo, aquele que assumiria era diferente. No início do segundo governo Vargas, por exemplo, a nomeação de Danton Coelho praticamente desarticulou o Ministério. Preocupado excessivamente em fortalecer o PTB, Coelho promoveu toda sorte de perseguições a funcionários suspeitos de pertencerem à oposição. Toda uma elite de técnicos concursados, treinados e capacitados foi afastada abruptamente e substituída por militantes partidários sem experiência alguma. Calcula-se que 60% ou 70% dos delegados regionais foram exonerados nos estados. O próprio Hugo de Faria foi destituído de sua função e, em seu lugar, assumiu um comerciante de rádios e televisões, filiado ao PTB, mas que nada entendia dos trâmites do Ministério. Danton enfraqueceu o órgão, preenchendo cargos da administração com pessoas sem preparo algum.

Com Segadas Viana, que substituiu Danton Coelho, o processo foi revertido. Toda a velha guarda retornou e o critério profissional passou a reger o preenchimento das vagas. Assim, ao assumir a direção do Ministério, ainda que interinamente, Hugo de Faria representou a vitória política dos técnicos de carreira daquele órgão. Com o apoio do corpo de funcionários, ele encontrou respaldo para enfrentar, simultaneamente, duas frentes de conflitos: a primeira, a greve dos marítimos, que tinha derrubado Segadas Viana; a segunda, o próprio Jango, presidente de um partido político, indicado para o cargo, mas ainda sem assumi-lo. Prestigiado pelos técnicos e administradores, cujo medo era o retorno do critério político nas nomeações, Faria não se intimidou.

O clima tenso gerado pela greve não permitiu amabilidades entre o ministro interino e o indicado. Nas negociações com os grevistas, Faria negociava de dia, mas, à noite, eles iam ao Hotel Regente conversar com Goulart. Informado pelos funcionários de todas as movimentações políticas do futuro ministro, Hugo de Faria foi até o hotel: "– Quero dizer ao senhor, ministro, que sou demissionário e comigo todos os meus diretores. Só estou à frente do ministério por um dever funcional, mas estou ansioso que o senhor assuma e me conceda exoneração." Goulart respondeu: "– Não! O senhor continue tratando da greve. Ainda vou levar alguns dias para assumir." Faria retrucou: "– Então, ministro, vou pedir um favor ao senhor: o senhor não faça mais reuniões com os grevistas aqui. Dupla reunião não pode ser." Jango concordou e, mesmo assumindo o Ministério dois dias depois, Hugo de Faria não foi exonerado.

Nos dez dias que se seguiram, os dois, atravessando a madrugada, negociaram com grevistas e empresários. Conhecedor das minúcias da legislação trabalhista, Faria, no décimo dia, comentou com Goulart que, à meia-noite, acabaria o prazo para as partes se acertarem. Depois, a questão seria remetida à justiça, o que demandaria tempo e problemas para o governo, marítimos e empresários – situação que ninguém queria. Na última reunião, ao ouvirem as advertências de Faria, todos se apavoraram. Sem perder a calma, ele atrasou os relógios e, em pouquíssimo tempo, as partes chegaram a um acordo. Praticamente todos os 25 pontos da pauta de reivindicação dos 100 mil marítimos foram atendidos, como abono provisório, plano de carreira, recebimento integral das férias, regulamentação da jornada de trabalho a bordo, pagamento dos dias parados, nenhuma punição aos grevistas, entre outros.[7]

Ao abdicar dos métodos repressivos, comuns até então, e optar pela via da negociação para solucionar o conflito entre marítimos e empresários, Goulart inaugurou um novo estilo de atuação no Ministério do Trabalho. No entanto, ainda durante a greve, seu discurso de posse já anunciava mudanças nas relações entre Estado e movimento sindical. Horas antes da solenidade de transmissão do cargo, marítimos, estivadores, metalúrgicos, portuários e operários de diversas fábricas, ao lado de dirigentes sindicais que vieram em comitiva do Rio Grande do Sul, São Paulo, Minas Gerais e do Rio de Janeiro, munidos de bandeiras de suas entidades e fogos de artifício, esperavam o momento propício para homenagear João Goulart. No discurso, ele reafirmou o seu compromisso com os trabalhadores declarando que "o sistema de governo vigente no país, consubstanciado na Constituição da República, assegura a todos, sem qualquer distinção, o direito a uma vida decente e confortável, que não pode ser privilégio de alguns". Contudo, alegou, os esforços do Ministério seriam inúteis sem a arregimentação do proletariado. O seu compromisso, portanto, era com "o povo, no mais amplo sentido da expressão, e especialmente com o proletariado", permitindo que o objetivo maior de sua gestão fosse o de conquistar "uma ordem social mais justa, sem a mínima quebra das tradições democráticas".[8]

Um dos primeiros atos do novo ministro foi fazer valer, na prática, uma medida inaugurada por Segadas Viana, abolindo, definitivamente, o "atestado ideológico", documento exigido aos sindicalistas para exercerem as suas atividades. Outra prática suspensa, mas comum até a sua posse no Ministério do Trabalho, eram as intervenções nos sindicatos. Segundo Raul Ryff, na época o seu assessor de imprensa, diversos políticos e sindicalistas do PTB, ao perderem a diretoria de uma organização para outros grupos, pediam a intervenção ao ministro. De acordo com sua versão, nesses momentos Goulart era categórico: "Não tem nada que intervir! Quem tem que intervir são vocês. Vocês devem ir na assembleia discutir esse problema. Depende do ponto de vista do Partido Trabalhista, dos candidatos, seja lá quem for. Devem discutir lá dentro. Agora, esperar que eu vá fazer uma intervenção no sindicato para ajudar vocês porque vocês se mostram incapazes de formar uma diretoria? Não; não contem comigo."[9] Mesmo sob o argumento de que havia comunistas na diretoria, Goulart não cedia: os trabalhadores deveriam lutar dentro da entidade para recuperar a sua direção, e não fora, no Ministério do Trabalho. Além disso, dizia ele, "membros do Partido Comunista estão aqui comigo. Vou entrar à força, com a polícia para bater ou fazer intervenção sindical? Pela lei vocês não contem comigo. Vocês têm que ir lá defender os seus pontos de vista. Agora, quem for eleito eu dou posse. Sei lá de quem é o ponto de vista ideológico". Ainda segundo Raul Ryff, a política era a de abrir a discussão com todas as correntes do movimento sindical, sem discriminações ideológicas, de esquerda ou direita. Algo que Goulart detestava era ouvir, em tom de delação, que alguém pertencia ao PCB ou à UDN.

As movimentações e articulações políticas do ministro foram facilitadas pelas mudanças que ocorriam no Partido Comunista Brasileiro naquele momento. A reorientação política em 1949, que resultou, no ano seguinte, no "Manifesto de Agosto", isolou os comunistas da sociedade. Os sindicatos, por exemplo, foram considerados "órgãos do Estado e do governo burgueses e latifundiários" e, logo, submissos a eles, no dizer de Moisés Vinhas.[10] Vargas, por sua vez, era definido como o principal "agente do imperialismo". No entanto, para os militantes revolucionários que atuavam entre os operários, a orientação sectária e isolacionista do Comitê Central do PCB estava se tornando insustentável. Segundo um ativista daquela época, Hércules Corrêa, "combatemos Getúlio já na campanha eleitoral – fomos para as portas das fábricas, falar mal contra o Getúlio. Os operários já haviam concluído que os americanos não viam Vargas com bons olhos, que ele, de agente do imperialismo, nem sombra tinha. No início da campanha, muitos operários nos paravam, apelavam para o nosso bom senso, acusavam-nos de estar dividindo o movimento".[11] Para o militante, a insistência no palavreado antigetulista resultou no seguinte: "como saldo final daquela besteira toda que estávamos fazendo, tenho a dizer que nunca apanhei tanto, que nunca levei tanta pedrada e paulada em porta de fábrica – dos próprios operários." Assim, em 1952, na mesma época em que Goulart assumiu a presidência do PTB e procurou aproximar seu partido dos comunistas no âmbito sindical, um grupo de militantes de base do PCB, incluindo o próprio Hércules Corrêa, elaborou um documento defendendo o retorno da organização revolucionária aos sindicatos, em aliança com outros grupos, em particular os trabalhistas. A chamada "Resolução Sindical", aprovada pelo Comitê Central, veio ao encontro das expectativas de Goulart, dos ativistas comunistas e trabalhistas e, sobretudo, dos próprios operários. "Quanto aos ataques contra Getúlio", diz Hércules Corrêa, "nunca mais caí na besteira de reproduzi-los – sabia que não podia me relacionar com os católicos xingando o Papa".

Incentivando e ampliando o diálogo entre comunistas e trabalhistas nos meios sindicais, o estilo político do ministro também incluía prestigiar a posse de dirigentes das organizações de trabalhadores, sobretudo aqueles que expressassem a vontade da categoria – exatamente o contrário do que ocorria até então, quando o Ministério do Trabalho apoiava sindicalistas submissos às orientações políticas do governo. Alguns dias após o fim da greve dos marítimos, ele participou da cerimônia de posse da nova diretoria do Sindicato dos Operários Navais. Na ocasião, Goulart garantiu que, enquanto fosse ministro, "o Ministério do Trabalho será uma trincheira dos trabalhadores".[12] Mais enfático, disse ainda: "Preciso dos trabalhadores para levar a efeito uma obra de paz social, para reforçar a unidade operária e para, também, vencer os focos da reação. Tudo farei para prestigiar os autênticos líderes". Por fim, garantiu: "somente serei ministro enquanto puder fazer a política dos trabalhadores." Aplaudido por diversos operários presentes, Goulart, a seguir, ouviu as palavras de outros sindicalistas, entre eles Emilio Bonfante, um dos diretores recém-empossados: "Se possível", disse ele, "faremos uma greve contra os pelegos que infestam o Ministério do Trabalho. Apoiaremos o ministro do Trabalho para provocar a debandada dos falsos líderes. Até aqui o Ministério tem sido apenas da indústria e do comércio. Mas precisa ser dos trabalhadores".[13]

Algum tempo depois, ele tomaria outra iniciativa que repercutiu com grande impacto não apenas no movimento sindical, mas particularmente nos meios empresariais e políticos. Sob o timbre do Departamento Nacional do Trabalho e assinado pelo ministro, um ofício enviado a todos os sindicatos do país pedia a cooperação para o "programa de rigorosa fiscalização do cumprimento da legislação trabalhista". Cada trabalhador sindicalizado, dizia o documento, "pode e deve transformar-se num consciente e eficiente colaborador" do Ministério, denunciando, com coragem e espírito público, toda e qualquer infração às leis trabalhistas cometidas pelos empresários. "É certo", continua o texto, "que a lei proíbe a participação direta dos trabalhadores na fiscalização das leis do trabalho. Isso, porém, não significa a imposição de uma atitude passiva de alheamento a própria sorte da legislação de proteção do trabalho, na qual o mais interessado é o próprio trabalhador".[14] Com coragem, decisão e vontade de lutar pelos seus direitos, dizia ainda o ofício, ninguém deveria temer retaliações dos empregadores, pois o Ministério do Trabalho estava ao lado dos assalariados. Assim, qualquer irregularidade deveria ser levada ao conhecimento do sindicato e este, por sua vez, comunicaria à Delegacia Regional do Trabalho, que encaminharia as denúncias ao Ministério. O gabinete do ministro passou a dispor de um serviço dedicado exclusivamente a investigá-las. Por fim, alegava o documento, o sucesso do programa de fiscalização, cujo objetivo é defender os trabalhadores, depende da participação deles mesmos.

No entanto, uma das medidas mais ousadas de Goulart em sua política de concessões ao movimento sindical, de mobilização dos trabalhadores e de aproximação com as esquerdas foi a convocação do Congresso da Previdência Social. De acordo com Lucília de Almeida Neves, o evento tornou-se um grande encontro de líderes trabalhistas, dirigentes sindicais e militantes de esquerda.[15] Noticiando o encontro, o jornal *Última Hora* informou: "O Congresso da Previdência deverá jogar uma pá de cal no sindicalismo amarelo. O seu êxito significará a derrota dos falsos líderes, dos traidores, dos pelegos que sempre se colocaram ao lado dos patrões, do Ministério do Trabalho e da polícia política quando tinham obrigação de defender as reivindicações dos trabalhadores. Marcará a emancipação dos sindicatos..."[16]

Os cerca de 1.200 representantes de entidades sindicais, vindos de diversos estados, todos com as despesas pagas pelo governo, discutiram a proposta do Ministério do Trabalho para que os militantes dos sindicatos participassem da administração das autarquias da Previdência Social. A proposta, inédita e sem dúvida ousada, permitiu que, a partir de então, dirigentes sindicais, sobretudo do PTB e do PCB, passassem também a gerir os recursos da Previdência. Goulart, ao propor que os militantes participassem da administração estatal em um setor que os interessava diretamente, mobilizava os sindicalistas, sobretudo aqueles identificados com a esquerda, mas, no mesmo movimento, oferecia a eles uma extensa rede de empregos e de recursos públicos.

Os resultados do Congresso da Previdência poderiam exemplificar o projeto do líder trabalhista de reformular as relações entre Estado e sindicatos. Em diversas interpretações, ele teria patrocinado uma espécie de jogo duplo, em que a integração dos trabalhadores na vida política do país foi simultaneamente acompanhada pela cooptação estatal. Como é comum dizer, tratar-se-ia da astúcia típica dos políticos *populistas*: a cada ponto nas concessões aos assalariados haveria o nó do controle político sobre eles. Embora esta interpretação, de tão difundida, seja aceita praticamente sem questionamentos, é possível pensar de outra maneira. Mobilizar o movimento sindical, incentivar as lideranças autênticas dos operários, aproximar-se das esquerdas e patrocinar a participação dos trabalhadores nos negócios do Estado necessariamente não se anulavam, ou entravam em contradição, com a política de cooptação, de distribuição de empregos e de práticas fisiológicas. Para compreender o sucesso do trabalhismo na política brasileira seria contraproducente elogiar uma dessas dimensões e lamentar a outra – ou denunciar o suposto jogo duplo. Como lembra Maria Celina D'Araujo, "o nacionalismo no PTB *não* foi incompatível com o empreguismo, nem o reformismo foi antítese de clientelismo ou de atrelamento ao Estado. Ao contrário, foi bem-sucedido no partido e nas urnas quem conseguiu unir essas estratégias".[17]

Mais ainda, se observarmos as iniciativas e os comportamentos dos militantes sindicais diante das políticas públicas implementadas por Goulart, não há razões para vitimizá-los, interpretando suas escolhas políticas como o simples resultado da manipulação e da cooptação estatal. Os pronunciamentos de vários sindicalistas durante o Congresso da Previdência, sobretudo quando reagiam aos violentos ataques da imprensa ao ministro pela convocação do encontro, demonstraram que, diante de alternativas disponíveis, eles, por suas próprias iniciativas, fizeram suas opções. Por exemplo, no decorrer do Congresso muitos delegados apresentaram moções de protesto condenando os jornais que criticavam as propostas do governo e outras de apoio ao ministro do Trabalho, todas aprovadas pelo conjunto da plenária. Atitudes isoladas também ocorreram com frequência naqueles dias. Os dirigentes dos sindicatos da construção civil, dos lavradores e do beneficiamento do carvão, todos da cidade de Tubarão, em Santa Catarina, declararam que os jornais, ao insultar Goulart e o Congresso, "nos dão a certeza de que há um regresso à Constituição de 1891, quando os trabalhadores eram considerados escravos. Podemos, porém, afirmar que o poder econômico, assim mobilizado, não conseguiu desvirtuar as finalidades do nosso Congresso, pois os trabalhadores sabem ver onde se encontra a verdade. Os trabalhadores hoje em dia sabem o que querem e lutam pelas suas reivindicações. É isso que precisa ser compreendido".[18] Mais ainda, afirmaram os três sindicalistas catarinenses: "queremos manifestar a nossa irrestrita solidariedade ao ministro João Goulart, tão atacado por essa espécie nefasta de imprensa. Pela lucidez com que está dirigindo a pasta do Trabalho e sobretudo pela sua lealdade aos ideais defendidos pelos trabalhadores, merece o nosso aplauso. Nele encontramos um defensor dos nossos direitos."

Quando convocados por Goulart, os sindicalistas de todo o país responderam de maneira afirmativa e, diante de suas propostas, o conjunto do movimento as discutiu e, expressando satisfação, as aprovou, realizando, assim, opções políticas. Representando dois milhões de trabalhadores sindicalizados, os delegados no Congresso manifestaram integral apoio ao novo regulamento da Previdência, aceitaram participar de sua administração e exigiram a ampliação dos benefícios sociais, como aposentadoria digna por tempo de serviço com salário integral, adicional por insalubridade, auxílios maternidade e matrimônio, entre outras medidas.[19] Nada, portanto, foi imposto a eles. Na gestão de Goulart no Ministério do Trabalho, as escolhas dos líderes e dirigentes sindicais foram mobilizar as bases, intensificar o ritmo das reivindicações e lutar por maior autonomia, mas também, e no mesmo movimento, estreitar as suas relações com o Estado através dos órgãos da Previdência Social, incluindo, nessa última opção, as práticas do clientelismo, fisiologismo e empreguismo. Assim, não há motivos para vitimizar o movimento sindical, transformando os trabalhadores em seres ingênuos, sem percepção crítica, sempre manipulados e disponíveis para a cooptação do Estado.

Em curto espaço de tempo, Goulart impôs sua liderança no PTB e aproximou-se dos sindicatos e das esquerdas, particularmente o PCB. No Ministério, ao mesmo tempo em que atuava como mediador nos conflitos entre assalariados e capitalistas, apoiava e mesmo incentivava a mobilização reivindicatória dos operários. O seu prestígio entre os trabalhadores e seus representantes nas organizações de classe aumentava com o passar dos meses. Na avaliação de Lucília de Almeida Neves, o "estilo Jango" não apenas estimulou e ampliou o prestígio do PTB e das lideranças sindicais junto ao governo, mas, aliviando as pressões que até então existiam sobre os sindicatos, "levou-os, liderados por setores mais avançados e até de vanguarda da classe trabalhadora, a pisar, com firmeza, no terreno de uma mobilização fortemente reivindicativa". Para a autora, abria-se uma nova etapa para o PTB e os sindicatos, que se consolidaria ainda mais após a morte de Vargas.[20]

UM FUNCIONÁRIO INCAUTO

No dia seguinte ao término da greve dos marítimos, Hugo de Faria novamente entregou seu pedido de exoneração e de seus quatro diretores. "Quero que o senhor continue", disse o ministro. O funcionário, com desconfiança, pediu a comunicação por escrito. Goulart negou, mas garantiu que ele não sairia, empenhando sua palavra de honra. Com contrariedade, Faria disse que a palavra do ministro bastava, mas advertiu: "se o senhor der a minha demissão hoje, saio daqui como seu amigo, sem nenhuma restrição. Se daqui a dois ou três meses, valendo-se de outros pretextos, o senhor me demitir, serei seu inimigo."[21]

Passados dois meses, Hugo de Faria continuava desconfiado das intenções de Jango. Sobretudo porque o ministro trouxe auxiliares que queriam a sua demissão. Contudo, em agosto, um episódio mudou suas concepções e estancou as suas apreensões. Com a permissão para entrar em seu gabinete sem bater, Faria o flagrou conversando ao telefone. Ao tentar se retirar, ouviu o pedido para que esperasse. Na conversa, o ministro do Trabalho pedia ao interlocutor 5 milhões de cruzeiros. "Mais negociata, mas que coisa horrível!", pensou o funcionário. Aos poucos, no entanto, percebeu que na linha estava o ministro da Fazenda, Oswaldo Aranha, e que Goulart insistia na liberação da verba para que uma empresa falida pagasse indenizações aos operários. Ao perceber que não havia corrupção alguma e que, sem demagogia, ele desgastava o seu prestígio com o ministro da Fazenda para obter garantias a trabalhadores desempregados, Hugo de Faria reconheceu as suas qualidades pessoais e, por isso, passou a admirá-lo.

Mais adiante, Jango, ganhando sua confiança, propôs: "– Olha, Hugo, é o seguinte, vou assinar uma portaria dando todos os poderes a você para administrar o Ministério. Vou fazer a parte política e você faz a parte administrativa." Aceitando a proposta, Hugo de Faria passou, a partir daí, a atuar como uma espécie de "ministro administrativo", com total autonomia, dando a necessária cobertura ao "ministro político". De setembro de 1953 a fevereiro do ano seguinte, Goulart encontrou a tranquilidade necessária para atuar politicamente. Afinal, Hugo de Faria era tido como homem conservador, com trânsito na UDN, nas Forças Armadas, na Igreja e entre empresários. Uma medida assinada por ele era considerada normal, mas se fosse pelo titular da pasta causaria sérios problemas políticos ao governo. "Quando eu fazia uma coisa", lembra anos depois, "ninguém ia procurar a semente comunista no que eu fazia, porque sabiam que eu não era comunista. Quando o dr. João Goulart, como ministro, fazia alguma coisa, procuravam logo uma semente comunista."

Homem metódico, preso a regras e procedimentos formais, Hugo de Faria, entre assustado e surpreso, logo presenciou uma série de inversões de valores no Ministério do Trabalho. Goulart simplesmente desmistificou a imagem da autoridade pública, acabando com qualquer tipo de cerimonial. Até a sua nomeação, por exemplo, era dificílimo conseguir uma audiência com um ministro de Estado. Diversos entraves burocráticos e formais teriam que ser vencidos para ter acesso a ele: o interessado teria que entrar em contato com uma secretária do quinto escalão até o seu pedido chegar na antessala ministerial, ocorrendo, no percurso, um processo altamente seletivo. Somente pessoas de grande prestígio conheciam os atalhos, via de regra por conhecimentos políticos ou pessoais. Distante, protegido, cercado por um complexo cerimonial, "isolado do contato da plebe, da massa", diz Hugo de Faria, havia uma série de recomendações e procedimentos, formais e controlados, para um ministro participar de alguma cerimônia pública. Tudo mudou a partir de junho de 1953, em sua avaliação: "Quando é que um dirigente sindical ia à casa de um ministro a qualquer hora? Com o dr. João Goulart qualquer sujeito que queria falar com ele ia ao Hotel Regente e falava."

As audiências públicas inauguradas pelo ministro do Trabalho tornaram-se assustadoras. Uma vez por semana, centenas de pessoas, no Hotel Regente, procuravam Goulart. Das quatro horas da tarde até meia-noite ou uma hora da manhã, ele recebia todos. A sua capacidade de conversar com sindicalistas e populares era interminável. "A vida dele começava às dez da manhã e acabava às duas da manhã" e, durante todo o dia, "só fazia uma coisa: atender gente". Somente no dia 29 de julho, o ministro atendeu em seu gabinete o delegado do Iapetc do Rio Grande do Sul, o delegado regional do Trabalho de São Paulo, um diretor da Receita Federal, o vice-presidente da Associação Comercial do Rio de Janeiro, quatro senadores, 11 deputados federais, três militares de alta patente e dirigentes sindicais dos marítimos, bancários de São Paulo, carris urbanos do Recife, eletricitários do Espírito Santo e hoteleiros e atores do Rio de Janeiro.[22] Recebendo, de uma só vez, grupos de dez ou quinze pessoas durante dez minutos, ao final do dia Jango tinha se encontrado com centenas delas. Se um presidente de um sindicato não era atendido pelo diretor-geral do Ministério, ele procurava o titular da pasta sem o menor impedimento. Na avaliação de Hugo de Faria, Goulart tinha uma peculiaridade em sua personalidade: "foi um dos homens que eu vi ter mais paciência no mundo. Eu nunca vi um homem que tivesse tamanha capacidade e paciência para escutar e conversar dez horas sem ficar irritado."[23] Certa vez, ocupado com um grave problema, e com pouco tempo para resolvê-lo, mesmo assim ele recebeu em seu gabinete uma viúva com uma longa história para contar. Após ouvir o drama com atenção e percebendo que não poderia dar solução legal ao caso, abriu a carteira e imediatamente resolveu a dificuldade financeira da mulher. "Era um sujeito boníssimo. O ministério do formalismo acabou e passou a viver sempre cheio", completa Faria.

Foi somente então que o "ministro administrativo" percebeu o quanto tinha sido incauto ao permanecer no cargo. Homem seletivo por formação familiar e metódico pela educação jesuítica, ele passou a assistir, entre chocado e horrorizado, e com imenso sacrifício, a tudo aquilo. "Eu ficava meio chateado com esse negócio, eu não aguentava mais." Sem nenhuma privacidade, ele perdeu o controle de seu horário de trabalho. Do início da manhã até oito da noite, contrariado, também passou a receber pessoas. "Uma vez cheguei ao meu gabinete, e dentro já tinha uma porção de gente me esperando." Daí e até as 11 horas da noite despachava os documentos. Certa noite, absolutamente estafado, começou a assinar os papéis sem ler, confiando em seu oficial de gabinete. O auxiliar, no entanto, insistiu para que ele lesse o processo: "– Mas Santos, já é meia-noite, estou numa exaustão!" Mas o funcionário, não menos cansado, respondeu: "– Não importa, isso são aspectos políticos e você tem que depois discutir com Jango. Essa pilha você vai ler." Em outro dia, de tão cansado, Hugo de Faria, às três horas da madrugada, encostou a cabeça na mesa e adormeceu. Acordou no dia seguinte, às sete da manhã, com o barulho promovido pelo pessoal da faxina. "Enfim, isso foi o Jango no ministério", alega. "Foi uma revolução, foi uma avalanche de novidades, de humanismo, de popularidade e de paternalismo também..."

Instituindo a informalidade no Ministério do Trabalho, Goulart elegeu como prioridade os seus contatos com sindicalistas e populares. As situações eram várias. Um nobre inglês, sócio de uma empresa estrangeira que explorava minas de ouro em São João del Rey, exigiu marcar um horário que melhor lhe conviesse para falar com Goulart. Pela empáfia de sua personalidade, o ministro logo o apelidou de "lorde Gororobas" e lembrou que quem marcava horários era ele, a autoridade constituída. Embora Hugo de Faria afirmasse que o lorde viajaria no dia seguinte para a Inglaterra, a audiência foi marcada propositalmente para dois dias depois. Obrigado a adiar a viagem, o lorde encontrou-se com o ministro. Mas as primeiras palavras que ouviu de Goulart, com o auxílio de um tradutor, foram que "o senhor explora a economia popular...", entre outros impropérios. Certa vez, procurado por sindicalistas da AFL-CIO, ele simplesmente não os recebeu, alegando que eram representantes dos capitalistas e não dos trabalhadores. O ministro também recusava convites para jantar em embaixadas, preferindo estar com sindicalistas e pessoas do povo. Nessas ocasiões, Hugo de Faria era obrigado a ir em seu lugar. Em certa noite, sem preparo algum, ele teve que proferir uma conferência no Itamaraty, tarefa que o deixou bastante assustado.

Muito comuns, por exemplo, eram os convites que dirigentes sindicais e moradores dos bairros dos subúrbios faziam a Goulart para um churrasco ou um almoço. Os finais de semana eram reservados para tais atividades. Os moradores do conjunto residencial da Fundação da Casa Popular, no bairro de Marechal Hermes, no Rio de Janeiro, ofereceram um almoço ao ministro e todos se sentiram muito à vontade diante de sua simplicidade e pela maneira cordial de tratar as pessoas. Após exporem os problemas e carências do bairro, ouviram dele que o conjunto residencial ganharia um hospital, uma escola e que o governo faria novos investimentos para que a Fundação construísse mais habitações.[24] Em outro domingo, os moradores de Ramos, também no Rio de Janeiro, bairro afastado e conhecido por sua pequena praia poluída, convidaram o ministro para almoçar e conversar sobre a construção de casas populares. E lá chegou Goulart na praia, sem camisa, sorridente, pronto para saborear a comida preparada pelas mulheres do bairro e conversar com as pessoas. "A maior forma de comunicação de Jango", diz Hugo de Faria, "era sua própria capacidade cavalar de trabalhar, de assistir, de ouvir, sua paciência".[25]

Goulart ainda encontrava tempo para atividades que, simultaneamente, prestigiassem o movimento sindical e o PTB, aproximando-os politicamente. Acompanhado por numerosa comitiva, o ministro, em certa ocasião, foi até a ilha da Madeira, no município de Itaguaí, no Rio de Janeiro, inaugurar a colônia de férias dos trabalhadores filiados ao sindicato dos tecelões. Retornando a Itaguaí, ele prestigiou a abertura da sede do diretório do PTB e, junto aos trabalhadores e sua comitiva, refestelou-se com um churrasco oferecido pelas lideranças políticas locais. Vários oradores discursaram. O presidente do sindicato dos tecelões atacou duramente seus antecessores no Ministério, em particular Danton Coelho e Segadas Viana, e agradeceu o apoio do ministro à greve realizada pela categoria. O deputado Gurgel Amaral lembrou que o PTB é "uma revolução em marcha" e que os trabalhadores deveriam adotá-lo como o seu partido. Outros lançaram o nome do ministro para concorrer nas próximas eleições presidenciais.[26]

O "ministro administrativo" de Goulart, mesmo contrariado, algumas vezes o acompanhava nesses encontros. Em um esforço para organizar mais racionalmente o seu tempo, Hugo de Faria preferiu ficar dentro do Ministério, mas dando ao titular da pasta o necessário apoio logístico. A sua tarefa era "legalizar" as reivindicações que sindicalistas e populares encaminhavam ao ministro. Assim, no dia seguinte ao almoço na praia de Ramos, ele recebeu de Goulart 40 "notinhas", cada qual com um pedido pessoal. Uma das funções do "ministro administrativo" era, quando possível, transformar os pedidos feitos a Goulart, ou as suas promessas, em atos jurídicos. As demandas dos sindicalistas, como aumentar a aposentadoria de um trabalhador ou a construção de um ambulatório médico nas cidades do interior, eram avaliadas e, se a legislação permitisse, implementadas. Mas é necessário ressaltar que estavam excluídas quaisquer atitudes frias ou impessoais. Os pedidos eram recebidos pessoalmente pelo ministro mediante a conversa com os militantes sindicais.

A maneira de Jango atuar no Ministério chocou amplos setores conservadores da sociedade brasileira – civis e militares. Afinal, um homem nascido entre as elites sociais do país, rico empresário rural e exercendo um cargo ministerial estava recebendo, em seu próprio gabinete, trabalhadores, sindicalistas e pessoas comuns – a maioria de origem social humilde. Muitas vezes, o preconceito de classe se confundia com o da cor da pele, uma vez que vários daqueles indivíduos eram pretos. O mais chocante para o elitismo preconceituoso de grupos importantes e consideráveis da sociedade brasileira era que o ministro tratava aquelas pessoas como iguais, com consideração. Goulart fugia completamente aos padrões e aos costumes dominantes, longamente aceitos e partilhados. Motivos, portanto, não faltavam para os rancores e os ódios que as elites do país passaram a dedicar ao ministro do Trabalho.

Apesar das acusações na grande imprensa, das pressões de grupos políticos conservadores e desconfianças de setores do empresariado e das Forças Armadas, os trabalhadores reconheceram os esforços e a atuação de Jango no Ministério. O movimento sindical, mesmo sofrendo com a alta dos preços e o achatamento salarial, mobilizou-se para a luta, mas avaliou como positivo seu desempenho no governo. Afinal, pela primeira vez na história republicana, uma autoridade pública encarregada das relações entre Estado, empresários e classe trabalhadora negava-se a acionar a máquina repressiva estatal para conter a onda reivindicatória e, algo inédito, dialogava, negociava e defendia os direitos dos assalariados.

O TRABALHISMO COM GOULART

Não seria exagero afirmar que, na década de 1950, surgiu na sociedade brasileira uma geração de homens e de mulheres que, partilhando de ideias, crenças e representações, acreditou que no nacionalismo, na defesa da soberania nacional, nas reformas das estruturas socioeconômicas do país, na ampliação dos direitos sociais dos trabalhadores do campo e da cidade, entre outras demandas materiais e simbólicas encontrariam os meios necessários para alcançar o real desenvolvimento do país e o efetivo bem-estar da sociedade. É verdade que, para Raoul Girardet, a renovação das ideias e sensibilidades ocorre de maneiras diversificadas e o fato de as novas crenças surgirem e se expandirem na sociedade não significa, de maneira alguma, que todos os homens e mulheres de uma mesma faixa de idade demonstrem similitudes nos comportamentos, atitudes, aspirações e aceitação do destino. No entanto, é possível, para aquela década, identificar uma geração que passou a compartilhar de uma mesma sensibilidade política, de uma noção de contemporaneidade, para usar uma expressão do autor.[27]

Sentindo-se contemporâneas aos mesmos problemas, crenças e destinos, parcelas significativas da sociedade brasileira nos anos 1950 comprometeram-se com um conjunto de demandas materiais e simbólicas, associadas sobretudo com o nacionalismo e o programa de reformas econômicas e sociais. Essa geração encontrou em João Goulart aquele que, surgindo como o herdeiro do legado de Getúlio Vargas, assumiu a liderança do movimento reformista. Momento crucial na história do trabalhismo brasileiro, quando o "estilo" Vargas alcançava seus limites, em particular no seu desprezo pelo sistema partidário, Goulart contribuiu para que o PTB adquirisse um perfil político e ideológico mais consistente.

Porém, a ascendência do grupo "janguista" no partido não ocorreu sem resistências. As estratégias adotadas por eles eram fortalecer os diretórios locais e dar liberdade para a bancada na Câmara, mas também concentrar no Diretório Nacional pessoas politicamente leais ao presidente do partido, evitando a rotatividade nos cargos e resistindo a qualquer democratização interna. A última palavra em questões de política era do Diretório, ou seja, do próprio Goulart. O PTB, assim, tornou-se um dos partidos mais antidemocráticos e centralizados do quadro político brasileiro. Diante da rapidez com que o grupo "janguista" dominou a direção partidária, além da política de aproximação com o movimento sindical e com os comunistas, muitos petebistas de outras facções reagiram. Mas as mudanças internas indicavam que os descontentes não teriam espaço para articulações. Qualquer dissidente em cargos de direção partidária passou a ser punido com a exclusão, segundo decisões da Convenção Nacional, em 1953.[28]

Recorrendo ao diálogo e à conciliação, mas igualmente a métodos centralizadores e instituindo a intolerância para conter os insatisfeitos com sua liderança na presidência do PTB, Goulart protagonizou um período de transição na história do trabalhismo brasileiro. Sob o título "Getulismo e o PTB, na ação vigorosa de João Goulart", Adamastor Lima escreveu um artigo revelador, e muito significativo, das mudanças que ocorriam naquele momento.[29] Segundo suas ideias, "os acontecimentos vão evidenciando que GETULISMO e TRABALHISMO não se confundem". Para Adamastor, o getulismo, "nasceu e viverá sempre na alma de Brasileiros e estrangeiros que COMPREENDERAM o presidente Getúlio Vargas e a sua obra de Estadista, que, não raro, foram nessa obra, BENEFICIADOS, havendo ficado DEFINITIVAMENTE AGRADECIDOS. O Getulismo é um FENÔMENO SENTIMENTAL. O getulismo é GRATIDÃO COLETIVA. O Getulismo pode não ser TRABALHISTA". Lembrando a trajetória política de Vargas, em particular das leis sociais instituídas em seu primeiro governo, Adamastor afirma que, em 1945, ele inspirou e animou a criação de um partido político nacional para os trabalhadores. Assim, se o "Getulismo é um fenômeno de GRATIDÃO", o "Trabalhismo é um movimento POLÍTICO" que, com o PTB, "ganhou a FORMA PARTIDÁRIA". Embora não negue os elementos de continuidade entre ambos, o autor esforça-se para dissociar a gratidão coletiva ao presidente de um projeto político que assumiu a feição partidária. Portanto, conclui o autor: "João Goulart empunha, porém, com galhardia, a Bandeira Tricolor do PTB, agitando-a em todo o Brasil." Argumentos como os de Adamastor Lima surgiam com frequência na imprensa trabalhista daquela época. O getulismo, expressão que traduzia a defesa e as conquistas do trabalho associadas à imagem do chefe do governo, além de um estilo político que privilegiava uma relação sem mediações entre líder e trabalhadores, não mais satisfazia às necessidades políticas de uma geração que passou a se manifestar politicamente nos anos 1950. Para Angela de Castro Gomes e Maria Celina D'Araujo, "se o getulismo tem a marca indelével da personalização, o trabalhismo acabou por ganhar novas lideranças e, por vezes, perfis mais independentes em relação ao seu marco de origem".[30]

Redefinindo o PTB em termos ideológicos, programáticos e organizacionais, além de reformular as relações de seu partido com sua própria base social – os trabalhadores e os sindicatos –, Goulart esforçou-se para atualizar o trabalhismo brasileiro a um contexto internacional vivido por sua geração: por um lado, a consolidação dos valores democráticos e o modelo de um Estado de bem-estar social que avançavam na Europa Ocidental e, por outro, a pregação anti-imperialista e de emancipação econômica e política que se expandia pela América Latina. Apesar de avançado para os padrões da conservadora política brasileira daquela época, o projeto que o líder petebista inicialmente defendeu, particularmente durante a sua gestão na pasta do Trabalho, não propunha rompimentos, mas, afinado com os movimentos social-democratas em ascensão na Europa, patrocinava compromissos. Com o nome de trabalhismo, o projeto, declarou em certa ocasião, "pertence a um partido político – o PTB –, cujo programa se assenta na defesa dos interesses dos trabalhadores, através de um sistema de perfeito entendimento com as classes patronais, tendo como finalidade principal o bem-estar de todos e o progresso da Nação".[31] Duas premissas lastreavam seu modelo de sociedade: a proteção dos trabalhadores, garantida pela "melhor legislação trabalhista do mundo", e as vantagens do regime democrático.[32] Os assalariados, assim, não necessitavam recorrer à violência ou à ilegalidade para solucionar os seus problemas, alegou, mas bastaria exercitar as prerrogativas do regime democrático – exigindo e lutando dentro das regras constitucionais.

Procurando enfrentar os conflitos entre capitalistas e trabalhadores "à luz da justiça", com "patriotismo" e "dentro da mais pura inspiração de harmonia social", Goulart declarava que seu objetivo era estreitar os laços de "respeito recíproco e fraternal compreensão" entre as partes. Porém, não abria mão "de propiciar ao operário nacional um tratamento mais digno, mais humano e mais condizente com o espírito cristão do nosso povo". Para isso, dizia, o seu combate se voltava contra algumas correntes de oposição que "se alimentam, via de regra, no infortúnio e no sacrifício popular". Ao contrário do que seus adversários o acusavam, rebateu o ministro, querer elevar o nível de vida dos trabalhadores não implicava minar as bases do capitalismo. Apostando na ampliação do mercado interno, ele afirmou que os capitalistas encontrariam maiores oportunidades de investimentos se os padrões de existência da população melhorassem. "Sempre estarei disposto a aplaudir e a estimular o capitalismo sadio", afirmou, "que faz da sua força econômica um meio legítimo de reproduzir riquezas". Mas, como dirigente de um partido político e titular da pasta do Trabalho, alegou: "Combaterei com o mesmo vigor e o mesmo desassombro o capitalismo sem escrúpulos. Jamais poderia prestigiar – desejo insistir – aqueles que representam o capitalismo prepotente e sem patriotismo – que se diz fraco e indefeso quando se cogita melhorar salários para os trabalhadores, mas que adquire arrogância e coragem quando empenhados em manobras especulativas de lucro fácil e imediato." No projeto que defendia, não poderia haver espaço para o capital especulativo, gerador da miséria e opressão dos trabalhadores: "Não é admissível", disse Goulart, "que enquanto alguns se afogam em lucros extraordinários, existam ainda trabalhadores percebendo salários mensais de 500 cruzeiros, que com os descontos às vezes se reduzem a 300, como ocorre por exemplo na capital do Rio Grande do Norte. E se formos um pouco mais adiante, no interior de alguns estados, veremos esse salário mínimo fixado por lei em bases ainda mais inferiores. Ora, esses trabalhadores, chefes de família que o são, desejam também, senão para si próprios, ao menos para os seus, um mínimo de conforto e decência que a qualquer cidadão é lícito esperar".

O trabalhismo brasileiro, com Jango, modernizou o seu projeto, aproximando-se daquele vitorioso na Inglaterra. O presidente do PTB, nesse momento, surgiu no cenário político como o porta-voz de uma geração que, identificada com os valores defendidos pelas esquerdas – a exemplo de socialistas, trabalhistas e comunistas –, preocupava-se com a pobreza dos trabalhadores e a ampliação de seus direitos políticos. Essa geração, reconhecendo a necessidade de mudanças nas estruturas sociais e econômicas do país, duvidava das possibilidades de êxito de um projeto circunscrito aos limites traçados pelo liberalismo clássico, assim como pregava a UDN. Valorizando a democracia, mas criticando o primado liberal, Goulart afirmou: "Lá atrás, sepultada nos anos, ainda que assim não queiram alguns, ficou a época em que a realidade popular, a realidade operária, digamos assim, era apenas uma variação intelectual ou mesmo espiritual da burguesia. O problema das grandes multidões, hoje em dia, precisa ser examinado sob novos ângulos, sob pena de amargar talvez irremediáveis surpresas no futuro."

Os tempos, sem dúvida, eram outros, e o trabalhismo, nesse momento, procurou responder a novas e crescentes demandas formuladas pelos trabalhadores. Defendendo o capital produtivo e sobretudo o de origem nacional, a intervenção do Estado nas atividades econômicas e nas relações de trabalho, a ampliação do mercado interno e a elevação do nível de vida dos assalariados, tornando-os interlocutores privilegiados com o poder, Goulart fez parte de uma geração que não viveu os tempos do Estado Novo, mas, resgatando as tradições fundadas pelo getulismo, atualizou os seus princípios e procurou afinar-se com os movimentos reformistas que se alastravam na Europa e na América Latina. Para Maria Celina D'Araujo, embora o projeto defendido pelos trabalhistas não tivesse abdicado do personalismo político, associando a imagem do líder a grandes temas nacionais e confundindo as suas próprias conquistas como um subproduto da soberania nacional, a partir daí o PTB se projetou com um discurso voltado para as reformas, com um "papel capital na transformação do sindicato em ator político visível" e na definição de uma política que queria fazer dele "uma fonte de poder". Mais ainda, foi "como um partido de 'libertação nacional' que o PTB passou a interpelar o eleitorado nos anos seguintes".[33]

A MALDIÇÃO DOS ARGENTINOS

Apesar dos esforços do ministro do Trabalho, a crise econômica e a inflação crescente, conjugadas muitas vezes à intransigência patronal, continuavam incitando os trabalhadores a deflagrarem greves. Ao longo do segundo semestre de 1953, somente no Rio de Janeiro, capital da República, paralisaram as atividades os aeronautas da Panair, hoteleiros, garçons, bancários, portuários e os funcionários nas indústrias de bebidas e açúcar. Outras categorias, como a dos vidreiros, telefônicos, tecelões, professores, médicos, cabineiros, sapateiros e chapeleiros, entraram em campanha salarial, ameaçando paralisações. Em outras capitais, diversas categorias cruzaram os braços, enquanto os marítimos desencadearam outra paralisação em nível nacional. A tarefa do ministro, diz Lucília de Almeida Neves, era complexa e, por vezes, contraditória: "se aproximar dos trabalhadores, através da via da concessão e do incentivo mobilizador e, ao mesmo tempo, procurar desarmá-los, antecipando-se às suas ações, neutralizando-as e apaziguando-as por meio do diálogo preventivo e de concessões possíveis."[34]

O cerco político ao governo, no entanto, se estreitava. Embora, desde 1952, Vargas procurasse intensificar os seus contatos com a UDN, a oposição, ao contrário do que o presidente esperava, somente aumentou seus ataques, insistindo em denunciar a corrupção administrativa e as ameaças à ordem social. A "Banda de Música" da UDN, por exemplo, patrocinou uma grande campanha contra o jornal *Última Hora* e inquéritos contra o Banco do Brasil. Outro grupo do partido, o Clube da Lanterna, organização de civis e militares sob a liderança de Carlos Lacerda, pregava mensagens violentamente antigetulistas e anticomunistas. Para Maria Victoria Benevides, "toda a oposição conservadora, liderada pela UDN, alimentava suas críticas à política econômica do governo pela aversão às propostas de política social e salarial anunciadas por Getúlio [...] e ao avanço do nacionalismo, em termos de intervenção estatal e controle do capital estrangeiro".[35] Contudo, a nomeação de Goulart para o Ministério do Trabalho acirrou ainda mais o conflito, incentivando contatos políticos entre udenistas e facções das Forças Armadas.

O conjunto de medidas que Goulart tomou à frente do Ministério, o seu estilo de lidar com o movimento sindical e, sobretudo, sua crescente popularidade associada à imagem de herdeiro político de Vargas, não passaram impunes pela imprensa. Para os padrões dos conservadores, ele tinha ultrapassado, em muito, todos os limites. Os jornais, diariamente, apresentavam imagens negativas do governo e da ameaçadora situação política do país: "Desde que o sr. João Goulart assumiu o Ministério do Trabalho", afirmou *Diário de Notícias*, "se tem acentuado o clima de agitação e exacerbação do conflito de classes, que o sr. Getúlio Vargas diz condenar".[36] Em sua coluna diária na *Tribuna da Imprensa*, João Duarte Filho, por exemplo, acusou Goulart de ser o único responsável pelas greves que ocorriam no país e pela exaltação nos meios operários – acusação que se tornou comum nos textos de diversos outros jornais. Desde que Vargas o nomeou para a pasta do Trabalho, alega o jornalista, começou uma época de agitação entre os trabalhadores: "Jango fez greves; fez demagogia, destilou nos trabalhadores o espírito da insubordinação. Tudo vem dele. Ele é o agitador. A greve dos tecelões foi custeada por ele, a greve dos aeroviários foi ele quem fez; a primeira greve dos marítimos também foi coisa dele. Que há de fazer o trabalhador senão greve, quando à greve o convidam todas as autoridades do Ministério do Trabalho e, principalmente, o próprio Ministro?"[37] Acusando Goulart de "chefe da malta", "agitador principal" e "cabeça do motim", o colunista enumerou seus principais feitos: "Quem está agitando a massa trabalhadora é ele, quem vai às suas assembleias incitá-los contra as empresas e contra a ordem pública, é ele que cria comitês de empresa para uma fiscalização desnecessária, é ele que, ostensivamente, se nega a visitar, como deveria, chefes de Estado, para aparecer, ressaltando o contraste, nos clubes operários." O clima de agitação e paralisações, contudo, tinha que encontrar um término definitivo. Agindo simplesmente como um "pau-mandado" de Vargas, concluiu, o ministro faz o que o "chefe" determina para "impedir que o país continue em ordem".

Os ataques a Goulart, que começaram antes mesmo de ele assumir o Ministério, se intensificariam à medida que avançava o segundo semestre de 1953. Entretanto, no embate que se estabelecia, a imprensa de oposição recorreria a outros recursos imaginários e simbólicos para combater o líder trabalhista. O regime de Perón, na Argentina, novamente era lembrado como a grande ameaça ao Brasil e, de maneira similar como ocorreu em 1945, com o queremismo, os grupos conservadores, por meio da imprensa, denunciavam as relações de proximidade entre Estado e movimento sindical, interpretadas como uma ameaça às instituições democráticas. Jango, recebendo líderes de trabalhadores em seu gabinete, defendendo a unicidade sindical e incitando greves, denunciou o *Diário de Notícias*, demonstrava que tinha planos para utilizar os mesmos métodos de Perón para alcançar o poder, com paralisações e perturbações da ordem.[38]

Carlos Lacerda, mais enfático, não esperou muito e, vinte dias após a posse do ministro, em espaço cedido por Assis Chateaubriand, falou durante três horas e meia na TV Tupi de São Paulo. Segundo o líder oposicionista, "João Goulart tenta criar no Brasil uma nova CGT, do tipo Perón. Ele prepara um golpe peronista, no estilo boliviano. Não se trata do fechamento do Congresso como foi feito em 1937, e sim da sua dominação pela massa de manobra de um sindicalismo dirigido por 'pelegos', visando reformar a Constituição e estabelecer uma ditadura no país".[39] Dias mais tarde, dando prosseguimento às suas denúncias, Lacerda dizia que o "golpe totalitário" teria cinco etapas: a primeira, já iniciada, com a nomeação de Goulart para o Ministério do Trabalho e a do general Zenóbio da Costa para o Ministério da Guerra. As seguintes seriam uma greve geral, a prisão de vários generais do Exército, o fechamento do Congresso com a imposição de uma Constituição Sindicalista e, a última, transformar a sra. Alzira Vargas do Amaral Peixoto em uma espécie de Eva Perón brasileira.

Perón retornava ao noticiário político da imprensa brasileira. O fantasma argentino, para as oposições brasileiras, era verdadeiramente ameaçador. Afinal, sem golpes de Estado, Perón ascendera ao poder pela mobilização do movimento sindical e pelo voto dos trabalhadores. O seu partido, com vitórias eleitorais seguidas, tinha maioria no parlamento e os adversários, insistindo no palavreado antiperonista, resistiam para não desaparecer do cenário político. Com o respaldo das Forças Armadas, amplo apoio popular e praticamente imbatível nas urnas, o líder argentino passou a exercer poderes ditatoriais, mesmo que em um regime formalmente liberal-democrático.

No entanto, o termo "peronismo" necessitava ser traduzido para a realidade brasileira, expressando, com maior clareza, a ameaça que representava para as instituições democráticas. O presidente do Sindicato dos Têxteis do Recife e parlamentar do PTB, Wilson de Barros Leal, foi quem ofereceu às oposições a necessária tradução. Ao elogiar a atuação de Goulart no Ministério, o sindicalista disse que, nas próximas eleições, os trabalhadores, votando no PTB, poderiam eleger um parlamento que representasse seus interesses de classe, constituindo, assim, uma "República sindicalista". O sucesso da expressão foi imediato e logo passou a fazer parte do vocabulário da imprensa oposicionista. Tentando reverter o processo, Wilson Leal, na abertura do Congresso da Previdência, pronunciou um candente discurso criticando os jornais por deturparem suas palavras: "Trata-se de uma mentira, de uma infâmia. Quando fiz alusão à 'República Sindicalista', falei em meu próprio nome e não em nome do PTB ou instruído pelo ministro João Goulart. Não sou inimigo do regime democrático e, como parlamentar, como homem de luta, não poderia em hipótese alguma desconhecer as vantagens de um parlamento eleito pelos trabalhadores, que constituem maioria. Tudo que disse foi de minha inteira responsabilidade."[40] Os seus protestos, contudo, foram inúteis. A partir daí, o termo "República sindicalista" perseguiu João Goulart ao longo de sua carreira política.

No mesmo dia em que o líder dos têxteis do Recife tentou desfazer o mal-entendido, um jornalista, escrevendo na *Tribuna da Imprensa*, explicou aos leitores em qual atmosfera prosperava o que chamou de "república sindical" ou "ditadura sindical". O primeiro passo foi o incentivo oficial para que os operários fiscalizassem as empresas, obrigando seus proprietários a cumprir as leis sociais. Os dirigentes sindicais, protegidos pelos fiscais do Ministério, passaram a invadir fábricas e estabelecimentos comerciais: "A fiscalização perdeu a sua função de fiscalizar, transformando-se em quartel de guarda-costas. Quem fiscaliza, agora, são os diretores dos sindicatos, entrando nos escritórios adentro, remexendo livros, interrogando operários. Trata-se de um gesto ostensivo. E ir entrando, perguntando, exigindo livros."[41] O clima mais propício para florescer a "ditadura sindical", portanto, ocorre quando o sindicato deixa de atuar com liberdade, preocupando-se apenas com seus associados, e alia-se ao Estado, surgindo uma rede de interesses suspeitos e ilegítimos. "Ditadura sindical", continua o jornalista, "é o sindicato sobre tudo o mais, com o apoio oficial, justamente o que está acontecendo. Como sindicato, ele deve agir por conta própria, diretamente com o patrão, sem interferência oficial. É o que não está acontecendo."

Na imprensa, qualquer ato governamental surgia como uma grande articulação política de Vargas e Goulart para estabelecer uma ditadura de bases sindicais. A indicação de Orlando Leite Ribeiro para a embaixada brasileira na Argentina, por exemplo, foi noticiada como outra medida no sentido do golpe. O embaixador, acusado por Carlos Lacerda de orientar uma "célula vermelha" no Itamaraty, teria sido nomeado por imposição de Perón e sua missão em Buenos Aires já estaria definida: "facilitar a aproximação do governo argentino com o Kremlin, visando iniciar a formação de um bloco de nações tipo 'cortina de ferro' na América Latina."[42] O papel de Goulart no golpe, denunciou por sua vez um jornalista, era o de tornar-se "ministro da sucessão", garantindo o sucesso eleitoral dos trabalhistas nas próximas eleições. Para o melhor êxito de sua missão, ele necessitava utilizar os recursos do imposto sindical. "A manipulação dessa verba recrutada, inesgotável, construiria o melhor sustentáculo da política que pretende executar."[43]

As mensagens contidas nos jornais, sobretudo na *Tribuna da Imprensa*, seguiam uma mesma lógica. Vargas e Goulart planejavam, de maneira sistemática e coordenada, minar as instituições políticas do país, com o objetivo de permanecerem indefinitivamente no poder. Entretanto, desmascarados pela imprensa, a opinião pública rejeitava os planos ditatoriais do governo, desmoralizando os golpistas. No argumento, invariavelmente imprensa e opinião pública surgiam como termos sinônimos, sendo muito difícil diferenciá-los nos noticiários: "o grandioso plano da República Sindicalista, obra, graça e desgraça da cabeça mirabolante do sr. Jango Goulart começou realmente a ser executado", mas frustrado pela "magnífica reação da opinião pública", denunciou o jornal de Carlos Lacerda.[44] Vargas, politicamente deformado após 15 anos como ditador, continua o editorial da *Tribuna da Imprensa*, tinha como único objetivo o poder pessoal. Depois de inutilmente investir contra os partidos e o parlamento, pretendia agora eternizar-se na presidência da República, apelando para trabalhadores "desavisados". Embora organizada e forte, "a vida política brasileira deve preparar-se para o golpe constitucional da República Sindicalista". Os planos já estariam traçados: eleger maioria parlamentar no Congresso, reformar a Constituição e, por fim, dar todo o poder aos sindicatos, sob as lideranças de Goulart e Vargas. Ainda segundo a *Tribuna da Imprensa*: "E desde agora se preparam os jangos para as próximas eleições. Ao Jango-mor está afeta a tarefa de conquistar, demagogicamente, a massa trabalhista. Com seu primarismo de homem sem letras, com o seu nublado horizonte espiritual, outra coisa não faz ele, desde que é ministro, senão comprar eleitores para as próximas eleições. E está comprando com a honestidade de um bom pagador, comprando e pagando com o dinheiro da previdência." Se o Congresso e a opinião pública não reagirem a tempo, continua o editorial, "a República Sindicalista, a esdrúxula república jangueira, terá ganho a contento, elegendo a sua gente para a maioria governamental que fará do sr. Getúlio Vargas, amorfo e dócil homem de quase oitenta anos mal vividos, um ditador que cochila, enquanto Jango age".

A UDN dava continuidade à sua política de oposição sistemática ao trabalhismo, insistindo na mesma linha de ação inaugurada em 1945. Com ênfase nos discursos moralistas, antigetulistas e anticomunistas, o partido, segundo Maria Victoria Benevides, ainda foi marcado por um profundo elitismo, associando reivindicações sociais, sobretudo de trabalhadores, com imagens de desordem e caos. "A resistência udenista em admitir a participação política das classes populares", diz a autora, "a omissão nos debates sobre as questões trabalhistas, será típica do pensamento liberal clássico e elitista", opondo o "formalismo legal aos direitos sociais (greves, ampliação da cidadania política) e à modernização da intervenção do Estado". Para suprimir a "anarquia e a subversão" do movimento operário e impedir que, "por fruto da ignorância popular", os trabalhistas tivessem vitórias eleitorais, os udenistas recorriam às Forças Armadas para intervir no processo político.[45]

No embate entre projetos conflitantes, os oposicionistas, apoiados pela maioria dos meios de comunicação do país e se expressando por eles, conseguiam disseminar com maior volume e rapidez imagens extremamente negativas sobre o ministro do Trabalho e o governo de Vargas. Para defendê-los, somente *Última Hora* e o pequeno *O Radical*. A disputa, no entanto, era desigual. Sobre a associação de Goulart com os bolcheviques e o peronismo, os editorialistas de *O Radical* rebateram: "esquecem, destarte, os corifeus do Estado democrático, que tão nervosamente buscam defender, que peronismo não dá boa liga com comunismo."[46]

Os dois jornais, embora se esforçassem, não conseguiam dar conta da avalancha de denúncias, cada vez mais contundentes. Algumas vezes, o próprio Goulart respondia às críticas da imprensa de oposição. Acerca da acusação de que a sua presença no Ministério constituiria uma ameaça ao regime democrático, classificada por ele de "verdadeiramente ridícula", perguntou: "Afinal, de que me culpam? De ficar até altas horas atendendo àqueles que batem às portas do Ministério do Trabalho buscando solução para os seus problemas? Ora, se é crime o cumprimento do dever, se é crime trabalhar, aceito até com orgulho a pecha de criminoso."[47] Talvez a atitude contrária agradaria a seus detratores, alega: "eu poderia não atender os trabalhadores", abandonando-os à própria sorte, e frequentar "reuniões elegantes, trocando homenagens com os felizes detentores do poder econômico". No entanto, diz o ministro que não tem vocação para cortejar os poderosos e trair os que vivem de seu próprio trabalho.

Rebatendo a acusação de que é apenas ministro do Trabalho, e não da Indústria e do Comércio, Goulart concorda que dedica especial atenção ao proletariado. Mas os industriais e os comerciantes, lembra, dispõem de organizações poderosas que representam seus interesses, como as confederações e federações, a exemplo da Fiesp, além de instituições como o Sesi, o Sesc, entre outras. O trabalhador, isoladamente ou através de seu sindicato, somente conta com o Ministério do Trabalho. Assim, pergunta, o que pretendem seus adversários? Incitar a classe trabalhadora a desacreditar de vez nos poderes constituídos, levá-las ao desespero e, assim, "implantar no país a inquietação social"? "Os detratores das classes operárias", alegou, "não compreendem possa um ministro de Estado falar com espontaneidade e estabelecer mesmo laços de afeto com criaturas de condição humilde." Mais ainda, denunciou Goulart, "além dos ataques infames à minha honorabilidade, inventam as maiores calúnias, mentiras e intrigas, como é o exemplo dessa pitoresca "república sindicalista", acusam-me de 'peronista' porque prestigio as organizações dos trabalhadores que são os sindicatos. Jamais poderia estar em meus intuitos a transformação dessas entidades em instrumentos de ação política". Outra "torpe intriga", continua o ministro, é a de que se oporia ao regime capitalista. Ao contrário, ele se diz sempre disposto a aplaudir os capitalistas que investem na produção e, por meios legítimos, criam riquezas com um sentido social, humano e patriótico. Entretanto, se declara contra o capitalismo parasitário, especulativo, exorbitante e imediatista no lucro, provocador de desequilíbrios sociais. É inadmissível, afirmou, que "enquanto uns estão ameaçados e morrem mesmo de fome, outros ganhem num ano aquilo que normalmente deveriam ganhar em 50 anos e até em um século".

Diante das denúncias de que planejaria golpes de Estado e de pretender implantar uma ditadura de bases sindicais, Jango retrucou a acusação, lembrando das tentativas anteriores da UDN de recorrer às Forças Armadas: "aqueles que me acusam disso são portanto os especialistas em quarteladas e mazorcas. Quanto a mim, jamais estive envolvido, direta ou indiretamente, em aventuras dessa natureza". Os que falam de golpes, continuou, "demonstram que têm muito pouca fé no regime democrático". Por fim, concluiu o ministro: "O que se pretende com essas manobras solertes é menos o meu aniquilamento pessoal do que, através dele, impedir a unificação das classes trabalhadoras. Os empreiteiros dessa campanha de injúrias e intrigas que se levanta contra mim são os mesmos advogados da pluralidade sindical e outras iniciativas que visam manter o proletariado dividido, enfraquecido e eternamente sob o jugo da opressão econômica." E, desafiando seus adversários, foi mais além: "Mas a esses quero dizer que não me atemorizam os seus processos traiçoeiros de combate. Sou muito moço ainda, com um passado modesto e honrado, para temer semelhantes investidas.

Esse meu procedimento, essa minha decisão, jamais constitui motivos de inquietação para os homens de bem. Só poderá assustar mesmo aos demagogos e todos aqueles que não desejam o clima de legalidade e de justiça social que o Brasil tanto reclama."

O "MINISTRO DO POVO"

No fim da tarde do dia 12 de outubro, João Goulart desembarcou no aeroporto de Manaus. A capital do estado do Amazonas seria a primeira escala de seu roteiro de viagem pelas regiões Norte e Nordeste do país. Os seus objetivos eram conhecer as dificuldades de empresários e trabalhadores, sobretudo os últimos, negociar conflitos trabalhistas, reorganizar diretórios regionais do PTB e resolver as divergências entre facções do partido.

Sob forte calor, Manaus se recuperava de uma enchente. A população, nesse momento, sofria com o desabastecimento e os preços elevados dos produtos de primeira necessidade. Conversando com políticos, empresários e líderes sindicais, Goulart ouviu de Jamaci Sena Bentes, presidente do Sindicato dos Gráficos e da Casa dos Trabalhadores da Amazônia, entidade que reunia 15 mil associados, a reclamação de que as organizações sindicais da região estavam completamente desprovidas do apoio do poder público. Os seringueiros, exemplificou, são os mais prejudicados. "São os párias da Amazônia. Representam uma classe de escravos", disse ele. Ganhando um salário mínimo da região, 25,40 cruzeiros por dia, eles sequer podem comprar um quilo de carne, na faixa de 20 a 25 cruzeiros. "O custo de vida aqui em Manaus subiu astronomicamente. De um ano para cá sua elevação foi de mais de 500%. De acordo com o nosso cálculo, a revisão do salário mínimo deve ser feita na base de Cr$ 2.000,00."[48]

Após ouvir outros sindicalistas e representantes de grupos empresariais, ele embarcou para Belém, no Pará. Recebido no aeroporto pelo governador do estado, militares e líderes de trabalhadores, de industriais e de comerciantes, Goulart foi para a localidade de Tupandu, onde operários ofereceram-lhe um churrasco e o prato típico local, o pato ao tucupi. O ministro também visitou as sedes dos Institutos de Previdência e conversou com os representantes das três principais categorias de trabalhadores da cidade: marítimos, motoristas e seringueiros – novamente tomando conhecimento da situação degradante desses últimos. Mais tarde, homenageado por empresários e pela Federação dos Trabalhadores na Indústria, ele anunciou melhorias na Hospedaria do Tucumã, cooperando com o governador no trabalho de receber famílias que, fugindo das secas do Nordeste, queriam se estabelecer naquela região. Completando suas atividades em Belém, Jango visitou as cidades de São Luís e Teresina. Em Parnaíba, ele negociou com os portuários o fim da greve da categoria.[49]

Mais adiante, em Fortaleza, o ministro foi recepcionado pelo presidente do PTB local, Carlos Jereissati. Um carnaval fora de época tomou a cidade para homenageá-lo. Enormes faixas cruzando as ruas com a frase "Ministro do povo" o saudavam. Ao entrar em um restaurante do SAPS, cujo serviço era voltado para os assalariados de baixa renda, os operários que almoçavam o aplaudiram longamente. No teatro José de Alencar, uma manifestação de trabalhadores e sindicalistas deu oportunidade para que seu nome fosse lançado como candidato à presidência da República. No entanto, em Fortaleza, como nas outras capitais, o ministro ouviu muitas reclamações. O instituto dos industriários, por exemplo, possuía apenas um pequeno e inoperante serviço médico para atender 12 mil associados. O instituto dos comerciários, nem mesmo isso tinha. Os estivadores, por sua vez, se queixaram da falta de serviços e, como diversas outras categorias profissionais, expressaram profunda insatisfação com o salário mínimo de apenas 680,00 cruzeiros, pedindo a sua elevação.

As atividades do ministro, os festejos dedicados a ele e a mobilização de trabalhadores e empresários surpreenderam os líderes políticos locais da UDN e do PSD, resultando em contrariedades. A imprensa, por sua vez, voltou a subir o tom dos ataques, alegando que a viagem tinha objetivos comunizantes e de propaganda política para as próximas eleições presidenciais. Goulart, respondendo aos adversários, disse: "não vim ao Norte para provocar agitações, mas para auscultar as necessidades dos trabalhadores. A Consolidação das Leis do Trabalho ainda não chegou por esta região".[50] Seguindo o roteiro, mais adiante ele visitou Mossoró, Natal, João Pessoa, Recife, Maceió e Aracaju, sempre recebido com festa. Em todas as capitais, suas atividades foram conversar com sindicalistas e empresários, apaziguar as divergências entre as facções locais do PTB e convocar patrões e empregados para chegarem a acordos.

O seu retorno à capital da República foi um dos episódios que representou seu momento de maior prestígio no Ministério, uma verdadeira consagração pública reconhecida até mesmo pela oposição. Dias antes, 78 sindicatos, por meio de seus dirigentes, em matéria paga nos jornais, convocaram os associados para recepcionarem o ministro em sua volta do Nordeste, no aeroporto Santos Dumont.[51]

Mesmo sob forte chuva, líderes empresariais, centenas de sindicalistas e milhares de pessoas – cálculos falam em 4 mil – esperavam a chegada do avião da FAB. Impaciente, a multidão sequer esperou o aparelho completar as manobras finais de pouso. Sob o protesto dos policiais, a pista foi invadida e o piloto obrigado a parar fora do local adequado. A aeronave, cercada pelo povo, sofreu algumas avarias e, para evitar maiores danos, Goulart desembarcou. Mas logo foi agarrado pelos manifestantes e carregado nos ombros de musculosos operários. Muito aplaudido, ouvindo o coro de "Jango, Jango!" e fogos de artifício, ele foi colocado na capota de um automóvel para ser visto por todos. Após saudar a multidão, entrou no carro e foi para a sede do Ministério, seguido pelas pessoas. Em rápida entrevista à *Última Hora*, o ministro declarou: "acabo de percorrer vários estados do Norte e do Nordeste e senti, de perto, a miséria e privações dos nossos irmãos daquelas plagas. Assuntei a opinião do proletariado. Ouvi trabalhadores de todas as categorias. Esses trabalhadores que vivem abandonados e sem o mínimo conforto." Preocupado com a grande exploração social, Goulart disse que há homens que trabalham 30 dias por mês, sem um dia de descanso, recebendo como pagamento apenas 10 quilos de farinha ou 15 de carne: "vivem assim, famintos e na mais completa miséria", completou. Respondendo aos novos ataques da oposição por sua viagem, rebateu: "Não será a oposição nem a reação que me fará recuar. Mas deveriam saber que a democracia não se fortalece com os trabalhadores humilhados e passando toda espécie de dificuldades. Precisam marchar lado a lado com os capitalistas, produzindo mais e também ganhando o necessário para viver decentemente." Provocado pelo repórter, continuou respondendo a seus críticos: "Acusam-me diariamente. Lançam sobre mim as mais fantasiosas calúnias. Querem que eu seja, talvez, um criminoso social. Mas o meu crime é o de defender os trabalhadores, tomar providências, elevar o seu nível social. Aliás, todos os homens que se aproximam das classes obreiras são agredidos pela reação ou por sua imprensa."

Enquanto Goulart era entrevistado, a multidão, vinda do aeroporto em passeata, tomou a sede do Ministério do Trabalho. O saguão do prédio e suas escadas inferiores ficaram lotados. Na solenidade para homenageá-lo, políticos, representantes de entidades empresariais e dos sindicatos discursaram. O presidente da Confederação Nacional da Indústria, Augusto Oliveira, disse que "a indústria brasileira muito espera da orientação segura de V. Exa. na gestão da Pasta". Lutando com dificuldades, particularmente diante da "competição de outros países" mais desenvolvidos, os empresários, alegou, necessitam de "economia e paz social", exatamente os objetivos do ministro, concluiu. Diversos oradores também se manifestaram, como o presidente da Confederação Nacional do Comércio, líderes sindicais dos estivadores, eletricitários, metalúrgicos, maquinistas da marinha mercante e o representante de 47 sindicatos da cidade de São Paulo, Santos, Santo André e São Bernardo do Campo, além de políticos do PTB. Outros estavam na lista para homenageá-lo, mas a multidão, impaciente, protestou, constrangendo-os. Na verdade, era Goulart que todos queriam ouvir.

No final de 1953, seu prestígio entre os trabalhadores era difícil de ser mensurado. Contudo, mesmo em junho, dias depois de tomar posse no Ministério, alguns indícios apontavam para o sucesso de sua política de reformular as relações entre Estado e classe trabalhadora. Logo após o encerramento da greve dos marítimos, Vargas, em audiência especial, recebeu uma comitiva de líderes sindicais da categoria. O objetivo deles era agradecer pessoalmente ao presidente pela intermediação de seu ministro do Trabalho na resolução do conflito. Respondendo aos agradecimentos, Vargas disse aos operários: "O ministro do Trabalho, João Goulart, é um espírito sem face, voltado para as lutas em defesa da justiça social, tem ele uma sensibilidade à flor da pele para compreender e sentir como poucos as necessidades e os problemas dos trabalhadores."[52] Conhecido por não manifestar elogios, Vargas, rompendo com seu próprio estilo, pronunciou uma frase contundente: "Naquilo que ele vos disser estará me representando. Podem confiar nele, como se eu próprio fosse."

Nesse momento da história do trabalhismo brasileiro, afirmava-se o que Maria Celina D'Araujo, com base em outros autores, define como rotinização do carisma e sua dispersão. Embora difícil de generalizações, a rotinização ocorre quando há "a transferência do poder excepcional do chefe para uma instituição estável e racional", quando surge uma organização que, doutrinariamente, dê prosseguimento às realizações do líder – situação que pode explicar as relações entre Vargas e o próprio PTB. Em um segundo momento, a rotinização se afirma através da dispersão do carisma. Trata-se do surgimento de lideranças secundárias que aparecem, na sensibilidade das bases partidárias, como fontes independentes de poder e prestígio, capazes de atender às suas demandas. Embora aleguem a autonomia do movimento, procuram afirmar-se politicamente se apresentando como herdeiros legítimos do chefe. No caso brasileiro, diz a autora, Vargas, mesmo antes de sua morte, delegou a outros a tarefa de falar em nome do trabalhismo, garantindo, assim, a formação de uma vida partidária burocrática, mesmo que instável e precária, permitindo a sobrevivência do PTB após seu desaparecimento em agosto de 1954. Para D'Araujo, "o PTB foi o órgão 'eleito' para ser o representante privilegiado da herança e dos desígnios do chefe. E dentro do partido, Goulart foi a figura a merecer a indicação de delegado-mor. Em decorrência disso é que se pode entender a longevidade de seu reinado no partido e a associação que perdurou através dos tempos entre essas duas figuras".[53] Assim, não é casual que o elogio de Vargas a Goulart tenha conhecido outras versões. Aquela mais disseminada, e verdadeiramente impactante, diz que "Jango sou eu".[54]

O CERCO DOS CONSERVADORES

Entre novembro de 1953 e janeiro do ano seguinte, o movimento sindical não se limitou a pressionar patrões e governo por reajustes salariais e a deflagrar greves. Os sindicalistas, procurando avançar para além das reivindicações econômicas, começaram a lutar também na dimensão da política, particularmente a eleitoral. Em meados de novembro, os presidentes dos sindicatos dos metalúrgicos, gráficos, estivadores, conferentes de carga e descarga, borracheiros, oficiais de náutica e trabalhadores nas indústrias de bebidas se reuniram na União dos Servidores do Porto, no Rio de Janeiro. O representante do grupo, Izaltino Pereira, líder metalúrgico expulso do PCB por discordar da política sectária do partido, apresentou o manifesto-programa de lançamento da Frente dos Trabalhadores Brasileiros. Segundo o texto,

> os trabalhadores brasileiros têm avançado nas lutas reivindicatórias, através de suas organizações sindicais que marcham cada dia para uma maior unidade. Precisam, por isso mesmo, ampliar essa unidade e reivindicar também no campo político. A FTB tem por finalidade congregar todos os trabalhadores, sem distinção de cor, credo político, convicções religiosas ou filosóficas. Apresentará, depois, nas próximas eleições, seus próprios candidatos a postos eletivos.

Como pauta para discussão no movimento, o manifesto propôs a seguinte plataforma para a FTB: defesa da autonomia e da unidade sindicais, melhor padrão de vida para a classe operária, direito de greve e das conquistas asseguradas na Constituição, além do cumprimento das resoluções do Congresso da Previdência. O programa defendia também a reforma agrária, a nacionalização dos bancos e das companhias que exploram o subsolo, a encampação da Light, a defesa da indústria nacional contra a ação dos monopólios estrangeiros, a ampliação do comércio internacional, incluindo o reatamento de relações com a URSS, e, por fim, a luta pela paz mundial e pela autodeterminação dos povos. Ainda segundo o documento: "os candidatos ficarão comprometidos clara e liquidamente com a Frente. Os eleitos serão obrigados a entregar 30 por cento de seus subsídios para fortalecer o organismo. A FTB não se opõe a que o candidato operário se inscreva em qualquer partido político como candidato, mas para obter o seu apoio deverá ser indicado por uma Convenção de sua corporação e se obrigue com os pontos".[55]

Em São Paulo, líderes sindicais dos metalúrgicos, têxteis, ferroviários, borracheiros, vidreiros, marceneiros e hoteleiros, de maneira similar a seus companheiros cariocas, lançaram, em janeiro de 1954, um manifesto político. Para eles, a proximidade das eleições para a Assembleia Legislativa estadual e para a Câmara Federal exige que os operários tenham percepção crítica: "os atuais representantes do povo nestas Câmaras não correspondem e não vêm correspondendo à confiança dos trabalhadores". Não satisfeitos de se lembrarem dos seus compromissos públicos somente nas vésperas das eleições, os deputados ainda defendem "projetos reacionários e absurdos como o da pluralidade sindical, simplesmente para submeter os trabalhadores à exploração e ao completo desmembramento de seus legítimos ideais, esquecendo-se de que hoje já não é mais possível ignorar a evolução política da classe proletária". Enquanto os textos que regulamentam os direitos trabalhistas contidos na Constituição dormem nas gavetas dos parlamentares, acusa o manifesto, as leis pleiteadas pelos "tubarões" e "reacionários" são aprovadas com urgência. Inversamente, quando os líderes sindicais procuram os deputados são recebidos com má vontade. Assim, o documento convoca os trabalhadores a se unirem através de uma Frente Única que lute por um programa-mínimo. Pela proposta, cada categoria profissional deveria aprovar um conjunto de reivindicações e lançar o seu candidato para concorrer nas eleições. O operário escolhido não teria compromissos de caráter político-partidário, mas, tão-somente, com "aquilo que é fundamental para a sua classe": "Só assim", diz o manifesto, "entendemos poderem os trabalhadores indicar seus legítimos representantes democraticamente e acima dos partidos políticos. De baixo para cima é que os trabalhadores poderão realmente participar diretamente das eleições. Indicando seus representantes diretos, com compromissos claros com as suas classes e sem nos dividirmos politicamente". Unidos em torno de um programa comum, o manifesto ainda defende uma mesma palavra de ordem para todos os assalariados: "Trabalhador não vota em 'tubarão'. Trabalhador vota em trabalhador."[56]

Em tempo muito curto, os dirigentes sindicais comunistas e trabalhistas romperam com o cerco político, jurídico e policial que imperava desde o governo Dutra e, revoltados com as grandes perdas salariais, deflagraram greves consecutivas. Não satisfeitos, eles passaram a se unir com o objetivo de participar do processo político, elegendo seus próprios candidatos para o parlamento. Sem a prática de atuar nessa dimensão da vida do país, os organizadores do movimento sindical vinculados ao PCB e ao PTB, em um processo de aprendizagem, recorreram às suas próprias vivências e experiências do passado para estabelecer estratégias de luta. Assim, nos manifestos da Frente dos Trabalhadores do Brasil e da Frente Única estão presentes tradições oriundas do comunismo de vertente soviética e do trabalhismo de origem getulista: unidade e unicidade sindicais, representação por categoria profissional, nacionalismo, estatização de empresas estratégicas, congregação dos trabalhadores em torno de um programa mínimo que os una e rechaço a crenças e práticas que os dividam, em especial o partidarismo político. Aprendendo a participar da política eleitoral por meio de suas próprias experiências do passado, os líderes sindicais, nesse momento, não mais se satisfaziam em eleger profissionais da política. Queriam, também, atuar politicamente no parlamento.

É desse período o surgimento de novidades no movimento sindical – e que somente cresceriam até o início dos anos 1960: as intersindicais. Sem questionar ou romper com a legislação corporativista, os dirigentes das organizações de trabalhadores ao mesmo tempo a subvertiam, unindo sindicatos de diferentes categorias com o objetivo de se articularem em conjunto – prática proibida pela CLT. Experiência que demonstrou êxito durante a greve dos 300 mil,[57] entre fins de 1953 e inícios do ano seguinte, as intersindicais passaram a interferir na vida política do país, seja defendendo um programa mínimo para lançar candidatos nas eleições, seja pressionando empresários e governo federal por ganhos materiais.

Em janeiro de 1954, uma nova intersindical surgiu no cenário político. Um grupo de sindicalistas, representando a maioria dos trabalhadores do Rio de Janeiro e de diversos estados, foi recebido em audiência pelo presidente da República e seu ministro do Trabalho. A reivindicação era dobrar o salário mínimo, sem descontos na alimentação, sem a cláusula da assiduidade integral e com garantias contra o desemprego. Luiz França, falando em nome dos colegas, disse a Vargas: "V. Exa disse certa vez que os trabalhadores jamais o decepcionaram e nós estamos aqui para declarar: temos a certeza de que V. Exa jamais decepcionará os trabalhadores."[58] Do encontro surgiu a Comissão Intersindical do Movimento Pró-Salário Mínimo de Cr$ 2.400,00, que promoveu uma série de manifestações. No primeiro comício promovido pela Comissão, na Esplanada do Castelo, milhares de trabalhadores ouviram líderes sindicais trabalhistas e comunistas. Duas moções foram votadas e, posteriormente, entregues ao presidente da República. A primeira exigia dobrar o salário mínimo e congelar os preços vigentes em junho de 1953. A segunda pedia maior rigor na fiscalização do Ministério do Trabalho nas empresas, o fim da cláusula de assiduidade integral e dos descontos na alimentação. Em documento elaborado por eles, os líderes da Comissão declararam: "Senhor Presidente, os trabalhadores do Brasil sabem que os Senhores Empregadores têm acumulado em seus cofres importâncias elevadíssimas que deveriam estar sendo distribuídas aos seus legítimos donos, os trabalhadores, desde 1946. Referimo-nos, Senhor Presidente, à participação nos lucros, prevista na Constituição." Lembrando que os trabalhadores têm consciência de que a família é a base da sociedade, dizem também que o salário mínimo não deve atender somente as necessidades do operário, mas igualmente de seus familiares. Assim, é preciso lutar "contra a intransigência dos que insistem em desconhecer a lei, preferindo dar mais conforto aos seus animais irracionais, em detrimento dos filhos dos trabalhadores, o que podemos exemplificar com o tratamento dispensado aos cavalos de corrida".

Ao mesmo tempo em que as lideranças se mobilizavam em intersindicais para lançar candidatos para as eleições e pressionar o governo para duplicar o salário mínimo, novas greves se sucediam pelo país. No Distrito Federal, os funcionários da cervejaria Antártica paralisaram o trabalho, e os bancários, aeronautas, aeroviários e operários nas indústrias de calçados ameaçaram suspender suas atividades. O conjunto de categorias em mobilização permitiu que manchetes nos jornais anunciassem: "milhares de trabalhadores no caminho da greve geral."[59] Mais grave ainda na percepção dos conservadores era o surgimento do sindicalismo rural. As viagens de Goulart pelo interior de São Paulo, norte do Paraná e região do Triângulo Mineiro, bem como a sua proposta de estender a legislação social aos homens do campo, foram interpretadas pelas oposições como atitude politicamente inaceitável.

Porém, uma outra iniciativa de Goulart, a última de sua gestão, selou a sua carreira de ministro de Estado. Trata-se dos estudos sobre o aumento do salário mínimo que começaram em fins de 1953. Nessa época, o processo de cálculo era discutido em câmaras regionais formadas por uma pessoa teoricamente isenta, como um professor universitário, um técnico do Serviço de Estatística do Ministério, invariavelmente próximo do PTB, e por um número igual de representantes de trabalhadores e empresários. No entanto, a escolha de todos eles era da alçada do governo, o que facilitava a aprovação de seus projetos. No caso do salário mínimo em estudo, o Ministério do Trabalho indicou somente industriais para representar os empresários. Segundo Hugo de Faria, os capitalistas do setor industrial eram mais flexíveis e tolerantes do que os de outros ramos da economia. Com eles o "ministro administrativo" tinha maior intimidade, com conversas francas e sem rodeios. Após uma dessas reuniões, ele disse a um empresário: " – Ô Chiquinho, não encha, você sabe que o salário tem que ser esse, porque é justo. Você fica enchendo lá na comissão. Vamos acabar com isso. Vote logo esse troço."[60]

Seguindo a proposta do Ministério, com a concordância de Vargas, as comissões aprovaram a duplicação do salário mínimo, respondendo, assim, aos clamores do movimento sindical. O projeto de elevar o salário para Cr$ 2.400,00, contudo, desencadeou novos ataques na imprensa e, sobretudo, acelerou a conspiração contra o governo, aproximando setores da UDN de facções do Exército. Na *Tribuna da Imprensa*, João Duarte Filho afirmou que Goulart, "com a leviandade de todos os demagogos e de todos os primários políticos",[61] obrigaria os empresários a demitir trabalhadores, incapacitados que ficariam de pagar tão elevada quantia. Incitando os militares a se manifestarem, ele escreveu que, diante da notícia do novo salário mínimo, "os chefes militares conservaram a cabeça fria, o raciocínio equilibrado, o olho aberto para as diabruras do frangote Jango", pois "o novo salário mínimo criará um verdadeiro ambiente de inquietações do Exército, onde o operariado civil, o pessoal de obras, vai ganhar mais do que praças, cabos e sargentos". O mesmo jornal ainda afirmou que Vargas estaria sendo informado pelos militares de que a agitação operária seria obra exclusiva de seu ministro do Trabalho e, a continuar assim, o país chegaria a situações extremas. Um volumoso dossiê teria sido entregue ao presidente pelos altos escalões das Forças Armadas meses antes, concluindo pela demissão de Goulart. Além disso, informa a *Tribuna da Imprensa*, o ministro estaria sendo vigiado diariamente pelo Serviço Secreto do Exército e todas as suas atividades, pessoas com quem conversava e instruções dadas no Ministério eram do conhecimento das autoridades militares.[62]

Convocados e mesmo provocados a comparecerem no cenário político, em meados de fevereiro os militares se pronunciaram, assim como esperavam as oposições. Em um texto conhecido como "Manifesto dos coronéis", 82 oficiais do Exército reclamaram, inicialmente, do desaparelhamento da instituição, como fardamento inadequado, equipamento bélico obsoleto, ausência de depósitos, deficiência no aperfeiçoamento profissional dos quadros, falta de material para comunicação, carência de terrenos, tropas mal assistidas, quartéis insuficientes e hospitais em condições precárias. Protestando também contra a disparidade salarial entre funcionários civis e militares, que beneficiava os primeiros, sobretudo aqueles que possuíam diplomas de curso superior, os coronéis e tenentes-coronéis lamentaram ainda "o avanço da corrupção administrativa que ascende escândalos nas manchetes dos jornais [...], o clima de negociatas, desfalques e malversações de verbas", que atingem até mesmo o Exército, "cujo padrão de honestidade e decência administrativa está acima das mais leves suspeitas ou críticas".[63] Com o clima de inquietação reinante nas Forças Armadas, eles afirmaram a sua contrariedade com "a elevação do salário mínimo a um nível que, nos grandes centros do país, quase atingirá os vencimentos máximos de um graduado, resultará, por certo, se não corrigido de alguma forma, em aberrante subversão de todos os valores profissionais".

O manifesto, inicialmente entregue às autoridades superiores do Exército, logo foi conhecido pelo público por meio da imprensa oposicionista. Muitos dos signatários do documento, mais tarde promovidos a generais, teriam um papel de relevo no regime imposto pelos militares em 1964, entre eles Silvio Frota, Ednardo D'Ávila Mello, Golbery do Couto e Silva, Antonio Carlos Muricy, Adalberto Pereira dos Santos, Jurandir Bezerra Mamede, Syseno Sarmento, Amaury Kruel, Fritz de Azevedo Manso e Euler Bentes Monteiro. Nos meios conservadores, a manifestação política dos coronéis foi recebida com grandes elogios. "Os que o assinaram", diz em editorial o *Correio da Manhã*, "são, todos, oficiais da mais alta respeitabilidade, impecáveis na disciplina e discrição". Qualificados pela "alta responsabilidade e consciência cívica", eles, segundo o jornal, "não recuaram perante o risco de uma increpação insidiosa de indisciplina" e deram um depoimento "que ninguém estava mais qualificado a dar".[64]

O manifesto alcançou grande repercussão. Na Câmara dos Deputados, o sr. Armando Falcão comentou o teor do texto: "Trata-se de um documento elevado e impessoal, que não é contra ninguém, mas a favor do Brasil. Põe em tela a onda de corrupção que avassala o Brasil e mostra como está se agravando a infiltração e a expansão comunista."[65] Lembrando que as Forças Armadas têm sido "um modelo de renúncia e de compreensão democrática", alertou: "queira Deus, senhores deputados, não se perca a advertência que o fato tão sugestivo traduz." No Senado, Assis Chateaubriand acusou Vargas de criar o Ministério da Propaganda, dirigido por seu ministro do Trabalho. Além de qualificar os funcionários daquela pasta de "agitadores, marxistas e totalitários", ele denunciou que "o político riograndense há nada mais de oito meses, não faz outra coisa senão desenvolver a mais cruel e atormentada luta de classes até hoje vista. Nem o Partido Comunista já produziu uma campanha de atrito de classes tão perfeita, com o colorido político que o sr. Goulart tem desenvolvido".[66]

O cerco a Jango aumentava. No mesmo dia em que o "Manifesto dos coronéis" foi publicado na imprensa, um outro documento também pôde ser lido nas páginas dos jornais. Traduzindo as apreensões da extrema direita, a Secretaria Geral da "Cruzada Brasileira Anticomunista" publicou o seu manifesto. Com a missão de alertar o povo e o proletariado acerca da criminosa propaganda marxista que, de maneira solerte, procura ludibriar os "ingênuos, os humildes e o sofredores" com "teorias absurdas e falsas promessas", a Cruzada denunciou a entrega de postos-chaves da administração pública a notórios bolchevistas e, em particular, a "campanha marxista de incitação à subversão social e à luta de classes a cargo do ministério do trabalho, da falta de reação policial adequada nos Estados às atividades quinta-colunistas, da completa e vergonhosa inação da polícia do Distrito Federal. O Brasil é um país que se suicida! E, nesse afã macabro, vem sendo assistido pelo ministro do Trabalho e por numerosas autoridades alçadas a postos de mando e direção..."[67]

A insatisfação dos trabalhadores com as grandes perdas salariais demonstrou que o apreço que dedicavam a Vargas não era incondicional.

Revoltados, eles se mobilizaram em suas organizações sindicais e, de certa maneira, assumiram comportamentos potencialmente "ruptivos", no dizer de Lucília de Almeida Neves.[68] Os trabalhistas, igualmente insatisfeitos com a política do presidente de aliança com os conservadores, procuraram seguir caminhos mais independentes. No entanto, na sensibilidade política das oposições civil e militar, era necessário um retorno ao passado, aos padrões do governo Dutra, quando o movimento sindical encontrava-se cerceado por uma legislação restritiva e os trabalhadores acuados pela ação policial. Para os conservadores, particularmente a UDN, as greves nada mais eram do que sinônimo de caos e desordem, promovidas pelo Ministério do Trabalho; para os militares, ganhos salariais para os operários significavam uma aberrante subversão dos valores profissionais; na concepção da extrema direita, que agora surgia abertamente em público, como a "Liga Pró-Ordem e Progresso" e a "Cruzada Brasileira Anticomunista", tudo se resumia à assustadora escalada bolchevista, que deveria ser reprimida por uma ação policial sem restrições. O cerco político a Goulart e ao movimento sindical, que aumentou gradativamente ao longo do segundo semestre de 1953, se estreitou perigosamente no início de 1954.

Trabalhadores e dirigentes sindicais, por sua vez, reagiram, exigindo o ganho salarial e apoiando o ministro. O projeto que duplicava o salário mínimo, para eles, era uma conquista que não admitiam perder. No Rio de Janeiro, São Paulo, Recife, Salvador e outras capitais do país, manifestações exigiram a decretação do novo salário. Em Belo Horizonte, dezenas de sindicalistas reunidos em assembleia, patrocinada por uma nova intersindical, a Comissão Permanente do Congresso dos Trabalhadores, manifestaram a sua revolta. O presidente do Sindicato dos Trabalhadores da Companhia Morro Velho, após exigir a duplicação do salário mínimo e o congelamento dos preços, declarou: "Descer o salário mínimo é provocar a revolução dentro do país." O bancário Horadiano Monteiro, por sua vez, comparou João Goulart a Jesus Cristo e afirmou que, se os empresários fechassem as empresas, como estavam ameaçando diante do aumento salarial proposto pelo Ministério, os trabalhadores as abririam à força. Diversos outros dirigentes, na mesma linha de argumentação, exigiram o reajuste salarial com congelamento dos preços e enalteceram a gestão de Goulart.[69]

Escandalizada com a política pública desenvolvida pelo ministro do Trabalho e com a mobilização do movimento sindical, a imprensa oposicionista, ao longo dos meses, desencadeou uma campanha agressiva e sistemática, despertando, inclusive, a ira da extrema direita. Em pouco tempo, os ataques surtiram o efeito esperado: com a entrada dos militares nos debates políticos, uma nova crise abalou o governo de Vargas e a oposição civil ganhou um trunfo, decisivo, para derrubar Jango do Ministério. Hugo de Faria, bem-informado do que se passava nos quartéis, alertou o ministro sobre as resistências que enfrentaria ao duplicar o salário mínimo: "– Olha, se o senhor mantiver a sua política nesse ponto, o senhor vai deixar o ministério, porque a pressão militar vai ser de tal ordem que o dr. Getúlio não vai ter condições de resistir." Goulart respondeu: "– Não; prefiro deixar o ministério a deixar de dar o salário mínimo."[70]

A "REFUNDAÇÃO" DO PARTIDO

Em meados de fevereiro, as pressões contra a permanência de Jango no Ministério alcançaram um nível muito perigoso para o governo. As alternativas de Vargas se restringiram, sobretudo após a manifestação dos militares. Assim, no dia 21 daquele mês, Goulart declarou a um repórter do jornal *Última Hora*: "Deixarei o Ministério do Trabalho. Mas os trabalhadores podem ficar tranquilos, porque prosseguirei na luta ao lado deles, mudando apenas de trincheira. Agora, terei muito mais liberdade de ação."[71]

A notícia foi recebida com revolta e muita contrariedade nos meios sindicais. No dia seguinte, mais de 450 telegramas, oriundos de vários estados, chegaram no Ministério manifestando solidariedade ao ministro do Trabalho.[72] De Porto Alegre, dirigentes sindicais enviaram um memorial ao presidente da República. A intenção deles era deflagrar uma greve geral se a sua saída do governo fosse confirmada.[73] Contudo, no mesmo dia, o ministro chegava ao Palácio Rio Negro, em Petrópolis, para entregar a sua carta de demissão ao presidente. Nos portões do Palácio, ele se recusou a mostrá-la aos jornalistas, mas sabia-se que nela constava a sugestão de manter a duplicação do salário mínimo e, em anexo, um anteprojeto de lei que estendia a legislação social aos trabalhadores rurais. Mesmo com a insistência dos repórteres, ele não confirmou o teor dos documentos e limitou-se a desaconselhar os sindicalistas a promoverem greves de protestos por sua demissão.[74]

Enquanto Goulart era recebido pelo presidente, novas manifestações de solidariedade a ele vinham a público. De Salvador, Elias Adaime, presidente do Congresso Permanente da Previdência Social, enviou um telegrama a todos os sindicatos baianos: "Poder Econômico Reacionário age violentamente sentido impedir vitória trabalhadores salário mínimo, congelamento preços e assiduidade integral. Desesperados diante unidade trabalhadores tentam afastar ministro João Goulart. Mesmo continua intransigente defesa nossos interesses. Necessária a convocação trabalhadores Assembleias sentido esclarecê-los fim enfrentar corajosamente desespero Poder Econômico deseja manter povo escravizado."[75] Telegramas oriundos de todos os estados continuavam a chegar no Ministério do Trabalho e, ao final do dia, contavam-se mais de 1.200. Sindicalistas,[76] mas também jornalistas, professores, políticos e militantes do PTB manifestaram solidariedade. Um novo memorial foi enviado a Vargas por um grupo de dirigentes sindicais. Elogiando Goulart pelo seu "desprendimento" e a "atuação brilhante" em favor da classe trabalhadora, eles pediram ao presidente que o mantivesse no cargo, sobretudo porque "o digníssimo Dr. João Goulart, graças a seu espírito lúcido e sua avançada concepção humana do trabalho, soube distinguir o proletariado não como massa serviçal em função das conveniências financeiras dos patrões, mas, sim, como classe social de evidentes e honrosos méritos".[77] Para eles, Goulart "tem sabido despertar o trabalhador da letargia de uma tediosa ação rotineira, não para ameaçar a integridade das nossas instituições – como propalam aqueles que se intitulam defensores da democracia, mas que têm medo de que o trabalhador participe dessa mesma democracia".

Reconhecendo que formavam uma classe social, com identidade e interesses próprios, trabalhadores e líderes sindicais, após romperem o cerco repressivo do governo Dutra, avançaram no sentido de obter ganhos salariais, ampliar seus direitos sociais e, sobretudo, conquistar a cidadania política e participar ativamente das instituições. No entanto, ironizando o teor do texto, a imprensa oposicionista qualificou o documento dos sindicalistas como o "manifesto dos pelegos" – certamente comparando-o com o dos coronéis. Contrapondo imagens antagônicas e qualitativamente diferentes, os jornais comparavam os protestos dos militares com os dos dirigentes sindicais, sugerindo que os primeiros seriam guiados por noções elevadas, como patriotismo, civismo, equilíbrio e respeitabilidade, enquanto os segundos, sempre com ambições menores, estariam deformados pela corrupção, pelo servilismo, empreguismo, cooptação estatal e interesses particulares de classe. A expressão "pelego", inclusive, era utilizada para descrever qualquer dirigente sindical, sobretudo aqueles próximos aos trabalhistas ou comunistas. Nas páginas da imprensa, a palavra "pelego" tornou-se um lugar-comum. Muitas vezes a militância sindical e a criminalidade surgiam como práticas intercambiáveis, que requeriam a ação saneadora das Forças Armadas. Diante do protesto dos portuários do Rio de Janeiro com a saída de Goulart do Ministério, a *Tribuna da Imprensa* publicou: "Duque de Assis, o conhecido maconheiro, pretende coordenar uma greve dos portuários, como protesto pela presença, na orla do cais, de fuzileiros, que querem precisamente prender o maconheiro, caso ele apareça para novas agitações."[78] Para os grupos conservadores, não haveria lugar na sociedade para manifestações do movimento sindical, sobretudo se os trabalhadores e seus líderes exigissem maiores benefícios sociais e, em particular, se procurassem atuar politicamente. As prerrogativas da cidadania política deveriam se restringir aos membros das elites, incluindo os oficiais militares. Dirigentes e militantes sindicais, exatamente por serem definidos como "pelegos", e logo desqualificados, não tinham méritos para exercê-las.

Além de telegramas e manifestos sindicais, no dia 23 de fevereiro vieram à público dois textos que, embora pouco divulgados nos anos seguintes, marcaram o pensamento político do trabalhismo brasileiro. O primeiro deles foi a carta de demissão de Goulart. Dirigindo-se a Vargas, ele disse que seu programa no Ministério do Trabalho foi o de procurar "compreender e solucionar os problemas que afligem a angustiada alma do trabalhador nacional. Senti de perto as queixas e as reivindicações dos oprimidos, certo de que, atendendo aos humildes, contribuía para a verdadeira paz e harmonia social".[79] Acusado, porém, de fomentar "agitações", "luta de classes" e de se opor ao capitalismo, ele novamente garantiu que apoia o capital "honesto, amigo do progresso, de sentido sadiamente nacionalista. Há outro, entretanto, que jamais deixará de contar com a minha formal repulsa. Refiro-me ao capitalismo desumano, absorvente de forma e essência, caracteristicamente antibrasileiro, que gera trustes e cria privilégios, e que não tendo pátria, não hesita em explorar e tripudiar sobre a miséria do povo". Segundo Goulart, era preciso dar um sentido mais social e cristão à democracia no Brasil, permitindo que as pessoas carentes em termos econômicos fossem compreendidas e amparadas pelo poder público. A sua proposta política, assim, convergia para o estabelecimento de pactos sociais: "se ajudei o operariado na luta pelos seus direitos, não deixei, paralelamente, de apontar-lhe os seus deveres". Propondo a Vargas a duplicação do salário mínimo, o congelamento dos preços e a extensão das leis sociais aos trabalhadores do campo, ele finalizou: "custe o que custar, estarei sempre fiel aos princípios da política social de Vossa Excelência, vingando proporcionar ao trabalhador uma vida mais digna e mais humana."

O segundo texto surgiu em público no mesmo dia. Elaborada pela Comissão Executiva Nacional do PTB, uma nota oficial solidarizou-se com Goulart e defendeu um programa de reformas.

> O PTB prosseguirá na luta contra a usura social e os desmandos do poder econômico, batendo-se:
>
> a) pela adoção das novas Tabelas do Salário Mínimo;
> b) pelo congelamento dos gêneros e utilidades e fiscalização desse congelamento através dos órgãos sindicais dos trabalhadores;
> c) pela extensão da legislação social ao homem do campo;
> d) pela reforma agrária;
> e) pela aposentadoria integral;
> f) pela unidade e liberdade sindical e contra a assiduidade integral;
> g) pela participação do trabalhador nos lucros das empresas;
> h) pela libertação econômica nacional e contra a agiotagem internacional.
>
> Assim entende que estamos lutando pela Democracia procurando dar ao homem do povo a sua libertação econômica para que ele tenha liberdade política. [...]
>
> O PTB é uma revolução em marcha.[80]

No discurso do ministro e na nota oficial do PTB está presente um conjunto de ideias, crenças e concepções de realidade que marcaram o trabalhismo brasileiro e criaram sólidas tradições na cultura política do país. Com base no difuso ideário getulista, e indo além dele, a geração de trabalhistas liderada por Goulart "refundou" o PTB, tornando-o um partido com feições reformistas que, até 1964, tenderia para a esquerda. É verdade que a carta-testamento de Vargas obteve uma repercussão muito maior, até mesmo pelas condições dramáticas com que surgiu no cenário político brasileiro, tornando-se uma espécie de "manifesto trabalhista". No entanto, os fundamentos da carta-testamento – e até mesmo propostas mais avançadas – já estavam presentes no texto de despedida de Jango do Ministério do Trabalho e na nota oficial de seu partido: soberania nacional, libertação econômica do país dos controles das agências financeiras internacionais, defesa das riquezas naturais contra os interesses das empresas monopolistas estrangeiras, condenação do capitalismo predatório e usurário, ampliação da legislação social aos assalariados urbanos e sua extensão ao mundo rural, reforma agrária, melhoria das condições de vida da população, reconhecimento da cidadania política e social dos trabalhadores e do movimento sindical, entre outras questões.

De um partido que surgiu em 1945 propondo-se a defender tão-somente a manutenção das leis sociais que beneficiaram os trabalhadores na década anterior, o PTB, no início dos anos 1950, no dizer de Maria Celina D'Araujo, refinou suas posições ideológicas e tornou-se "o partido do nacionalismo e das grandes reformas sociais, políticas e econômicas que deveriam conduzir o país à democracia, à reforma agrária e ao desenvolvimento". Desde essa época, sobretudo com a gestão de Goulart no Ministério do Trabalho, as relações entre os sindicatos e o PTB se estreitaram e, em um movimento complementar, um passou a encontrar forças no outro. Mais adiante, nos anos 1960, de um "partido de trabalhadores", o PTB transformou-se em "partido da nação", ou melhor, passou a interpelar o eleitorado como um "partido da libertação nacional",[81] embora nas memórias das direitas e das esquerdas ele seja lembrado como o "partido dos pelegos".

PALAVRAS FINAIS: SINDICALISMO E POLÍTICA

A prática política do movimento sindical que ressurgiu em 1953, sobretudo com a greve dos 300 mil em São Paulo, a reorientação do trabalhismo no início dessa década e as políticas públicas desenvolvidas por João Goulart no Ministério do Trabalho poderiam ser resumidas em uma única fórmula: *populismo* – para alguns, na sua versão "radical".[82] Mais particularmente sobre as tentativas do ministro de reformular as relações entre Estado e classe trabalhadora, cujo êxito se estendeu até 1964, outra expressão, também praticamente consensual, surgiu para defini-las: "sindicalismo janguista." Como se não bastasse caracterizar os trabalhadores e seus líderes como indivíduos manipulados e cooptados pelo Estado, satisfeitos em algumas demandas, embora controlados politicamente, eles sequer criaram o "seu" sindicalismo, mas, com resignação, aceitaram aquele que "Jango" teria escolhido e implantado no país.

Definir a experiência do movimento operário e sindical após 1953 como "sindicalismo janguista" e as relações entre Estado e classe trabalhadora como "populismo" podem, e certamente devem, ser criticadas pelo que E.P. Thompson chama de recurso da "interpelação" ou "chamamento". A coisa ocorreria da seguinte maneira: o Estado, por meio de seus aparelhos políticos, legais, ideológicos, entre outros, grita para os indivíduos: "Ó, você aí!" Sem demora, eles são "recrutados" para as relações "imaginárias" – no pior sentido do termo – que o Estado exige. Como diz Thompson em seu estilo irônico, tais concepções surgem como "um roteiro comovente", próprio de filmes infantis: "[...] a malvada bruxa do Estado aparece! A varinha mágica da ideologia é agitada! E pronto." Surge, assim, o movimento sindical reformista. Embora o ato de "chamar", diz o autor, sempre ocorra em qualquer sociedade, não há por que acreditar que os trabalhadores necessariamente atendam, exceto se eles forem transformados em seres passivos e sem iniciativa própria. Refletindo junto ao autor, pode-se mesmo dizer que expressões como *populismo*, getulista ou janguista, não importa o complemento, surgem como uma tentativa de fabricar explicações apresentadas como racionais para comportamentos interpretados como não racionais. As experiências vividas pelos indivíduos, assim, são definidas como uma racionalidade deslocada, um desvio, uma ideologia, portanto.[83] Mais proveitoso para a análise, diz Thompson, é perceber que os grupos e as classes sociais possuem uma *cultura* e conhecem *experiências*. As pessoas, assim, não compreendem as suas vivências no plano teórico das ideias formais e eruditas, nem a partir de noções naturalizantes como "instinto proletário" – outra construção teórica. Elas vivem experiências e as expressam por valores culturais, como crenças, normas, expectativas, regras comportamentais, convicções religiosas e obrigações nas suas relações sociais e de reciprocidade, necessariamente aprendidas nas dimensões familiares, de trabalho, comunitárias, entre outras.[84] As pessoas, diz o autor, "experimentam suas situações e relações produtivas determinadas como necessidades e interesses e como antagonismos, e em seguida 'tratam' essa experiência em sua *consciência* e sua *cultura* [...] e em seguida [...] agem, por sua vez, sobre sua situação determinada".[85] Assim, é muito difícil admitir que as experiências e todo um conjunto de valores que forma uma cultura política sejam reduzidos a uma ideologia "imposta" pelo Estado.

    A formação da classe trabalhadora em ator coletivo, defendem diversos autores, é um fenômeno histórico, difícil, portanto, de ser enquadrada em modelos prévios que se deva seguir. Mesmo que, no mundo moderno, os assalariados tenham conhecido experiências similares na dimensão econômica, em particular nas relações de produção capitalistas, uma identidade política não decorre somente dessas vivências. Compreendida historicamente, a formação de um ator coletivo não se aparta da história política de seu país, de suas tradições culturais e das próprias lutas sociais de que participa.

Não há dúvidas de que os trabalhadores brasileiros, sobretudo a partir de março de 1953, revoltaram-se por motivos econômicos. Nas greves, a reivindicação básica era por aumentos salariais. A própria imagem de Getúlio Vargas entre eles estava desgastada devido às grandes perdas que sofreram com a inflação e a crise econômica. Porém, a insatisfação econômica e sobretudo os padrões vigentes em sua cultura política não os incentivavam, no plano político, a firmarem referências partidárias: o PCB, com sua linha sectária e antitrabalhista, além de afastados dos sindicatos, não os seduziu com a proposta do modelo de socialismo soviético; a UDN não apenas desconhecia as suas demandas materiais, como também não os considerava dignos de alcançarem a plenitude da cidadania política, desqualificando os seus líderes sindicais, chamando-os de "pelegos"; o PTB, por fim, era um partido submisso a Vargas e carente de propostas mais definidas.[86]

É nessa conjuntura que a geração de João Goulart, sendo ele *primus inter paris*, procurou refundar o partido e redefinir as suas relações com o movimento sindical, dispondo, como grande trunfo, da tradição trabalhista que circulava entre os próprios assalariados. Afinado com os valores de democracia e Estado de bem-estar social das esquerdas europeias e com as ideias de libertação econômica das esquerdas latino-americanas, Goulart e seu grupo político, a partir do antigo ideal getulista, "reinventaram" o trabalhismo. Seu inequívoco sucesso entre os trabalhadores e sindicalistas, portanto, ocorreu porque já existia entre eles tradições que permitiram a compreensão de sua proposta. O "diálogo" de Jango com operários e líderes sindicais não foi apenas literal, mas, sobretudo, simbólico. Recorrendo a códigos anteriormente estabelecidos na cultura política popular do país, a sua "linguagem" foi reconhecida porque ele soube lidar com noções e sensações que os trabalhadores tinham de justiça e injustiça nas suas relações com o Estado e com outras classes sociais. Para os assalariados, Goulart, em seus discursos e em suas atitudes no Ministério do Trabalho, dirigiu-se a eles com base em um "tratamento humano decente", para usar uma expressão de Barrington Moore Jr. Tratá-los com humanidade e decência não significava uma ruptura com a ordem existente, mas sim sua modificação por uma maior igualdade política e social, defendendo a ampliação das leis sociais, melhores salários, justiça nas relações sociais e, sobretudo, valorização social e reconhecimento político.[87] Não houve, portanto, "chamamento" ou "interpelação", mas reconhecimento de interesses e "diálogo" entre as partes.

Nada, portanto, ocorreu a partir "de cima" ou por mão única. Entre o projeto de trabalhismo de Goulart e seu grupo e o movimento operário e sindical houve uma relação em que as partes se reconheceram e interagiram entre si. Inseridos em uma conjuntura determinada historicamente, os trabalhadores surgiram no cenário político em março de 1953 com lutas, e pelo próprio conflito social se reconheceram como classe, mas, nesse mesmo movimento, modificaram as práticas daqueles que procuravam organizá-los como ator coletivo. Como afirma Adam Przeworski, "é necessário perceber que as classes são formadas no decorrer de lutas, que essas lutas são estruturadas por condições econômicas, políticas e ideológicas sob as quais ocorrem, e que essas condições objetivas – simultaneamente econômicas, políticas e ideológicas – moldam a prática de movimentos que procuram organizar os operários em uma classe".[88] Lutando, reivindicando e se expressando sob condições determinadas, eles influenciaram aqueles que tinham o objetivo de representá-los e organizá-los: dirigentes sindicais, admitindo a "letargia de uma tediosa ação rotineira",[89] se esforçaram para modificar suas práticas, criticando aqueles pouco combativos e submissos ao governo; o partido dos comunistas, para sair do gueto político em que se encontrava, ouviu os clamores dos próprios operários e mudou sua orientação e discurso, aliando-se aos trabalhistas nos sindicatos; o próprio PTB, esforçando-se para alcançar maior independência de Vargas, procurou uma "refundação". Nada, portanto, foi arbitrário, até mesmo porque as teorias produzidas por líderes sindicais, comunistas e trabalhistas foram produtos das condições históricas do país naquele momento e constituíram "uma forma de consciência da realidade histórica".[90]

É verdade que, para muitas análises, nada disso representa os "verdadeiros interesses" da classe trabalhadora. No entanto, como afirma Thompson, "interesse é aquilo que interessa às pessoas, inclusive o que lhes é mais caro".[91]

Com a saída de Goulart do Ministério, Hugo de Faria foi nomeado por Vargas para sucedê-lo em caráter interino – e lá permaneceu até agosto de 1954. Em sua gestão como titular da pasta, ele continuou com a mesma política de seu antecessor, conversando com empresários e dirigentes sindicais, além de antecipar-se aos movimentos grevistas e, por meio da negociação, evitar paralisações. No plano internacional, Faria procurou desfazer a imagem de Goulart como líder peronista ou comunista. A sua maior realização, porém, com o aval de Vargas, foi a duplicação do salário mínimo em 1º de maio. No entanto, a continuidade no estilo não foi casual. Anos mais tarde, ele confessou: "o dr. João Goulart foi mais ministro no período de fevereiro a agosto do que quando ele foi ministro." Com escrúpulos pessoais e profissionais, Faria, diante de resoluções delicadas ou importantes, telefonava para Goulart e, juntos, as discutiam durante jantares no Hotel Regente. Graças a sua imagem de homem reacionário e a seu bom trânsito entre grupos conservadores, ele deu andamento ao programa de seu antecessor, poupando o governo das violentas críticas. O líder trabalhista, assim, continuou com o mesmo prestígio entre os dirigentes sindicais, mas agora a salvo das perseguições da imprensa e livre para as atividades políticas. Mais ainda, o incauto Hugo de Faria, assumindo toda a rotina ministerial, deu continuidade à prática que, mesmo contrariado, aprendeu com Goulart ao longo daqueles meses: conversar com sindicalistas e trabalhadores. Diariamente, eu entrava no ministério às nove horas e normalmente saía à meia-noite, uma hora da manhã. Era uma época de exaustão. Almoçava no ministério, jantava no ministério, porque até umas nove horas, eu atendia; das nove às dez, eu jantava no salão do décimo-quarto andar; e das dez à meia-noite, eu despachava o expediente. Porque já não tinha mais tempo, e a necessidade de conversar e de convencer [...] Eu pesava 107 quilos, quando saí do ministério pesava 91, não fiz regime nem nada [...].[92]

NOTAS

1. José Álvaro Moisés, *Greve de massa e crise política (Estudos da greve dos 300 mil em São Paulo – 1953/54)*, São Paulo, Livraria Editora Polis, 1978, pp. 81–89.
2. Lucília de Almeida Neves, op. cit., p. 113.
3. Maria Celina D'Araujo, *Sindicatos, carisma e poder. O PTB de 1945–65*, Rio de Janeiro, Editora da Fundação Getúlio Vargas, 1996, p. 91.
4. *Correio da Manhã*, Rio de Janeiro, 16 de junho de 1953, 1ª página.
5. Angela de Castro Gomes e Maria Celina D'Araujo, op. cit., p. 63.
6. As informações que se seguem estão em Hugo de Faria (Depoimento), Rio de Janeiro, FGV/CPDOC – História Oral, 1983, pp. 67–70, 74, 79–82.
7. *Última Hora*, Rio de Janeiro, 26 de junho de 1953, p. 6.
8. Idem, 19 de junho de 1953, p. 2.
9. Raul Ryff (Depoimento), Rio de Janeiro, FGV/CPDOC – História Oral, 1984, pp. 122–123, 176.
10. Moisés Vinhas, *O Partidão. A luta por um partido de massas. 1922–1974*, São Paulo, Hucitec, 1982, p. 129.
11. Hércules Corrêa, *Memórias de um stalinista*, Rio de Janeiro, Opera Nostra, 1994, pp. 69 e 71.
12. *Última Hora*, Rio de Janeiro, 30 de junho de 1953, p. 6.
13. Raul Ryff (Depoimento), op. cit., pp. 174–175.
14. *Tribuna da Imprensa*, Rio de Janeiro, 3–4 de outubro de 1953, p. 4.
15. Veja Lucília de Almeida Neves, op. cit., pp. 138 e seguintes.
16. Citado em idem, p. 139.
17. Maria Celina D'Araujo, op. cit., p. 170.
18. *O Radical*, Rio de Janeiro, 9 de agosto de 1953, pp. 1 e 5.
19. Lucília de Almeida Neves, op. cit., p. 141.
20. Idem, p. 151.
21. As informações que se seguem estão em Hugo de Faria (Depoimento), op. cit., pp. 83–86, 88–89 e 99.

22. *O Radical*, Rio de Janeiro, 15 de julho de 1953, p. 5.
23. As informações que se seguem estão em Hugo de Faria (Depoimento), op. cit., pp. 90-93.
24. *O Radical*, Rio de Janeiro, 15 de julho de 1953, p. 3.
25. Hugo de Faria (Depoimento), op. cit., p. 100.
26. *O Dia*, Rio de Janeiro, 22 de setembro de 1953, p. 2.
27. Raoul Girardet, "Du concept de génération a la notion de contemporanéité", in *Revue D'Histoire Moderne e Contemporaine*, abr/jun, 1988, pp. 263-265. Claudine Attias-Donfut defende que "uma geração é identificada e qualificada em função das manifestações visíveis que lhe são atribuídas e das representações coletivas que lhe são associadas". "La notion de génération. Usages sociaux et concept sociologique", in *L'home et la société*, n° 90, XXII année, 1988, p. 46. Para Jean-François Sirinelli, "certamente a geração no sentido 'biológico' é aparentemente um fato natural, mas também um fato cultural, por um lado modelado pelo acontecimento e por outro derivado, às vezes, da autorrepresentação e da autoproclamação: o sentimento de pertencer – ou ter pertencido – a uma faixa etária com forte identidade diferencial. Além disso, e a constatação vai no mesmo sentido, a geração é também uma reconstrução do historiador que classifica e rotula". "A geração", in Marieta de Moraes Ferreira e Janaína Amado (orgs.), *Usos e abusos da história oral*, Rio de Janeiro, Editora da Fundação Getulio Vargas, 1996, p. 133.
28. Maria Celina D'Araujo, op. cit., pp. 93-95.
29. *O Radical*, Rio de Janeiro, 16 de outubro de 1953, p. 3.
30. Angela de Castro Gomes e Maria Celina D'Araujo, op. cit., pp. 8-9.
31. *Última Hora*, Rio de Janeiro, 19 de junho de 1953, p. 2.
32. *O Radical*, Rio de Janeiro, 21 de agosto de 1953, 1ª página.
33. Maria Celina D'Araujo, op. cit., p. 96.
34. Lucília de Almeida Neves, op. cit., p. 133.
35. Maria Victoria de Mesquita Benevides, op. cit., p. 85.
36. *Diário de Notícias*, Rio de Janeiro, 9 de setembro de 1953, p. 4.
37. *Tribuna da Imprensa*, Rio de Janeiro, 20 de outubro de 1953, p. 3.
38. *Diário de Notícias*, Rio de Janeiro, 9 de setembro de 1953, p. 4.
39. *Tribuna da Imprensa*, Rio de Janeiro, 8 de julho de 1953, 1ª página e 5 de agosto de 1953, 1ª página.
40. *Última Hora*, Rio de Janeiro, 7 de agosto de 1953, p. 7.
41. *Tribuna da Imprensa*, Rio de Janeiro, 7 de agosto de 1953, p. 12.
42. Idem, 8 de setembro de 1953, p. 2.
43. Idem, 6 de outubro de 1953, p. 8.
44. Idem, 7 de outubro de 1953, p. 4.
45. Maria Victoria de Mesquita Benevides, op. cit., pp. 242, 250 e 252-253.
46. *O Radical*, Rio de Janeiro, 5 de agosto de 1953, 1ª página.
47. Idem, 7 de agosto de 1953, p. 5 e *Última Hora*, Rio de Janeiro, 6 de agosto de 1953, p. 2.
48. *O Radical*, Rio de Janeiro, 16 de outubro de 1953, p. 2.
49. Idem, 16 de outubro de 1953, p. 2; 18 de outubro, p. 2; e 21 de outubro, p. 2. Raul Ryff (Depoimento), op. cit., p. 176.

50. *O Radical,* Rio de Janeiro, 21 de outubro de 1953, p. 7 e *Tribuna da Imprensa,* Rio de Janeiro, 20 de outubro de 1953, p. 2.
51. *O Radical,* Rio de Janeiro, 28 de outubro de 1953, p. 2 e *Última Hora,* Rio de Janeiro, 27 e 28 de outubro, p. 2. Assinaram o documento os sindicatos dos condutores de veículos, carregadores do porto, desenhistas, despachantes aduaneiros, atores, carregadores do café, ensacadores de sal, vendedores ambulantes, rodoviários, gasistas, conferentes de carga e descarga, hoteleiros, bancários, securitários, comerciários, gráficos, marmoeiros, padeiros, joalheiros, enfermeiros, professores, tecelões, estivadores, jornalistas, músicos, eletricitários, marceneiros, pescadores, arrais e mestres de cabotagem, farmacêuticos, carris urbanos, mineiros, ferroviários, telefônicos, telegrafistas, portuários, cabineiros de elevadores, vidreiros, estivadores em minério, borracheiros e dos trabalhadores em indústrias de calçados, lavanderias, distribuidoras cinematográficas, casas de diversão, empresas cinematográficas, do comércio armazenador, das indústrias de carne, de bebidas, de chapéus, do setor alimentício, da construção civil, do couro, do fumo, da fiação e tecelagem, de móveis, de olarias, de papel e papelão, de química, de massas alimentícias e de tamancos, todos com sede no Rio de Janeiro. No setor da marinha mercante, estavam os sindicatos dos comissários, foguistas, maquinistas, oficiais de náutica, radiotelegrafistas e taifeiros. Dos sindicatos nacionais, assinaram os representantes dos aeronautas, aeroviários, carregadores navais, transportadores marítimos e agenciadores de publicidade.
52. Idem, 30 de junho de 1953, p. 3.
53. Maria Celina D'Araujo, op. cit., pp. 100–104.
54. Raul Ryff (Depoimento), op. cit., p. 261.
55. Idem, 18 de novembro de 1953, p. 4.
56. Idem, 29 de janeiro de 1954, p. 7.
57. A união de sindicatos na greve deu origem ao Pacto de Unidade Intersindical (PUI), mais tarde transformado no Pacto de Unidade e Ação (PUA).
58. *Última Hora,* Rio de Janeiro, 14 de janeiro de 1954, p. 3.
59. Idem, 26 de novembro de 1953.
60. Hugo de Faria (Depoimento), op. cit., pp. 95–96.
61. *Tribuna da Imprensa,* Rio de Janeiro, 9–10 de janeiro de 1954, p. 3.
62. Idem, 10 de fevereiro de 1954, p. 2.
63. Idem, 24 de fevereiro de 1954, p. 3.
64. *Correio da Manhã,* Rio de Janeiro, 17 de fevereiro de 1954, p. 12.
65. Idem, 17 de fevereiro de 1954, p. 12.
66. *Tribuna da Imprensa,* Rio de Janeiro, 20–21 de fevereiro de 1954, p. 2.
67. *O Jornal,* Rio de Janeiro, 16 de fevereiro de 1954, p. 3.
68. Lucília de Almeida Neves, op. cit., p. 130.
69. Arquivo Nacional, Segurança Nacional, 1954.
70. Hugo de Faria (Depoimento), op. cit., p. 86.
71. *Última Hora,* Rio de Janeiro, 22 de fevereiro de 1954, p. 11.
72. *O Radical,* Rio de Janeiro, 23 de fevereiro de 1954, p. 2.
73. Idem, primeira página. Assinaram o memorial os dirigentes dos sindicatos dos enfermeiros, marceneiros, carvoeiros, tintureiros, contramestres dos transportes

fluviais, estivadores, metalúrgicos, eletricitários, barbeiros, chapeleiros, ferroviários e dos trabalhadores em empresas de comunicação, além dos líderes da federação dos trabalhadores da construção civil, dos metalúrgicos e da indústria de vestuário.
74. *O Jornal*, Rio de Janeiro, 23 de fevereiro de 1954, primeira página.
75. *Correio da Manhã*, Rio de Janeiro, 23 de fevereiro de 1954, p. 12.
76. A título de exemplo, somente do estado de Pernambuco telegrafaram os sindicatos dos trabalhadores do café, no comércio armazenador, em carnes frescas, do couro, do fumo, do açúcar, da construção civil, de bebidas, de panificação, de olaria, de calçados, da estiva, carregadores rodoviários e da indústria naval, gráfica e metalúrgica, além de diversas federações. *O Radical*, Rio de Janeiro, 23 de fevereiro de 1954, p. 3.
77. *Correio da Manhã*, Rio de Janeiro, 23 de fevereiro de 1954, p. 12.
78. *Tribuna da Imprensa*, Rio de Janeiro, 24 de fevereiro de 1954, p. 4.
79. *O Jornal*, Rio de Janeiro, 24 de fevereiro de 1954, pp. 1 e 6.
80. *O Radical*, Rio de Janeiro, 25 de fevereiro de 1954, p. 3.
81. Maria Celina D'Araujo, "Partidos trabalhistas no Brasil: reflexões atuais", op. cit., p. 96.
82. Sobre as relações entre elites políticas e classe trabalhadora, Kenneth Erickon elaborou uma curiosa tipologia sobre as políticas públicas implementadas pelo Ministério do Trabalho entre 1930 e 1975: 1930–1953, populismo clássico; 1953–1954, populismo radical; 1954–1955, populismo clássico; 1956–1962, misto, com predominância paternalístico-administrativa; 1963–1964, populismo radical; 1964–1975, paternalístico-administrativo. *Sindicalismo no processo político no Brasil*, São Paulo, Brasiliense, 1979, p. 85.
83. E.P. Thompson, *A miséria da teoria ou um planetário de erros*. Uma crítica ao pensamento de Althusser, Rio de Janeiro, Jorge Zahar Editores, 1981, p. 193.
84. Idem, pp. 189 e 194.
85. Idem, p. 182.
86. O PCB, a UDN e o PTB são citados pois foram partidos preocupados em obter votos e arregimentar militantes no mundo urbano, sobretudo nas grandes cidades e capitais. O PSD obtinha grande parte de seu eleitorado nas cidades do interior, enquanto outros partidos, como o PSP e o PL, tinham um caráter regional.
87. Barrington Moore Jr., op. cit., pp. 247 e 313,
88. Adam Przeworski, op. cit., p. 89.
89. Veja página 148.
90. Adam Przeworski, op. cit, p. 93.
91. E.P. Thompson, op. cit., p. 194.
92. Hugo de Faria (Depoimento), op. cit., pp. 119–126.

3. O CARNAVAL DA TRISTEZA: OS MOTINS URBANOS DO 24 DE AGOSTO[*]

> "Tem dias que a gente se sente/como quem partiu ou morreu/a gente estancou de repente/ou foi o mundo então que cresceu/a gente quer ter voz ativa/no nosso destino mandar/mas eis que chega a roda-viva/e carrega o destino pra lá/roda mundo, roda-gigante/roda moinho, roda pião/o tempo rodou num instante/nas voltas do meu coração."
> Chico Buarque

Ainda bem cedo, por volta das oito horas, o tráfego em direção ao Centro da cidade mostrava-se lento. As rádios, alterando a programação normal, alardeavam notícias da maior gravidade. Na praia do Flamengo, as pessoas abandonavam os carros, os táxis e os ônibus e procuravam, umas com as outras, confirmar o noticiário radiofônico, como se resistissem em acreditar nos locutores nervosos que falavam através dos painéis dos automóveis. O prefeito da cidade decretou feriado municipal, fechando o comércio, a indústria e os bancos.[1] As crianças, ao chegarem nas escolas, recebiam de tristes professores a orientação de retornarem aos seus lares imediatamente. Nessa mesma hora, um avião partia do aeroporto Santos Dumont rumo à cidade de São Paulo. O comandante, pelo microfone, pedia atenção aos viajantes para "uma notícia da mais alta gravidade": o presidente Getúlio Vargas deu um tiro no próprio peito. Leôncio Basbaum, passageiro do avião, lembra que "foi um momento de perplexidade e espanto e ninguém queria acreditar. Uma senhora desmaiou. Vi um homem chorar, várias mulheres choraram também. Ao meu lado, um cavalheiro parecia demonstrar satisfação, mas, sentindo o ambiente hostil, preferiu ficar calado".[2]

Paralisados com o choque, muitos daqueles que estavam nas ruas por alguns instantes perderam a capacidade de decidir: ficar? Voltar para casa? Como agir? Grupos de trabalhadores oriundos dos subúrbios dirigiam-se chorosos ao Palácio do Catete – o que ajudou os indecisos a tomarem a decisão de acompanhá-los. Enquanto isso, soldados da Polícia do Exército já tinham cavado trincheiras com ninhos de metralhadoras na praia do Russel e nas imediações do Catete,[3] ao mesmo tempo que as polícias militar, civil e especial e todos os quartéis das três Forças Armadas estavam de prontidão. Amanhecia, assim, a cidade do Rio de Janeiro em 24 de agosto de 1954, e grupos imensos de trabalhadores e populares se preparavam para tomar suas ruas.

Para os círculos de cultura conservadora, a "multidão", a aglomeração humana (em particular a dos pobres) representa iminência de perigo para as instituições. As imagens e representações que descrevem a multidão invariavelmente ressaltam aspectos negativos e destruidores; seja pela desorganização, seja pelas reações impulsivas e passionais, ela representa a inversão de valores, o perigo de desordem, o descontrole social. Mesmo que atualmente não se leve muito a sério a ideia de que somente os homens notáveis fazem a história, sempre foi difícil admitir que as pessoas comuns possam, de alguma maneira, interferir nela. Como afirma Peter Burke, "a história tradicional oferece uma visão de cima, no sentido de que tem sempre se concentrado nos grandes feitos dos grandes homens, estadistas, generais ou ocasionalmente eclesiásticos. Ao resto da humanidade foi destinado um papel secundário no drama da história".[4] Os trabalhos pioneiros de George Rudé, Eric Hobsbawm e E.P. Thompson, entretanto, demonstraram que aquelas antes qualificadas de "camadas inferiores da sociedade" têm uma cultura própria, formas de resistência, maneiras particulares de organização e autodefesa.[5]

A indignação, a amargura e a revolta popular que tomaram conta do país com o desaparecimento de Vargas, contudo, têm sido subestimadas diante das atitudes e decisões tomadas pelos grandes atores políticos que participaram da crise de agosto de 1954. Na escassa literatura sobre o tema, personagens como Getúlio Vargas, Carlos Lacerda, Rubens Vaz, Gregório Fortunato e instituições como a UDN, a Força Aérea e o Clube Militar teriam sido os protagonistas centrais dos acontecimentos, cujo desfecho terminaria com o suicídio do presidente. Os trabalhadores, os pobres e as pessoas comuns somente surgiriam em cena *após* o encerramento da crise, sem nenhuma capacidade de intervenção, e mesmo assim para conturbarem ainda mais aquele momento: tumultos, arruaças, perturbações, atitudes desesperadas e sem objetivos políticos definidos.

O objetivo deste capítulo é compreender as manifestações de tristeza e revolta da população urbana brasileira diante da notícia da morte de Getúlio Vargas. Os motins populares no Rio de Janeiro, a violenta insurreição em Porto Alegre, os protestos em São Paulo e Belo Horizonte e a incredulidade e amargura manifestadas em outras capitais do país foram episódios decisivos para a desarticulação do movimento político oposicionista em curso naquele momento. A tese, bastante divulgada, de que Vargas ao cometer o suicídio teria adiado o golpe por dez anos, é uma maneira teleológica de interpretar os acontecimentos de agosto. Como sabemos que em 1964 houve um golpe de Estado, avaliamos a crise de agosto como um prenúncio de algo visto como inevitável, inexorável. A história teria um propósito, uma finalidade, um destino Ela é escrita pelo seu fim. Vargas não adiou golpe algum. Ele evitou que um ocorresse naqueles dias de agosto. Não se trata aqui de subestimar ou diminuir a importância de Getúlio Vargas na vida política do país nem mesmo de negar que a sua última atitude tenha impedido o golpe que se tramava contra ele. O argumento é válido, mas parcial. Defendo que o elemento que reforçou de maneira determinante o recuo dos golpistas foi a entrada no cenário político de uma multidão amargurada, revoltada e enfurecida que questionou, assustou e mesmo ameaçou o grupo oposicionista civil e militar que se preparava para retirar Getúlio da presidência da República. A atitude inesperada de Vargas e as insurreições populares não encontraram respostas imediatas na oposição e nos círculos antitrabalhistas.

As várias formas de protesto popular ocorridas em 24 de agosto ainda revelam ao historiador muitas das ideias, crenças, tradições, expectativas e a maneira como os homens comuns, em meados da década de 1950, organizavam a realidade social e política em sua mente. Como lembra Thompson, uma das estratégias possíveis para descobrir normas não expressas é estudar situações ou episódios atípicos, como um motim, que iluminem comportamentos correntes nos anos de tranquilidade. Para o autor, "o atípico pode servir para vislumbrarmos as normas".[6] Ao expressarem sua amargura e demonstrarem que estavam realmente irados, os populares causaram grandes problemas às autoridades, obrigando a imprensa a registrar suas manifestações. O historiador, assim, dispõe de material considerável, que lhe permite, ainda que fragmentariamente, conhecer aspectos da cultura política da época, a importância de Getúlio Vargas na constituição de uma identidade coletiva da classe trabalhadora fundada no trabalhismo e a recusa ao projeto de modernização conservadora liderado pela UDN.

Cabe ressaltar, por último, que a crise de agosto de 1954 foi plena de significados simbólicos, permitindo que imagens e representações gerassem imaginários sociais conflituosos. Se também é meu interesse interpretá-los, antes é necessário observar que, nas palavras de Robert Darnton, "visões de mundo não podem ser descritas da mesma maneira que acontecimentos políticos, mas não são menos 'reais'".[7]

AGOSTO E O IMAGINÁRIO DA CRISE

O acesso ao poder político pode variar com as culturas humanas, mas o seu exercício exige um certo grau de legitimidade. Se todas as coletividades organizam-se de maneiras específicas, elas necessitam de representações e de imagens que legitimem a si mesmas e à autoridade que as rege. "Todo o poder", afirma Bronislaw Backzo, "tem de se impor não só como poderoso, mas também como legítimo". A legitimidade do poder, portanto, reside em sua capacidade de emitir e manejar uma série de imagens e símbolos que exprimam crenças comuns, normas de bom comportamento e papéis sociais.[8] Tão importante quanto os bens materiais, os bens de caráter simbólico designam modelos exemplares que legitimam as relações sociais e de autoridade: o "chefe" é competente, honesto, desprendido e preocupado com o bem comum; o "súdito" é trabalhador, amável, ordeiro, respeitador das leis e da família; o "guerreiro" é patriota, corajoso e leal, entre outros papéis sociais. Raros e limitados, os bens simbólicos de caráter político são disputados entre governo e oposição, dominantes e dominados. Nas épocas de crise, se intensifica a elaboração de símbolos com o objetivo de desqualificar a autoridade e de exaltar uma outra legitimidade.

Os meses que antecederam agosto de 1954 foram momentos em que a oposição conservadora[9] a Vargas elaborou e difundiu um conjunto de símbolos que apontava para uma situação de impasse político. Se, entre 1937 e 1945, Vargas, à frente do Estado, praticamente monopolizou a produção de bens simbólicos com fins de legitimação política, no mandato da década de 1950 seus adversários conseguiram, com grande sucesso, propagar simbologias que, de alguma maneira, paralisaram a capacidade do poder estatal de apresentar-se como legítimo: "O sr. Getúlio Vargas passou a representar para os brasileiros o símbolo do que pode haver de pior em matéria de caudilhismo; o corruptor por excelência, o ambicioso do poder a qualquer preço, o acolitador dos desonestos, dos violentos, dos deformados moralmente", dizia na Câmara dos Deputados o udenista Herbet Levy.[10]

Com grande espaço em toda a imprensa, a oposição difundia e manejava imagens que procuravam, ao mesmo tempo, desqualificar o governo e indignar e mobilizar contra ele a população. O conjunto de símbolos formulados e emitidos pelos grupos oposicionistas delineava uma *representação*, um esquema intelectual, para usar uma expressão de Roger Chartier, que informava e explicava a realidade social. Para o autor, "as representações do mundo social assim construídas, embora aspirem à universalidade de um diagnóstico fundado na razão, são sempre determinadas pelos interesses de grupo que as forjam".[11] A representação elaborada pela oposição definia o presidente como o depositário de todo o "mal" de todas as forças deletérias: "Somos um povo honrado governado por ladrões", afirmava, com letras garrafais, o jornal *Tribuna da Imprensa*.[12] Já aos 13 anos de idade, segundo denúncia do udenista Aureliano Leite, também na Câmara dos Deputados, Vargas teria baleado mortalmente um jovem desafeto, na própria escola, com a ajuda de seus dois irmãos, demonstrando, desde criança, seu instinto assassino e de sua família.[13]

Caudilho, corrupto, ambicioso, desonesto, violento, imoral e assassino, os adversários não apenas manejavam aqueles bens simbólicos mais caros à legitimidade do poder, criando uma representação extremamente negativa do presidente, como ainda formulavam outras, também assustadoras, que ameaçavam o quadro político e, sobretudo, moral da nação. O presidente do PTB do Ceará, sr. Carlos Jereissati, foi acusado pelo sr. Armando Falcão, do PSD, de desviar recursos públicos em proveito próprio naquele estado;[14] o Samdu, serviço médico de urgência voltado para as camadas mais pobres da população, recém-criado por Vargas, tinha objetivos meramente demagógicos;[15] a implantação da "República sindicalista", a exemplo do peronismo, estava em marcha no país.[16] Essas eram algumas entre centenas de outras denúncias que se faziam. Diante de tantos escândalos, argumentava editorialista do *Correio da Manhã*: "Como poderá o estrangeiro que conosco mantém relações comerciais e financeiras continuá-las, diante dessa vergonha nacional a que chegamos?"[17]

Na luta pelo domínio e pelo controle dos bens simbólicos com fins de legitimação política, as elites conservadoras avançavam e conseguiam elaborar e difundir uma série de representações que aludiam ao "mau" presidente, ao "mar de lama", à deturpação moral dos valores, enfim, ao país ameaçado. Se ao manipular um conjunto de imagens e símbolos a oposição construía representações que explicavam, cada uma, aspectos da realidade social, várias delas, por sua vez, davam contornos a um *imaginário*. Segundo Pierre Ansart, o imaginário social é o resultado de um conjunto de representações e, por ele, a sociedade se reproduz, designa papéis sociais e expressa necessidades coletivas.[18] Para os agentes sociais, o controle do imaginário, "sua produção, difusão e manejo", lembra Baczko, "assegura em graus variáveis uma real influência sobre os comportamentos e as atividades individuais e coletivas, permitindo obter os resultados práticos desejados, canalizar as energias e orientar as esperanças".[19] Agosto de 1954 foi o auge do processo de constituição de um imaginário da crise. E a crise estava centrada em um único personagem: Getúlio Vargas. Segundo texto de João Duarte Filho, publicado na *Tribuna da Imprensa*:

> Sobretudo é preciso alijar Getúlio. Em primeiro lugar é preciso alijar Getúlio. Erradicá-lo, extirpá-lo da vida pública nacional, como se faz, pela cirurgia, com as infecções e com os cancros.
> Ele pesteia, deteriora tudo em que toca. Ele é o fim.
> Ele é um viciado do crime político. Só como criminoso sabe agir.
> Realista, materialista como os animais e como os primários, tudo se acaba em torno dele. Caem as forças morais, decai o espírito público, deturpa-se o patriotismo, transmudam-se os valores.

E tudo vai poluindo pelo exemplo. A imoralidade já recebe, no seio das famílias, epinícios e elogios, pelo seu exemplo. A honestidade pessoal muda o seu conceito, já não sendo roubo a apropriação dos dinheiros públicos pelo seu exemplo.

O seu exemplo é o pior dos exemplos que já teve o Brasil.

Contemporizando com os ladrões públicos, deixando-os impunes à sua sombra, ele investe, pelo exemplo, contra a moral brasileira, do homem brasileiro que sempre preferiu passar fome a tocar no dinheiro alheio. O exemplo de Getúlio é contra este tradicional padrão de honestidade.

Getúlio é o fim, como uma grande peste.

Getúlio é o fim. Mas o Brasil não quer parar, não quer chegar ao fim. É preciso, portanto, erradicar Getúlio.[20]

Manipulando imagens que se sobrepunham a outras imagens, o discurso oposicionista construía uma representação de Vargas a partir de códigos ameaçadores à sensibilidade humana. O presidente representava o anormal, o estranho, o anômalo, o intersticial, o insólito, remetendo-o a um comportamento à margem da cultura humana. Não casualmente, João Duarte Filho, ao desqualificar Vargas, recorre ao discurso médico – infecção, cancro, peste, cirurgia; ao moral – impunidade, prevaricação, imoralidade; ao policial – viciado, criminoso, ladrão; à transmutação dos bens – deteriorar, deturpar, poluir, dissolver; à ameaça daquele que é desviante da norma – inversão, contra o padrão, à sombra; enfim, à alusão aos seres inferiores – animal e primário. O processo que levou a oposição a descrever Vargas dessa maneira é o mesmo, segundo Raoul Girardet, que "reúne tudo que rasteja, se infiltra, se esconde. Reúne igualmente tudo o que é ondulante e viscoso, tudo o que é tido como portador da sujeira e da infecção. Pode-se falar, no caso, desse fenômeno muito frequentemente descrito pelos etnólogos e que é o da assimilação ou da redução à animalidade".[21] Mas, acima de tudo, Vargas era o mau exemplo, a falta de referências, de valores e de normas, a demonização e a animalização do homem.

Incapaz de competir eleitoralmente com a aliança PSD-PTB, com um projeto excludente e conservador,[22] derrotada desde 1945, a UDN, ao apresentar Vargas como a desgraça do país, estava descrevendo, na verdade, a matriz de seu próprio infortúnio político. Voltar-se para as Forças Armadas como forma de alcançar o poder, como havia feito em 1945, para depor Vargas, e em 1950, para impedir sua posse como presidente eleito, era uma das alternativas dos udenistas. O conflito entre trabalhistas e liberais, contudo, era travado em águas mais profundas e girava em torno de projetos alternativos de desenvolvimento econômico para o país e de cidadania política para os trabalhadores.[23]

Vargas, que navegava entre essas águas, teve seu destino selado no dia 5 de agosto. O chefe da guarda pessoal do presidente e seu homem de confiança, Gregório Fortunato, por iniciativa própria e sem que Vargas soubesse, contratou um pistoleiro para matar Carlos Lacerda. O atentado da rua Tonelero, como o crime ficou conhecido, feriu de morte o major Rubens Vaz, segurança de Lacerda. A partir desse episódio, a oposição aumentou em ritmo e intensidade o imaginário da crise. Com habilidade, o militar foi transformado, naquele momento, no maior símbolo na luta contra o "mal". Na primeira página de seu jornal, *Tribuna da Imprensa*, com o título "O sangue de um inocente", Carlos Lacerda lembrou a medalha de herói do Correio Aéreo Nacional e os quatro filhos do major manipulando sentimentalmente a imagem dos "órfãos de guerra". Sem esperar as investigações policiais, Lacerda ainda declarou: "Mas, perante Deus, acuso um só homem como responsável por esse crime. É o protetor dos ladrões. Esse homem é Getúlio Vargas."[24] Criando e movimentando imagens, cenários e personagens, governando a realidade social como se faz nos bastidores de um teatro, os adversários políticos do presidente agiam como uma "teatrocracia", para usar uma expressão de Georges Balandier, procurando regular e impor papéis sociais à coletividade.

"Todo sistema de poder", diz o autor, "é um dispositivo destinado a produzir efeitos, entre os quais os que se comparam às ilusões criadas pelas ilusões do teatro".[25] Ao comandar o real através do imaginário, a oposição representava a encenação dos acontecimentos.

A partir do episódio da rua Tonelero, não bastava esperar as eleições que se realizariam dois meses depois, em 5 de outubro, era necessário a intervenção saneadora, profilática e providencial de outro ator que também seria representado e descrito por meio de mitos e versões: as Forças Armadas. Ao formular o imaginário da crise, a oposição também apontava para sua superação com a interferência militar. A aliança, que havia tempos vinha sendo implementada pelas elites conservadoras e por setores das três forças, foi definitivamente selada com o tiro que alvejou o major Vaz. O golpe era tramado e invocado abertamente: "Para julgar este [crime], que já está elucidado", dizia o jornal *O Estado de S. Paulo*, "é que a Nação recorre às Forças Armadas. Os escrúpulos destas – repetimos – são naturais e louváveis, tudo deve ser tentado para que o processo seja pacífico. Mas se não for possível, se os homens dignos esbarrarem irremediavelmente na indignidade dos outros, não será possível recuar."[26]

A Aeronáutica tomou a frente do inquérito para desvendar o crime. O grupo de oficiais militares encarregado das investigações, pela total liberdade de ação, ficou conhecido como "República do Galeão". Nesse momento, a oficialidade da FAB se encontrava em estado de rebelião contra o presidente, exigindo a sua renúncia. A Marinha, arma tradicionalmente hostil a Vargas, encampou a tese, ao lado de diversos generais do Exército.[27] Em reuniões, militares indignados pregavam o golpe sem rodeios. Em 11 de agosto, no Clube da Aeronáutica, oficiais superiores e subalternos das três forças discutiram livremente os rumos a tomar. Centenas de militares, sob a presidência do brigadeiro Eduardo Gomes, ouviram de vários colegas de farda discursos inflamados. Por exemplo, o brigadeiro Franco Faria, com veemência, vociferou: "[Hoje] o Executivo é proprietário do Brasil, o Legislativo fica de cócoras e o Judiciário se omite. A situação atualmente imperante no Brasil se deve ao fato de que nós, generais, não temos sabido cumprir o nosso dever. Não podemos transigir com certas coisas. É preciso que os generais cumpram o seu dever." Em seu argumento, só havia um meio de restaurar a ordem, a tranquilidade e a segurança que a Nação reclamava: a utilização da força física. Apelou, então, para que o brigadeiro Eduardo Gomes assumisse o comando da revolução "juntando outros cadáveres ao lado do major Vaz, para a conquista da legalidade".[28] Não casualmente, no dia anterior, um dos mais renomados políticos da UDN, o sr. Otávio Mangabeira, fazendo coro com o brigadeiro Faria, declarou: "A Nação está exausta de tanta humilhação e sofrimento. Somente as Forças Armadas podem acudir o país. Unamo-nos como um só homem a seu redor, pondo nelas toda a confiança, obedecendo ao seu comando, como se estivéssemos em guerra."[29]

As tropas, sempre de prontidão, conviviam com cenas de insubordinação e radicalização entre suas facções políticas. No dia 21 de agosto, em almoço realizado a bordo do cruzador *Almirante Barroso*, um contra-almirante tomou a palavra e proferiu violento discurso pregando o golpe. O vice-almirante Noronha de Carvalho, ao dar-lhe voz de prisão, surpreendeu-se quando a maioria dos oficiais solidarizou-se com o militar insubordinado considerando-se também prisioneira.[30]

Entravam em cena, com grande respaldo político, as Forças Armadas. Ao longo dos meses que antecederam agosto, a oposição conservadora formulou, com êxito, um imaginário da crise. Em agosto, encontrou meios para delinear um outro imaginário que aludia à superação do impasse político. Manipulando a figura do major Vaz, a UDN transferiu para os militares toda a simbologia necessária à legitimidade do poder: ordem, honestidade, legalidade, probidade, heroísmo, patriotismo, desprendimento. No discurso oposicionista, as Forças Armadas foram transformadas em uma espécie de salvador coletivo. Em 12 de agosto, os contatos entre civis e facções militares golpistas avançavam e, em nota do Diretório Nacional, a UDN declarou que "aprova a atitude e as manifestações das bancadas parlamentares, especialmente de seus líderes, sobre a situação nacional, bem como a solidariedade por eles dada à ação patriótica das Forças Armadas, que, em consonância com o sentimento do povo, estão vigilantes na defesa das liberdades constitucionais dos cidadãos e da prática efetiva do regime democrático".[31]

Acuado diante da crise, com margem mínima de manobra, Vargas encontrava-se em situação difícil e delicada. Sem poder defender-se dos ataques, perdendo os bens simbólicos mais caros à legitimidade de seu cargo, pressentia o golpe que se armava. Quando seu próprio filho foi convocado para depor na "República do Galeão", ele percebeu que seria o próximo. Para um homem de 71 anos, com o passado político que detinha, tratava-se, nas palavras de Samuel Wainer, "de uma humilhação insuportável".[32] O maior trunfo de que dispunha, sua capacidade de mobilizar os trabalhadores, poderia resultar em lutas sangrentas. O único órgão de comunicação que o apoiava, o jornal *Última Hora*, apesar do grande esforço, não conseguia dar conta do enorme volume de denúncias e acusações contra o presidente. Procurava, com reportagens, artigos e investigações, elucidar o crime da rua Tonelero, desmentir as notícias tendenciosas de *O Globo* e da *Tribuna da Imprensa*, elogiar a tradição legalista das Forças Armadas e abrir espaços para os defensores do projeto trabalhista, a exemplo da declaração de Duque de Assis, presidente do sindicato dos portuários: "Como dirigente de classe, não posso calar-me ante essa onda de agitações desencadeadas pela ala mais tenebrosa e antioperária da UDN. Que querem, agora, esses falsos porta-vozes da opinião pública? Dizem que falam em nome do povo. Mas pergunto, que fizeram eles, nos jornais e no Parlamento, em defesa do povo? Nada. Absolutamente nada, esta é a verdade."[33]

Pouco havia a fazer, no entanto. Perdida a simbologia necessária ao exercício do poder, transformado em vilão nacional, tão somente restava a Vargas resistir ao golpe negando-se a renunciar. Em 22 de agosto, ele recebeu um documento assinado por brigadeiros da Aeronáutica pedindo sua renúncia. Sua resposta foi dura: "Daqui só saio morto. Estou muito velho para ser desmoralizado e já não tenho razões para temer a morte." No dia seguinte, oficiais da Marinha manifestaram solidariedade aos colegas da FAB. À noite, um grupo de generais do Exército também se solidarizou com os brigadeiros.

Com a deposição do presidente, o objetivo não era impor uma ditadura militar. Tratava-se de humilhá-lo publicamente. Sem as garantias da imunidade da presidência da República, Vargas sabia que seria levado à força para a Base Aérea do Galeão e interrogado por tenentes e capitães. A seguir, seria posto em uma cela comum. O que se queria era desmoralizar o mito político Vargas. Dessacralizando o mito e o projeto político, o trabalhismo sofreria sérios danos políticos.

Naquele mesmo dia, *Última Hora* ainda argumentava que, em 3 de outubro próximo, apenas 41 dias a mais, o povo se manifestaria nas urnas e, pelo voto, poderia julgar o presidente: "Os que não querem esperar esse dia e apelam para a violência e subversão dão a impressão de temer o pronunciamento do povo."[34] Iludia-se, porém, o jornal. Para a oposição conservadora era necessário acelerar os acontecimentos para evitar justamente as eleições. No dia seguinte, 24 de agosto, *O Dia* estampava em letras garrafais na primeira página: "PUS e LAMA escorrem sobre a Nação estarrecida."

Novo engano. O que escorria sobre a nação era o sangue de um homem solitário que mesmo assim resistia.

OS MOTINS POPULARES NO RIO DE JANEIRO

Quando amanhecia na cidade do Rio de Janeiro, poucas pessoas estavam informadas sobre o suicídio do presidente. Na Central do Brasil, uma longa fila de viúvas de trabalhadores se formava para receberem suas pensões na Caixa de Aposentadoria dos Ferroviários da Central. Desconheciam, ainda, a morte de Vargas, e coube a um repórter da *Última Hora* informá-las. Dona Jaci Braga, de 60 anos, ao saber da notícia não se conteve e, aos prantos, disse: "Tudo o que nós mulheres temos devemos ao Dr. Getúlio! Ele não poderia nos deixar. Nunca tivemos nós, mulheres de trabalhadores, um homem que tanto se dedicasse aos pequenos como o nosso Presidente que acaba de morrer. É o fim para nós que vivemos do trabalho."[35] Enquanto isso, um grupo de ferroviários comentava a campanha desencadeada pela oposição e o final trágico da crise. Um deles, João Nunes Martins, desabafou: "Foi tudo graças à camarilha de Lacerda e aos reacionários da UDN que o cercam. Eles roubaram do Brasil o seu mais expressivo homem público. Jamais conseguirão substituí-lo." Antes de interpretar essas declarações como o natural resultado da "domesticação" dos trabalhadores, seria prudente entendê-las como fruto do reconhecimento dos ganhos materiais e simbólicos que tiveram com Vargas e do "tratamento humano decente", na definição de Barrington Moore Jr, que experimentaram ao longo dos anos.[36] Além disso, tanto as manifestações de lamento quanto as de violência indicam que a intensa campanha de desmerecimento de Vargas na crise de agosto teve repercussão bastante limitada entre a população. Não sem razão Roger Chartier afirma que "ler, olhar ou escutar são, efetivamente, uma série de atitudes intelectuais que – longe de submeterem o consumidor à todo-poderosa mensagem ideológica e/ou estética que supostamente o deve modelar – permitem a reapropriação, o desvio, a desconfiança ou resistência".[37]

No Rio de Janeiro, o sentimento de injustiça provocou violentos motins populares, apesar da grande repressão policial. Líderes de vários sindicatos, logo pela manhã, tentaram articular uma greve geral em sinal de protesto. Entretanto, a Divisão de Polícia Política e Social, sob o novo governo, rapidamente entrou em ação: ainda de madrugada, foram invadidas por agentes policiais as organizações de classe dos hoteleiros, portuários, metalúrgicos, marceneiros, tecelões e dos trabalhadores dos carris urbanos e das indústrias do açúcar e do trigo. Cerca de 50 sindicalistas foram detidos, entre presidentes, tesoureiros e militantes. Duque de Assis, líder sindical dos portuários, citado anteriormente, foi preso pelo Dops, mas, mesmo assim, conseguiu desencadear uma greve que durou dois dias.[38]

As estações de rádio substituíram a programação normal por música clássica e noticiários. A TV Tupi limitou-se a transmitir programas jornalísticos. As atividades do Dia do Soldado foram suspensas.

COMEÇAM OS DISTÚRBIOS

"Para que tenham lugar as irrupções populares ou a ação política", diz Barrington Moore Jr., "é indispensável que ocorra algum incidente precipitador sob a forma de uma nova, súbita e intolerável indignação".[39] Na capital da República, a notícia do suicídio de Vargas detonou na população um profundo sentimento de revolta e amargura. Grupos de populares, indignados, passaram a percorrer as ruas do Centro da cidade com paus e pedras. Dirigiam seu rancor particularmente contra todo e qualquer material de propaganda política da oposição. Com escadas trazidas de casas e prédios próximos, várias pessoas, com a ajuda de outras, subiam em postes e marquises e jogavam ao chão faixas e cartazes que eram queimados imediatamente. Os símbolos políticos mais visados e destruídos com certa fúria aludiam aos candidatos da UDN.[40]

O Centro da cidade foi tomado por três grandes grupos de manifestantes. O primeiro saiu da galeria Cruzeiro em direção ao largo da Carioca e à Cinelândia, destruindo pelo caminho toda propaganda oposicionista. O segundo grupo, mais revoltado, fez o mesmo nas imediações do Tabuleiro da Baiana. Alguns amotinados chegaram a subir nos postes, sem o auxílio de escadas, para arrancar e atear fogo no material político. O terceiro grupo concentrou-se na Cinelândia e ruas laterais.[41] Tanto no Centro quanto nos subúrbios, os manifestantes voltavam seu ressentimento contra as siglas partidárias, nomes e rostos impressos em papéis e tecidos. Como no popular dia da "malhação do Judas", alguém jogava do alto de um poste a representação impressa de um político para que outros, com certo prazer, descarregassem sua violência. Assim como as elites conservadoras tudo fizeram para aniquilar politicamente Vargas por meio de ideias-imagens e pela manipulação de símbolos necessários à legitimidade do poder, agora a população, revidando, destroçava a simbologia política dos adversários do presidente. Em agosto, a luta política da oposição contra Vargas e de populares contra os grupos conservadores também foi uma "guerra de imagens", para usar uma expressão de Serge Gruzinski.[42]

No meio da manhã, os três grupos encontraram-se e milhares de outras pessoas juntaram-se a eles no Centro da cidade. Na avenida Almirante Barroso, o prédio de *O Globo* foi cercado por uma multidão que tentou invadir suas dependências, mesmo diante do policiamento ostensivo. Após apedrejarem a fachada, cercaram dois caminhões de distribuição do jornal e os incendiaram. Bombeiros, três choques da radiopatrulha e forças do Exército, ao chegarem, impediram a destruição, mas nada puderam fazer para evitar o incêndio dos veículos nem a queima de milhares de exemplares do jornal.[43] As pessoas, frustradas, dirigiram-se então para a Cinelândia e entraram à força na sede do Movimento Nacional Popular, de oposição, jogando pela janela móveis e material de escritório. Dali mesmo improvisaram um comício com oradores que atacaram duramente Carlos Lacerda, vaiado sempre que seu nome era pronunciado.[44]

Outras centenas de pessoas foram para a *Tribuna da Imprensa*, mas novamente a invasão foi impedida, agora pela Polícia Especial. Os revoltosos, contudo, não se conformaram diante da bandeira nacional hasteada na sacada do segundo andar. Era necessário colocá-la a meio-pau, em sinal de luto. Como já se tornou lugar-comum, o respeito aos mortos é sinal de respeito aos vivos. Após certa negociação, os populares, sem condições de tomarem o prédio, e a Polícia Especial, sem ter como dispersá-los, chegaram a um acordo: um popular e um policial entraram na redação e desceram a bandeira a meio-pau, como manda a tradição. Mesmo assim, toda a edição do jornal foi queimada na rua em frente.

A reverência ao presidente falecido, aliás, era uma obsessão popular. Na Cinelândia, nesse mesmo momento, um orador, no comício improvisado, acusou a Rádio Globo de continuar transmitindo música popular, desconhecendo a morte de Vargas, e outras emissoras que, em sinal de pesar, tocavam música clássica. Armados com sarrafos e cassetetes, grupos de manifestantes tentaram tomar de assalto a rádio na avenida Rio Branco. A presença da Polícia Especial, entretanto, novamente impediu a depredação. O ataque àqueles que não manifestavam sobriedade pela morte de Vargas tem um duplo sentido: se na cultura popular o desrespeito aos mortos é falta grave, havia o complicador de que o descaso com o falecimento do presidente era também uma desconsideração ao sentimento e à dor das pessoas.

A partir do meio-dia, as forças policiais começavam a perder o controle da situação. Apesar de todo o contingente das polícias Militar, Civil, Especial e do Exército nas ruas, era cada vez mais difícil reprimir e dispersar a população. Os vários focos de manifestações superavam a capacidade de mobilização dos policiais. Como medida de segurança, o Exército cercou rádios e jornais, e a avenida Rio Branco e a rua do Lavradio foram interditadas – protegendo-se, desse modo, a Rádio Globo e a *Tribuna da Imprensa*. Mesmo assim, postos eleitorais, sedes partidárias de oposição e os jornais *A Notícia* e *O Mundo* foram apedrejados. Sem condições de dispersar a multidão, os policiais passaram a utilizar bombas de efeito moral, gás lacrimogêneo e armas de fogo.

Várias pessoas saíram feridas, sendo três delas à bala; um operário com um tiro no maxilar e dois comerciários com tiros nas costas.

Última Hora foi o único jornal a circular naquele dia, com quase 800 mil exemplares. Todos os outros ficaram retidos nas sedes devido aos ataques dos manifestantes que, furiosos, bloquearam a saída dos caminhões. Samuel Wainer, no seu escritório, começou a ouvir gritos vindos das ruas. Ao olhar pela janela, viu, em frente ao prédio, uma multidão de manifestantes "descalços, subnutridos, feios", em sua descrição. Gritavam "Getúlio!" Expressando dor e revolta, eles exigiram que Wainer falasse. Vencendo a inibição, o jornalista, chorando na sacada, pediu tranquilidade a todos. Disse que os urros que ouvia o faziam lembrar da campanha presidencial de 1950 que levara Vargas ao poder. Agora, o mesmo rugido deveria ecoar para sustentar as bandeiras nacionalistas e populares pelas quais o presidente sacrificara a própria vida.[45]

Outros grupos, porém, ao se dirigirem ao Palácio do Catete, passaram em frente à Embaixada dos Estados Unidos. Após apedrejarem as vidraças da Standard Oil, começaram a vaiar e a jogar pedras e pedaços de pau na fachada da representação norte-americana. A chegada de reforços da cavalaria pouco adiantou. Um soldado do Exército, ao disparar o fuzil, assustou os cavalos, aumentando ainda mais a confusão. Bombas de efeito moral também foram lançadas, contudo sem amedrontar os amotinados. Somente com a chegada da Polícia Especial a população se dispersou – além de atemorizar os próprios soldados do Exército. Um homem não identificado foi atingido por um tiro dado por um militar, mas logo socorrido por um motorista que o levou ao hospital.[46]

A morte inesperada de Vargas foi vivenciada pelos trabalhadores como verdadeiro trauma ao mesmo tempo político, social e simbólico. A desestruturação repentina de representações sociais estabelecidas, de utopias de longa data que se formavam com promessas diversas, de mitos políticos onde elementos "arcaicos" se mesclavam com "modernos", enfim, de todo um conjunto simbólico que permitia a leitura imaginária do presente, do passado e do futuro da coletividade, tornou o mundo, naquela manhã, repleto de incertezas, angústias e incompreensões. O essencial em situações como essas, segundo Raoul Girardet, é que "a efervescência mítica começa a desenvolver-se a partir do momento em que se opera na consciência coletiva o que se pode considerar como um fenômeno de não identificação. A ordem estabelecida parece subitamente estranha, suspeita ou hostil. O 'nós' torna-se 'eles': isso significa que, em vez de se reconhecer através das normas existentes na sociedade global, o grupo em questão se redescobre e se define como diferente, ao mesmo tempo que, dolorosa ou violentamente, toma consciência de sua nova singularidade".[47] Para o "povo" – vale dizer, os trabalhadores, na interpretação getulista – o trauma sentido com a morte de Vargas implicou a desestruturação do mundo, mas permitiu a leitura da realidade social vivida a partir de outros ângulos. Os populares perceberam, naquela manhã, sua própria identidade social como o "nós" que se contrapunha a "eles".

Para confirmar sua existência política e seus sentimentos, para serem ouvidos e criar uma imagem negativa do rival, eles se revoltaram e partiram para a destruição simbólica da oposição. Ao se mostrarem profundamente irados, os trabalhadores intensificaram conflitos sociais latentes na sociedade brasileira daquela época e assustaram as elites conservadoras que não esperavam a reação popular.

A VISITAÇÃO AO PALÁCIO

Enquanto no Centro da cidade a população demonstrava sua revolta, nas imediações do Palácio do Catete o clima era outro. Desde as primeiras horas da manhã, com a confirmação da notícia, milhares de pessoas se aglomeravam nas ruas próximas ao Palácio para ver, pela última vez, o presidente. Várias delas, inconformadas com a espera, começaram a gritar e a protestar. Pelos alto-falantes do Palácio, o locutor pedia calma, alegando o atraso inevitável da visitação pública. O apelo era atendido por alguns momentos, até que novas reclamações surgiam, sempre pedindo o corpo de Vargas.[48]

Às 14 horas as filas começaram a ser organizadas. Uma hora mais tarde, várias delas já entravam pelas ruas Correia Dutra, Buarque de Macedo, Silveira Martins e Ferreira Viana, todas adjacentes ao Catete e, à noite, alcançaram o largo da Glória e o largo do Machado. Numerosas coroas de flores chegavam continuamente. Além daquelas enviadas por políticos, embaixadores e associações comerciais e industriais, chamavam a atenção dos jornalistas aquelas enviadas por várias organizações sindicais e populares.[49] "Nos jardins do Palácio", testemunhou o repórter de *A Noite*, "encontravam-se inúmeras coroas, ricas e pobres. Dentre elas notavam-se 250 que, pelo seu aspecto simples e pobre, demonstravam sua origem".[50] Segundo cálculos, cerca de um milhão de pessoas tentaram ver o corpo do presidente, mas apenas entre 67 mil e 100 mil delas de fato o conseguiram.[51]

Finalmente, às 17h30, o esquife chegou ao salão. As cenas que se seguiram, de acordo com o relato dos jornalistas, foram indescritíveis. Ao hino nacional, que todos começaram a cantar, misturava-se o pranto incontrolável da maioria das pessoas presentes. Homens e mulheres choravam compulsivamente e muitas senhoras jogavam-se no caixão em lágrimas. Um homem de origem humilde, de joelhos, agarrou-se em uma das extremidades do ataúde e gritou: "Dr. Getúlio, Dr. Getúlio, me leva com o senhor!..."[52] Um deficiente físico, ansioso por chegar perto de Vargas, foi carregado pela multidão até ele.

O calor sufocante e a aglomeração no salão contribuíram para acirrar mais ainda as emoções. Pessoas beijavam o esquife, algumas se jogavam no chão, outras despediam-se do presidente aos gritos. A generalização de crises nervosas e choros compulsivos obrigou a segurança a suspender a cerimônia por alguns instantes para organizar melhor a visitação.

Do lado de fora, contudo, a exaltação era grande. Cansadas da longa espera e tensas, várias pessoas desmaiavam, sendo os casos mais graves socorridos pelos enfermeiros do Samdu chamados ao local.

A presença do cadáver de Vargas permitia que os mais secretos símbolos e imagens referentes à morte que povoam o inconsciente se revelassem, daí o desequilíbrio emocional e psíquico que se refletiu de maneiras diversas em homens e mulheres de todas as idades. "Rechaçada como tabu na vida cotidiana", diz José Carlos Rodrigues, "a morte está, não obstante, presente, em todos os momentos, nas mitologias, no ritual, no inconsciente".[53] Para o autor, a morte destrói e faz putrefar tudo aquilo que a sociedade investiu, durante tanto tempo, em um ser humano. Com ela, o grupo não perde apenas um integrante a mais, mas se sente atingido no seu conjunto. A morte de um indivíduo sinaliza que a comunidade também é finita, limitada, e "aí está a razão do pavor que a morte inspira", conclui o autor. O falecimento de um governante e de personalidades populares no campo da arte ou do esporte repercute de maneira ainda mais grave, com grande assombro, pois eles, de alguma maneira, representam, e muitas vezes encarnam, os anseios do conjunto da coletividade. O caos e a catástrofe são expectativas que geralmente rodeiam o cadáver de uma grande liderança política. Mircea Eliade, por sua vez, afirma que mitos arcaicos e tradicionais ainda manifestam-se nos dias atuais, particularmente em episódios graves, de maneira similar ao que acontecia nas sociedades antigas, onde "a abolição de uma imagem arquetípica equivalia a uma regressão ao caos, ao pré-formal, ao estado não diferenciado que precedia a cosmogonia".[54] O desespero, a agonia, o tormento e a aflição no Palácio do Catete tinham raízes culturais e religiosas profundas, que se perdem na noite dos tempos.

A visitação entrou pela madrugada, somente sendo encerrada às 8 horas da manhã seguinte. Durante todo esse período, cenas verdadeiramente comoventes marcaram o desfile popular: desmaios, ataques de choro, crises nervosas, atitudes desesperadas, pessoas que "conversavam" com o presidente agarradas ao caixão, entre outras situações comoventes. Calcula-se que entre 2.100 e 2.800 pessoas foram socorridas pelo serviço médico do palácio. Dessas, 20 foram consideradas graves e uma jovem faleceu, vítima de um colapso cardíaco. Ainda segundo estimativas, 90 pessoas foram atendidas pelos enfermeiros a cada hora da visitação pública. Ao amanhecer do dia seguinte, com a fraqueza tomando conta da população, os desmaios se generalizaram entre aqueles que ainda estavam nas filas. De uma só vez, cinco ou seis pessoas desmaiavam ou tinham crises nervosas.[55]

O CORTEJO E NOVOS DISTÚRBIOS

Às 8h30 da manhã do dia 25, o corpo de Vargas saiu do Catete e, em cortejo, foi levado até o aeroporto Santos Dumont. A grande maioria das pessoas que não conseguiu ver o presidente acompanhou-o até o aeroporto. O caixão, ao ser colocado sobre uma carreta, foi cercado pela multidão e logo um mar de lenços brancos balançando sinalizava um misto de despedida e de homenagem. Por todo o percurso – praia do Flamengo, rua do Russel e avenida Beira-Mar –, as cenas de dor e desespero se repetiam. Pessoas choravam, algumas gritavam, outras desmaiavam, enquanto a maioria tentava se aproximar do veículo. Por todo o trajeto, ouviam-se exclamações sofridas: "Perdemos o nosso pai! Que vai ser de nós agora?" "Adeus, Getúlio Vargas!" Os próprios repórteres e fotógrafos de diversos jornais não se contiveram e também choraram.

A multidão, barrada na entrada do Santos Dumont, se concentrou diante do quartel da 3ª Zona Aérea, perto da pista de decolagem. Contidas por um cordão de isolamento e por tropas do Exército e da Aeronáutica, as pessoas tão somente queriam ver a última viagem de Vargas e, para isso, o local era privilegiado. Empunhando uma metralhadora, um sargento do Exército não resistiu à emoção de todo aquele ambiente e começou a chorar, não se importando com a presença de superiores e subordinados. A ânsia de ver a partida do presidente, porém, fez com que a população rompesse o cordão e invadisse a área militar. Às 9h55 o avião da Cruzeiro do Sul decolou rumo a São Borja, levando, além do corpo de Vargas, dona Darcy Vargas, o casal Amaral Peixoto e o líder trabalhista João Goulart. Nova emoção. Milhares de lenços brancos foram agitados e, segundo testemunhas, poucos conseguiram evitar o choro e mais intensos foram os desmaios, gritos de desespero e prantos compulsivos.[56] O repórter da *Última Hora*, mesmo diante das dificuldades do momento, entrevistou um grupo de comerciárias, ouvindo de uma delas o seguinte depoimento: "Para nós, mulheres, Getúlio Vargas não morreu. A sua obra ficará eternamente beneficiando nossos filhos, nossos netos, e estes ainda lembrar-se-ão daqui a 50 ou 100 anos que o Brasil teve um dia um presidente da República que se dedicou de corpo e alma a solucionar os problemas das classes menos favorecidas. Por isso é que eu digo que para nós Vargas não morreu."[57]

Se na cultura ocidental o suicídio é interpretado como sinal de fuga, gerando certa vergonha e ferindo inclusive os preceitos do cristianismo,[58] a atitude de Vargas, porém, assumiu significado bem diferente. Segundo José Carlos Rodrigues, o suicida altruísta, o mártir que morreu por ideais mais elevados – como na defesa da pátria ou por valores comuns –, deixa na coletividade um sentimento de orgulho e sua memória passa a ser reverenciada pelo sacrifício.[59] Em tais situações, Georges Balandier afirma que "o morto como indivíduo desaparece por trás da significação política de sua vida; ele se transforma numa imagem, a de um modelo de inspiração para as gerações futuras. O político alimenta, assim, a mitologia que lhe dá sentido e força".[60]

Bastou, porém, o avião desaparecer ao sul do horizonte para que os milhares de pessoas se dessem conta que estavam em frente ao quartel da Aeronáutica – uma das instituições centrais na crise que culminou com o suicídio de Vargas. Passados 30 minutos desde a decolagem, ninguém saía da frente da base aérea. Foi tempo suficiente para que o sentimento de dor se transformasse em revolta contra os adversários do presidente. Começaram, então, a surgir vozes de protesto e ataques verbais contra os soldados e oficiais que, de armas em punho, cercavam a área militar. Às 10h30, a situação tornou-se tensa e aumentaram os insultos e ofensas dirigidos à Força Aérea. Alguns discursaram, lembrando o papel da Aeronáutica nos episódios políticos recentes. Mais dez minutos e ouviram-se os primeiros tiros de fuzil e de morteiros disparados contra a população. Indignados, os populares reagiram com pedradas. O confronto, contudo, era desigual. As armas de grosso calibre, bombas de gás lacrimogêneo e granadas lançadas contra os manifestantes disseminaram o pânico e a confusão generalizados. Com a correria, mulheres e crianças caíam no chão e eram pisoteadas, gerando gritos e crises nervosas. Com pouca experiência em lidar com revoltas populares, os soldados passaram a atirar com metralhadoras e a agredir as pessoas com golpes de sabre. Um homem não identificado, aparentando 20 anos de idade, caiu com um tiro para não mais se levantar. Foram 15 minutos de tiroteio ininterrupto, com um saldo trágico para a multidão. Além de uma vítima fatal, cerca de 40 manifestantes saíram bastante machucados, entre domésticas, donas de casa, operários, funcionários públicos, bancários, comerciários, sapateiros, enfermeiras e outros. Muitos feridos por tiros no braço, na perna, no abdômen, no tórax; outros receberam estilhaços de granada na perna, cabeça, pescoço, pé, braço; outros ainda com cortes de sabre na mão e nas costas; e muitos ficaram com escoriações generalizadas provenientes de pisoteamentos, tendo um deles, inclusive, quebradas as duas pernas.[61]

Os conflitos, porém, continuaram. Os milhares de manifestantes que fugiram dos ataques da Aeronáutica juntaram-se a outros milhares que se encontravam no Centro da cidade e passaram, em grupos imensos, a percorrer as ruas aclamando Getúlio Vargas e insultando Carlos Lacerda e outros políticos da oposição. Alguns desses grupos, bastante revoltados, ao se encontrarem com soldados do Exército, avançaram contra eles sem medir as consequências. Os militares, assustados, dispararam contra a população causando dezenas de feridos à bala, por estilhaços de granada e golpes de sabre. Eram necessários reforços: batalhões da Polícia do Exército e choques da Polícia Especial foram chamados, obrigando os revoltosos a se dispersarem – pelo menos assim imaginavam os oficiais comandantes. Como avalia Thompson, em seu estilo irônico, somente o historiador "míope" considera "cegas" as explosões da multidão.[62] A tática popular era sair em evasiva após o combate para se reagrupar e recuperar forças em outro local. Concentraram-se, então, na Cinelândia.

Reunidos entre a rua Santa Luzia e a avenida Treze de Maio, os manifestantes improvisaram um ato público em que a tônica era o lamento pelo presidente morto. Sem violência, as pessoas ouviam atentas os discursos. Era o momento da ordem. Um orador, da janela da sede do PTB, falou de maneira inflamada, acusando Lacerda e a direita de golpistas e lembrando a obra de Vargas. A veemência de suas palavras fez a aglomeração crescer ainda mais.

Foi nesse instante que chegaram algumas caminhonetes da Polícia Civil com investigadores liderados pelo temível comissário Deraldo Padilha, partidário de Carlos Lacerda. Em atitude provocativa, Padilha prendeu uma mulher que assistia ao comício, afrontando, conscientemente, a ira popular. Para Thompson, tanto a violência de Estado quanto a violência popular não têm como parâmetro a quantidade. Muitas vezes a arbitrariedade contra um só indivíduo pode gerar grandes ondas de protesto.[63] Não satisfeito em agredir o senso de justiça da população – afinal, a mulher apenas assistia ao comício, como tantos outros –, Padilha ainda chamou o "Brucutu", carro-tanque usado para dispersar aglomerações. As pessoas, entretanto, não se acovardaram: era necessário libertar a mulher e responder ao comissário à altura. Arrancaram, então, os bancos de madeira da praça e improvisaram barricadas, impedindo a passagem do "Brucutu". Encorajados pelo êxito, partiram furiosos em direção a Padilha e seus homens, que, acossados, sacaram as armas e atiraram várias vezes contra a multidão. Muitos tombaram com os tiros, feridos em diversas partes do corpo, mas a revolta era maior do que as perdas e, ainda assim, continuaram avançando até alcançarem as viaturas policiais, libertarem a mulher e incendiarem totalmente os veículos. Padilha, assustado, fugiu.[64]

No auge do motim, comemorando a fuga do comissário, o resgate da prisioneira e o incêndio dos automóveis, eis que chega um choque da Polícia Especial.[65] Pela experiência nos embates de rua e pelo poder de fogo das metralhadoras, granadas e bombas que eles portavam, o massacre da população aconteceria em questão de minutos. Entretanto, e curiosamente, a chegada da Polícia Especial fez a ordem se restabelecer. E não por medo, mas por identificação de valores.

Aqueles policiais, profissionais no ofício e altamente qualificados e disciplinados, devotavam, na mesma medida, grande carinho por sua corporação e pelo seu fundador, Getúlio Vargas. O impacto com que receberam a notícia da morte do presidente foi tão significativo quanto o da população. Logo que convocados para irem às ruas, os policiais receberam no quartel tarjas negras, que amarraram nos braços em sinal de luto.[66] Um deles, ao sair em um choque logo nas primeiras horas do suicídio, desmaiou de emoção dentro da viatura. O colega ao lado, ao socorrê-lo, disse-lhe consolando: "É triste, companheiro, mas aguenta firme que a gente é polícia."[67] Outro caso refere-se a dois policiais especiais que, na visitação pública ao corpo de Vargas, de repente se viram cercados por uma multidão. Um deles, receoso, comentou com o parceiro: "Se este povo resolver nos pegar, estamos perdidos." Mas a seguir ouviram um grito: "Olhem, é a polícia do Getúlio!" E logo aplausos dirigidos aos dois e exclamações de "Viva a polícia do Getúlio!" deixaram-os entre surpresos e acanhados.[68] Nas ruas, em pleno motim, quando passava um choque da Polícia Especial, a população geralmente aplaudia, manifestando grande simpatia. O uniforme cáqui e o quepe vermelho dos agentes denunciavam a proximidade com Getúlio Vargas. Naquele momento, as pessoas se apropriaram, no sentido dado por Roger Chartier,[69] da imagem da Polícia Especial. Ela não mais representava a corporação temida, pronta a reprimir e a bater, mas, reordenando e recriando simbologias, era vista simplesmente como a "polícia do Getúlio". Para entender a leitura popular da Polícia Especial é necessário lembrar que a imagem, na definição de Mircea Eliade, engloba um conjunto de significações, e, por isso, ela não pode ser reduzida a uma única ou mesmo a uma de suas referências. "No plano da dialética da Imagem", diz o autor, "toda redução exclusiva é uma aberração".[70]

Começamos, então, a ter indícios para compreender por que o massacre da Cinelândia não aconteceu. A Polícia Especial, ao chegar, em vez de socorrer o comissário Padilha, prendeu-o por provocar perturbações de maneira irresponsável – refletindo, no nível das corporações policiais, a polarização entre Vargas e Lacerda. Além disso, o chefe da tropa de choque da Polícia Especial subiu em uma viatura e, por alto-falante, pediu calma, serenidade e ponderação aos manifestantes. Episódio curioso este, sem dúvida: a mais temível polícia antimotim que o país já conheceu saiu às ruas para proteger os amotinados de policial truculento; os amotinados, que já vinham aplaudindo a polícia antimotim desde o dia anterior, receberam com atenção os apelos do líder da tropa de choque.

Apesar do fim dos distúrbios, a população tomava toda a Cinelândia e se negava a sair. Homens, mulheres e crianças se aglomeravam na praça e nas escadarias da Biblioteca Nacional e do Teatro Municipal. A Polícia Especial tinha instruções expressas de dispersar a multidão. Mas, pela cumplicidade estabelecida entre as forças de repressão e os revoltosos, tudo leva a crer que aqueles homens cumpririam suas ordens por outros motivos. Em depoimento ao autor, antigos integrantes daquela tropa de choque lembram que o Exército estava prestes a chegar na Cinelândia e, sem as técnicas necessárias para lidar com motins populares, aí sim o massacre seria consumado. Mais do que dissolver os manifestantes por obrigação do ofício, os policiais temiam pela segurança daqueles que, como eles, sofriam com a morte de Vargas. Era necessário, portanto, dispersar o povo do local, mas sem violência. O policial especial Oscar Soares de Oliveira, decidido, entregou seu revólver a um colega e, com a tarja negra no braço e um alto-falante nas mãos, entrou no meio do aglomeração. Emocionado e mesmo chorando em alguns momentos, gritava no aparelho: "Meus senhores, nós também estamos sentindo, nós também estamos de luto por nosso chefe e nosso líder, mas vão embora para suas casas. Nós perdemos o nosso pai, mas tenham paciência pelo amor de Deus, o Exército vai chegar e haverá muitos mortos. Tenham paciência, a situação é triste, mas evitem um mal maior."[71] Consciente da gravidade dos acontecimentos com a iminente chegada das forças militares, publicamente antipática às massas getulistas, Oscar virou-se para as escadarias da Biblioteca Nacional e gritou, agora chorando: "Meu senhor, pegue seus filhos e vá para sua casa antes que o pior aconteça." Após insistentes e emocionados apelos, as pessoas, aos poucos, foram aceitando os clamores do chefe da tropa e do policial Oscar. Em calma e em passos lentos, os populares se retiraram da praça. Pouco tempo depois, o Exército chegava com armamentos pesados, entre eles bazucas e morteiros.

Terminavam, assim, os motins populares no Distrito Federal, apesar das pequenas escaramuças que ainda se seguiram e da profunda tristeza que se abateu sobre a população. O trauma sentido com a morte de Vargas implicou não apenas uma tomada de consciência, mas também um sentimento de que o mundo parecia estranho e hostil. A tentativa de reordená-lo, porém, significou invertê-lo ou colocá-lo às avessas, e daí o protesto e a violência popular. Como no carnaval, quando as interdições são temporariamente suspensas e as hierarquias subvertidas, os motins populares no Rio de Janeiro seguiram a lógica que anima o foliões. Mas, naqueles dias de agosto, a cidade conheceu um carnaval diferente, um carnaval da tristeza.

A INSURREIÇÃO POPULAR EM PORTO ALEGRE

Em 24 de agosto, Porto Alegre amanheceu sob um clima tenso e de expectativas. A morte do presidente repercutiu entre a população com um "profundo impacto psíquico", para usar uma expressão de Thompson. Quando o abalo de uma notícia grave é acompanhado da descoberta de injustiças e da percepção da manipulação política, diz o mesmo autor, muitas vezes "o choque se converte em fúria".[72] Foi o que aconteceu em Porto Alegre.[73]

Em busca de informações confiáveis e de auto-organização, milhares de pessoas dirigiram-se para o centro político da cidade, na rua dos Andradas, e, mais especificamente, ao Comitê Central Pró-Candidatura Leonel Brizola. Não se trata, aqui, de "esponteneísmo", mas sim da procura de um terreno comum, um ponto de encontro para manifestarem seus sentimentos e sua revolta. A radicalização política impulsionou os manifestantes não para a sede do PTB, cujas lideranças pediam calma à população, mas sim para uma das alas partidárias mais à esquerda. As pessoas queriam mais e a escolha não foi casual.

Ali mesmo surgiram os primeiros oradores e formas de organização. Grupos saíram pelas ruas empunhando à frente grandes fotografias de Getúlio Vargas e a bandeira nacional com uma tarja negra. A primeira vítima da fúria popular foi a sede da UDN que, por infortúnio, era vizinha do comitê eleitoral de Leonel Brizola. Gritando "Getúlio, Getúlio, Getúlio", a multidão invadiu as instalações da UDN e tomou para si a bandeira nacional ali hasteada. A bandeira, e tudo que ela representa, era um bem simbólico arrancado da oposição conservadora. Para os revoltosos, os adversários do presidente não tinham méritos para possuí-la. Partiram, então, para o prédio do jornal do Partido Libertador, o *Estado do Rio Grande*, destroçando móveis, máquinas e equipamentos. O mesmo grupo, não encontrando reação policial, retornou à sede da UDN, agora para devastá-la. Do primeiro andar, foram jogados pela janela mesas, cadeiras, alto-falantes, material de propaganda, fotografias de suas lideranças etc. Na destruição do escritório da UDN somente um enorme retrato a óleo de Flores da Cunha foi poupado. Levado à rua com cuidado, os populares o transportaram para a sede trabalhista, onde, significativamente, foi posto ao lado do retrato de Getúlio Vargas. A iniciativa, surpreendente, confirma aquilo que Roger Chartier define como *apropriação*, ou seja, a invenção criadora no processo de recepção das mensagens. Para os amotinados, Flores da Cunha, naquele momento, não era o político que, ao longo de sua carreira fez oposição a Vargas, mas sim o velho companheiro da Revolução de 1930. Ao não participar da campanha movida contra o presidente por seu próprio partido, a UDN, a imagem de Flores da Cunha foi *apropriada* de maneira positiva pela população. Para os revoltosos, a atitude de Flores da Cunha foi lida, entendida e apropriada como uma tomada de posição, digna e honesta, a favor de Vargas. Ao ser levado simbolicamente para território trabalhista, passava-se também uma mensagem ao líder gaúcho.

Outros grupos, empunhando a bandeira nacional e com alto-falantes, seguiam pelas ruas acusando a oposição da morte de Vargas. Um desses grupos invadiu a redação e as oficinas do *Diário de Notícias*, órgão dos Diários Associados. Bobinas de papel e milhares de exemplares do jornal foram atirados na calçada e incendiados. Não satisfeito, depredou e ateou fogo em suas instalações. Com o atraso dos bombeiros, nada sobrou. Outro grupo, ainda mais enfurecido, atacou a Rádio Farroupilha, incendiando o edifício, na rua Duque de Caxias. Muitos de seus empregados somente se deram conta do perigo tarde demais, ficando presos pelas chamas nos andares superiores. Alguns pularam ou desceram pelas paredes externas, mas o funcionário Gérson Borges não teve a mesma sorte: fraturou a coluna ao cair do terceiro andar. No final da tarde, da Rádio Farroupilha só sobraram as paredes do prédio. Na rua Sete de Setembro, a Rádio Difusora, de oposição, também foi arrasada e incendiada. Por essa hora, no fim da manhã, as ruas de Porto Alegre estavam tomadas por milhares de populares revoltados e repleta de escombros e cinzas. A fumaça que saía de vários edifícios em chamas era vista em todas as direções.

Os partidos políticos de oposição não tiveram melhor sorte que as rádios e os jornais. O mesmo grupo que destruiu a Rádio Difusora encontrou-se com o que atacou o *Diário de Notícias* e, juntos, rumaram para o diretório do Partido Libertador, na rua General Câmara, esquina com a rua dos Andradas. Rapidamente, subiram as escadas e tudo o que havia na sala – móveis, material de propaganda, armários etc. – foi jogado pela janela e incendiado. Também a sede do Partido Social Democrático,[74] na praça da Alfândega, sofreu com os revoltosos. A porta de aço que protegia as instalações do partido, porém, irritou ainda mais as pessoas, que passaram a jogar pedras e pedaços de pau. Após oferecer grande resistência, ela foi arrombada e todo o material partidário foi defenestrado e queimado em seguida. A Frente Democrática, a Frente Popular, o Partido Socialista, o Partido Social Progressista e o Partido da Representação Popular sofreram o mesmo destino: invadidos, devastados e incendiados.

É interessante observar como a ira das pessoas manifestou-se em relação à imprensa, às rádios e aos partidos políticos de oposição ao PTB e ao trabalhismo no Rio Grande do Sul. O ato de agredir o outro implica o uso de um veículo, verbal ou material, envolto necessariamente por um simbolismo que informa a própria natureza da violência. A população gaúcha, ao atacar os adversários, não utilizou ovos ou frutos podres, querendo com isso humilhar ou diminuir. Valer-se de pedras, com o objetivo de ferir ou machucar, foi recurso eventual. Ao atacar especificamente a oposição, os revoltosos utilizaram o fogo com o intuito de, ao mesmo tempo, destruir e purificar. É curioso, nesse sentido, que *A Tribuna*, jornal do PCB, não tenha sido incendiada, mas apenas empastelada.

Em Porto Alegre, como no Rio de Janeiro, os manifestantes *encenaram* sua indignação e revolta. A noção de teatro, aqui, novamente permite desvendar rituais plenos de significados simbólicos. "Em todas as sociedades", diz Thompson, "o teatro é um componente essencial tanto do controle político como do protesto ou, inclusive, da rebelião".[75] Se na crise de agosto a oposição conservadora manipulou cenários e atores, agora era o momento de a população encenar seu contrateatro. Ocupando o palco das ruas e dividindo-se em grupos, os amotinados distribuíam papéis entre os que carregavam bandeiras, fotografias de Vargas, alto-falantes e aqueles que invadiam, destruíam e incendiavam. Elegeram seus amigos e inimigos, estes caçados implacavelmente pela cidade. Recorreram ao simbolismo do fogo para fazer desaparecer aqueles que ameaçavam suas expectativas políticas. O protesto gaúcho teve sua encenação e a trama principal foi a violência popular.

Até aquele momento, o governador do Rio Grande do Sul, Ernesto Dornelles, primo de Getúlio Vargas, não havia acionado o dispositivo policial-militar para reprimir o povo. A imprensa conservadora, indignada com os acontecimentos na capital gaúcha, atacava Dornelles: "O Governador do Rio Grande do Sul, general Ernesto Dornelles, nenhuma providência tomou para evitar as depredações, e cruzou os braços quando os manifestantes passaram a atear fogo aos jornais e às estações de rádio."[76] Para os jornais, a revolta popular era "chefiada por notórios agentes comunistas" e, sem a repressão policial, "a turba alucinada pôde concluir a obra de destruição ante os olhos pasmos da população, que assistiu estarrecida à inominável selvageria". Na verdade, seria muito difícil para Ernesto Dornelles, governador próximo a Vargas, usar dos mesmos métodos repressivos praticados na capital da República. Com sua atitude, Dornelles talvez procurasse dar um recado às elites políticas conservadoras: este território é nosso, aqui é diferente.

Enquanto as tropas militares não invadiam as ruas, os amotinados continuavam os ataques aos opositores de Vargas. Se, num primeiro momento, as agressões voltaram-se para aqueles considerados pela cultura política popular como os inimigos "internos" do presidente, como partidos, rádios e jornais, agora a revolta dirigia-se para aqueles vistos como os inimigos "externos", referidos, inclusive, na carta-testamento: o imperialismo e suas representações oficiais e comerciais. Como afirma Barrington Moore Jr., "especialmente em tempos de crise política, uma parcela muito importante da forma como as pessoas decidem quem elas são encontra-se na decisão sobre quem são os seus inimigos".[77]

A primeira vítima foi a representação diplomática norte-americana, invadida, saqueada e totalmente destruída. No prédio onde se localizava o consulado, no edifício Rheingantz, encontravam-se também vários escritórios e muitos consultórios médicos e dentários. Todos eles foram devastados, particularmente a alfaiataria Mahoni, cujo material de trabalho, como tecidos, manequins e máquinas de costura, lançado na calçada, perdeu o valor. No imaginário popular, talvez a proximidade física das salas comerciais e médicas com a diplomacia dos EUA surgisse como cumplicidade com os interesses daquele país.

O National City Bank, símbolo do capital estrangeiro, foi atacado por outros grupos. Antes de arrasarem completamente as instalações do banco, todas as fichas cadastrais e documentos bancários foram jogados na rua e queimados. Aqui, percebe-se o objetivo de, com o fogo, destruir e fazer desaparecer papéis que comprovassem as ligações do país com o capital estrangeiro. Para os amotinados não contavam possíveis ganhos materiais com a invasão da sede bancária – não há notícias de apropriação de dinheiro. Nesse caso, como em outros, o interesse simbólico pesava mais que o material.

O sentimento antinorte-americano da população pode ser percebido não apenas pelas agressões ao consulado e ao banco, mas também pelo ataque a algumas empresas. A Importadora Americana S.A., loja de importação de automóveis dos EUA, sofreu uma particular investida dos grupos de revoltosos. Após destroçarem totalmente a loja na rua

Dr. Flores, também atacaram a filial na avenida dos Farrapos, com o saldo de vinte veículos importados completamente inutilizados. A Importadora de Máquinas Agrícolas e Rodoviárias sofreu as mesmas violências. Certamente não é casual a fúria popular contra empresas que importavam dos EUA bens que simbolizavam um alto *status* social. Também sofreram tentativas de invasão e apedrejamento as fábricas de cerveja Brahma, de cigarros Souza Cruz, da Coca-Cola, a loja da Mesbla e a Companhia Telefônica. Até mesmo uma casa noturna, a American Boite, foi tomada à força pelos manifestantes, além de quebradas centenas de vitrines e letreiros luminosos. Na lógica do motim popular, cada estabelecimento era, por algum motivo, merecedor de agressões. Foi o caso de certos bares, como o Bar e Restaurante Vitória, na praça Osvaldo Cruz, que se atreveu a permanecer aberto. Segundo depoimento de alguns participantes da revolta ao *Correio do Povo*, a atitude de seu proprietário era um desrespeito à morte do presidente. O bar, depois de invadido e saqueado, foi incendiado pela população.

Contudo, só ao entardecer, quando a insurreição ameaçava toda a cidade, Ernesto Dornelles pediu auxílio ao Exército. Entretanto, é necessário observar que a ação dos militares em Porto Alegre em nada se comparou à repressão ocorrida no Distrito Federal. Com cartuchos de festim e sem usar de violência desnecessária, as autoridades militares gaúchas evitaram repetir os episódios trágicos ocorridos na capital da República. Na imprensa, somente encontrei uma cena de enfrentamento entre populares e o Exército com mortes. Na avenida Osvaldo Cruz, no final da tarde, um grupo de revoltosos destruía e saqueava o escritório do Partido Social Progressista quando chegou uma patrulha da Companhia de Guardas. As pessoas, desconhecendo a chegada dos soldados, passaram então a depredar outro bar aberto, o Café Bonfim, localizado embaixo da sede daquele partido. Segundo o *Correio do Povo*, o comandante da tropa ordenou que o grupo se dispersasse, mas, como que tomando posição de ataque, os amotinados se reuniram e o líder,

com a bandeira nacional nas mãos, avançou contra o oficial, jogando-
-o no chão. Não demorou e dois sargentos, na defesa do comandante,
fizeram disparos com cartuchos de festim, segundo informações do
repórter do mesmo jornal. O efeito foi nulo, pois o grupo partiu decidido sobre as patrulhas tentando agredir a autoridade militar a qualquer
custo. Carregando os revólveres com cartuchos verdadeiros, os soldados
atiraram nos manifestantes até que 12 pessoas caíram no chão, duas
mortalmente: José Alves, operário, mestiço, 26 anos, porta-estandarte
do grupo, com um tiro no peito, e Iranídes Santos, motorista, preto,
baleado nas costas.

Em poucas horas o motim se esgotaria, com o saldo de dois mortos,
dezenas de feridos e uma cidade reduzida a escombros.

AS MANIFESTAÇÕES EM SÃO PAULO E BELO HORIZONTE

Na cidade de São Paulo, os trabalhadores receberam a notícia da morte
de Vargas pela manhã bem cedo, e muitos deles já se encontravam dentro
das fábricas e oficinas. Somente na hora do almoço, com algum tempo
livre, operários de muitas empresas decidiram decretar greve e saíram
em direção aos seus sindicatos. Ao meio-dia, as suas organizações de
classe estavam lotadas com manifestantes portando faixas e cartazes à
espera do início das atividades de protesto. A passeata começou às 13
horas, saindo dos sindicatos dos metalúrgicos e dos têxteis, além dos
diretórios distritais do PTB. Ao chegarem na praça Antônio Prado,
subiam pela avenida São João quando algumas pessoas mais revoltadas
começaram a quebrar vidraças de restaurantes, cinemas e lojas. Quando
alcançaram a avenida Duque de Caxias, as lideranças sindicais e petebistas conseguiram convencer os mais exaltados a evitarem depredações,
alegando que tais atitudes tão somente interessavam aos inimigos da
obra de Getúlio Vargas. Na sede do PTB, ponto final da manifestação,

os operários realizaram um comício. Eusébio Rocha, subindo em um jipe, disse com emoção para seus companheiros se manterem vigilantes contra os inimigos de Vargas, uma vez que eles também eram os inimigos do Brasil. Várias faixas e cartazes diziam: "Getúlio Vargas não morreu: vive no coração do povo"; "Os trabalhadores saúdam aquele que foi o maior brasileiro vivo"; "Os trabalhadores pesarosos pela morte de seu chefe."[78]

Vários outros grupos também protestaram em inúmeros pontos da cidade. Muitos participaram do ato público da praça da Sé, onde o PTB e o PCB promoveram uma manifestação em conjunto. Enormes faixas que aludiam ao "imperialismo e aos *trusts* norte-americanos" eram carregadas por trabalhistas e comunistas.[79] No largo de São Francisco, os dois partidos tentaram organizar outro comício, mas os cavalarianos da polícia, à força, dispersaram militantes e populares. Na percepção da imprensa conservadora, a ação policial nas ruas do Centro e no largo de São Francisco, "onde se aglomerou grande massa popular", foi necessária, pois impediu "assim que os comunistas levassem avante seus planos terroristas".[80]

Os comunistas, na verdade, foram pegos de surpresa no episódio do suicídio de Vargas. Se até a noite anterior faziam pesados ataques ao presidente, na manhã seguinte eles tentavam reverter mais um de seus "desvios", para usar a linguagem partidária. Antonio Carlos Felix Nunes, em texto primoroso, conta-nos que, logo nas primeiras horas da manhã, os integrantes da célula do PCB da Zona Leste paulista já estavam nas portas das fábricas, cujos trabalhadores, chocados com a notícia, declararam greve. Reunidos, milhares de operários que abandonaram as empresas procuravam organizar outra manifestação de protesto. Os comunistas misturaram-se à multidão esperando o momento adequado para lançar as palavras de ordem do partido e comandar o movimento. Para o espanto de todos, no entanto, uma integrante de um grupo de jovens operárias que lamentavam e choravam a morte de Vargas, aos prantos, tomou uma atitude surpreendente: rasgou as mangas de seu vestido, deixando à mostra os ombros e parte dos seios; arrebentou com os dentes as alças da combinação preta e, por baixo da roupa, retirou a vestimenta. Diante do silêncio respeitoso dos trabalhadores, a moça procurou pelo chão algo parecido com uma haste e amarrou nela sua combinação. A operária, improvisando uma bandeira negra, em sinal de luto, dirigiu-se para a frente da multidão e, num apelo dramático, gritou: "Mataram Getúlio! Mataram Getúlio! Morreu nosso pai!"[81] Deu-se, então, o início da passeata com milhares de trabalhadores seguindo a porta-estandarte, sob os olhos atônitos dos comunistas que perderam a iniciativa e a liderança do movimento.

Também nas cidades vizinhas à capital têm-se notícias de protestos. Em São Caetano do Sul, logo pela manhã, muitos operários abandonaram os locais de trabalho e, junto àqueles que nem chegaram a iniciar seu expediente, começaram uma passeata. À medida que passavam por outras empresas, incitavam seus colegas a declararem greves e acompanhá-los. As indústrias que não aderiram, como a Aço Villares, os Elevadores Atlas e a General Motors, foram apedrejadas pelos operários.[82]

A população de Belo Horizonte, a exemplo de outras cidades, também não ficou indiferente diante do impacto da triste notícia. Logo pela manhã, quando as rádios locais informaram a tragédia, milhares de pessoas saíram às ruas, particularmente os trabalhadores, para se certificarem do fato e expressarem sua dor e indignação. A rua, aliás, foi o espaço privilegiado nas manifestações populares em todas as capitais do país. Seguindo algumas ideias de Thompson, pode-se dizer que, no dia 24 de agosto, homens e mulheres tomaram o espaço público para confirmar versões e rumores, discutir política e organizar algum tipo de protesto. Na rua, a multidão, pelo grande número de indivíduos, "sentia por algum momento que era forte".[83] Na capital mineira, a primeira reação dos populares foi arrancar dos postes e marquises faixas e cartazes dos candidatos da oposição, em particular da UDN, para queimá-los em seguida, da mesma maneira que no Rio de Janeiro.[84]

Operários de várias fábricas e da construção civil abandonaram seus postos de trabalho e se concentraram no Centro da cidade. Após acerto entre eles, rumaram para o Instituto Brasil-Estados Unidos, cuja sede ficou totalmente destruída.[85] Outro grupo invadiu o consulado norte-americano, quebrando móveis, armários, vidraças e rasgando livros e documentos. O comércio, em sinal de luto e medo, fechou ainda pela manhã, enquanto os bondes deixaram de circular. Manifestantes revoltados tentaram ainda empastelar o jornal *Correio da Manhã*, órgão da UDN, mas a polícia, chamada a tempo, impediu a invasão.[86] Belo Horizonte logo foi tomada pela Polícia do Exército, fortemente armada, que se espalhou em pontos estratégicos da cidade e em todos os prédios públicos.[87]

Somente à noite, quando os distúrbios deram sinais de cansaço, Belo Horizonte teve sua vítima de morte. Na avenida Santos Dumont, um grupo de populares atacou um destacamento policial a pedradas. Segundo o repórter, um soldado, ferido, reagiu atirando contra eles. Um inocente vendedor ambulante foi atingido pelo projétil e, mesmo socorrido no hospital, veio a falecer mais tarde.[88]

NORDESTE: EMOÇÃO E DESALENTO

Em várias cidades do Nordeste do país, a morte do presidente foi recebida com grande impacto emocional. É curioso que, particularmente na capital de Pernambuco, em todos os jornais pesquisados os correspondentes tenham usado termos como dor, estarrecimento, perplexidade, consternação, estoicismo, incredulidade, entre outros para descrever a reação popular diante do desaparecimento de Vargas.

Em Recife, desde a madrugada do dia 24, milhares de pessoas estavam nas ruas e nas redações dos jornais à espera de notícias. Inicialmente, ninguém acreditou no suicídio do presidente,[89] mas, quando as rádios e a imprensa confirmaram em definitivo, "todo o povo, que enchia as ruas, ficou estarrecido e perplexo, havendo intensa correria para se certificar da dolorosa verdade. Obtida esta, é impossível descrever a consternação de que foi tomada toda a população", diz o correspondente de O *Estado de S. Paulo*.[90]

Estoicismo é o termo usado pelos jornalistas para definir o choque emocional sofrido pela população do Recife. Pelas ruas, as pessoas andavam sem destino certo, olhavam-se, choravam, voltavam a caminhar. As rádios, em sintonia com o sentimento popular, passaram a irradiar pesadas músicas fúnebres e os jornais eram disputados nos pontos de venda. O comício marcado pelo Clube da Lanterna, organização liderada pelo sr. Amaral Neto e que reunia civis e militares seguidores de Carlos Lacerda, foi cancelado. O operário José Florentino Silva, 54 anos, não suportou a notícia e veio a falecer. Na capital pernambucana, só há registro de uma tentativa de invasão a um órgão oposicionista: o *Diário de Pernambuco*, dos Diários Associados. A polícia, que tomou toda a cidade desde cedo, evitou o ataque e impediu, inclusive, que mais de duas pessoas conversassem nas ruas centrais. Todos os edifícios públicos foram cercados pela Polícia Militar.[91] Os comandantes do Exército, Marinha e Aeronáutica da região, reunidos, ordenaram que as tropas ficassem em alerta máximo, pois, como observaram dois repórteres, a população mostrava-se "inquieta" ao anoitecer.[92]

Em Salvador, inúmeros comícios ocorreram logo pela manhã. Na primeira manifestação realizada, na praça da Sé, populares incendiaram o palanque onde a oposição, na semana anterior, pedira a renúncia de Vargas. À tarde, foram realizados vários encontros em frente à prefeitura. Chama a atenção, contudo, a atitude da multidão em promover um ato público de pesar resgatando tradições da cultura popular local. Segundo o correspondente do *Correio da Manhã*, a "espetáculo emocionante a cidade assistiu, ontem à noite, com a 'passeata do silêncio'": milhares de pessoas se concentraram na praça da Sé e, com velas acesas e rezando pelo presidente, percorreram as ruas principais até a sede do PTB. É característico da cultura, no sentido antropológico do termo, a criação de normas e padrões de comportamento, e a constituição de bens simbólicos que permitem uma linguagem coletiva. Escolher a praça da Sé como ponto de encontro, marcar a passeata para a noite, usar velas, rezar, traçar o roteiro do percurso, manifestar-se por meio do silêncio e encerrar o ato na sede do PTB expressam, cada uma, um significado e um sentido. Ao declarar sua dor e tristeza, a população baiana recorreu às suas tradições, crenças e códigos comportamentais e converteu-os, manipulando imagens, símbolos e rituais, em protesto político. Segundo o mesmo repórter, a concentração da noite foi grande e "o silêncio naquela massa popular era algo impressionante", apesar de várias pessoas rasgarem as faixas e cartazes dos candidatos antigetulistas.[93]

Em Natal, a morte do presidente foi sentida com "consternação", de acordo com a sensibilidade dos jornalistas. Em busca de notícias, populares se concentraram em vários pontos da cidade e muitos, na ânsia de informações mais precisas, tentaram sintonizar as emissoras de rádio do Distrito Federal. O comércio fechou e as escolas suspenderam as aulas. O Exército, a Marinha e a Aeronáutica ficaram de prontidão.[94] Em Fortaleza, fecharam o comércio, as indústrias, os colégios e as repartições públicas, enquanto as ruas ficaram repletas de policiais fortemente armados. No dia 25, pela manhã, portuários e estivadores promoveram uma passeata no Centro da cidade. Em Teresina, o pesar da população foi grande, mas o Exército, segundo um repórter, ficou vigilante "no sentido de impedir qualquer manifestação de anarquia".[95] Em Aracaju, o Exército e a Polícia Militar tomaram as vias públicas ainda de madrugada. Manifestantes do PTB, em passeata, tentaram atacar a residência do sr. Leandro Maciel, presidente da UDN local, sem sucesso. Invadiram, então, a Rádio Liberdade, de oposição, causando enormes estragos.

A ORDEM

Ainda no dia 24 de agosto, *O Dia*, em edição extra, precipitadamente anunciava que Getúlio Vargas havia renunciado. Na primeira página, sob o título "Calma na Cidade", dizia: "O desfecho da crise não surpreendeu o carioca, que desde as últimas horas de ontem aguardava, com impaciência, a renúncia do chefe da Nação. Absoluta calma em todos os setores da cidade, que despertou sem ter notado a mais leve alteração em sua habitual fisionomia. Apenas mais policiamento nos edifícios públicos e um movimento um tanto fora do comum na órbita do Catete." Carlos Lacerda, às 4 horas da madrugada, ao ser informado, equivocadamente, que Vargas renunciara, dirigiu-se à residência do vice-presidente Café Filho e, muito sorridente e caloroso, cumprimentou-o efusivamente.

Com o tiro no peito, Getúlio jogou com sua própria imagem em longo prazo. A vingança foi meticulosamente planejada: se seus inimigos o queriam desmoralizado politicamente, ele foi muito além, jogando seu próprio cadáver nos braços dos udenistas que, atônitos, não souberam o que fazer com ele. Lacerda, ao tomar conhecimento da tragédia, comentou: "Acabaram com a nossa festa." Otávio Mangabeira foi direto: "Mais uma vez ele ganhou."[96] O suicídio não era esperado, surpreendendo e paralisando, por algumas horas, os grupos conservadores que apostaram na crise institucional. Com a morte do presidente, a oposição viu frustrada sua estratégia de acirrar a crise, desmoralizar politicamente Vargas com a renúncia e posterior prisão. Contudo, mesmo com seu desaparecimento, um golpe de Estado não estava descartado. No Distrito Federal, 12 mil homens do Exército entraram em alerta máximo, todos sob as ordens do general Odílio Denys. As tropas dos fuzileiros navais tomaram a zona portuária, os setores bancário e financeiro da cidade, as estações das barcas e cercaram as Câmaras Municipal e Federal, além do Senado. Todos os quartéis da Marinha de Guerra ficaram sob regime de "AFIR", isto é, prontidão máxima.[97] Na maioria das capitais do país, os efetivos da Polícia do Exército invadiram as ruas. Por ordem dos comandantes do Exército, Marinha e Aeronáutica de várias regiões militares, todos os quartéis e regimentos a eles subordinados entraram em estado de prontidão. Se algum dispositivo militar fora planejado para o golpe de Estado, na madrugada do dia 24 de agosto ele foi posto em prática. Restava tão somente a iniciativa das lideranças civis para a deflagração do movimento.

Carlos Lacerda, após confraternizar-se com Café Filho, passou a ser caçado por populares nas ruas do Rio de Janeiro. Temeroso, refugiou-se na Embaixada dos EUA e, quando esta foi atacada, fugiu em um helicóptero militar que o levou, em segurança, para bordo do cruzador *Barroso*, navio de guerra ancorado na baía de Guanabara.[98]

Em Porto Alegre, todos os políticos da oposição gaúcha fugiram rapidamente da cidade, inclusive o prefeito, sr. Ildo Meneghetti, que se escondeu no interior do estado em lugar mantido sob rigoroso sigilo. Segundo notícia do *Correio da Manhã*, em Porto Alegre "a situação dos elementos não pertencentes às fileiras do trabalhismo é de verdadeiro terror".[99] Em várias capitais e cidades do Nordeste, populares tentaram invadir as residências de líderes locais da UDN, sendo impedidos, porém, por "seguranças privados" daqueles políticos. Portanto, se o suicídio de Vargas paralisou os golpistas, a reação popular os fez recuar. Surpresos e atemorizados, perderam a autoridade política, moral e, sobretudo, a legitimidade para justificar como necessária a intervenção militar. O golpe era inviável. O presidente morto inspirava, no mínimo, prudência política.

Nas Câmaras Federal e Municipal e no Senado não mais se ouviam insultos e ofensas ao presidente, mas lamentos por sua morte. O líder da UDN no Senado, sr. Ferreira de Souza, discursou dizendo que, apesar de seu partido ser ideologicamente divergente de Vargas, nunca negou o seu apoio às medidas administrativas por ele solicitadas. Agora, alegava, era necessário o restabelecimento da paz na família brasileira. Na Câmara dos Vereadores, o sr. Aristides Saldanha, representante dos comunistas, com a carta-testamento nas mãos e a voz embargada, declarou da tribuna parlamentar: "Fique certo, sr. presidente Getúlio Vargas, que com os ferros e o aço de Volta Redonda serão forjadas as armas com que os patriotas que seguem V. Excia. farão a revolução. Vamos ainda sofrer muito, mas o que vai acontecer ninguém poderá evitar."[100]

Os jornais também recuaram diante dos acontecimentos. A *Tribuna da Imprensa*, ainda no dia 24, declarava na primeira página: "Seu sacrifício serve de lição e advertência. Paz à alma de Getúlio Vargas. E paz, na terra, ao Brasil e ao seu atribulado povo." Carlos Lacerda, na mesma página, dizia: "Inclino-me diante do corpo do Presidente e imploro à misericórdia de Deus perdão para o seu gesto de desespero. Com seu suicídio, Getúlio Vargas repudiou os mandantes do crime, que agora se escondem na emoção de sua morte. Traíram-no os falsos amigos." Vários outros jornais imediatamente passaram dos ataques às homenagens. *O Dia*, órgão do Partido Social Progressista, por exemplo, abandonou as imagens que aludiam ao pus e à lama para descrever os acontecimentos de outra maneira:

> Com a morte trágica de Getúlio Vargas perde o Brasil, sem dúvida, um de seus maiores vultos políticos de todos os tempos. Empenhado, realmente, em realizar algo de útil e permanente para o bem de sua terra, tomou para si as tarefas construtoras do sistema que deu ao Brasil o máximo de seu progresso. Um autêntico estadista, dotado de espírito

público invulgar, com a cultura política necessária ao exercício de sua missão. O futuro dirá melhor sua obra. O presente lastima a sua perda. Reverenciamos o seu túmulo.[101]

A imprensa, aturdida com os motins, agora se sentia ameaçada pelo golpe que tanto incentivara. Uma nota publicada em todos os jornais declarava "garantida a liberdade de imprensa" com o novo governo. Diante da população irada que insistia em atacar os bens oposionistas – desde faixas e cartazes até rádios e jornais –, os meios de comunicação clamavam por ordem. O chefe da polícia do Distrito Federal tomou a mesma iniciativa, e, em nota oficial, lida em todas as emissoras de rádio a cada intervalo comercial, apelou para o "sentimento ordeiro do nosso povo", pedindo que se evitassem "aglomerações, passeatas e tumultos, a fim de que a polícia e o Exército, que já se encontram na rua, não tenham que agir com energia para manter a ordem, o que será feito a qualquer preço".

Ordem, este tornou-se o clamor de todos os círculos antigetulistas nos dois dias que se seguiram à morte de Vargas. Líderes da UDN, jornais, rádios, autoridades policiais e militares pediam o fim das manifestações de protesto. Ao provocar grave crise política, as oposições não contavam com o suicídio e, particularmente, com a liberação do inconformismo e da violência dos trabalhadores. A ordem, insistentemente exigida, era uma necessidade para os grupos conservadores, nem mesmo que fosse apenas imaginada. Segundo *Correio da Manhã*:

> Houve alguma coisa positiva a assinalar-se, como uma lição, nestes dias de luto. Foi a ordem. Mas é necessário que se acrescente que o próprio povo contribuiu para a ordem que foi mantida. O policiamento se intensificou para a emergência de precisar intervir. Não houve quase intervenção, porque quase não houve motivo. As autoridades e o povo estabeleceram uma confiança recíproca. Juntos, autoridades e povo transformaram possibilidades de baderna num momento austero.[102]

Os pedidos de ordem, contudo, não foram ouvidos naqueles dias. Ao desencadear violentos ataques a Getúlio Vargas, as oposições feriram crenças políticas, padrões de sociabilidade, costumes e códigos comportamentais enraizados na tradição popular. Ao provocar sua morte, no entanto, as elites conservadoras ultrapassaram, em muito, determinados limites, ofendendo e desconsiderando supostos morais e políticos de grande significado na cultura popular, fazendo, assim, eclodir a ação direta.

PALAVRAS FINAIS: O PTB SEM VARGAS

Episódio dramático e traumático para a sociedade brasileira, a morte de Vargas atingiu o sistema partidário com, pelo menos, dois significados: seus opositores, sobretudo os liberais, que descreviam o ex-presidente como o "ditador do Estado Novo", esperavam por futuras vitórias eleitorais sem a presença do "getulismo"; os partidários de Vargas, tanto as lideranças quanto os eleitores, manifestavam desorientação e desalento, privados que estavam de sua maior referência política.

Getúlio Vargas até então era maior que o PTB. Sem grandes líderes em nível nacional e estadual, desprovidos de máquina partidária como as outras agremiações, os petebistas tinham algo nada desprezível: o que, na época, era definido como "getulismo". Contudo, o partido não crescia, limitado e cerceado por uma liderança incontestável, verdadeiro mito político vivo. Vargas, no entanto, já havia preparado o futuro do PTB. Inicialmente, encaminhara sua sucessão, elevando João Goulart a presidente do partido. Depois, jogou seu próprio cadáver nos braços dos liberais que, após tanto pedi-lo, não souberam o que fazer com ele. Mais ainda, com a carta-testamento, livrou-se da imagem negativa que o descrevia como o "ditador do Estado Novo" e ganhou outra, a do "líder nacionalista e reformador social".

A partir daí, a nova geração que assumiu o PTB levou adiante duas árduas tarefas.[103] A primeira, de caráter organizacional, reestruturar e expandir a máquina partidária nos vários estados, incluindo os municípios do interior. A segunda, doutrinária e ideológica, distinguir "getulismo" de trabalhismo, adequando o último às demandas econômicas, sociais e políticas da sociedade brasileira dos anos 1950 e 1960, atualizando o projeto ao contexto das esquerdas latino-americanas e europeias ocidentais. Nos dez anos seguintes, o PTB, avançando com propostas cada vez mais ousadas de reformismo econômico e social, e atuando pela via eleitoral e pela ação direta, mobilizando trabalhadores, sindicalistas, estudantes e militares nacionalistas, ameaçaria a ordem social excludente e conservadora do país.

NOTAS

*   Versão revisada e ampliada de artigo publicado anteriormente em Angela de Castro Gomes (org.), *Vargas e a crise dos anos 50*, Rio de Janeiro, Relume-Dumará/Editora da Fundação Getulio Vargas, 1994.
1. *Correio da Manhã*, Rio de Janeiro, 25 de agosto de 1954, p. 3.
2. Leôncio Basbaum, *Uma vida em seis tempos (memórias)*, São Paulo, Alfa-Ômega, 1976, p. 223.
3. *Última Hora*, Rio de Janeiro, 24 de agosto de 1954, ed. extra, p. 3.
4. Peter Burke (org.), *A escrita da história*. Novas perspectivas, São Paulo, Ed. da Unesp, 1992, p. 12.
5. George Rudé, *Ideologia e protesto popular*, Rio de Janeiro, Jorge Zahar, 1982. Eric Hobsbawm, *Rebeldes primitivos*. Estudos das formas arcaicas dos movimentos sociais nos séculos XIX e XX, Rio de Janeiro, Jorge Zahar, 1978. E.P. Thompson, *Tradición, revuelta y consciencia de clase*, op. cit.
6. E.P. Thompson, "Folclore, antropologia e história social", in *A peculiaridade dos ingleses e outros artigos*, 2001.
7. Robert Darnton, *O beijo de Lamourette*, op. cit., p. 39.
8. Bronislaw Baczko, op. cit., p. 310.
9. Defino por oposição conservadora a UDN e os grupos civis e militares que a apoiavam. Quero, com isso, diferenciar a oposição udenista a Vargas de outras, particularmente do PCB, que, na época, procurava seguir as diretrizes do "Manifesto de Agosto". Pela linha sectária do texto, Vargas era qualificado de "agente

do imperialismo" e seu governo de "traição nacional", apesar da aproximação do PCB com o PTB, a partir de 1952, no plano sindical.
10. *Correio da Manhã*, Rio de Janeiro, 11 de agosto de 1954, primeira página.
11. Roger Chartier, *A história cultural*. Entre práticas e representações, Lisboa, Difel, 1987, p. 17.
12. *Tribuna da Imprensa*, Rio de Janeiro, 2 de agosto de 1954, primeira página.
13. *Correio da Manhã*, Rio de Janeiro, 6 de agosto de 1954, primeira página.
14. Idem, 4 de agosto de 1954, primeira página.
15. Idem, 16 de agosto de 1954, p. 3.
16. Idem, 5 de agosto de 1954, p. 4.
17. Idem, 10 de agosto de 1954, p. 4.
18. Pierre Ansart, *Ideologias, conflitos e poder,* Rio de Janeiro, Jorge Zahar, 1978, p. 21.
19. Bronislaw Baczko, op. cit., p. 312.
20. João Duarte Filho, *Tribuna da Imprensa*, Rio de Janeiro, 5 de agosto de 1954, p. 3.
21. Raoul Girardet, *Mitos e mitologias políticas,* op. cit., p. 44.
22. Maria Victória de Mesquita Benevides, op. cit.
23. Segundo Antonio Mendes de Almeida Júnior, as divergências se davam entre "aqueles que defendiam uma posição ligada ao desenvolvimento autônomo e preservador das riquezas nacionais e os que advogavam a causa do desenvolvimento associado ao capital externo, mesmo nos aspectos respeitantes à produção de caráter 'estratégico', como no caso do petróleo", sendo que a questão nevrálgica da luta entre os projetos era a "da participação política das massas e a disposição da burguesia de não ceder diante das reivindicações da classe operária". "Do declínio do Estado Novo ao suicídio de Getúlio Vargas", in *História Geral da Civilização Brasileira,* São Paulo, Difel, 1983, tomo III, volume 3, p. 249.
24. *Tribuna da Imprensa*, Rio de Janeiro, 5 de agosto de 1954, primeira página.
25. Georges Balandier, *O poder em cena,* Brasília, Ed. da UnB, 1982, p. 6.
26. *O Estado de S. Paulo,* São Paulo, 22 de agosto de 1954, p. 14.
27. Samuel Wainer, *Minha razão de viver.* Memórias de um repórter, Rio de Janeiro, Record, 1988, p. 202.
28. *Correio da Manhã,* Rio de Janeiro, 11 de agosto de 1954, primeira página e *O Estado de S. Paulo,* São Paulo, 11 de agosto de 1954, primeira página.
29. *Tribuna da Imprensa,* Rio de Janeiro, 10 de agosto de 1954, p. 2.
30. *O Estado de S. Paulo,* São Paulo, 22 de agosto de 1954, p. 14.
31. *Correio da Manhã,* Rio de Janeiro, 13 de agosto de 1954, primeira página.
32. Samuel Wainer, op. cit., p. 204.
33. *Última Hora,* Rio de Janeiro, 19 de agosto de 1954, p. 7.
34. Idem, 23 de agosto de 1954, p. 3.
35. Idem, 24 de agosto de 1954, edição extra, p. 3.
36. Angela de Castro Gomes, op. cit.; Barrington Moore Jr., op. cit.; Jorge Ferreira, op. cit.
37. Roger Chartier, op. cit., pp. 59–60.
38. *O Dia,* Rio de Janeiro, 25 de agosto de 1954, p. 6 e *Última Hora,* Rio de Janeiro, 25 de agosto de 1954, edição extra, p. 4.
39. Barrington Moore Jr., op. cit., p. 442.
40. *O Dia,* Rio de Janeiro, 25 de agosto de 1954, p. 3.
41. *Correio da Manhã,* Rio de Janeiro, 25 de agosto de 1954, p. 3.

42. Serge Gruzinski, "A guerra de imagens e a ocidentalização da América", in Ronaldo Vainfas (org.), *América em tempo de conquista*. Rio de Janeiro, Jorge Zahar, 1992.
43. *O Dia*, Rio de Janeiro, 25 de agosto de 1954, p. 3.
44. *Correio da Manhã*, Rio de Janeiro, 25 de agosto de 1954, p. 3.
45. Samuel Wainer, op. cit., pp. 205-206.
46. Idem, p. 3 e *O Dia*, Rio de Janeiro, 25 de agosto de 1954, p. 3.
47. Raoul Girardet, op. cit., p. 181.
48. *Última Hora*, Rio de Janeiro, 25 de agosto de 1954, edição extra, p. 2.
49. *Correio da Manhã*, Rio de Janeiro, 25 de agosto de 1954, segundo caderno, p. 3.
50. *A Noite*, Rio de Janeiro, 25 de agosto de 1954, p. 8.
51. Idem, p. 8 e *Última Hora*, Rio de Janeiro, 25 de agosto de 1954, edição extra, p. 2.
52. Idem.
53. José Carlos Rodrigues, *Tabu do corpo*, Rio de Janeiro, Achiamé, 1979, p. 49.
54. Mircea Eliade, *Imagens e símbolos*. Ensaios sobre o simbolismo mágico-religioso, São Paulo, Martins Fontes, 1991, p. 34.
55. *Última Hora*, Rio de Janeiro, 25 de agosto de 1954, edição extra, p. 2 e *A Noite*, Rio de Janeiro, 25 de agosto de 1954, p. 8.
56. *Última Hora*, Rio de Janeiro, 25 de agosto de 1954, segunda edição extra, p. 2 e *O Dia*. Rio de Janeiro, 25 de agosto de 1954, primeira página.
57. *Última Hora*, Rio de Janeiro, 25 de agosto de 1954, segunda edição extra, p. 2.
58. A Igreja Católica não teve posição unânime quanto à realização de missas em homenagem à alma de Getúlio Vargas. No Rio de Janeiro, o cardeal da Cúria Metropolitana, em nota oficial, afirmou que, na interpretação de canonistas, havia elementos suficientes para celebração de missas, neste caso em particular. Mas desde que sem publicidade em rádios e jornais. Em Porto Alegre, ao contrário, o arcebispo d. Vicente Scherer declarou que elas não seriam realizadas em virtude da deliberação canônica que não permite tais cerimônias em relação aos suicidas. Aqui, a leitura dos textos canônicos não foi apenas religiosa, mas também política.
59. José Carlos Rodrigues, op. cit., p. 59.
60. Georges Balandier, op. cit., p. 62.
61. *Última Hora*, Rio de Janeiro, 25 de agosto de 1954, segunda edição extra, p. 4 e *O Dia*, Rio de Janeiro, 26 de agosto de 1954, p. 3.
62. E.P. Thompson, *Costumes em comum*. Estudos sobre a cultura popular tradicional, São Paulo, Companhia das Letras, 1998, p. 64.
63. E.P. Thompson, "Folclore...", op. cit., p. 71.
64. *Correio da Manhã*, Rio de Janeiro, 26 de agosto de 1954, p. 3 e *O Dia*, Rio de Janeiro, 26 de agosto de 1954, p. 3.
65. Um choque da Polícia Especial era composto por 24 homens: um chefe, um subchefe, dois motoristas, dez vanguardeiros, dois granadeiros atiradores, dois granadeiros lançadores, dois policiais com metralhadoras Thompson, dois com metralhadoras Swomi e dois com metralhadoras Bergman. O poder de fogo de um choque ainda era acrescido por bombas lacrimogêneas, vomitivo-disentéricas e de efeito moral.
66. *Última Hora*, Rio de Janeiro, 25 de agosto de 1954, edição extra, p. 5.
67. Depoimento concedido ao autor por Oscar Soares de Oliveira em 28 de agosto de 1993.

68. Depoimento concedido ao autor por Hilmar Ferreira em 15 de agosto de 1993.
69. Roger Chartier, op. cit.
70. Mircea Eliade, op. cit., pp. 11–12.
71. Depoimento concedido ao autor por Oscar Soares de Oliveira em 28 de agosto de 1993.
72. E.P. Thompson, *Tradición...*, op. cit., p. 132.
73. Em Porto Alegre, todas as informações sobre o levante popular foram obtidas no jornal *Correio do Povo*, Porto Alegre, 25 de agosto de 1954, pp. 8–9 e 15.
74. No Rio Grande do Sul, o PSD aliou-se aos partidos de oposição e participou ativamente da campanha política contra Getúlio Vargas.
75. E.P. Thompson, "Folclore...", op. cit., p. 70.
76. *Correio da Manhã*, Rio de Janeiro, 25 de agosto de 1954, p. 2.
77. Barrington Moore Jr., op. cit., p. 209.
78. *Última Hora*, Rio de Janeiro, 25 de agosto de 1954, edição extra, p. 2.
79. *O Estado de S. Paulo*, São Paulo, 25 de agosto de 1954, p. 10.
80. *Correio da Manhã*, Rio de Janeiro, 28 de agosto de 1954, p. 2.
81. Antonio Carlos Felix Nunes, *PC, linha leste*, São Paulo, Livramento, 1980, pp. 16–17.
82. *O Estado de S. Paulo*, São Paulo, 25 de agosto de 1954, p. 10.
83. E.P. Thompson, *Tradición...*, op. cit., p. 132.
84. *Última Hora*, Rio de Janeiro, 25 de agosto de 1954, edição extra, p. 5.
85. *O Dia*, Rio de Janeiro, 25 de agosto de 1954, p. 6.
86. *O Estado de S. Paulo*, São Paulo, 25 de agosto de 1954, p. 10.
87. *O Dia*, Rio de Janeiro, 25 de agosto de 1954, p. 6.
88. *O Estado de S. Paulo*, São Paulo, 25 de agosto de 1954, p. 9.
89. *Correio da Manhã*, Rio de Janeiro, 25 de agosto de 1954, segundo caderno, p. 2; *Última Hora*, Rio de Janeiro, 25 de agosto de 1954, edição extra, p. 5.
90. *O Estado de S. Paulo*, São Paulo, 25 de agosto de 1954, p. 9.
91. *Última Hora*, Rio de Janeiro, 25 de agosto de 1954, edição extra, p. 2.
92. *Correio da Manhã*, Rio de Janeiro, 25 de agosto de 1954, p. 6; *Última Hora*, Rio de Janeiro, 25 de agosto de 1954, edição extra, p. 5.
93. *Correio da Manhã*, Rio de Janeiro, 27 de agosto de 1954, p. 2.
94. *Última Hora*, Rio de Janeiro, 25 de agosto de 1954, edição extra, p. 5; *Correio da Manhã*, Rio de Janeiro, 25 de agosto de 1954, segundo caderno, p. 2.
95. *Correio da Manhã*, Rio de Janeiro, 26 de agosto de 1954, pp. 2–3.
96. Citado em Claudio Bojunga, *JK. O artista do impossível*, Rio de Janeiro, Objetiva, 2001, p. 259.
97. *Tribuna da Imprensa*, Rio de Janeiro, 24 de agosto de 1954, p. 2; *Correio da Manhã*, Rio de Janeiro, 25 de agosto de 1954, p. 2.
98. *Última Hora*, Rio de Janeiro, 25 de agosto de 1954, segunda edição extra, p. 7.
99. *Correio da Manhã*, Rio de Janeiro, 24 de agosto de 1954, p. 3.
100. Idem, 25 de agosto de 1954, p. 5 e segundo caderno, p. 2, respectivamente.
101. *O Dia*, Rio de Janeiro, 27 de agosto de 1954, p. 2.
102. *Correio da Manhã*, Rio de Janeiro, 27 de agosto de 1954, p. 2.
103. Angela de Castro Gomes, "Trabalhismo e democracia: o PTB sem Vargas", in idem (org.), *Vargas e a crise dos anos 50*, Rio de Janeiro, Relume-Dumará/Editora da Fundação Getúlio Vargas, 1994.

4. TRABALHADORES E SOLDADOS DO BRASIL: A FRENTE DE NOVEMBRO

"De leste a oeste.
De sul a norte.
A terra brasileira.
É uma bandeira.
O marechal Teixeira Lott."
(*Jingle* da campanha à presidência da República)

Em 4 de agosto de 1955, o deputado trabalhista Josué de Souza, na tribuna da Câmara Federal, discursou acusando o abandono, pelo governo federal, da região amazônica. Em certo momento, ao elogiar a obra de Getúlio Vargas e criticar a imprensa por desorientar a opinião pública, o deputado Carlos Lacerda, solicitando um aparte, argumentou: "V. Exa. pode informar se o povo deve ser orientado pelos 'gregórios' e negociatas? Tenho a impressão de que V. Exa. está na situação de um escafandrista num rio de lama."[1] A resposta foi imediata e contundente. Josué de Souza disse que conhecera Lacerda ainda muito moço, como militante do PCB, sempre preso às vésperas do 1º de maio por agitação. Mais tarde, quando trabalharam juntos no jornal *Correio da Manhã*, ele era malvisto por todos, sempre empenhado em destruir os companheiros. Agora, seguindo os caminhos de Iscariotes, era apontado pela população como o assassino de Vargas, continuando a mobilizar todo o seu ódio e animosidade contra o ex-presidente. "V. Exa. não é um mau", completou, "é um doente. Nunca se conduziu por outro motivo senão pelo desprezo aos seus semelhantes." Surpreso com as acusações, Lacerda, tentando recuperar-se, respondeu que não foi ele, mas sim os adversários de Vargas que armaram os criminosos da rua Tonelero. Josué, mais incisivo, perguntou: "Diante da tribuna de sua consciência, pode V. Excia. dizer que não matou Getúlio Vargas?" Incentivado pelas palmas que começaram a surgir do plenário e com a resposta tímida de Lacerda, Josué avançou ainda mais: "V. Excia. para mim é um símbolo de ódio e de execração desta casa."

Continuando seu discurso, o orador classificou a carta-testamento de Vargas como um documento estarrecedor que comovera o mundo. Lacerda, em novo aparte, concordou que o texto era de estarrecer, sobretudo porque o suicida nada dizia sobre sua própria família e não havia nenhuma palavra de agradecimento aos amigos. Irritado com a provocação, Josué acusou o aparteante de mentiroso e de ter se escondido no Ministério da Marinha no dia seguinte à morte de Vargas. Em auxílio a seu colega da UDN, o deputado Adauto Lúcio Cardoso questionou a autenticidade da carta e a veracidade de seu conteúdo. O trabalhista Nelson Omegna, parlamentar paulista, alegou que iria provar que os trustes estrangeiros eram os responsáveis pelo colonialismo do Brasil. Nesse momento, porém, outro deputado, com base em uma denúncia anônima, acusou Adauto de ser funcionário da Standard Oil, trabalhando como advogado. O tumulto tomou o plenário. Lacerda, por sua vez, mostrou quatro fichas do arquivo de Gregório, sendo uma delas de João Goulart. A bancada trabalhista reagiu com indignação, acusando-o, aos gritos, de estar a serviço da embaixada norte-americana e de devedor do Banco do Brasil. Com a sessão já suspensa, os microfones cortados e a campainha soando, ouviam-se, no Palácio Tiradentes, tão somente palavrões.

Quase um ano após o suicídio de Vargas, o país ainda vivia o trauma político do 24 de agosto de 1954. A instabilidade política e o clima de radicalização no país eram preocupantes. O legado de Vargas permitiu que sua imagem traduzisse, naquele momento, projetos antagônicos para o país. Um deles, identificando o ex-presidente como líder nacionalista e reformador social, institucionalizou-se no PTB, cuja doutrina, o trabalhismo, pregava um governo interventor e planejador da economia, além de defensor das reformas sociais e dos interesses nacionais diante das ambições econômicas externas, sobretudo norte-americanas. O outro, patrocinado particularmente pelos grupos civis e militares identificados com a UDN, recusava a "volta ao passado" anterior a 24 de agosto de 1954 e acreditava nas virtudes do liberalismo no plano econômico e nas relações de trabalho, bem como nos benefícios advindos da abertura do país aos capitais estrangeiros.

Embora as lideranças udenistas tivessem defendido o adiamento das eleições parlamentares de 3 de outubro de 1954, alegando o clima político tenso que resultou do suicídio de Vargas, elas foram realizadas. Trabalhistas e udenistas, no entanto, não conseguiram números satisfatórios. Os primeiros passaram para 56 deputados na Câmara, aumentando em apenas cinco a sua bancada. João Goulart, herdeiro político do presidente falecido, sofreu uma dura derrota, não se elegendo para o Senado pelo Rio Grande do Sul. Muito contribuiu para o insucesso do PTB o receio do eleitorado diante dos motins populares provocados pelo suicídio. Mas a derrota de Jango deveu-se, sobretudo, à oposição católica ao seu companheiro de chapa ao Senado, Rui Ramos, de religião protestante. Os udenistas, por sua vez, tiveram reduzido de 84 para 74 o número de seus deputados. Vargas, mesmo morto, foi o artífice da derrota dos liberais. O PSD, finalmente, subiu de 112 para 114, crescendo à custa da UDN.

Na presidência da República, Café Filho organizou um ministério com personalidades antigetulistas, como Eugênio Gudin na Fazenda e o udenista Prado Kelly na Justiça. A cúpula militar era formada quase integralmente por adversários do ex-presidente: o brigadeiro, e duas vezes candidato presidencial pela UDN, Eduardo Gomes, no comando da Aeronáutica; o almirante Amorim do Vale, na Marinha; o general Juarez Távora, na Casa Militar; além de Canrobert Pereira da Costa, chefe do Estado-Maior das Forças Armadas. Destacava-se do conjunto o general Henrique Baptista Duffles Teixeira Lott, tido como militar legalista. Sua carreira militar estritamente profissional e seu distanciamento do debate político eram credenciais para chefiar um Exército dividido em diversas facções. Seja como for, os udenistas novamente voltavam ao governo, como na gestão de Dutra, embora sem vitórias eleitorais.

A escolha de Café Filho por uma maioria de militares conservadores para a cúpula de seu governo, a maioria identificada com a UDN, preocupou muitos oficiais do Exército defensores da legalidade e da continuidade do processo democrático. A crise política, no entanto, somente iria aprofundar-se ao longo dos meses. Disposto a presidir as eleições presidenciais em outubro de 1955, Café Filho, próximo aos grupos conservadores, aceitou a sugestão da alta hierarquia militar de apresentar ao eleitorado um candidato único de todos os partidos, qualificado de "união nacional". Juarez Távora, chefe do Gabinete Militar, entregou ao presidente um documento elaborado por militares de alta patente pedindo um nome de consenso, apesar dos protestos de Juscelino Kubitschek e João Goulart. Entre os antitrabalhistas, o receio do resultado das eleições presidenciais era evidente.

O PSD, no entanto, adiantou-se aos acontecimentos e lançou Juscelino como candidato. Visto como um "getulista" pelos udenistas e "esquerdista" pela facção mais conservadora de seu próprio partido, sua candidatura causou ainda mais polêmica ao oficializar a aliança com o PTB, anunciando Goulart como seu candidato a vice-presidente. Segundo Thomas Skidmore, "oficiais das Forças Armadas, que apenas um ano antes comandavam a campanha para forçar Vargas a demitir Goulart, viam agora seu inimigo aspirar a um cargo ainda mais elevado".[2] O apoio do líder comunista Luiz Carlos Prestes a Juscelino deu ainda mais argumentos aos conservadores.

Na UDN, havia o receio da competição eleitoral, pois a aliança PTB–PSD surgia como imbatível, sobretudo por herdar a obra de Vargas. Os udenistas, após sofrerem duas derrotas seguidas com o brigadeiro Eduardo Gomes, recorreram dessa vez a um general, endossando o nome de Juarez Távora, líder militar antigetulista. A UDN passou a liderar a Frente de Renovação Nacional, coligação que reunia o Partido Democrata Cristão, o Partido Socialista Brasileiro e o Partido Libertador. Ademar de Barros, pelo PSP, também candidatou-se. O antigo líder integralista, Plínio Salgado, lançou-se pelo pequeno PRP. Armava-se, portanto, um quadro político que, até 3 de outubro de 1955, data das eleições, somente iria se radicalizar.

Este capítulo tem como objetivo conhecer a aproximação política entre militares, chamados na época de "ala legalista" do Exército, e o trabalhismo brasileiro. Durante o ano de 1955, sobretudo de agosto a novembro, uma ampla campanha favorável ao rompimento institucional, abrindo caminho para uma ditadura, foi desencadeada por setores civis e militares direitistas, sobretudo identificados com o udenismo lacerdista. A campanha golpista, embora vitoriosa por um breve momento, foi desarticulada por uma intervenção militar liderada pelo general Henrique Teixeira Lott que, por 32 horas, impôs-se como a única autoridade de fato. Contragolpe ou golpe preventivo, o evento permitiu a aproximação do PTB com setores do Exército, definidos pelos trabalhistas como "nacionalistas" e "legalistas". Após 11 de novembro de 1955, a UDN deixou de ter o monopólio político nos quartéis. Os trabalhistas, agindo com as mesmas armas, também passaram a se aproximar dos militares, trazendo-os para o debate político e esforçando-se para tê-los como aliados na luta pelas reformas.

NOVAMENTE AGOSTO

A campanha eleitoral ainda não motivava a população. Juarez Távora, afinado com a tradição udenista, falava em moralidade e equilíbrio das contas públicas. Juscelino Kubitschek, por sua vez, pregava a industrialização do país, com a participação de capitais públicos e privados em grandes investimentos em energia e transportes. No entanto, enquanto os candidatos tentavam cativar o eleitorado, o golpe contra as instituições democráticas estava sendo pregado, abertamente e sem rodeios, em diversos círculos civis e militares. Lacerda, por exemplo, acusou Juscelino de "condensador da canalhice nacional".[3] Rodrigues Alves Filho, influente político paulista, pedia a intervenção militar porque somente as Forças Armadas tinham "força para calar a mazorca, a imundície dos nossos costumes políticos". O udenista João Agripino dizia que a liberdade no Brasil era usada apenas para "roubar" e "corromper". Os conservadores, atacando o candidato do PSD, na verdade, reconheciam a sua força eleitoral. No início de agosto, Carlos Lacerda, um dos líderes do movimento golpista, questionava as razões que levavam os chefes militares a permitirem a realização das eleições presidenciais em 3 de outubro, sobretudo porque o eleito seria produto da fraude, da demagogia e de práticas sujas. Era preciso, no momento, um "regime de emergência" e muitos, alegava, já "compreenderam a necessidade do contragolpe para criar condições de estabelecimento da democracia no Brasil".[4] O adiamento das eleições, a instituição de um governo de emergência, se possível de base parlamentarista, a revisão das listas de eleitores e um estatuto político que desse aos partidos seu verdadeiro papel na vida democrática, eis as propostas de Lacerda, pelo menos naquele momento.[5]

Não casualmente, em 5 de agosto, o general Canrobert Pereira da Costa, presidente do Clube Militar e chefe do Estado-Maior das Forças Armadas, em solenidade comemorativa de um ano da morte do major

Rubens Vaz, pronunciou um discurso preocupante. Para o general, até aquele momento as Forças Armadas tinham sabido atuar com prudência e sabedoria na defesa do regime democrático, mas não aceitariam transformar-se, pela fraude e corrupção, em mercenários a soldo de minorias que quisessem se impor pela violência ou terror, oprimindo a Nação. O dilema que se apresentava para os militares, assim, era o de decidir "entre uma pseudo-legalidade, imoral e corrompida, e o restabelecimento da verdade e da moralidade democrática mediante uma intervenção aparentemente ilegal". Uma "pretensa legalidade", alegou Canrobert, não era argumento para "fomentar a desordem e a corrupção para satisfação desses apetites de poder". Lamentando a campanha difamatória contra a tese da "união nacional", fruto de ambição pessoal e paixão partidária surda, para ele o que importava era "cerrar fileiras, é cimentar a união militar e reforçar a coesão das Forças Armadas, para que juntos possamos enfrentar, com firmeza e decisão, possíveis horas dramáticas que não nos serão poupadas e evitar ao país quaisquer sérios abalos em que possam de fato sucumbir as próprias instituições nacionais".[6]

As declarações do general repercutiram com grande impacto na vida política do país. Saudando o discurso de Canrobert, Carlos Lacerda acusou os defensores das próximas eleições presidenciais de covardes e omissos, de "iludir o povo" e "engambelar os tolos". O general, em sua interpretação, não se limitou a denunciar que as eleições seriam fraudadas, mas, com serenidade e determinação, se referiu "a essa mentira de democracia que teimamos em viver", acusando a "falsificação democrática que abastarda e arruína, entontece e decompõe o Brasil". Ninguém, afirmou Lacerda em apoio ao general, pode "chamar 'democracia' essa ignomínia para o qual o Brasil vai empurrado pela covardia e a estupidez, ajudantes da cobiça e da desagregação".[7]

Os argumentos de Canrobert sintetizaram as angústias dos liberais antigetulistas naquele momento. No entanto, a questão central ia além da simples "volta do getulismo" com Juscelino e, sobretudo, João Goulart, herdeiro político de Vargas. Tratava-se, de acordo com Fernando Lattman-Weltman, da maneira como os trabalhadores alcançaram seus direitos de cidadania social e as consequências políticas que surgiram do próprio processo.[8] Primeiro, os assalariados se beneficiaram com os direitos sociais, creditando os ganhos a Getúlio Vargas; agora, exerciam seus direitos políticos, participando do processo eleitoral como cidadãos que efetuavam suas escolhas. Em outras palavras, a maneira como os trabalhadores manifestavam sua cidadania política, particularmente com o voto, estaria "conspurcada", "desvirtuada", "corrompida" pelos direitos sociais. As leis trabalhistas, interpretadas por diversos grupos liberais como fruto da demagogia, da conjuntura nazifascista e do tráfico de influência entre políticos corruptos e "pelegos", teriam comprometido a legitimidade da democracia no Brasil. Os trabalhadores, corrompidos em sua consciência política, continuariam a votar nas lideranças demagógicas, caudilhescas e manipuladoras, condenando o processo democrático ao fracasso. Quando os conservadores recorriam às Forças Armadas, falando em "saneamento da política", visavam a algo muito mais profundo do que a figura de Getúlio Vargas. "Sanear" significava destituir os trabalhadores de seus direitos políticos.

O legado de Vargas, ou a maneira como os assalariados alcançaram seus direitos sociais e, a partir deles, a cidadania política, estava sendo questionado. Assim, enquanto o general Canrobert fazia seu discurso, corria, pelas ruas do Rio de Janeiro, o boato de que o busto de Getúlio Vargas, na Cinelândia, seria retirado por partidários de Carlos Lacerda. Trabalhadores vindos de vários pontos da cidade correram ao local para se certificarem de que o monumento estava, de fato, no lugar ou, na dúvida, protegê-lo dos adversários políticos. Várias pessoas que para ali foram expressaram a um repórter seus sentimentos. O operário Alcides André de Souza declarou: "Sou pobre, mas darei tudo que tenho para que a memória de Getúlio Vargas não seja ultrajada. Até a minha própria vida."[9] Lucílio Silvério, trabalhador residente no bairro de Vila Isabel, determinado, comentou: "Estou aqui desde as 7 horas da manhã e ficarei até amanhã se for preciso, mas o busto de Getúlio não sairá daqui de maneira nenhuma, nem que eu tenha de brigar." Um grupo de senhoras que chegou bem cedo também se manifestou. Uma delas desabafou com o repórter: "Toda essa arruaça revela, além do mais, uma grave e lamentável falta de sentimento cristão. Estão explorando um morto e jogando-o contra os vivos, justamente numa fase em que o Brasil precisa de tranquilidade e compreensão."

Para aqueles trabalhadores, o monumento era muito caro. O bronze mostrava a eles algo mais do que a simples fisionomia do ex-presidente. Mais precisamente, o busto de Vargas surgia para eles como uma hierofania. Na acepção mais larga do termo, hierofania é algo ou alguém que manifesta, que expressa o sagrado. Tudo que surge como sacralizado para determinados grupos sociais, tudo o que ultrapassa a condição "normal" das coisas, como certos homens, lugares, edificações, objetos, ritos, instituições etc., assume a condição de hierofania. Na concepção do *homo religiosus*, as coisas, em si mesmas, não são sagradas, mas exprimem e manifestam *algo* que ultrapassa a normalidade da própria matéria. Significa, também, uma *escolha* dos grupos humanos, uma separação, no mundo que os rodeia, entre aquilo que expressa a sacralidade e o que surge, simplesmente, como profano. Ao manifestar o sagrado, seja um lugar, um objeto ou um monumento, eles se tornam uma *outra coisa*, apesar de continuarem a ser eles *mesmos*.[10] O busto de Getúlio Vargas, como objeto hierofânico, ou seja, expressando o insólito, o singular, o eficaz, a capacidade de criação e, portanto, diferente de qualquer outro, informava sobre a realidade em que eles viviam, traduzia sentimentos de valorização e autoestima grupal e, não casualmente, se tornou objeto de disputa entre projetos antagônicos de cidadania. Expressava, para aquele grupo na Cinelândia, sua própria identidade social, sua história e seus direitos. Ao defenderem o busto, defendiam a si próprios.

As reações ao discurso do general Canrobert continuaram. Juscelino Kubitschek, em resposta, negou as acusações do chefe do Estado-Maior.[11] Contestando as afirmações que aludiam à "mentira democrática", à "pseudo-legalidade" ou que o país estaria arruinado moralmente e necessitando ser encarcerado em um regime de força, o candidato do PSD, lembrando a plenitude do Poder Judiciário para exercer suas funções, além da liberdade de imprensa, afirmou que "o direito de escolher livremente os seus dirigentes não é um favor que se faz ao povo – é um direito que o povo alcançou lutando e de que não declina, não dispensa, não abdica". Por fim, garantiu ser homem de paz, concórdia e harmonia, "mas também sou um homem que considera que será uma glória maior poder oferecer a própria vida, se lhe fosse reclamada, como testemunho de fidelidade aos meus ideais".

O discurso do chefe do Estado-Maior causou grande repercussão política, mas, diversamente de seus objetivos, contribuiu para que as forças interessadas na manutenção da legalidade se alinhassem em quase uma só voz. Em editorial, o jornal *Última Hora* lamentou que o general legalista de 1950, o mesmo que garantiu a posse de Getúlio Vargas, tivesse, agora, um "melancólico retrocesso".[12] Na Câmara dos Deputados, o udenista Aliomar Baleeiro, discursando sob aplausos, disse que "se o regime estivesse funcionando, o general Canrobert, a essas horas, já deveria estar na cadeia", mas se ele "fosse preso, 24 horas depois os canhões se voltariam contra o governo".[13] O deputado Flores da Cunha, discordando do colega de partido, argumentou: "Os canhões do Brasil só dispararão em defesa da legalidade", recebendo aplausos ainda maiores. O deputado Leonel Brizola, comentando a declaração de Lacerda de que a democracia brasileira poderia ser considerada um prostíbulo, respondeu no mesmo nível. Para o parlamentar gaúcho, o jornalista estava pregando uma "moral de cuecas". O deputado Afonso Arinos, da UDN, sob pressão de sua bancada, fez um discurso condenando os conspiradores da ordem democrática. Na Câmara, diariamente, os parlamentares denunciavam as tentativas golpistas e atacavam aqueles que pregavam o rompimento institucional. O silêncio do candidato da UDN, Juarez Távora, que, procurado pela imprensa, preferiu não comentar o discurso de Canrobert, irritou ainda mais os pessedistas. Tancredo Neves, por exemplo, acusou o general udenista de ter sido o autor intelectual da crise de agosto de 1954. "Foi ele quem deu execução, nos meios militares e políticos, auxiliado pelo jornalista Carlos Lacerda, ao plano maquiavélico que criou o ambiente de ódio, levando Getúlio Vargas ao seu ato de suicídio." Perguntado sobre a proposta lacerdista de "regime de emergência" e "governo colegiado", Tancredo limitou-se a dizer: "Não passa de um golpe nas instituições contra a soberania popular para impedir a intervenção do povo, diretamente, no pleito de 3 de outubro."[14]

Toda a imprensa do Rio de Janeiro, à exceção de *Tribuna da Imprensa* e *O Globo*, alinhou-se ao lado da legalidade democrática. No entanto, foi a atitude do ministro da Guerra, Henrique Teixeira Lott, que impediu o envolvimento do Exército na crise.[15] Ao declarar que nada de anormal tinha ocorrido, que o ambiente no Exército era de concórdia e tranquilidade, minimizando, assim, as pregações de Canrobert, Lott procurou isolar os quartéis dos debates políticos e, ao mesmo tempo, tranquilizar a sociedade.

A divisão nas Forças Armadas, o Exército em particular, era visível em duas organizações, segundo Karla Carloni. A primeira era a Cruzada Democrática, com posições políticas antagônicas ao trabalhismo, ao comunismo, ao nacionalismo de vertente getulista e refratárias ao diálogo com o movimento sindical. Os militares da Cruzada Democrática tinham os udenistas como aliados. A segunda era o Movimento Militar Constitucionalista, o MMC. Os militares identificados com a sigla defendiam a Constituição, o cumprimento do calendário eleitoral, a legalidade democrática e estavam próximos do trabalhismo getulista e do nacionalismo. Na avaliação de Carloni, a Cruzada Democrática e o MMC atuaram como verdadeiros partidos políticos no interior das Forças Armadas.[16]

No entanto, o clima político, tenso e radicalizado, incitava os militares a participarem dos debates. Sobretudo a ala lacerdista da UDN, com ligações no Exército e, particularmente, na Aeronáutica, convidava-os a se manifestarem publicamente. As homenagens póstumas de um ano de falecimento do major Rubens Vaz, por exemplo, excitaram os ânimos. O Clube da Lanterna, organização civil-militar lacerdista, elaborou um programa comemorativo para o dia 2 de agosto: missa na Candelária, visita à viúva e aos órfãos do major, romaria ao cemitério, homenagem a Carlos Lacerda e convenção no Teatro João Caetano.[17] Em depoimento à *Tribuna da Imprensa*, dona Lígia Figueiredo Vaz, cercada dos filhos Rogério, de 2 anos e meio, Ronaldo, de 4, Rubens, de 6, e Maria Cristina, de 7, declarou que "se os assassinos de meu marido forem absolvidos, deixarei com meus filhos o Brasil".[18] Segundo a viúva:

> Meu marido quis sempre dar ao Brasil um pouco de seu esforço de cidadão para o bem comum. [...] Sonhava com um Brasil melhor para nossos filhos e, em certas ocasiões, chegou a dizer que, mesmo idolatrando a família, punha a Pátria acima de tudo. Em conversa comigo, Vaz se referia sempre à necessidade de recuperar o Brasil moralmente, encaminhando-o para uma fase de progresso [...]. Tenho hoje a certeza de uma verdade: meu marido morreu feliz. Morreu pelos ideais por que lutou.

Como ocorrera um ano antes, novamente as imagens que aludiam ao herói militar, que dera a sua vida pelos valores maiores da pátria, da viúva, mulher dedicada à família que vivia agora em um lar desfalcado de seu chefe, e dos órfãos de guerra, inocentes que se tornaram as maiores vítimas, voltavam a ser manipuladas na luta política. Os militares, mais uma vez, passaram a manifestar suas ideias políticas publicamente.

Em entrevista concedida à revista *Manchete* e reproduzida na *Tribuna da Imprensa*, diversos oficiais da Aeronáutica falaram sobre a morte do major Vaz. O major-aviador Gilberto Sampaio de Toledo repetiu as teses lacerdistas: "Num regime de tal forma viciado, em que seus representantes são escolhidos, deliberadamente, através do voto fraudulento, o Brasil caminhará para o seu ocaso."[19] O capitão de corveta Horácio Rubens de Melo e Souza igualmente mostrou-se cético quanto à seriedade das próximas eleições presidenciais. O tenente-coronel-aviador Alfredo Gonçalves Corrêa, por sua vez, afirmou que "ninguém deve esquecer que a arrancada de agosto do ano passado foi o início de um movimento de regeneração dos costumes que visa à derrocada dos dilapidadores da honra e da dignidade nacionais". Guilherme Rebelo Silva, major-aviador, disse que "urge providências enérgicas de nossas autoridades constituídas para salvar a Nação da nova 'podridão' que a ameaça". O capitão da Polícia Militar Jerônimo Thomé investiu contra o Poder Judiciário, atingido, segundo ele, pela decomposição generalizada que consome o país, porque os juízes, protegidos pelas prerrogativas da vitaliciedade, inamovibilidade e irredutibilidade de vencimentos, "se prestam a ser instrumentos ou inocentes úteis para acobertar interesses de poderosos". Ciro Carvalho de Abreu, coronel do Exército, também criticou o Poder Judiciário afirmando que "o aparelhamento repressivo do país não pode funcionar bem enquanto não sofrer um reajustamento substancial nos seus meios e normas de ação". Diversos outros oficiais militares se declararam indignados com a "farsa democrática", as fraudes eleitorais, a corrupção generalizada, a imoralidade administrativa, a morte do major Vaz, entre outras questões, mas ressaltando a necessidade de seus chefes militares intervirem no processo político.

Nas páginas da *Tribuna da Imprensa*, os militares, sobretudo os da FAB, falavam abertamente sobre golpes, sem preocupações com os regulamentos disciplinadores das Forças Armadas. Em entrevista concedida ao jornal, o major-brigadeiro Antônio Guedes Muniz, diretor-

-geral do ensino da Aeronáutica, pregou o adiamento das eleições e a instauração de um governo colegiado, composto de nove membros, com mudanças de três deles a cada três anos, garantindo, assim, a continuidade administrativa do país.[20] Outros oficiais de alta patente eram procurados pelos repórteres da *Tribuna*. Perguntado se as Forças Armadas deveriam intervir no processo político, o brigadeiro Gervásio Ducan, chefe do Estado-Maior da FAB, respondeu que elas atuaram no passado "buscando o bem nacional e com fé democrática", mas "o futuro a Deus pertence".[21] Uma declaração das mais contundentes veio do almirante Carlos Penna Botto, comandante da esquadra de Guerra e presidente nacional da Cruzada Brasileira Anticomunista. Alegando que o quadro político nacional é "nauseante" e que Ademar de Barros e Juscelino Kubitschek não tinham condições morais para alcançarem a presidência da República, o almirante pregou a necessidade de aprofundar o movimento iniciado em 24 de agosto do ano anterior: "os aventureiros getulistas", alegou, "estimulados por uma criminosa impunidade, se preparam novamente, desta feita aliados aos execráveis comunistas, para se apoderar do governo e nele cometer os mesmos erros que infelicitaram a Nação".[22] Alegando que 80% dos eleitores brasileiros não têm cultura cívica nem discernimento, além de serem manipulados pela "demagogia de última classe de candidatos totalmente inaceitáveis", o almirante concluiu: "Juscelino tem o despudor de pregar o continuísmo da obra nefanda de Getúlio e ainda carrega, como contrapeso, o trêfego e inculto Jango Goulart, que subverteu os sindicatos, dilapidou-lhes os fundos e intencionou levar o Brasil ao caos de uma República filocomunista, de tipo sindicalista."

Os grupos civis e militares antitrabalhistas passaram a utilizar a expressão "movimento do 24 de agosto" no sentido saneador da política nacional. A continuidade do movimento, no entanto, exigia ir além da própria extirpação física de Vargas da vida política do país, mas também de seus seguidores. Lacerda, por exemplo, chamou de "oligarquia" o "bando malferido a 24 de agosto de 54 e a 29 de outubro de 45, que agora precisa ser dissolvido e raspado da vida brasileira".[23] Assim, o PTB, herdeiro do legado getulista, com suas propostas nacionalistas, sua proximidade com os sindicatos e o trato fácil com os comunistas, lembra Maria Celina D'Araujo, era o partido mais visado pelos conservadores.[24] A fundação do Movimento Nacional Popular Trabalhista (MNPT), organização que agrupava sindicalistas, comunistas e trabalhistas, preocupou ainda mais os grupos direitistas. Sobretudo porque o MNPT pregava o nacionalismo, a política estatizante, a reforma agrária, a ampliação das liberdades sindicais e apoiava a coligação do PSD com o PTB.

Embora muitos tenham apoiado o discurso de Canrobert em silêncio, outros defendiam a legalidade por pressões e constrangimentos políticos. O único que teve a franqueza de assumir, com clareza e determinação, a proposta de rompimento institucional foi Carlos Lacerda. Cada vez mais agressivo em sua campanha pela suspensão das eleições presidenciais, ele tornou-se, desse modo, o líder civil da incitação ao golpe militar. Em 18 de agosto, tomando toda a primeira página de seu jornal, uma imensa manchete pregava: "Um governo de exceção sob chefia militar."[25] Em debate na televisão, afirmou que os militares deveriam instituir um regime extralegal, completando a obra que não acabaram em 29 de outubro de 1945. Em aparte, o deputado Franco Montoro, líder do Partido Democrata Cristão, contrariado com a pregação golpista, alegou que a democracia brasileira deveria crescer como uma criança, à custa de seus erros. Lacerda, no entanto, retrucou: "Sim, é a mesma coisa que continuar dando morfina a um viciado."[26] Mas a *Tribuna da Imprensa* atacava, sobretudo, João Goulart. Com o dinheiro de Juscelino, a "assistência técnica" de Perón, o apoio do PCB e a manipulação dos pelegos, a exemplo do líder sindical dos portuários, Duque de Assis, o "maconheiro do cais do porto", dizia o jornal na sua primeira página, o líder petebista foi acusado por Lacerda de contrabandear, pela fronteira argentina, armas automáticas, semiautomáticas, metralhadoras e 750 mil cartuchos para preparar a guerra civil e impor, com seus pelegos e agentes peronistas, a ditadura sindicalista no país.[27]

O golpe, portanto, estava sendo propagandeado abertamente, mas por uma direita dividida. Não havia consenso entre os conservadores. Mesmo os udenistas, receosos de novamente perderem as eleições, sobretudo após os eventos do 24 de agosto do ano anterior, não demonstravam unidade para o rompimento institucional. A bancada da UDN na Câmara dos Deputados, em reunião, mostrou-se fragmentada. Afonso Arinos, por exemplo, disse ser, por formação, contra golpes, mas acentuou que a solução de força, naquele momento, era inevitável e caminhava-se para essa direção.[28] Somente o golpe militar poderia trazer algum alento e esperança ao povo e para aqueles que acreditam em uma nação livre. Discordando de seu colega de bancada, o deputado Adauto Lúcio Cardoso pregou a legalidade. Embora lamentasse a volta ao poder "de homens que estiveram de mãos dadas com os corruptores e a corrupção", referindo-se sobretudo a João Goulart, de maneira alguma aplaudiria soluções extralegais, sendo contra golpes, militares ou não. Aliomar Baleeiro, por sua vez, afirmou ser contra o rompimento democrático, embora percebesse um ambiente político perigoso. Flores da Cunha chegou mesmo a declarar que romperia com seu partido se o brigadeiro Eduardo Gomes estivesse de acordo com o discurso do general Canrobert. Ao final, impôs-se o grupo legalista da UDN, embora a facção golpista liderada por Carlos Lacerda e seus seguidores, como Afonso Arinos e Raimundo Padilha, continuasse com a campanha pela intervenção militar.

Os grupos civis e militares interessados na suspensão das eleições e na implantação de um "regime de emergência" aumentavam o tom e a amplitude de suas propostas. Os rumores de golpe circulavam com rapidez cada vez maior. Procurado pela imprensa, o ministro da Guerra, general Henrique Teixeira Lott, novamente minimizou as notícias alarmistas. Se cada um tivesse consciência de seus deveres e confiasse no próximo, alegou o ministro, os temores de golpe seriam reduzidos e as pessoas iriam parar de caminhar no escuro vendo fantasmas por todos os lados. Mais incisivo, o repórter lembrou da contrariedade de círculos militares com as candidaturas de Juscelino e Goulart. Para o general, "cabe ao povo escolher seus dirigentes. Se o povo souber escolher, terá um bom governo. Se escolher mal, terá um mau governo. E nós, das Forças Armadas, como parte desse povo, estamos também atentos ao que se passa no Brasil".[29] No entanto, católico e anticomunista, Lott demonstrou sua contrariedade com o apoio do PCB à coligação PSD–PTB: "O comunismo é um estado de espírito, é uma doutrina que nega Deus. Sendo o povo brasileiro um povo católico, esse movimento naturalmente não pode ser favorável a nossa Pátria."

A LUTA PELA LEGALIDADE

As reações da sociedade às manobras golpistas logo se manifestaram. Nas ruas, a população demonstrava a sua contrariedade com a campanha pelo rompimento institucional. A galeria Cruzeiro, no Rio de Janeiro, era, nessa época, o lugar onde as pessoas se concentravam para discutir política. Nos tapumes que cobriam uma área perto da galeria, podia-se ler recortes de artigos de jornais e não era incomum alguém subir em um caixote para fazer um discurso. Mesinhas para recolher fundos para os candidatos também se espalhavam pelo local. No entanto, ao amanhecer de 20 de agosto, surgiram, colados nos tapumes, cartazes que insultavam Juscelino, Goulart e Ademar. Assinados pelo Clube da Lanterna, os textos diziam: "Os ladrões e os assassinos não voltarão." "Que país é este? Ladrões candidatos ao Catete. Eles não voltarão."[30] Muitas pessoas que passavam pelo local se revoltaram com as mensagens: "Mas isso é uma indignidade!", disse um trabalhador, enquanto outro garantiu que "eles estão querendo é o golpe". Logo pequenos grupos se formaram, com comícios improvisados. Um dos oradores mostrou-se contrariado com a "maneira acintosa e indigna de fazer propaganda ou desmoralização política". Outro, mais revoltado, puxou os panos dos bolsos das calças para fora e, colérico, afirmou: "Desafio os salvadores da pátria, os promotores do golpe, os que protestam honestidade a fazer o que estou fazendo! A verdade é que eles também estão enchendo os seus bolsos!" Sobre as ameaças de golpe, alguns populares emitiram suas opiniões. O comerciário José Campos Lima argumentou que "o Brasil não é o Paraguai para viver sob a ameaça permanente de revoluções militares. Os militares que cumpram com os seus deveres dentro dos quartéis!" João Oliveira Silva, operário da construção civil, foi incisivo: "O povo, através de suas casas legislativas, deve reagir contra qualquer processo de intimidação. O Congresso deve permanecer livre para deliberar e decidir por si mesmo. Não pode ficar sob a coação de tanques, torpedeiros e aviões." Iracema Alves Ribeiro demonstrou sua indignação com a intromissão dos militares na política:

> Um povo que se intimida com entrevistas está fadado a desaparecer. Responderei aos golpistas com meu voto nas urnas. Cometeria uma infantilidade se em protesto rasgasse o meu título eleitoral. Só disponho de uma arma que é o título e este será usado contra os coveiros da democracia. Temos uma Constituição de pé. O povo, que paga impostos para a manutenção das forças armadas, tem o direito sagrado de ser respeitado na sua vontade.

Sindicalistas também se mobilizaram. Sessenta deles, todos do Rio de Janeiro, assinaram uma nota expressando sua repulsa a qualquer solução extralegal que viesse ferir a Constituição, impedir a realização das eleições e a posse dos eleitos. Assim, apelaram aos trabalhadores, a outros dirigentes sindicais, aos candidatos à presidência, às "gloriosas

Forças Armadas" e ao povo em geral para defenderem o regime democrático ameaçado "pelos grupos golpistas".[31]

Setores da imprensa também repudiaram as manobras a favor do rompimento institucional. O *Correio da Manhã*, por exemplo, criticou duramente os três ministros militares por se intrometerem em questões políticas.[32] Os "três conspiradores" patrocinaram uma "situação intolerável", transformando o Brasil "numa republiqueta tratada a pata de cavalo". Assim, Eduardo Gomes, ministro da Aeronáutica, "leviano", com "injustificável abuso do poder", intimidava o Congresso; Henrique Teixeira Lott, do Exército, antes visto como legalista, transformou-se em um chefe ameaçador e agressivo, impondo condições para defender o regime; Amorim do Vale, da Marinha, que sempre teve fama de golpista, dava entrevistas subversivas, pregando o adiamento das eleições. Tratava-se, no editorial do jornal, de uma situação pior do que a de novembro de 1937, "como se não existisse Nação, nem povo, nem poder civil, nem governo". Assis Chateaubriand, por sua vez, criticou os políticos que chamavam os militares para intervir no processo político, levando-os a perder a compostura. Que contribuição, perguntou, haverá para a saúde democrática o seu envolvimento, por métodos tão elementares, chamando os militares para o debate político? Instituiu-se o regime democrático no país para se pedir, menos de dez anos depois, que as Forças Armadas o dissolvam, oprimindo o mundo civil? Por tudo isso, disse, "até aqui o que logramos provar é que somos uma democracia de menoridade e um povo de retardados".[33]

Manutenção da ordem democrática e legal ou rompimento institucional com golpe militar foram temas que passaram a mobilizar indivíduos e grupos organizados. Algumas pessoas, que certamente passariam anônimas para o historiador, mobilizaram-se politicamente a ponto de saírem nas páginas da imprensa. Foi o caso da sra. Maud Braga, dona de casa, casada e mãe de três filhos menores.[34] Seguidora de Carlos Lacerda, filiada ao Clube da Lanterna, ela começou a sentir indignação ao ver seu líder político pregar o golpe militar. Ao saber que Lacerda iria a um debate na TV-Rio para responder perguntas do auditório, ela não se conteve e pediu autorização ao marido para ir ao programa. Embora ele relutasse em concordar, Maud correu para os estúdios. Ao ouvir de Lacerda a pregação golpista, sentiu o sangue ferver, levantou a mão e pediu a palavra. Caminhando em direção a ele, sob a luz e o foco das câmaras, ela apontou o dedo para o seu rosto e desferiu-lhe, com profunda indignação, várias perguntas. A primeira, por que, agora, pregar o golpe se pouco tempo atrás defendia as eleições? Após acusá-lo de "destruidor", perguntou por que permitiu que o Clube da Lanterna pregasse, nos tapumes da galeria Cruzeiro, cartazes ofensivos à honra dos outros candidatos? Recordou, também, que, certa vez, ouviu dele que o mais importante na relação entre o político e o eleitor é a confiança. "E a minha confiança que o senhor roubou, quem vai devolver?" Por fim, ainda apontando-lhe o dedo e falando com exaltação e hostilidade, argumentou que, se as eleições foram fraudadas, que ele devolvesse o seu diploma de deputado, porque seu mandato também seria ilegítimo, como o dos outros eleitos. Vaiada pela plateia, Maud Braga não se intimidou. Sem obter nenhuma resposta, ela pegou seu distintivo do Clube da Lanterna e entregou ao líder dizendo: "Tome, a luz se apagou..." E retirou-se dos estúdios.

Grupos organizados surgiram para defender a democracia. A União Metropolitana dos Estudantes, no estado da Guanabara, lançou um manifesto em que denunciava a tentativa de golpe. Para os estudantes, os conspiradores "valem-se de uma ideia amarrotada pelo tempo de que o povo não está preparado para exercer o direito do voto".[35] Deveriam eles, continuou o manifesto, não confundir "interesses pessoais com os altos interesses da multidão". Após exigirem as garantias legais e democráticas, convocaram a população para o próximo dia 25 de agosto, não casualmente Dia do Soldado, para, em sua sede, nomeada de "Casa da Resistência Democrática", dar prosseguimento à "Campanha Constitucionalista".

Os empresários, por sua vez, também defenderam a legalidade. Os setores vinculados ao comércio publicaram uma nota. João de Vasconcelos, em nome da Diretoria da Confederação Nacional do Comércio, fez um apelo para que as forças políticas conduzissem a campanha eleitoral dentro dos limites da ética partidária, tolerância recíproca e do respeito aos princípios básicos da democracia. A diretoria da Confederação, "convicta de que a legalidade – refúgio e couraça de todos os direitos, aspirações e interesses legítimos – é o supremo ideal de todos os brasileiros", termina a nota afirmando que, sem a manutenção da ordem legal, "haverá o arbítrio de indivíduos, grupos e classes, gerando a desordem, a violência, o ódio e a supressão das liberdades".[36] Dias depois, os industriais igualmente se manifestaram. Reunidos, presidentes de 16 Federações das Indústrias publicaram uma nota denunciando que o clima político negativo, de pânico e ceticismo, estava diminuindo o ritmo da produção e os negócios. "Não olhamos a contingência política, nem nos preocupa a paixão partidária", diziam os capitalistas, "senão como dados da democracia. Queremos a ordem, a liberdade, a justiça. Em suma, queremos a lei, como inspiração, instrumento e escopo dos nossos propósitos. Fora dessas perspectivas, tudo periclitará." Apelavam, então, para o entendimento e o desarmamento dos espíritos visando à garantia e à continuidade "histórica das tradições liberais do povo brasileiro".[37]

O processo de mobilização de grupos organizados culminou quando o advogado Sobral Pinto, falando na TV-Rio, lançou um movimento pela preservação do regime e pela legalidade constitucional. Sem qualquer vinculação política ou partidária, a Liga de Defesa da Legalidade visava à união de trabalhadores, sindicalistas, intelectuais, empresários, comerciantes, militares e todos os autênticos democratas para defender as instituições e o povo. Dias depois, o núcleo mineiro já estava instalado em Belo Horizonte e, em São Paulo, um grande comício foi realizado. Na praça da Consolação, comitivas de diversos bairros surgiram com cartazes. Alguns deles pregavam: "Exigimos respeito à Constituição"; "O povo quer paz e tranquilidade para poder produzir"; "Nada de golpes. Só os frustrados desejam soluções extralegais." Os estudantes, por meio de suas organizações, como a UNE, UEE e centros acadêmicos; políticos, a exemplo do presidente da Assembleia Legislativa, Franco Montoro, e o vice-prefeito de São Paulo, Vladimir de Toledo Pizza, bem como o ex-comandante da 2ª região militar, marechal Edgar de Oliveira, compareceram. Entre os oradores mais aplaudidos estavam Evandro de Lins e Silva e Victor Nunes Leal, integrantes do Comitê Central da Liga de Defesa da Legalidade.[38]

Dias depois, foi a vez de os intelectuais se posicionarem. Publicado na revista *Marco*, um manifesto de escritores, artistas e jornalistas repudiava os movimentos destinados a implantar um governo discricionário, mas cuja finalidade era "impedir a solução do problema sucessório por meios pacíficos e segundo a vontade do povo". Entre dezenas de assinaturas, liam-se as de Abguar Bastos, Eneida, Portinari, Edson Carneiro, Evandro Lins e Silva, Josué Montello, Jorge Amado, Oduvaldo Viana, Oscar Niemeyer e Paulo Mendes Campos.[39]

Em 24 de agosto, um acontecimento era esperado: a homenagem de um ano de falecimento de Getúlio Vargas.[40] Em frente ao seu busto, na Cinelândia, uma multidão de trabalhadores e gente simples, pessoas aparentando condições sociais mais privilegiadas e funcionários públicos silenciaram-se quando a cantora Angela Maria, exatamente às 18 horas, começou a cantar os primeiros versos da canção "Ave Maria". A forte emoção tomou conta de todos. Em um gesto não premeditado, possivelmente incitado pela letra da música, todos, em certo momento, se ajoelharam. Em volta do busto, via-se um número incontável de velas, cujas chamas, dançando com o vento, acirravam ainda mais as emoções. Ao final da canção, surgiu na praça João Goulart. Ao misturar-se com as pessoas, caminhando com dificuldade para o monumento, as feições tristes cederam lugar a sorrisos, aplausos e gritos de "viva!". Alguém, em voz alta, iniciou o canto do Hino Nacional, sendo acompanhado por todos. Hoje, em um mundo que se quer dessacralizado, manifestações como essa podem estar fora de moda. No entanto, como nos lembra Clifford Geertz, "um mundo totalmente desmistificado é um mundo totalmente despolitizado".[41] Entre os vários significados, como a afirmação da cidadania social dos trabalhadores, a homenagem não deixava de ser, também, um ato contra o rompimento institucional que Vargas, com o gesto extremado, desarticulara exatamente um ano antes.

Embora diversos setores da sociedade civil se mobilizassem em defesa da legalidade, os grupos civis-militares interessados no rompimento institucional continuaram suas investidas, sobretudo por meio da *Tribuna da Imprensa*. Os ataques, em setembro, voltaram-se fundamentalmente contra João Goulart. Notícias sobre contrabando de armas pela fronteira com a Argentina e, inclusive, acusações de práticas criminosas, como o lenocínio, tornaram-se comuns.[42] Contudo, em meados desse mês, uma denúncia muito grave foi anunciada por Carlos Lacerda na TV-Rio. Segundo uma carta endereçada a Goulart, na época em que era ministro do Trabalho, mas interceptada no Hotel Ambassador, o deputado peronista Antonio Brandi, envolvendo os nomes de Perón, do vice-governador de Corrientes e de um advogado brasileiro, entre outros, respondia aos supostos interesses do líder trabalhista de formar "brigadas de choque obreiras". Indicava, também, contatos com o ministro argentino Borlenghi, que conhecia a experiência de luta do movimento sindical daquele país. Mais grave, no entanto, foi a confirmação da compra que Goulart teria feito na "fábrica militar de Córdoba", cujas "mercadorias" entrariam clandestinamente no Brasil pela cidade de Uruguaiana.[43]

Não era a primeira vez que Carlos Lacerda acusava João Goulart de estocar armas. Poucos meses antes, em pleno Congresso Nacional, o jornalista apresentou aos parlamentares metralhadoras que, segundo sua versão, foram encontradas em um prédio no Centro da cidade pelos repórteres de seu jornal. A apresentação de revólveres e fuzis chocou os parlamentares e visava, sobretudo, acusar Goulart de preparar a guerra civil no país. A Polícia Civil foi convocada para esclarecer as denúncias. Após investigações feitas pelo detetive Marcos, o chefe da Polícia convocou a imprensa e revelou que as armas tinham sido roubadas das instalações do Exército. No entanto, o culpado era um contraventor, outrora pertencente ao Serviço Secreto do Exército, mas expulso por irregularidades, que as repassou a Lacerda.[44] A polícia, portanto, desmentiu as denúncias contra Goulart e, ao mesmo tempo, comprometeu o acusador de ligações com desvios de material bélico.

No entanto, agora, as revelações contidas na carta eram muito graves. Afinal, um deputado peronista informava a Goulart a entrada clandestina de armas no Brasil e meios para assessorá-lo a formar brigadas de choque operárias. A "carta Brandi", como ficou conhecida, acirrou ainda mais a crise política no país. O ministro da Guerra, Henrique Lott, instaurou uma Comissão Militar de Inquérito, presidida pelo general Maurell Filho, visando à investigação das denúncias.

LANTERNEIROS E SUBVERSÃO MILITAR

Embora o movimento para adiar as eleições continuasse, alimentado agora pela "carta Brandi", os candidatos à presidência da República procuravam seduzir os eleitores com suas campanhas. Os profissionais que assessoravam Juscelino mandaram publicar, em diversos jornais, a biografia do candidato em forma de história em quadrinhos, cujo título geral era "Querer é Poder". A mãe de Juscelino, no primeiro quadro, era apresentada como uma viúva, vivendo de seu trabalho como professora e somente tendo a oferecer ao filho os estudos. Os quadros seguintes mostravam o menino, desde cedo, dedicando-se aos livros, sendo sempre o primeiro aluno das classes que frequentava. Quando sua mãe viu-se sem recursos para pagar-lhe os estudos, Juscelino passou a estudar em casa, lendo todos os livros que encontrava, tornando-se autodidata.[45]

Mas a novidade daquela campanha foram as músicas promocionais dos candidatos. Segundo um arguto observador da época, aquela vinha sendo a mais musical de todas as eleições, criando-se uma verdadeira indústria.[46] No entanto, por mais que os alto-falantes instalados nas ruas trabalhassem sem parar, as pessoas não aprendiam as canções. Ninguém as cantava, sequer uma única música. Talvez isso ocorresse porque os alto-falantes, todos de má qualidade, perto uns dos outros, e cada um reproduzindo uma música de cada candidato, no final não faziam nada além de um barulho de grandes proporções. Ou então, continua o observador, porque, na verdade, as músicas eram muito ruins e, de modo geral, de estarrecedora mediocridade.

Assim, o mais musical de todos os candidatos, Ademar de Barros, chegou mesmo a criar um Departamento Musical em seu partido. As letras insistiam em lugares-comuns e chamavam o eleitor por "tu", embora mantendo o verbo na terceira pessoa do singular. Desse modo, soava estranho o "Baião de Ademar": "Ademar! Ademar! Ademar!/ O meu voto, que é livre,/ Tu vai receber." Bem diferente eram as letras do general Juarez Távora, de estilo marcial e ressaltando as qualidades varonis do candidato: "Ele é o melhor candidato/ É homem de fato/ E vale por três." Já os compositores das músicas de Plínio Salgado, avalia o comentarista, pecaram pela falta de imaginação. Versos do tipo "com Plínio Salgado o Brasil vai melhorar" nada diziam, na verdade. Ou então destoavam do lema "Deus, Pátria e Família" e desbancavam para o estilo "Ioiô vai com Iaiá" na sugestiva letra: "Vovó vai com Vovô/ Mamãe vai com Papai/ Agora ninguém finge que vai/ Mas não vai." Juscelino, por sua vez, misturava o dinamismo de uma turbina com a exaltação à favela da Rocinha. Na música "O canto das turbinas", os versos descreviam:

"O canto das turbinas/ Nas usinas eu ouvi,/ O corte nas entranhas/ Das montanhas eu senti." Além disso, finaliza o comentarista, em outras músicas, todos prometiam pão, leite e manteiga, além de baratear a vida e acabar com a fome. Não é de surpreender, desse modo, que o eleitorado não conseguia, ou não queria, cantar as músicas.

O desconhecimento das canções, no entanto, não significava desinteresse pela campanha. Um repórter, caminhando pelo Centro da cidade do Rio de Janeiro, deixou-nos alguns registros sobre o comportamento e as preferências políticas da população.[47] Inicialmente, na galeria Cruzeiro, ele observou pessoas de diferentes condições sociais discutindo política. Um motorista de ônibus, no meio de uma aglomeração, esbravejou: "Ademar é rico demais, não precisa roubar!" Um comerciante, aparentando idade avançada, confidenciou ao repórter: "Juscelino e Jango vão vencer e governar com maioria parlamentar. Eu gostei da sua atitude firme, de macho, que o presidente Café Filho pressionou-o a retirar a sua candidatura e ele a manteve." Nesse momento, porém, em um dos grupos formados, ouviram-se gritos, vaias e empurrões, mas logo as pessoas retornaram à calma. Saindo dali, o repórter observou, pelas ruas, muitos cartazes nas paredes, mesinhas de partidos oferecendo informações aos eleitores, sobretudo na Galeria dos Empregados no Comércio, e panfletos que desciam dos prédios. Conversando com as pessoas nas ruas, ele ficou convencido de que muitos votariam para presidente em um candidato de um partido, mas escolheriam o vice de outra chapa. Um funcionário público disse que votaria em Juarez Távora: "Ele é o único candidato capaz de moralizar o nosso país." Ao entrar em um bar, viu, em uma mesa, velhos jornalistas. Um deles, já tendo apostado dinheiro com os outros, disse: "O Corvo [Lacerda] vai ser o maior responsável pela eleição de Jango, porque vem fazendo uma campanha de difamação sistemática contra ele, de efeito contraproducente."[48] Saindo dali, o repórter subiu as escadas do Cinema Trianon para ver um faquir deitado em uma cama de pregos e cercado por serpentes. Há 27 dias sem comer, esperando alcançar os 105, sob a vista de guardas, ele abriu a janelinha do ataúde para falar com o repórter. Disse-se adepto da filosofia ioga e visava, com o jejum, elevar seu pensamento e desviar-se das coisas materiais. No entanto, lamentavelmente, os alto-falantes, ligados diariamente irradiando propaganda eleitoral, não o deixavam sossegado, obrigando-o, contra a vontade, a pensar em política. Assim, declarou que daria seu voto a Ademar de Barros, por ser ele amigo dos artistas. Por fim, o repórter terminou seu passeio na Cinelândia e, em frente ao busto de Vargas, viu uma série de pessoas reverenciando o ex-presidente. Ali, depois de tantas observações e conversas, ele ficou convencido: "O homem não morreu."

Embora a campanha pelo adiamento das eleições continuasse sendo defendida por alguns setores da UDN, sobretudo o Clube da Lanterna, além das suspeitas que pairavam sobre João Goulart devido à "carta Brandi", em 3 de outubro a população escolheu o novo presidente da República. Vitorioso, Juscelino obteve 36% dos votos; Juarez Távora recebeu 30%; seguidos de Ademar de Barros, com 26%, e Plínio Salgado, com 8%. A luta dos legalistas, nesse momento, era pela posse do eleito. No entanto, uma nova campanha, pelo impedimento da posse, iria começar.

Assis Chateaubriand, em *O Jornal,* logo denunciou a estratégia golpista adotada pela facção udenista liderada por Carlos Lacerda. Como não conseguiram adiar as eleições, uma batalha judicial seria implementada, com diversas frentes de luta. Inicialmente, uma denúncia seria impetrada contra a vitória de Juscelino e Goulart pelo apoio que eles tiveram do Partido Comunista. Segundo o argumento, os comunistas não teriam votado como simples eleitores, mas como partido político organizado. Como jurista, alegou Afonso Arinos, isso "torna a votação dada àqueles candidatos suscetível de impugnação". Depois a campanha prosseguiria com a recuperação da tese da "maioria absoluta". Com base no artigo 1º da Constituição, "todo o poder emana do povo [...]", os parlamentares udenistas interpretariam a palavra "povo" em termos demográficos, ou seja, 60 milhões de habitantes, e não 36% de um eleitorado de 10 milhões. Além disso, líderes regionais, como Pedro Aleixo em Minas Gerais, por exemplo, reuniriam farto material comprovando fraudes durante as eleições.[49]

A Frente de Renovação Nacional, coligação de partidos que sustentou a candidatura de Juarez Távora, não chegou a entendimentos comuns sobre como agir diante do resultado eleitoral. Reunidos, os líderes dos partidos divergiram. O PSB e o PL eram contrários à proposta de batalha judicial, tanto no tocante à tese da "maioria absoluta" quanto para denunciar os votos dos comunistas. A UDN e o PDC, por sua vez, queriam ir até as últimas consequências. Juarez Távora, reafirmando as fraudes, subornos e violências eleitorais que ocorreram, apoiou a última corrente, pedindo que "lancem mão, junto à Justiça, de todos os recursos ao seu dispor, no sentido de conformar, honestamente, a manifestação das urnas aos mandamentos legais e constitucionais".[50]

A direita civil continuava dividida. Oficialmente, a UDN não apoiava o golpe militar, preferindo a luta nos tribunais para impugnar a posse de Juscelino, assim como tentara antes com Vargas. Contudo, as lideranças udenistas sabiam que a tática era inútil. Eles tinham clareza de que somente com a intervenção militar alcançariam seus objetivos e, nesse sentido, quem tinha razão era Carlos Lacerda. Mesmo utilizando seu jornal e o grupo político-militar do Clube da Lanterna, ele não conseguiu convencer seu partido a superar sua ambiguidade. Mesmo as organizações partidárias coligadas à UDN não se animavam pelo rompimento.

No entanto, a extrema direita rapidamente encampou a tese. A Cruzada Brasileira Anticomunista, em páginas compradas nos jornais, exigia que Juscelino e Goulart não tomassem posse para os cargos que foram "indevidamente eleitos", pois, além de apoiados pelos comunistas, não alcançaram maioria absoluta. Além disso, seus eleitores foram a "massa ignorante, sofredora, desiludida, trabalhada pela mais sórdida das demagogias e envenenada pela propaganda solerte do Partido Comunista". Lamentavelmente, dizia o texto, o "movimento de 24 de agosto falhou".[51]

A *Tribuna da Imprensa* tornou-se o centro propagador do rompimento institucional. Uma charge foi reveladora das mensagens incitadoras à rebelião militar. Diante de vários generais formados, lado a lado, João Goulart, sorrindo e com a faixa presidencial, acenava para eles. As expressões faciais dos militares eram diversas, alguns com olhar de reprovação, outros com surpresa, enquanto um deles demonstrava cansaço. O que eles não viam era que, por trás de Goulart, bem encostado, e por isso escondido, estava Luiz Carlos Prestes. Com uma faixa no braço escrita "PCB", Prestes segurava o braço direito do líder trabalhista e obrigava-o a acenar aos generais. Ao lado, surgia Juscelino correndo, repleto de malas de viagem. Uma delas indica os destinos: Peru, Líbano, Nicarágua e Paris. Uma outra, repleta de dinheiro. Alegre, olhando de lado para todos, o candidato do PSD parecia não se importar com o que via. A charge, portanto, sugere a irresponsabilidade e a corrupção de Juscelino, a ascensão de Goulart à presidência, manipulado pelos comunistas, e o descaso conjugado à insatisfação dos militares.[52] João Duarte Filho, um dos mais destacados articulistas daquele jornal, escreveu: "o povo está com febre".[53] Basta ver que o eleitorado preferiu como vice-presidente João Goulart a Milton Campos, da UDN. Descrevendo o candidato a vice de Juscelino como "pai de confusões despropositadas", "mentor de agitações", "artífice de uma demagogia suja", "manipulador insensato", "traidor da pátria", "desonesto do dinheiro do Fundo Sindical", "ambicioso primário", "mau administrador", "sujeito primário, analfabeto quase" e "intelectualmente um pobre-diabo", o escritor alega que o povo prefere ele a um homem honesto como Milton Campos. Portanto, conclui, "o Brasil está doente, o povo está com febre, a democracia está, talvez, morrendo". Como em agosto de 1954, as imagens de degeneração do corpo retornavam, exigindo ações saneadoras da saúde política do país. No quadro de enfermidades, a relação entre os direitos políticos e os direitos sociais dos trabalhadores era a chave para o diagnóstico. Manipulados por Vargas com as leis sociais, os assalariados votavam nos herdeiros políticos do ditador à espera de novos benefícios, embora oriundos da fraude, da corrupção e da demagogia de massas.

A campanha patrocinada pela *Tribuna da Imprensa*, contudo, somente era levada a sério pelos grupos interessados no golpe. Os defensores da legalidade, mesmo de perfil conservador, movimentaram-se para isolar Carlos Lacerda. Com o título "Um pobre-diabo", o *Correio da Manhã*, em editorial, definiu o líder da UDN como "um pobre rapaz que se nutriu durante algum tempo de simulação e engodo, mistificando hoje alguns fanáticos e alguns tolos". No entanto, "arrancada a máscara do farsante" [...] ele "perde-se num verbalismo sórdido [...] porque está marcado pelo estigma do negocismo, da hipocrisia, da falsificação". Com suas "perfídias e intrigas", continua o editorial, ele "desmorona-se, aniquila-se, degrada-se" com os benefícios do Banco do Brasil, da Caixa Econômica, da exploração dos acionistas de seu jornal, da subvenção das verbas do Sesi, pregando "o crime da subversão do regime e a guerra civil por vaidade paranoica e ressentimento neurótico".[54]

Sobral Pinto, em nome da Liga de Defesa da Legalidade, reagiu à pregação dos golpistas. Para ele, "a derrota udenista é mais o resultado dos próprios erros do partido do que manobras ilícitas dos adversários". Segundo o velho advogado, "andam, agora, estes udenistas 'golpistas' a proclamar que a derrota teve sua origem nos 'currais' eleitorais". Mas o que no PSD chama-se "curral", completou, na UDN é denominado "quartel". Trata-se, na sua interpretação, do "alarmante atraso de nossos costumes cívicos" que precisa ser fustigado com energia, levando os políticos udenistas a aceitarem com dignidade a derrota de seu partido, reconhecendo seus próprios erros, e não acusando o adversário de práticas ilícitas.[55]

É nesse contexto que, em meados de outubro, o presidente da Comissão Militar de Inquérito, general Maurell Filho, chegou ao resultado final de suas investigações sobre a "carta Brandi". De acordo com o perito, os exames grafológicos, grafotécnicos e as diversidades de ordem morfológica e sinérgica comprovavam que a assinatura do deputado Antonio Brandi tinha sido falsificada grosseiramente. Na verdade, o parecer do perito não anunciava novidades. Dias antes, o homem que escreveu a carta e falsificou a assinatura tinha sido preso no Rio Grande do Sul. Ao general Amauri Kruel, ele confessou a autoria do crime, mas alegando que fora coagido por Carlos Lacerda, por um oficial da Aeronáutica e por um comerciante do Rio de Janeiro.[56] A sensação nos meios políticos era a de que, mais uma vez, o escândalo em nada resultaria.

Enquanto os interessados na legalidade procuravam denunciar os golpistas e, assim, garantir a posse dos eleitos, os oficiais militares favoráveis ao rompimento institucional nas Forças Armadas, sobretudo na Aeronáutica, continuavam a se manifestar publicamente. No entanto, havia amplos setores legalistas, particularmente no Exército, que, por seu silêncio, impediam que os grupos civis em conflito avaliassem a correlação de forças entre os militares. Assim, em 17 de outubro, o inspetor geral do Exército e líder do MMC, general Euclides Zenóbio da Costa, lançou uma proclamação contundente em favor da legalidade democrática. Dirigindo-se aos generais, oficiais, sargentos e soldados, afirmou, categórico, para que eles não tivessem ilusões: "A legalidade somente será preservada com o teu sangue e com as armas que o povo te entregou para que lhe defenda a liberdade de trabalhar, de pensar, de votar, de criticar, de protestar." Após lembrar as tradições do Exército ao longo da história do país, lamentou que, "desgraçadamente, alguns brasileiros transviados" continuem lançando mão da calúnia, da mistificação e da ameaça visando ao envolvimento das Forças Armadas em golpes, afastando-as dos anseios da Nação. Apelou, então, para que a Aeronáutica e a Marinha, juntas ao Exército, não se envolvessem em campanhas desse tipo. Elogiando o Poder Judiciário pelo equilíbrio e honradez, Zenóbio afirmou que caberia aos tribunais empossar os eleitos, satisfazendo, assim, o desejo legítimo do povo e contrariando a "pregação criminosa" daqueles que pretendiam subverter as instituições. Sem citar nominalmente o episódio da "carta Brandi", o general exigiu: "O que a nação precisava e quer ter é a certeza de que serão punidos os verdadeiros culpados; os acusadores se realmente agiram como simples falsários e mistificadores; os acusados se de fato cometeram o delito que lhes é imposto." Por fim, Zenóbio pediu a união de todos os generais, oficiais, sargentos e soldados em torno do general Henrique Lott, "cuja vida profissional é a exaltação mesma da disciplina e do respeito à lei", para garantir, desse modo, a legalidade democrática contra qualquer envolvimento das Forças Armadas em golpes.[57]

A defesa da legalidade pregada pelo general não era, naquele momento, uma novidade dentro do Exército. Desde o início dos anos 1950, diz Maria Celina D'Araujo,[58] as ideias que associavam o desenvolvimento econômico ao nacionalismo e à democracia, todos ameaçados pelos interesses econômicos e políticos dos Estados Unidos, estavam na agenda de debates da sociedade brasileira. Os militares não ficaram omissos e, sobretudo nas eleições do Clube Militar a partir de 1952, tais questões incitavam a oficialidade a manifestar suas tendências, sempre de maneira politizada. Zenóbio da Costa e outros generais, destacando-se Estillac Leal, tornaram-se lideranças daqueles que aproximavam os temas do nacionalismo à democracia e ao legalismo. O grupo, nomeado por José Murilo de Carvalho de "nacionalistas de esquerda", aderiu às teses que aludiam à soberania nacional defendidas pelos trabalhistas, e, ao mesmo tempo, não se envolveu com a ideologia do anticomunismo, ou mesmo a recusou.[59] Ele se diferenciava de outro grupo, os "nacionalistas direitistas", a exemplo de Góis Monteiro ou Gaspar Dutra, que, embora simpáticos ao nacionalismo, defendiam uma luta sem trégua ao comunismo. Um terceiro grupo, por fim, que reunia nomes como os do brigadeiro Eduardo Gomes e dos generais Juarez Távora e Cordeiro de Farias, formava a ala "cosmopolita de direita", visceralmente anticomunista, antitrabalhista e adversária do nacionalismo – defensora, portanto, da abertura ao capital estrangeiro e do alinhamento incondicional aos Estados Unidos. Desde o segundo governo de Getúlio Vargas, estabeleceu-se a aliança entre os "nacionalistas direitistas" e os "cosmopolitas de direita". Os "nacionalistas de esquerda", no entanto, não deixavam de marcar suas posições, sobretudo em momentos de crise política. Foi nesse contexto que Zenóbio da Costa se manifestou.

A proclamação do general, direta e contundente, foi a primeira voz dos "nacionalistas de esquerda" que, naquele momento, surgiu nos meios militares em defesa da democracia. Muitos deles integravam o Movimento Militar Constitucionalista, defendendo o nacionalismo e a legalidade. No entanto, o ministro da Guerra, em seu esforço para garantir a disciplina no Exército, não poderia admitir que um subordinado ao seu comando falasse sobre a política nacional. Diferente dos outros dois ministros militares, que permitiam que oficiais da Aeronáutica e Marinha se manifestassem publicamente, Lott insistia em enquadrar o Exército nos códigos disciplinares. Assim, procurando ser coerente com seu estilo de comando, puniu o general Zenóbio da Costa por sua proclamação.

No entanto, novas manifestações dos setores legalistas, nacionalistas e antilacerdistas no Exército ocorreriam três dias depois. Em 20 de outubro, políticos do Clube da Lanterna saíram de uma reunião na ABI e dirigiram-se para a Cinelândia. Em frente à Câmara Municipal, começaram a insultar oficiais legalistas das Forças Armadas, a Justiça Eleitoral, Ademar de Barros, Juscelino Kubitschek e João Goulart. Por volta das 23 horas, o major Nicolau José Seixas, da Escola do Estado-Maior do Exército, desceu de um bonde e parou para observar a manifestação. Em certo momento, comentou em voz alta com um operário que estava a seu lado: "Isso é a turma do Corvo."[60] Imediatamente o grupo cercou o major e, aos gritos, passou a insultá-lo com palavrões. Acuado, o militar sacou a arma, mas, sofrendo um golpe pelas costas, deixou-a cair no chão. A partir daí, começou o espancamento em plena Cinelândia. Salvo por policiais e pessoas que por ali passavam, o major foi levado para o Dops para se submeter a exame médico-legal. No dia seguinte, alguns oficiais e sargentos do Exército planejaram revidar a agressão ao colega, mas foram desaconselhados por seus superiores.

Na Câmara dos Deputados, os debates se voltaram para comentar o episódio e a defesa da legalidade.[61] O deputado Unírio Carvalho, por exemplo, protestou contra a manifestação promovida pelo Clube da Lanterna pregando o golpe militar. Arnaldo Cerdeira, por sua vez, leu nota assinada pelos presidentes do PSD, PTB, PRP e PTN, além de cartas dos presidentes do PSB, PR e PDC contra qualquer solução extralegal. Afonso Arinos retrucou, argumentando que a UDN não confiava no aparelho legal do país nem na veracidade do pleito eleitoral. Em resposta, Leonel Brizola, irônico, disse que aprendera, com a pregação udenista, a prezar a democracia, a admirar o regime de liberdade, baseado no legítimo sufrágio popular. Assim, "ficaria profundamente triste se agora o partido desertasse do seu papel histórico para pregar o golpe". Diante dos aplausos, Brizola reforçou a necessidade de se repelir as manobras golpistas do "famigerado" Clube da Lanterna, um "grupelho de amotinados" que espancou um oficial do Exército, e lamentou que o ministro da Justiça, Prado Kelly, da UDN, consentisse, pela sua omissão, com a campanha golpista. "Fora da legalidade não há salvação", alegou sob aplausos.

O presidente do Tribunal Superior Eleitoral, ministro Luiz Gallotti, também reagiu aos ataques ao Poder Judiciário, lendo carta de seu antecessor, Miguel Seabra Fagundes. Ao proferir uma palestra sobre a lei eleitoral, a *Tribuna da Imprensa*, na sua primeira página, publicou notícia deturpada, alegando que o ministro teria acusado a Justiça Eleitoral de ter participação na fraude eleitoral. Assim, Seabra Fagundes acusou o jornal de ter deturpado suas palavras, em que "o intuito sensacionalista e falsidade são manifestos".[62] A UNE, por meio de seu presidente, defendeu a legalidade e solidarizou-se com a Justiça Eleitoral, conclamando os estudantes a contribuírem, "com patriotismo e denodo, para a preservação da Carta Magna, das liberdades e franquias democráticas".[63]

O brigadeiro Eduardo Gomes, com o apoio do ministro da Marinha, sugeriu a Lott que conversasse com os juízes do Superior Tribunal Eleitoral, procurando convencê-los de que a tese da maioria absoluta deveria ser aceita por eles. A resposta foi rápida: "Mas isso desrespeitaria a independência da Justiça!" O máximo que faria, continuou, seria dizer aos juízes que os militares acatariam a decisão judicial.[64] Preocupado com a instabilidade política e o movimento pelo impedimento da posse de Juscelino e Goulart, Lott conversou com o ministro Gallotti sobre a possibilidade de terem ocorrido fraudes eleitorais, ouvindo dele que, com a cédula única, os nomes dos candidatos estavam impressos, permitindo ao eleitor inteira liberdade para votar. Mais ainda, garantiu que a Constituição não exigia a maioria absoluta, bastando que o eleito obtivesse apenas o maior número de votos. Informado pelo magistrado, Lott, então, procurou seus colegas ministros da Marinha e da Aeronáutica, argumentando que não havia motivos legais para o impedimento da posse dos eleitos, baseando-se nas garantias de Gallotti. No entanto, as alegações não convenceram os colegas. Ambos disseram ao ministro da Guerra que Juscelino não poderia assumir a presidência da República. A partir daí, Lott distanciou-se dos outros dois ministros militares e percebeu a divisão nas Forças Armadas e, mais grave, dentro delas.[65]

No entanto, o ministro da Guerra sabia do apoio que tinha nos quartéis. Não apenas dos oficiais, mas também dos sargentos. Organizados em associações regionais, sobretudo os da Aeronáutica seguidos pelos do Exército, eles formaram uma rede de solidariedade política por todo o país. Inicialmente, a luta era por reivindicações da corporação, sobretudo a questão da estabilidade funcional. Depois, aderiram à luta política, defendendo a legalidade democrática, o nacionalismo e as reformas sociais. Sem quebrarem a cadeia da hierarquia e da disciplina, a capacidade de manobra política que detinham nos quartéis não podia ser subestimada pela oficialidade. Afinal, nenhum avião militar se movimentava sem o aval técnico deles.[66]

Lott estava determinado a obedecer à lei, atitude que contrariava os outros ministros militares. Ao punir disciplinarmente um dos líderes da facção golpista do Exército, o general Alcides Etchegoyen, acusado por "conspirar na surdina", o ministro da Guerra tornou-se inimigo declarado dos militares com postos no ministério.[67] O ministro da Marinha, almirante Amorim do Vale, por exemplo, não mais o cumprimentava. Para o governo de Café Filho, era urgente substituí-lo. Contudo, respeitado na tropa, considerado nos meios políticos e respeitado pela imprensa, sua demissão não ocorreria sem uma grave crise política e, sobretudo, militar.

Nesse clima de instabilidade política crescente, faleceu o general Canrobert Pereira da Costa. Nos funerais, diante da presença de autoridades civis e dos ministros militares, o coronel Jurandir Mamede pronunciou um discurso desafiador da hierarquia e da disciplina militar. Sem constar no cerimonial, Jurandir, num ato de insubordinação, tomou a palavra e homenageou o general falecido. Após elogiar sua conduta militar, o coronel lembrou que, em vida, ele desejou o fortalecimento das instituições "através da verdade e da moralidade democrática, contra a corrupção e a fraude"[68] dos oportunistas e totalitários que se arrogam o direito de oprimir a Nação. Retomando o discurso de Canrobert, e ainda mais desafiador, sobretudo ao ministro da Guerra presente no evento, o coronel declarou:

> Pouco importa, afinal, se hajam exibido hipocritamente escandalizados, ante a justeza de suas palavras, os maiores interessados na perpetuação dessa "mentira democrática" que tão bem conhecem e exploram e [essa]

pseudolegalidade imoral e corrompida em que buscam justificativas fáceis para os seus apetites de poder e de mando. Não será por acaso indiscutível mentira democrática um regime presidencial que, para a enorme soma de poder que concentra em mãos do Executivo, possa vir a consagrar, para a investidura do mais alto mandatário da Nação, uma vitória da minoria?

A primeira reação de Lott foi cassar a palavra do coronel e dar-lhe ordem de prisão, mas, olhando à sua volta, conteve-se. Surpreso, viu o presidente da Câmara dos Deputados, Carlos Luz, cumprimentar Mamede com entusiasmo.[69] A insubordinação do coronel animou a direita civil patrocinadora do golpe. Além da aproximação crescente de grupos civis golpistas com oficiais das Forças Armadas, sobretudo na Aeronáutica e com o apoio silencioso da Marinha, agora um oficial do Exército desafiava publicamente seu chefe, o próprio ministro da Guerra. No dia seguinte, Carlos Lacerda, em editorial, foi enfático. Animado com o discurso de Mamede, disse que não existem fórmulas para se fazer uma revolução. "Já fizemos mais do que podíamos", alegou, "agora façam os militares o seu dever, que é defender a Pátria contra os inimigos externos e INTERNOS". Segundo Lacerda, o povo, agora, "só tem três armas: Exército, Marinha e Aeronáutica."[70]

Lott esperou passar o feriado do dia 2 de novembro para pedir audiência ao presidente. Seu objetivo era punir o coronel Mamede. No entanto, no dia seguinte, outro episódio veio agravar a crise política: Café Filho sofreu uma grave crise cardiovascular. Seguindo a linha de sucessão, assumiu a presidência da República o deputado Carlos Luz. As atenções, no entanto, voltaram-se para o general Lott. Nos principais círculos políticos do país, os líderes partidários conheciam sua posição pela legalidade democrática. Desafiado publicamente por um subordinado de sua própria corporação, o ministro da Guerra tinha consciência da divisão entre as Forças Armadas, inclusive nas fileiras do próprio Exército. Algumas semanas antes ele havia punido dois generais de facções rivais: Zenóbio da Costa e Alcides Etchegoyen. Percebendo a dilaceração na tropa, sobretudo por razões políticas, e todos os riscos que isso implicaria para a integridade do Exército, Lott estava determinado a restabelecer e impor o respeito à hierarquia e à disciplina, com a punição do coronel Mamede, preservando os militares das lutas partidárias e, em consequência, garantindo a legalidade democrática. Se fosse derrotado, no entanto, seria a vitória dos grupos civis e militares interessados no golpe, de quem o coronel foi o porta-voz desafiador. Não sem razão, em editorial, o *Correio da Manhã* declarou: "O país inteiro sabe que o afastamento do general Henrique Teixeira Lott do Ministério da Guerra constitui, hoje, o objetivo supremo dos golpistas."[71]

A punição de Mamede era imperiosa para Lott. Contudo, a situação funcional do coronel o protegia. Requisitado ao Exército pelo Estado-Maior das Forças Armadas, ele estava servindo na Escola Superior de Guerra. Não estava, portanto, sob o comando do Ministério da Guerra. Lott, respeitando a hierarquia, inicialmente esperou que o brigadeiro Gervásio Ducan, chefe do EMFA, e o almirante Ernesto Araújo, da ESG, aplicassem o código disciplinar, o que não ocorreu. O almirante chegou mesmo a declarar na imprensa que, "sendo o coronel Mamede meu subordinado, eu poderia puni-lo. Não o fiz por não ter encontrado razão para tal".[72] Assim, Lott requisitou a volta do coronel ao Exército. No entanto, o brigadeiro Gervásio negou. Estava aberta uma grave crise entre as Forças Armadas e dentro delas.

Em 9 de novembro, em solenidade na Vila Militar, no Rio de Janeiro, Lott concitou os subordinados a manter o respeito às leis do país. Diante da pergunta de um repórter se tinha conhecimento de um memorial assinado por vários oficiais apoiando sua política de legalidade, o ministro disse não ser necessário nenhum movimento desse tipo. Documentos políticos elaborados por militares, lembrou, ferem os regulamentos das Forças Armadas. Sobre o caso Mamede, declarou que, dentro da legalidade democrática, caberia ao presidente da República dar uma solução.[73] Contudo, Carlos Luz aproximava-se muito perigosamente dos grupos interessados no golpe. Por um aspecto, ele integrava a facção do PSD que se opôs à indicação de Juscelino; por outro, os udenistas reivindicavam o patrocínio de sua elevação à presidência e, desse modo, procuravam enquadrá-lo politicamente para impedir a posse dos eleitos.[74]

No dia seguinte, Lott foi convocado por Carlos Luz. Em audiência, seria decidido o destino do coronel Mamede. Lott chegou pontualmente às 18 horas, horário determinado por Luz, mas somente foi recebido mais de duas horas depois, esperando, pacientemente, na antessala presidencial. A demora foi proposital: o presidente queria ferir a autoridade do ministro da Guerra, humilhando-o. Enquanto isso, um grupo de sargentos da Aeronáutica, reunido na Cinelândia, aguardava os acontecimentos. Um deles, Jessé Ferreira Falcão, do Palácio do Catete, telefonava a cada meia hora para os colegas, informando-os dos passos do ministro. Por defender a legalidade, os sargentos estavam solidários a ele.[75] Horas antes, no entanto, o general Mendes de Moraes, com o pretexto de testar a força de um pequeno canhão fabricado no Arsenal de Guerra, convidou cerca de quarenta generais para dispará-lo nas desertas praias da Barra da Tijuca. O interesse na eficiência do canhão foi mínimo. O assunto principal foi o ministro da Guerra. O general Moraes, hábil político, apelava para o amor-próprio dos oficiais, alertando-os para os perigos de descrédito de todo o Exército se a demissão de Lott se confirmasse.[76]

O resultado, no entanto, já era esperado. Carlos Luz disse ao general que decidira-se pelo parecer do chefe do EMFA, brigadeiro Ducan, opinando pela permanência de Mamede na ESG, "a bem do serviço público", impedindo, assim, a sua punição. O ministro imediatamente comunicou sua exoneração do cargo. Contudo, advertiu o presidente sobre a gravidade da situação e das consequências caso se verificassem rompimentos da legalidade democrática. O general Álvaro Fiúza de

Castro foi indicado como novo ministro, ficando combinada a posse, com todas as pompas, para o dia seguinte. Um de seus primeiros atos foi nomear o general Alcides Etchegoyen para um alto comando na Vila Militar, no Rio de Janeiro, alterando, ainda, diversas outras chefias. O grupo favorável ao rompimento institucional tomara a direção do próprio Exército. As nomeações agravaram o quadro político, porque Fiúza de Castro e Alcides Etchegoyen, anteriormente, também tinham sido punidos por Lott por indisciplina. Em linguagem codificada, Jessé Ferreira Falcão avisou aos amigos sargentos: "O cavaleiro caiu do cavalo."[77]

O país tomou conhecimento da decisão de Carlos Luz pelas emissoras de rádio e televisão com estardalhaço. Os locutores destacaram a humilhação imposta a Lott pela longa espera na antessala presidencial, causando grande indignação na cúpula militar. Diversos generais sentiram-se ofendidos pelo procedimento grosseiro do presidente. Para muitos deles, a demissão era uma prerrogativa constitucional de Carlos Luz. Contudo, ele não tinha o direito de ferir o brio e o amor-próprio de um chefe militar da estatura de Lott.[78] O *Correio da Manhã*, em editorial, avaliou a atitude do presidente: mesquinho, fonte de dissensões internas gravíssimas, criminoso por traição à Pátria, estimulador da desordem e indisciplina, além de abrir caminho para o golpe militar.[79]

O golpe, nesse momento, estava armado, se não desencadeado. No entanto, as lideranças dos sargentos, utilizando a rede de telecomunicações da FAB, entraram em contato com oficiais alocados em setores estratégicos do Exército. Somente na capital da República, quatro comandantes, entre eles o do Regimento Mecanizado, ficaram de sobreaviso. Com a sólida rede de informações que montaram ao longo dos anos, os sargentos estavam a par do que se tramava nos quartéis de todo o país, a favor ou contra a legalidade. Na mesma noite, o general Odílio Denys, comandante do I Exército, dirigiu-se à residência de Lott.[80] Conversando sobre a situação, Denys alertou-o sobre a grande agitação na Marinha e na Aeronáutica, aconselhando que conviria que o Exército fosse posto em prontidão. Lott discordou alegando que, pelo imenso número de homens, a medida iria amedrontar a população. Além disso, não queria garantir a legalidade com um ato ilegal. Denys, contrariado, retirou-se. Embora respeitando a decisão de Lott, demonstrou sua insatisfação.

Nesse momento, porém, oficiais que integravam o MMC rumaram para a residência do general Zenóbio da Costa, decididos a desencadear movimento militar para garantir a legalidade. O general Odílio Denys estava incomodado com os grupos de esquerda que atuavam naquela organização, segundo Karla Carloni. Denys tomou conhecimento da reunião e do objetivo de deflagrar insurreição militar para impedir o golpe que se anunciava. Ao chamar o general Lott para liderar o movimento, Odílio Denys queria antecipar-se à intervenção militar do MMC.[81]

Ao mesmo tempo, o general Augusto Frederico Correia Lima, comandante da Artilharia da Costa, articulava a revolta militar.[82] Indignado com a humilhação imposta ao chefe do Exército, atitude que considerava uma afronta a todos os generais, telefonou para vários deles, inclusive para o general Denys. Um dos mais exaltados foi o comandante da Vila Militar, general Azambuja Brilhante, militar de grande prestígio na tropa. Após conversar com Correia Lima também ligou para Denys, expressando seu inconformismo e a necessidade de reação do I Exército para resguardar a honra de todos os chefes militares. A princípio, Denys levantou dúvidas sobre a adesão de outros comandantes, inclusive do próprio Lott. Brilhante se comprometeu a entrar em contato com os generais com comando de tropa e sobre o ministro da Guerra limitou--se a dizer: "Depois que tomarmos nossa posição, ele será informado e escolhido para chefiar o movimento." O comandante do I Exército, convencido pelo colega, limitou-se a declarar: "Já que tomaremos atitude tão séria, seja o que Deus quiser!" Assim, o general Brilhante passou a ligar para comandantes de unidades. A maioria já tinha conversado com o general Correia Lima. Todos, sem exceção, apoiaram a intervenção. Em menos de uma hora, a rebelião militar estava combinada, e cerca de

30 generais marcaram, para as 22 horas daquela noite, reunião na casa de Denys. O comandante do II Exército, general Falconieri da Cunha, casualmente em visita ao Rio de Janeiro, também foi convocado para o encontro.

Enquanto a rebelião era discutida, na casa ao lado, separada apenas por um muro, o general Lott, na solidão de seu quarto, refletia sobre os acontecimentos que acabara de presenciar.[83] Um presidente da República apoiando insubordinações e pactuando para impedir a posse do candidato legitimamente eleito pela população, enquanto os ministros da Marinha e da Aeronáutica, ao lado dos grupos civis golpistas, punham suas tropas de prontidão. Lott convenceu-se de que as forças de ar e mar tramavam o rompimento institucional. Na verdade, o ministro da Guerra já sabia quais eram as intenções dos conspiradores: dissolver o Congresso, intervir no Judiciário e impor um militar na presidência da República – planos, aliás, pregados publicamente por Carlos Lacerda. A tentativa de golpe era clara e, certamente, pensou, haveria reação dos militares legalistas. A guerra civil era uma possibilidade. Determinado, ele telefonou para Denys, utilizando o aparelho de campanha que ligava as duas residências, evitando, assim, escutas clandestinas. A conversa entre eles foi rápida. O comandante do I Exército comunicou a decisão dos generais de intervirem no processo político, com a liderança do próprio Lott. Não se tratava propriamente de uma rebelião, disse Denys, mas, sim, do que os comandantes definiram como um contragolpe em defesa da Constituição. Escolheram, inclusive, o nome para qualificar a reação militar: "Movimento de retorno aos quadros constitucionais vigentes". Para a surpresa de alguns generais, Lott imediatamente concordou com a intervenção militar sob sua liderança.[84] Nesse momento, porém, sua mulher o interrompeu dizendo que um grupo de sargentos, entre eles José Maria dos Santos, Molinaro, Vítor Hugo, Lacerda e Bornhauser, estava na porta da casa querendo conversar com ele. Antes, eles tinham passado em frente à residência de Denys e viram, pelas janelas, vários generais reunidos. Ainda de pijama, Lott, do alto das escadas, observou os sargentos, todos conhecidos. Molinaro, escolhido pelo grupo, subiu os degraus e tentou convencê-lo a tomar uma atitude: "O senhor tem o apoio, os generais estão ali reunidos para dar apoio, nós estamos aqui, todas as guarnições já estão prevenidas, todo o pessoal sob o seu comando."[85] Com a decisão já tomada, ele pediu alguns minutos e logo retornou fardado. Assim, um pouco depois das 23 horas, chegou na residência de Denys. Após traçarem estratégias de atuação, foram para o Ministério da Guerra. O contragolpe deveria ser rápido, verdadeiramente fulminante e, sobretudo, sem sangue.

RETORNANDO AOS QUADROS CONSTITUCIONAIS VIGENTES

Com o apoio das guarnições do Exército na capital da República, o general Lott sentiu-se fortalecido para insurgir-se contra Carlos Luz. No Ministério da Guerra, equipes de técnicos, após complicadas operações, permitiram que ele, por rádio, se comunicasse com comandantes militares de vários estados. A diversos generais, em voz alta devido à precariedade dos equipamentos de comunicação, o ministro afirmou: "Aqui fala o general Lott. Os generais do I Exército, com o general Denys à frente, decidiram não atender ao ato do presidente da República, que me demitiu do cargo de ministro da Guerra. Nossos objetivos são manter a ordem, a Constituição da República e fazer respeitar as leis do país. Quero saber qual a sua posição."[86] Todos se manifestaram solidários com o ministro, à exceção do general Joaquim Fernandes Távora, irmão de Juarez Távora, que, no entanto, por razões de disciplina, passou o comando da guarnição a um coronel favorável a Lott.

Logo a seguir, em nota a todos os comandos militares do país, o general expediu a seguinte proclamação:

> Tendo em conta a solução dada pelo presidente Carlos Luz no caso do coronel Mamede, os chefes do Exército, julgando tal ato de positiva provocação aos brios do Exército, que viu postergados princípios de disciplina, decidiram credenciar-nos como intérpretes dos anseios do Exército, objetivando o retorno da situação aos quadros normais do regime constitucional vigente. Acreditamos contar com a solidariedade dos companheiros da Marinha e da Aeronáutica, e apelamos para os governadores estaduais, solicitando o apoio a essa atitude.[87]

O general Odílio Denys tornou-se o mais importante aliado de Lott. As tropas do Rio de Janeiro, Espírito Santo, Minas Gerais e São Paulo imediatamente alinharam-se pela legalidade. Mas o ministro da Guerra não queria uma solução estritamente militar para a crise. Por telefone, convocou o vice-presidente do Senado, Nereu Ramos, e o líder da maioria na Câmara, José Maria Alkmin. No Ministério da Guerra, os três, junto a outros generais, procuraram dar uma saída legal ao movimento, com a indicação de um outro civil à presidência. Lott insistiu que o único desejo do Exército era preservar a legalidade e o regime democrático. Assim, ainda no dia 11, em solução negociada entre o PSD e os militares – com o apoio do PTB e os votos contrários da UDN –, a Câmara dos Deputados, em sessão extraordinária, votou o "impedimento" de Carlos Luz e, obedecendo à Constituição, convocou o substituto imediato na linha de sucessão, Nereu Ramos. Em novo comunicado a todas as guarnições do país, Lott informou:

> O presidente do Supremo Tribunal Federal, o presidente do Senado Federal e o presidente da Câmara dos Deputados declaram-se solidários com o movimento tendente ao retorno da situação aos quadros normais do regime constitucional vigente. A totalidade dos oficiais generais desta guarnição, bem como os comandantes das zonas militares Centro e Norte

e comandantes da 5ª Divisão de Infantaria se manifestaram solidários. O Poder Legislativo foi convocado extraordinariamente para encaminhar a solução definitiva da presente situação.

Sentindo perder o controle do poder, Carlos Luz, acompanhado de mais 11 pessoas, seguiu para o Arsenal de Marinha. Ali, o grupo golpista embarcou no cruzador *Tamandaré*, sob o comando do almirante Sílvio Heck, junto com o coronel Mamede, o ministro da Justiça Prado Kelly e Carlos Lacerda. O objetivo era seguir para Santos e, em território paulista, estabelecer o governo. As ordens de Lott eram para impedir a saída do cruzador da baía da Guanabara. As orientações dadas ao comandante da Artilharia da Costa foram claras: "Primeiro dê tiros de pólvora seca; depois mais tiros de intimidação; se ele continuar, então tem que atirar na frente do navio; finalmente, atirar em cima."[88] Para Lott, a chegada do cruzador a Santos poderia significar o início da guerra civil. No entanto, utilizando um cargueiro que por ali passava como escudo, Sílvio Heck avançou para a barra e, mesmo sob fogo dos canhões do forte de Copacabana, o cruzador avançou para alto-mar. No entanto, o resto da esquadra não saiu dos atracadouros. Receosos dos tiros de canhão, outros almirantes resolveram não arriscar. O *Tamandaré* ficou só.

As tropas do Exército na capital federal eram muito superiores em número às das outras duas forças. Assim, soldados tomaram o Arsenal de Marinha, o Campo dos Afonsos, além de cercarem o Aeroporto Santos Dumont e a Base Aérea do Galeão, na Ilha do Governador.[89] Tanques, carros blindados e 6 mil homens estacionaram na ponte de acesso à ilha. Distantes apenas 500 metros, sentinelas das duas forças se encaravam com metralhadoras nas mãos. No final do dia, sob chuva torrencial, as tropas legalistas se movimentaram para tomar a base aérea. Os protestos dos ministros da Marinha e da Aeronáutica, alegando a ação "ilegal e subversiva" de Lott, foram inúteis.

As estações de rádio e os jornais foram igualmente cercados. Tropas da Polícia do Exército, portando metralhadoras, tomaram os prédios dos Correios e Telégrafos, do Banco do Brasil e de outras repartições públicas. Também a Câmara dos Deputados foi cercada, somente sendo permitida a entrada de deputados e senadores. Enquanto isso, os moradores da orla marítima, do Leme ao Leblon, colaram tiras de papel nos vidros das janelas, temendo os estrondos dos canhões do Forte. Por telefone ou mesmo pessoalmente, armazéns, frigoríficos e distribuidores de leite recebiam pedidos extras de mantimentos para abastecer as famílias de diversos bairros.

Sem alternativas para ficar na capital da República, Eduardo Gomes, líder militar da insurreição, acompanhado pelos brigadeiros Gervásio Ducan, Márcio de Melo e Souza e Guedes Muniz, partiu de avião para São Paulo. Os 22 caças Gloster Meteor da Força Aérea levantaram voo, acompanhando-os. Naquele estado seria decidido o futuro político do país. Os planos dos golpistas eram instalar o governo de Carlos Luz em Santos, ganhar o apoio do governador Jânio Quadros, dispondo, assim, das polícias civil e militar do estado e contar com a insubordinação de chefias de regimentos da capital. O brigadeiro Ivan Borges e o general Tasso Tinoco, este primo de Eduardo Gomes e comandante da 2ª Divisão de Infantaria, sediada na capital paulista, mostraram-se disponíveis para a insurreição. Segundo Flávio Tavares, Jânio Quadros comprometeu-se a apoiar Carlos Luz, mobilizando a poderosa Força Pública paulista. Lott, no entanto, enviou uma mensagem ao cardeal-arcebispo de São Paulo, dom Carlos Carmelo de Vasconcelos Mota. Apresentando-se "mais como católico do que como militar", solicitava que o cardeal avisasse ao governador que qualquer resistência seria inútil e sangrenta.[90]

Chegando em São Paulo, Eduardo Gomes conversou com o governador e partiu para Santos, à espera do *Tamandaré*. No entanto, o governador, o presidente da Assembleia Legislativa, Franco Montoro, e o presidente do Tribunal de Justiça posicionaram-se a favor da ordem legal. Jânio Quadros recuou do apoio a Carlos Luz quando o Congresso Nacional confirmou Nereu Ramos na presidência da República. Independentemente disso, os militares leais ao ministro da Guerra movimentaram-se rapidamente. O objetivo era anular os comandos golpistas em São Paulo. Um oficial do Exército, enviado por Lott, impediu qualquer movimentação da Polícia Militar e ergueu trincheiras em uma praça da cidade. Tropas de Minas Gerais, Mato Grosso e Paraná convergiram muito rapidamente para a capital paulista. O Regimento de Carros de Combate, sediado em Campinas, confirmou solidariedade a Lott. O general Jaime de Almeida, comandante das forças em Belo Horizonte, propôs deslocar suas tropas para Juiz de Fora e, dali, avançar para a Guanabara, impedindo qualquer outra movimentação golpista. No entanto, não foi preciso. O comandante do III Exército, no Rio Grande do Sul, inicialmente titubeou, mas, conversando com Lott, ficou convencido de sua causa. O general Tinoco, aliado de Eduardo Gomes, ao acordar pela manhã, tinha ao seu lado apenas um pequeno grupo de reconhecimento.

Sob o comando dos generais Olímpio Falconieri da Cunha e Stênio de Albuquerque Lima, as tropas legalistas, sediadas no interior do estado, movimentaram-se rapidamente e entraram na capital, tomando o Quartel-General da 2ª Região Militar. No entanto, até chegar na capital paulista e assumir o comando da tropa, Falconieri foi preso por um destacamento da Aeronáutica e levado para conversar com Eduardo Gomes. O brigadeiro perguntou-lhe de que lado estava. O general prontamente respondeu: "Naturalmente, estou do lado da lei."[91] Em liberdade, Falconieri tomou a cidade de São Paulo e, no Aeroporto de Cumbica, procurou Tinoco para dar-lhe voz de prisão. No entanto, não foi preciso, pois ele já tinha se apresentado ao general Costa e Silva, comandante do Regimento de Infantaria de Caçapava, entregando-se como prisioneiro.[92] Depois, as tropas legalistas ocuparam a Via Anchieta, estrada estratégica, pois ligava a capital a Santos, e logo tomaram a cidade portuária.

A situação estava perdida para os golpistas, sobretudo quando Lott assumiu, ele mesmo, a pasta da Aeronáutica e "nomeou" o novo ministro da Marinha, um oficial defensor da ordem legal. Do *Tamandaré*, Carlos Luz enviou mensagens para o almirante Amorim do Vale e para o brigadeiro Eduardo Gomes: que cessassem qualquer resistência. Encerrava-se, assim, a tentativa de rompimento constitucional com a vitória do grupo legalista do Exército.

Como todo golpe militar, a repressão política e a censura à imprensa foram impostas ao país, embora de maneira seletiva, voltadas para os grupos civis golpistas. Enquanto a *Tribuna da Imprensa* foi impedida de circular e a Rádio Globo foi silenciada, ambas tomadas por forças militares, o *Correio da Manhã* e a *Última Hora*, que pregavam a legalidade, nada sofreram. O Clube da Lanterna foi invadido pelo Dops, que apreendeu arquivos, documentos e prospectos pregando o golpe. Não se têm notícias de repressão ao movimento sindical. Na avenida Rio Branco, estudantes secundaristas enforcaram, em uma árvore, um boneco estilizado de Lacerda. Nas calças, com listras brancas, vermelhas e azuis, da cor da bandeira norte-americana, lia-se o nome da empresa Esso. Um cartaz, nas costas, dizia: "Deveria ser esse o fim de todos os golpistas."[93] Nesse meio-tempo, uma personalidade política, em conversa com Lott, insinuou que, já que ele estava no poder, deveria mantê-lo. O general, com indignação, respondeu: "Não. Agi porque não tinha outra solução, mas atuarei dentro do quadro constitucional vigente. Será empossado aquele que a Constituição determina que seja o substituto de Café Filho."[94]

Ao final, as lideranças golpistas não sofreram punições. Eduardo Gomes, ao voltar para o Rio de Janeiro, apresentou-se ao novo ministro da Aeronáutica e, no dia seguinte, foi à missa. O *Tamandaré* retornou à baía de Guanabara. Os militares amotinados, como o almirante Penna Botto, apresentaram-se a seus superiores e foram para suas casas. O coronel Mamede ficou detido, mas posto em liberdade dias depois. Juarez Távora obteve "licença especial" de três meses. Os civis, como Prado Kelly, rapidamente saíram do porto sem dar entrevistas. Carlos Luz recebeu, em sua residência, a solidariedade dos amigos.[95] Carlos Lacerda, embora com imunidade parlamentar, preferiu sair do país. Acompanhado pelo diretor da Polícia Política, o jornalista seguiu do cais para a casa de Carlos Luz. Dali, foi para a embaixada de Cuba, onde conseguiu asilo político. Até a partida para os Estados Unidos, receoso de ser preso, escondeu-se durante três dias em uma caixa-d'água vazia.[96]

Contudo, os grupos civis e militares, mesmo derrotados, continuaram, ainda que de forma tímida, suas pregações. O Diretório Nacional da UDN, em nota oficial, insurgiu-se contra o governo de Nereu Ramos e denunciou uma conspiração contra o partido. Afirmando a autoridade legítima de Carlos Luz, os udenistas acusaram o movimento de 11 de novembro como o resultado da "sedição e da indisciplina", um "golpe desferido contra as nossas instituições constitucionais". Segundo a nota, "estamos em face de um poder que procura revestir-se de legalidade, mas que está assinalado pela rebeldia contra a autoridade legitimamente constituída".[97] Os udenistas criaram a expressão "novembrada", junção de novembro com quartelada, para desqualificar o movimento liderado pelo ministro da Guerra. O contra-almirante Aurélio Linhares, em telegrama a Lott, acusou o general de cometer grave indisciplina: "revoltou-se contra seu presidente constitucional, tornando mentirosas as promessas de respeito à Constituição. Não conheço em Vossência autoridade legal para se tornar o grande eleitor do país".[98]

A ESPADA DO POVO

Após a consolidação do movimento, o general Lott deu entrevista coletiva a jornalistas. Com um revólver na cintura e a Constituição nas mãos, o ministro disse que teria faltado ao seu dever se não houvesse cortado pela raiz a conspiração contra as instituições democráticas. Citando o artigo 177 da Constituição, lembrou que cabia às Forças Armadas garantir os poderes, a lei e a ordem: "E foi o que fizemos", acrescentou. A seguir, acusou os ex-ministros da Marinha e da Aeronáutica, o coronel Mamede, Carlos Luz e Carlos Lacerda de conspiradores, sendo que o último foi identificado como o cabeça da sedição. Sobre as punições, no entanto, alegou que se tratava de problema que fugia à alçada do Ministério da Guerra.[99]

No dia seguinte ao golpe, dia 12 de novembro, vários dirigentes sindicais da capital federal reuniram-se na sede do PTB. O presidente do Sindicato dos Metalúrgicos, Benedito Cerqueira, tomou a palavra e, avaliando a atitude do general Lott, disse: "As forças do bem derrubaram as forças do mal." Continuando, alegou que "o Exército Brasileiro estendeu a mão ao povo. A atuação das Forças Armadas encontrou o mais decidido apoio do povo. A legalidade foi defendida e mantida. Mas devemos, nós, trabalhadores, continuar alertados para repelir os golpistas. Estaremos sempre ao lado das Forças Armadas para a preservação da democracia. Lutaremos, em todos os sentidos, em defesa da legalidade".[100] Ao final dos trabalhos, os sindicalistas resolveram visitar o ministro da Guerra e o presidente da República, Nereu Ramos, levando a eles a solidariedade dos trabalhadores na defesa do regime constitucional.

Diversos sindicatos do estado da Guanabara, por meio de suas lideranças, manifestaram apoio a Lott. O presidente da União dos Ferroviários, em telegrama, hipotecou total solidariedade ao ministro e declarou que "mais uma vez o glorioso Exército Nacional, sob a sadia e patriótica orientação de V. Exa., colocou-se à altura de suas tradições, comungando com a grande maioria do povo brasileiro e fazendo respeitar nossas instituições democráticas". O líder sindical dos metalúrgicos, em telegrama à presidência da República, ao Senado e aos ministros do Trabalho e da Guerra, elogiou o último, que impediu "a implantação de medidas subversivas e extralegais". Também enviaram telegramas de solidariedade a Lott os sindicatos dos jornalistas, hoteleiros, marceneiros, bancários, gráficos, têxteis, professores, entre diversos outros.

Em manifestação pública, dirigentes sindicais no Rio de Janeiro e em vários outros estados, trabalhadores organizados em comissões de fábrica e aqueles provenientes dos subúrbios e favelas encontraram-se em frente à Câmara dos Deputados para apoiar os parlamentares pela manutenção da ordem legal.[101] Faixas pediam a punição dos golpistas, elogiavam o Exército, bem como o general Lott. Chamava atenção no ato a participação de muitas mulheres, operárias e funcionárias públicas, mas também aquelas provenientes dos morros e favelas cariocas. No final da tarde, com as escadarias da Câmara lotadas, o gráfico Figueiredo Álvares afirmou, perante os deputados presentes, a fé e a confiança na democracia e na legalidade. Denunciando o atentado aos direitos do povo, alegou que os golpistas "queriam reduzir o Brasil a uma simples ditadura. Foram, porém, derrotados graças à firmeza das Forças Armadas no combate a eles e, particularmente, à atuação do Exército. E no meio de tudo isto destacou-se a figura do general Lott". Sebastião dos Reis, presidente do Sindicato dos Têxteis, lamentou a complacência com os traidores, "inimigos confessos do regime, da democracia e do proletariado. A sua impunidade poderá se transformar em incentivo aos liberticidas". Após os discursos de vários outros sindicalistas, teve início a passeata, cujas principais palavras de ordem eram as de denunciar os golpistas e pedir a sua punição.

Em São Paulo, reunidos em assembleia, diversos líderes sindicais, como o dos metalúrgicos, bancários, aeroviários, marceneiros, gráficos, tecelões, sapateiros, ferroviários e da indústria de alimentos, lançaram um manifesto para a população. Entre diversos pontos, eles pediam que os operários se reunissem em seus locais de trabalho e, em assembleias, discutissem meios para preservar as liberdades democráticas; garantir as conquistas já obtidas, como a Previdência Social e a Consolidação das Leis do Trabalho; além de protestar contra a alta dos preços, permitindo a melhoria do padrão de vida dos assalariados. Além disso, pregaram a união dos trabalhadores com os estudantes. Pediram, também, que "a população se mantenha unida e vigilante e prestigie todas as ações democráticas das Forças Armadas e do Congresso Nacional". Em telegrama aos poderes Executivo e Legislativo, eles também exigiram a vigilância na defesa da Constituição.[102]

Outras organizações igualmente aplaudiram o general Lott, como a União Cívica 5 de Julho e a Associação de Juristas Democratas. A Associação dos Ex-Combatentes, alegando ter lutado contra o nazifascismo, reafirmou sua "posição contra a atitude antipatriótica dos grupos antidemocráticos e terroristas" que pregavam contra a Constituição. Diversas Câmaras Municipais enviaram telegramas. O Diretório Acadêmico da Faculdade de Filosofia da Universidade do Brasil (atual UFRJ) enviou carta elogiosa ao general Lott, apoiando as atitudes patrióticas das Forças Armadas, mas denunciando que o golpe "seria acompanhado do extermínio físico de inúmeras personalidades civis e militares", exigindo, assim, a apuração de responsabilidades. Além do apoio que o general recebeu de vários governadores de estados, Juscelino Kubitschek, em telegrama a Lott, disse que "a civilização brasileira estará devendo a V. Exa. serviço inestimável [...]. Deus guarde sua vida tão preciosa para o bem do Brasil e paz do nosso povo".[103]

O prestígio de Lott, nesse momento, era difícil de ser mensurado. No dia 16 de novembro, data de seu aniversário, várias homenagens lhe foram prestadas. Em missa de ação de graças, a igreja da Candelária foi pequena para receber milhares de pessoas. A maioria ficou do lado de fora. Oficiais das três Forças Armadas, parlamentares, juízes, diplomatas, empresários, sindicalistas e uma multidão de trabalhadores queriam expressar admiração e agradecimentos ao general. Do lado de fora da igreja, homens e mulheres, jovens e idosos, de diversas condições sociais, aplaudiram o ministro da Guerra e esperaram longo tempo para apertar-lhe a mão. Em certo momento, agradecendo às manifestações, Lott alegou: "Nada mereço. A mim nada devem. A única coisa que fiz foi polarizar a vontade do Exército, de parte da Aeronáutica e da Marinha que não se conformaram que as armas que lhes foram confiadas fossem usadas para evitar que cidadãos eleitos" tomassem posse de seus cargos.[104] Logo depois, na sede do Ministério, novas homenagens se sucederam, sendo saudado por representantes do PSD e do PTB. Na parte da tarde, no salão nobre, seus colegas do Exército, da Marinha e da Aeronáutica o saudaram pelo aniversário.

Começava, na data de seu aniversário, o culto à personalidade de Lott. Em momentos como esse, a criação, o manejo e a difusão de representações são acelerados na imaginação política das sociedades. Distribuindo identidade, expressando necessidades coletivas e apontando para os fins a alcançar, diz Pierre Ansart, o conjunto de representações que formam um imaginário permite à sociedade fixar simbolicamente suas normas e valores.[105] Sobretudo, através dos imaginários sociais, são estabelecidos códigos que, aceitos socialmente, instituem modelos exemplares de comportamento. "Soldado da Lei", segundo o jornal *Última Hora*, foi uma dessas representações que definiam Lott.[106] As imagens do "chefe competente", do "bom súdito" e, sobretudo, do "guerreiro corajoso e leal" permitiram que a sociedade brasileira, naquele momento de crise, respondesse aos seus conflitos sociais, divisões políticas ou, ainda, forjasse a imagem dos amigos, inimigos, rivais e aliados.[107] As representações que descreviam Lott procuravam dar uma explicação racional para um evento pouco compreensível e, por isso, temerário; restabelecer a ordem à uma situação conturbada que, tudo indicava, poderia levar ao caos e à anarquia política; impor disciplina a tendências desagregadoras da sociedade; explicar, por fim, como as legiões do Bem derrotaram, no momento decisivo, as hostes do Mal.

No dia 20 de novembro, um repórter visitou a galeria Cruzeiro. Novamente os grupos formados discutiam política, sobretudo a atitude de Lott. Luiz Americano, compositor e saxofonista, exaltado, dizia: "Basta de golpes! Vamos obedecer à Constituição. O país precisa de paz para progredir. O general Teixeira Lott é um brasileiro digno. Merece o afeto de todos os patriotas."[108] O motorista Antônio Ferreira, após mostrar satisfação com a garantia de posse de Juscelino, saudou Lott que, na sua opinião, "agiu sem paixão e da melhor maneira para salvaguardar a lei e a ordem". O gari Isaías Gomes, junto do colega Francisco Santos, declarou: "Eles estão certos! Olharam a lei. Merecem palmas de toda gente. Agora, que os 'homens' eleitos tomem posse." O comerciário Américo Pereira, por sua vez, afirmou que a Constituição "deve ser mantida – isso custe o que custar. A lei deve estar acima do individualismo de cada um". Três barbeiros também se manifestaram. Um deles, com o apoio dos outros, disse que as armas da Nação garantiram a lei, a Constituição e os princípios de liberdade. Mais ainda, "se o general Lott quiser, também pegaremos em armas, quando for preciso, na salvaguarda do regime e das instituições".

No entanto, os tanques do general Lott não ficaram estacionados por muito tempo. No dia seguinte, em 21 de novembro, Café Filho, recuperado, saiu do hospital pretendendo assumir a presidência da República. As tropas do Exército novamente tomaram os prédios públicos. A Câmara dos Deputados, imediatamente reunida, votou o *impeachment* de Café Filho e confirmou Nereu Ramos à frente do Poder Executivo. O Congresso também aprovou a solicitação de estado de sítio por um mês, prorrogado até 31 de janeiro de 1956, quando Juscelino e Goulart, finalmente, tomaram posse.

A FARDA E O MACACÃO: A FRENTE DE NOVEMBRO

O contragolpe liderado por Henrique Lott liberou tendências nacionalistas dentro das Forças Armadas, particularmente no Exército, próximas ao PTB e que, até então, atuavam com discrição política. Os trabalhistas, a partir daí, deram-se conta de que os udenistas não tinham o monopólio dos quartéis e passaram também a dispor de suas "tropas", concorrendo diretamente com a direita. Como afirma Maria Celina D'Araujo, "o PTB ganhou uma oportunidade única de competir com a UDN no proselitismo dentro das Forças Armadas".[109] Assim, em março do ano seguinte, o coronel Nemo Canabarro Lucas fundou a Frente de Novembro, organização que congregava militares, tanto oficiais quanto sargentos, sindicalistas, petebistas e comunistas, unidos em torno dos ideais do nacionalismo e da democracia. O general Lott surgia como a figura central do movimento, enquanto o vice-presidente João Goulart, o maior incentivador da Frente, assumiu, não casualmente, o cargo de presidente de honra da organização. As lideranças incontestáveis do Exército e do trabalhismo, portanto, alinharam-se em um mesmo campo político. A partir daí, os políticos do Clube da Lanterna, apoiados por grupos de oficiais da Aeronáutica, teriam que enfrentar, inclusive nas ruas, os "novembristas".

Henrique Baptista Duffles Teixeira Lott, desde os episódios de 11 de novembro de 1955, surgiu na política brasileira como um homem imbuído de carisma. É verdade que, na história contemporânea do país, ele ficou conhecido como um general politicamente anódino. No entanto, trata-se de um conhecimento *a posteriori*, sobretudo após disputar a presidência da República concorrendo com Jânio Quadros. Nos episódios de novembro de 19555, todavia, a imagem do militar era outra, a do grande líder político. Mas o que interessa ressaltar, aqui, é que muitos textos que trataram da política brasileira entre 1930 e 1964 aproximaram as expressões *liderança política* e *carisma*, sobretudo para dar fundamento ao conceito de *populismo*. Sem dúvida, para aquela temporalidade, muitos foram chamados de carismáticos e os diversos enfoques preocuparam-se, em particular, com a psicologia do líder e das massas. Ambos, no dizer de Clifford Geertz, seriam "um produto da psicopatologia que a desordem social alimenta". Com clichês neofreudianos, o estudo da autoridade pessoal se transforma, no dizer do antropólogo norte-americano, "em uma investigação do exibicionismo e da neurose coletiva".[110]

Seguindo as indicações teóricas de Geertz para o estudo do tema, compreendo o carisma de Lott na conexão entre o valor simbólico que o general assumiu na sociedade brasileira da época e a relação que ele manteve com os centros ativos da ordem social.[111] Tais centros atuam onde as ideias dominantes na sociedade fundem-se com suas instituições para dar lugar a uma arena em que ocorrem eventos que influenciam a vida de todos os indivíduos de maneira fundamental. Em outras palavras, o carismático não é aquele que possui atrativos, especialmente populares, nem é possuidor de magnetismos psicologizantes, mas sim alguém que está próximo ao centro de atividades muito importantes. Assim, podem ser qualificados de carismáticos não apenas os políticos, mas artistas, cientistas, religiosos ou militares. Significa, também, que eles não precisam de formas extravagantes de expressão e muito menos surgem como um fenômeno passageiro. Trata-se, no dizer de Geertz, de "um aspecto permanente da vida social, que, ocasionalmente, explode em chamas". Como em 11 de novembro de 1955.

Juscelino Kubitschek assumiu a presidência da República em 31 de janeiro de 1956. No seu ministério, o general Lott foi nomeado para a pasta da Guerra. Em 11 de novembro, um ano após o golpe preventivo que garantiu a posse de Juscelino, a Frente de Novembro organizou um grande evento para homenagear o general Lott. Goulart empenhou-se pessoalmente para o sucesso da manifestação. Além da mobilização nos meios militares, sindicais, partidários e políticos, com vários discursos programados para exaltar o ministro da Guerra, o comício culminaria com a entrega de uma espada de ouro ao general, simbolizando a luta pela legalidade e pela democracia.

Desde a manhã do dia 11, o palanque armado em frente ao Ministério da Guerra, na Central do Brasil, chamava atenção. Na saída da estação Pedro II, onde milhares de trabalhadores passavam após saírem dos trens que vinham dos subúrbios, a espada de ouro estava exposta com um cartaz que dizia: "A dívida de gratidão." Alto-falantes convocavam a população para o evento, enquanto os sindicalistas mobilizavam suas bases para comparecerem às homenagens. Transportes gratuitos, saindo de vários pontos da cidade, estavam à disposição da população. O SAPS, serviço de alimentação para os trabalhadores de baixa renda, melhorou o cardápio naquele dia: arroz, feijão, ensopado de carne, batatas, duas bananas, pão e café.[112]

Às 17 horas, a multidão, calculada em 20 mil pessoas, cercava o palanque. Muitos carregavam faixas com frases sugestivas: "A farda e o macacão unidos pelo Brasil"; "Em homenagem ao 11 de novembro os camponeses de Volta Redonda marcham com Lott, Jango e Juscelino pela reforma agrária"; "PTB, diretório de Vila Cava, saúda o general Lott." O representante da União dos Trabalhadores Favelados chegou com duas cestas de flores. Uma organização política, intitulada "Jornada Justiceira Juscelino e Jango", oferecia bandeirinhas com o rosto do presidente, do vice e de Lott. Também distribuía panfletos com um aviso a Carlos Lacerda: "Se regressas da Europa regenerado e bem-intencionado, com o propósito de respeitar as autoridades constituídas da nação, o Brasil te recebe de braços abertos, porém, se teu fito é continuar a confundir a opinião pública a fim de pregar a guerra civil, a Jornada Justiceira Juscelino e Jango atravessará teu caminho mostrando ao povo a verdade despida de paixões."

O evento foi um sucesso em termos políticos. Estiveram presentes nove ministros de Estado, o prefeito Negrão de Lima, dois senadores,

15 deputados federais, três vereadores, o ministro da Aeronáutica e todos os generais e comandantes de unidades do I Exército.[113] Cento e quinze parlamentares, entre deputados e senadores, assinaram uma moção de homenagem.

Inicialmente, ainda sem a presença de Lott, discursaram líderes sindicais, como o dos marítimos e dos gráficos, deputados do PTB e do PSD e representantes da Frente de Novembro em seus estados.[114] Em certo momento, porém, o general saiu pela porta principal do Ministério da Guerra, o que interrompeu o discurso do sr. Luiz Corrêa. Cercado pela guarda de oficiais, por ministros de Estado, parlamentares, vários generais e pelo próprio João Goulart, Lott, fardado e trazendo no peito suas condecorações, levantava a mão constantemente em gesto de agradecimento aos aplausos que recebia. O barulho dos fogos de artifício, as palmas e os gritos da multidão obrigaram Corrêa a interromper seu discurso definitivamente. No trajeto entre a porta principal do Ministério e o palanque, Lott assistiu a pequenos incidentes: empurrões de fotógrafos, militares perdendo os quepes, ministros de Estado imprensados nas cordas de isolamento, deputados se esforçando para serem fotografados com o homenageado, entre outras situações.

Já no palanque, os discursos foram retomados. Roberto Silveira, vice-governador do estado do Rio de Janeiro, Eurypedes Aires Castro, líder sindical dos metalúrgicos, Elvira Mariot e Maria de Lourdes, ambas representando o Departamento Feminino do PTB, o coronel Nemo Canabarro, presidente da Frente de Novembro, e o general Flores da Cunha, deputado da UDN, deram continuidade aos agradecimentos a Lott, lembraram os acontecimentos de um ano antes, exaltaram a democracia e clamaram pelas reformas. Nemo Canabarro, em certo momento de seu discurso, sintetizou os objetivos da Frente. Para o coronel, era preciso formar um exército de trabalhadores para marchar sob as ordens do general Lott na luta contra os reacionários. Para derrotar os golpistas, a solução era unir os soldados aos trabalhadores que, juntos, marchariam a serviço da Pátria. Por fim, afirmou que "um quarto de século pertenceu a Getúlio Vargas e o outro quarto de século, que começou a 11 de novembro, se abre com a figura do general Henrique Teixeira Lott".

Os discursos seguintes foram os mais importantes e significativos para resgatar o clima político-cultural de meados da década de 1950. Naquele momento, nacionalismo e democracia eram as palavras de ordem das esquerdas, empolgando parcelas significativas da sociedade. Nacionalismo significava a independência econômica e política do país, cuja consequência mais imediata seria a melhoria do nível de vida da população. Democracia, por sua vez, não traduzia tão somente os ritos formais da democracia-liberal, mas implicava, sobretudo, a ampliação dos direitos políticos e sociais dos trabalhadores.

O primeiro discurso, pronunciado pelo prefeito de São Paulo, Wladimir de Toledo Pizza, sintetizou o ideário de trabalhistas, comunistas, sindicalistas e militares reunidos na Frente de Novembro. Inicialmente, o prefeito denunciou a situação de miséria, de enfermidade e de fome dos trabalhadores que viviam em favelas, com salários miseráveis e flagelados ainda pela inflação dos preços. Se o regime servil foi abolido em 1888, alegou, "a imensa maioria da nossa população vegeta em condições piores que ao tempo da escravidão". As algemas que oprimem os trabalhadores, no entanto, não são mais jurídicas, mas econômicas. Desse modo, no interior do estado de São Paulo, denunciou, há assalariados, nas fazendas de café, que nunca viram papel-moeda, embora a jornada de trabalho seja de sol a sol. "Enquanto isso acontece, vivendo do trabalho alheio, sentada em fofas poltronas de clubes de luxo, há uma minoria de homens de mãos macias, de homens que não trabalham, mas que, todos os anos, graças à exploração desenfreada que a nossa legislação permite, multiplicam os seus milhões, muitas vezes, recebidos por herança de ganhos facilmente na especulação." São eles, continua em sua análise, que se julgam a elite dirigente, aqueles que se dizem com o direito de governar o país. Gozando de privilégios, como na época medieval, afastaram-se do povo, não entendem seus anseios e sua linguagem. Em sua ânsia de lucrar e dominar, recorrem a artifícios, "falam em nome de Deus", gastam milhões em propaganda eleitoral e "procuram criar, entre nós, uma mentalidade derrotista, sempre disposta a reconhecer a superioridade e a supremacia de outras nações".

Para o prefeito paulistano, as elites do país, aliadas a grupos estrangeiros, submetem o Brasil a um regime semicolonial, embora se tornem, com essa situação, uma casta privilegiada. Os grupos capitalistas externos, por sua vez, ávidos de riquezas, debilitam a economia nacional e tumultuam a vida política do país insuflando revoltas. "O Brasil quer emancipar-se", alegou, e tornar-se uma nação "livre, forte e independente". Para isso, é necessário lutar contra as forças internas e externas que impõem ao país o regime de espoliação. Não se trata, no entanto, de um programa contrário à participação da técnica e do capital estrangeiro. O desenvolvimento econômico do país, frisou, exige a colaboração estrangeira, tanto em tecnologia quanto em capitais. Contudo, "não queremos e não toleramos que, em nome dessa colaboração, aqui se instalem bombas de sucção do produto do nosso esforço". Dirigindo-se a Lott, o prefeito pediu que ele observasse o clamor de diferentes classes sociais, dos trabalhadores, dos analfabetos, dos camponeses, dos operários urbanos que pedem direito à educação, reforma agrária, liberdade sindical e a libertação econômica e política do Brasil. Por fim, lembrou que, com a morte de Getúlio Vargas, assassinado pelos inimigos do povo, abriu-se um hiato na história do país. Era necessário, portanto, um novo estadista. "E esse líder só pode ser um homem de bem, um homem probo, um patriota, alguém que, disposto a todos os sacrifícios, encarne as tradições mais caras de nossa terra." Traduzindo em palavras uma imagem que se fortalecia entre as esquerdas naquele momento, sobretudo os trabalhistas, afirmou: "Esse homem deve ser encontrado nas fileiras do Exército, porque, no Brasil, o Exército é o povo fardado."

A seguir, João Goulart igualmente expressou os anseios que passaram a unir as esquerdas aos militares nacionalistas. Para os trabalhadores, argumentou o líder trabalhista, o 11 de novembro significava "que no Brasil a era dos golpes de mão está definitivamente encerrada e que ninguém irá ao poder contra a vontade soberana do povo". Qualquer intervenção militar somente ocorreria no sentido de preservar a vontade popular, e não à sua revelia. Goulart insistiu na união dos poderes civil e militar, reafirmando que os homens de farda estavam profundamente impregnados do senso de legalidade, recusando o chamado de políticos ressentidos que, querendo beneficiar-se do regime de exceção, procuravam intrigar os quartéis com os partidos políticos. A unidade entre o Exército e os trabalhadores estava selada, afirmou o vice-presidente. Sobretudo, a aliança, a identificação e o entendimento do povo com as classes armadas convergiam para o nacionalismo. Não o nacionalismo xenófobo e irracional, mas sim o "nacionalismo esclarecido, pragmático, construtivo, que quer dar uma consciência à nação e não consente em ver sair do nosso território o centro de decisão e orientação dos nossos próprios problemas. Um nacionalismo, enfim, que possa afirmar este país, sem negar os demais". Assim, é o sentimento nacionalista, continuou Goulart, o que identifica os trabalhadores com as Forças Armadas. "Soldado e povo", alegou, "consolidando uma mentalidade comum, formando um só Exército, para as tarefas de nossa emancipação". No entanto, afirmou ainda, a independência do país, que propiciará o desenvolvimento econômico, exige, igualmente, medidas para a distribuição da renda. O enriquecimento do país deve servir para elevar o nível de vida dos operários, camponeses e classes médias civis e militares.

Por fim, o discurso mais esperado, o do general Lott. Mais comedido em termos doutrinários, o ministro da Guerra, inicialmente, agradeceu aos organizadores do evento e, particularmente, ao vice-presidente João Goulart. A seguir, lembrou que o Exército e as Forças Armadas, ao longo de diversos episódios, garantiram a legalidade democrática, assegurando ao povo o direito de eleger, livremente, seus governantes. Sobre os acontecimentos ocorridos um ano antes, denunciou uma minoria audaciosa de pretender negar ao povo os seus direitos, utilizando-se para isso, até mesmo, de cartas falsificadas no exterior. Seja tentando arrastar as Forças Armadas para se pronunciarem contra a posse dos eleitos, assumindo, inclusive, o risco de uma guerra civil, seja recorrendo a chicanas eleitorais, o objetivo era instaurar um regime de exceção no país. Os militares que fizeram coro com aquela minoria audaciosa, continuou o general, constituíram uma parcela mínima da tropa. A maioria dos quartéis sempre esteve disposta a respeitar a vontade popular. Ainda sobre os grupos golpistas, Lott pediu para que eles se conformassem com o resultado das urnas, que abandonassem o negativismo, que deixassem de se considerar eixos do orbe terrestre, que adotassem uma atitude mais humilde e considerassem o fato de que podiam errar. "Cristão e democrata por índole e educação", definiu-se, "desinteressado pelas lides políticas, é inadmissível que em quaisquer circunstâncias participe de qualquer ação contrária às tendências cristãs e democráticas do nosso povo". Por fim, agradeceu a homenagem e disse que a espada que recebia estaria sempre a serviço do povo brasileiro.

O comício repercutiu com grande impacto nos meios políticos e militares. Durante o evento, por exemplo, o coronel Canabarro declarou à imprensa que o Brasil estava dividido em dois grupos: de um lado, os democratas e nacionalistas; de outro, os conservadores e reacionários. Assim, caberia aos primeiros armarem os trabalhadores com o objetivo de pôr fim ao conflito com o "aniquilamento do inimigo".[115] Muitos oficiais militares convidados não compareceram, alegando o caráter político da manifestação, o que contrariava os regulamentos disciplinares. Juscelino Kubitschek, diante da crise político-militar aberta com o comício, ao final do mesmo mês colocou na ilegalidade tanto a Frente de Novembro quanto o Clube da Lanterna.

PALAVRAS FINAIS

O episódio de 11 de novembro de 1955 foi mais um entre diversas intervenções militares na vida política republicana brasileira. Como as outras, manifestou suas peculiaridades. Entre elas, o surgimento no cenário político de setores das Forças Armadas, sobretudo sargentos da Aeronáutica e oficiais e subalternos do Exército, interessados na manutenção da legalidade e da ordem democrática. Se o general Lott não pode ser qualificado como um homem de esquerda, até mesmo pelo seu anticomunismo declarado, definia-se como nacionalista e legalista. No entanto, muitos oficiais e sargentos, que o tinham como liderança, manifestavam ideias de esquerda, diversos deles isentos de preconceitos contra os comunistas. Em uma definição muito genérica, podemos chamá-los, segundo José Murilo de Carvalho, de "grupo nacionalista de esquerda" das Forças Armadas.[116] Para o autor, o 11 de novembro foi um episódio traumático para as Forças Armadas, dividindo internamente o Exército e incompatibilizando-o com a oficialidade da Marinha e a da Aeronáutica.[117] No entanto, a intervenção militar de novembro de 1955 permitiu a unificação do grupo nacionalista de esquerda sob a liderança de Lott, sua entrada no cenário político, a participação nos debates que procuravam formular um projeto para o país, bem como a aproximação com os trabalhistas.

Contudo, também significativas na história do trabalhismo brasileiro foram as novas representações que passaram a integrar as crenças das esquerdas. As imagens que procuravam descrever os militares não mais se restringiam ao golpe de outubro de 1945, que depôs Vargas, ou à crise de agosto de 1954, que o levou ao suicídio. As Forças Armadas deixaram de ser identificadas com o sentimento antigetulista, antitrabalhista ou antipopular. A partir daí, as representações se alteraram e, na imaginação política das esquerdas, a relação entre a facção militar nacionalista e o trabalhismo petebista tornou-se direta, como afirma Maria Celina D'Araujo.[118] Não havia mais um único Exército, sempre distante das aspirações populares, mas sim, pelo menos, dois deles. Um, o do general Lott, símbolo da soberania nacional, representava o "Exército democrático", composto pelo "soldado trabalhador", em oposição a um outro, o "não democrático", "gorila" e "entreguista". Ao lado do "bom soldado", os trabalhadores derrotariam o "mau soldado". A aproximação entre uma facção dos militares e o PTB, ainda segundo a autora, permitiu a constituição de bases nacionalistas e janguistas no conjunto das Forças Armadas. Os trabalhistas, Goulart à frente, investiram a partir daí na estratégia de buscar adesões nos quartéis, sem ficar nada a dever, portanto, à UDN. "A marcha para o nacionalismo precisava de farda", diz a autora, e, somente com o apoio militar, passaram a crer os petebistas, as reformas seriam implementadas.

Ganhar a oficialidade para a causa trabalhista tornou-se, assim, uma das vias de ação do PTB. O proselitismo nos quartéis incluía, também, os subalternos das Forças Armadas, como sargentos do Exército e da Aeronáutica e os fuzileiros navais, que, mais adiante, integrariam a Frente de Mobilização Popular, a facção mais radical do trabalhismo liderada por Leonel Brizola. A revolta dos marinheiros, em março de 1964, portanto, não se dissocia do movimento iniciado em novembro de 1955, surgindo como a expressão mais extremada da aliança entre militares, esquerdas e sindicalistas.

Contudo, a ida dos petebistas e das esquerdas aos quartéis feriu crenças, valores e códigos comportamentais próprios da instituição militar. Outras facções nas Forças Armadas não os perdoariam pela estratégia de fazer proselitismo político nas tropas. O grupo vitorioso que derrubou o presidente João Goulart, assim, faria do PTB e do trabalhismo, bem como dos comunistas, seus inimigos de morte.

NOTAS

1. *Correio da Manhã*, Rio de Janeiro, 5 de agosto de 1955, p. 12.
2. Thomas Skidmore, *Brasil: de Getúlio a Castelo*, Rio de Janeiro, Ed. Saga, 1969, p. 184.
3. Idem, pp. 184–186.
4. *Tribuna da Imprensa*, Rio de Janeiro, 1º de agosto de 1955, p. 4.
5. Idem, 9 de agosto de 1955, primeira página.
6. Idem, 6–7 de agosto de 1955, p. 6.
7. Idem, 8 de agosto de 1955, p. 4.
8. Fernando Lattman-Weltman, "Cidadania e razão na imprensa escrita: retórica e prática excludente em períodos democráticos (os anos 50 e 90)", trabalho apresentado no XIX Simpósio Nacional da ANPUH, Belo Horizonte, *Cadernos de resumos*, 1997, p. 579.
9. *Última Hora*, Rio de Janeiro, 6 de agosto de 1955, p. 4.
10. Mircea Eliade, *Tratado de História das Religiões*, São Paulo, Martins Fontes, 1993, p. 19.
11. *Correio da Manhã*, Rio de Janeiro, 10 de agosto de 1955, p. 14.
12. *Última Hora*, Rio de Janeiro, 6 de agosto de 1955, p. 4.
13. Idem, 9 de agosto de 1955, p. 4.
14. *O Jornal*, Rio de Janeiro, 5 de agosto de 1955, primeira página.
15. *Última Hora*, Rio de Janeiro, 8 de agosto de 1955, p. 4.
16. Karla Carloni, *Forças Armadas e democracia no Brasil: o 11 de novembro de 1955*. Rio de Janeiro: Garamond/Faperj, 2012.
17. *Tribuna da Imprensa*, Rio de Janeiro, 2 de agosto de 1955, primeira página.
18. Idem, 4 de agosto de 1955, primeira página.
19. Idem.
20. Idem, 16 de agosto de 1955, p. 3.
21. Idem, 23 de agosto de 1955, primeira página.
22. Idem, 5 de setembro de 1955, p. 3.
23. Idem, 8 de novembro de 1955, primeira página.

24. Maria Celina D'Araujo, *Sindicatos, carisma e poder,* op. cit., p. 165.
25. *Tribuna da Imprensa,* Rio de Janeiro, 18 de agosto de 1955, primeira página.
26. Idem, 17 de agosto de 1955, p. 3.
27. Idem, 9 de agosto de 1955, primeira página.
28. *Correio da Manhã,* Rio de Janeiro, 12 de agosto de 1955, p. 14
29. *O Jornal,* Rio de Janeiro, 17 de agosto de 1955, primeira página.
30. Idem, 20 de agosto de 1955, p. 8 e *Última Hora,* Rio de Janeiro, 22 de agosto de 1955, p. 8.
31. *Correio da Manhã,* Rio de Janeiro, 21 de agosto de 1955, p. 16.
32. Idem, primeira página.
33. *O Jornal,* Rio de Janeiro, 24 de agosto de 1955, p. 4.
34. *Última Hora,* Rio de Janeiro, 22 de agosto de 1955, p. 10.
35. Idem, 20 de agosto de 1955, p. 4.
36. Idem, 25 de agosto de 1955, p. 4.
37. *Última Hora,* Rio de Janeiro, 20 de outubro de 1955, p. 4. Assinaram a nota os presidentes das Federações das Indústrias de São Paulo, Minas Gerais, Distrito Federal, Rio Grande do Sul, Paraná, Alagoas, Bahia, Sergipe, Ceará, Pará, Santa Catarina, Paraíba, Rio de Janeiro, Goiás, Piauí e Pernambuco.
38. *Correio da Manhã,* Rio de Janeiro, 7 de setembro de 1955, p. 14.
39. *Última Hora,* Rio de Janeiro, 12 de setembro de 1955, p. 4.
40. Idem, 25 de agosto de 1955, p. 3.
41. Clifford Geertz, *O saber local...,* op. cit., p, 214.
42. *Tribuna da Imprensa,* Rio de Janeiro, 12 e 15 de setembro de 1955, p. 8 e primeira página, respectivamente.
43. Idem, 17-18 de setembro de 1955, primeira página. A carta é datada de 5 de agosto de 1953.
44. *Última Hora,* Rio de Janeiro, 14 de setembro de 1955, p. 5.
45. Idem, 14 de setembro de 1955, p. 8.
46. Idem, 28 de setembro de 1955, p. 8.
47. Idem, 30 de setembro de 1955, p. 2.
48. "Corvo" foi o apelido desmerecedor que Samuel Wainer criou para referir-se a Carlos Lacerda.
49. *O Jornal,* Rio de Janeiro, 11 de outubro de 1955, primeira página e p. 4.
50. Idem, 6 de novembro de 1955, p. 6.
51. Citado em Thomas Skidmore, op. cit., pp. 188–189.
52. *Tribuna da Imprensa,* Rio de Janeiro, 10 de outubro de 1955, p. 4, edição extra.
53. Idem, 10 de outubro de 1955, p. 4, edição extra.
54. *Correio da Manhã,* Rio de Janeiro, 15 de outubro de 1955, p. 6.
55. Idem, 23 de outubro de 1955, p. 6.
56. *Última Hora,* Rio de Janeiro, 11 e 17 de outubro de 1955, pp. 2 e primeira página, respectivamente.
57. Idem, 18 de outubro de 1955, p. 3.
58. Maria Celina D'Araujo, op. cit., p. 115.
59. José Murilo de Carvalho, "Vargas e os militares", in Dulce Pandolfi (org.), *Repensando o Estado Novo,* Rio de Janeiro, Editora da Fundação Getulio Vargas, 1999, p. 344.

60. *Correio da Manhã*, Rio de Janeiro, 21 de outubro de 1955, p. 7, e *Última Hora*, Rio de Janeiro, 21 de outubro de 1955, p. 2.
61. *Correio da Manhã*, Rio de Janeiro, 22 de outubro de 1955, p. 14.
62. Idem, 26 de outubro de 1955, p. 12.
63. *O Jornal*, Rio de Janeiro, 10 de novembro de 1955, p. 3.
64. Citado em Flávio Tavares, *O dia em que Getúlio matou Allende e outras novelas do poder*, Rio de Janeiro, Record, 2004, p. 106.
65. Henrique Teixeira Lott (Depoimento), Rio de Janeiro, FGV/CPDOC – História Oral, 1982, pp. 117, 126 e 158.
66. Depoimento do sargento anistiado da FAB José Maria dos Santos ao autor.
67. Flávio Tavares, op. cit., p. 107.
68. *Tribuna da Imprensa*, Rio de Janeiro, 3 de novembro de 1955, p. 4.
69. Henrique Teixeira Lott (Depoimentos), op. cit., pp. 128–129.
70. *Tribuna da Imprensa*, Rio de Janeiro, 4 de novembro de 1955, primeira página.
71. *Correio da Manhã*, Rio de Janeiro, 8 de novembro de 1955, primeira página.

Em 5 de novembro, o MMC distribuiu seu Boletim de Informações nº 12, analisando a situação política do país. O golpe, segundo a análise, era iminente. Na área civil teria o apoio do PL, do PDC, do PSB, todos liderados pela UDN. O incentivo seria dado também pela imprensa, em particular os jornais *O Globo*, *Tribuna da Imprensa* e do grupo Diários Associados, além de diversas emissoras de rádio. Na área militar, a Aeronáutica investiria no golpe com a liderança de Eduardo Gomes; a Marinha seria comandada pelos almirantes Pena Boto e Amorim do Vale. Segundo o boletim, as forças de ar e mar já estavam abastecidas de alimentos e munição, além do aumento do efetivo da tropa. No Exército, vários órgãos estavam comprometidos com o golpe e liderados pelos generais Alcides Etchegoyen e Juarez Távora, além do coronel Mamede. Governadores de estado igualmente apoiariam o movimento, a exemplo de Jânio Quadros em São Paulo, Ildo Meneghetti no Rio Grande do Sul e Cordeiro de Farias em Pernambuco. O golpe seguiria o modelo argentino que derrubou Perón do poder: ação conjunta da Marinha e Aeronáutica seguida por expurgos nas Forças Armadas; revisão das leis trabalhistas, retirando dos trabalhadores muitas leis sociais que os beneficiavam; extinção da Petrobras e concessão da exploração do petróleo a empresas estrangeiras, além da promulgação de uma nova lei eleitoral, com a introdução do voto de qualidade e da maioria absoluta. Sérgio Lamarão, "Movimento Militar Constitucionalista (MMC), in *Dicionário Histórico-Biográfico Brasileiro pós 1930*, Rio de Janeiro, CPDOC/FGV, em CD-ROM, versão 1.0.

72. *Correio da Manhã*, Rio de Janeiro, 8 de novembro de 1955, primeira página.
73. *O Jornal*, Rio de Janeiro, 10 de novembro de 1955, p. 4.
74. Idem, p. 3.
75. Depoimento do sargento anistiado da FAB José Maria dos Santos ao autor.
76. Batista De Paula, *Plantão Militar* (Miscelânea), Rio de Janeiro, mimeo, s/data, p. 36.
77. Depoimento do sargento anistiado da FAB José Maria dos Santos ao autor.
78. Batista De Paula, op. cit, p. 37.
79. *Correio da Manhã*, Rio de Janeiro, 11 de novembro de 1955, primeira página, e *O Jornal*, Rio de Janeiro, 11 de novembro de 1955, p. 4.
80. Henrique Teixeira Lott (Depoimentos), op. cit., pp. 130–131.

81. Karla Carloni, op. cit., p. 116–117.
82. Batista De Paula, op. cit., pp. 37–38.
83. Henrique Teixeira Lott (Depoimentos), op. cit., p. 131.
84. Batista De Paula, op. cit., pp. 39–40.
85. Depoimento do sargento anistiado da FAB José Maria dos Santos ao autor; *Correio da Manhã*, Rio de Janeiro, 16 de novembro de 1955, primeira página.
86. Batista De Paula, op. cit., p. 40.
87. As fontes que se seguem estão em *Correio da Manhã*, Rio de Janeiro, 12 de novembro de 1955, primeira página e seguintes.
88. Henrique Teixeira Lott (Depoimentos), op. cit., p. 156.
89. As fontes que se seguem estão em *Correio da Manhã* Rio de Janeiro, 12 de novembro de 1955, primeira página e seguintes, e *Última Hora*, Rio de Janeiro, 11 de novembro de 1955, p. 3, 3ª edição.
90. Flávio Tavares, op. cit., pp. 112–113.
91. Henrique Teixeira Lott (Depoimentos), op. cit., pp. 134–135.
92. As fontes que se seguem estão em *Correio da Manhã*, Rio de Janeiro, 12 de novembro de 1955, primeira página e seguintes.
93. *Última Hora*, Rio de Janeiro, 11 de novembro de 1955, p. 3, 2ª edição.
94. Citado em Lucília de Almeida Neves, op. cit., p. 173.
95. *Tribuna da Imprensa*, Rio de Janeiro, 14 de novembro de 1955, primeira página.
96. Flávio Tavares, op. cit., pp. 114–115.
97. Idem, 16 de novembro de 1955, p. 7.
98. *Tribuna da Imprensa*, Rio de Janeiro, 17 de novembro de 1955, primeira página.
99. *Correio da Manhã*, Rio de Janeiro, 16 de novembro de 1955, primeira página.
100. As fontes que se seguem estão em *Correio da Manhã*, 13 de novembro de 1955, p. 2.
101. As fontes que se seguem estão em *Correio da Manhã*, 18 de novembro de 1955, p. 3.
102. Idem, 18 de novembro de 1955, p. 3.
103. Idem, 13 de novembro de 1955, p. 2 e 18 de novembro de 1955, pp. 5 e 9.
104. Idem, 17 de novembro de 1955, primeira página.
105. Pierre Ansart, op. cit., pp. 21–22.
106. *Última Hora*, Rio de Janeiro, 17 de novembro de 1955, p. 3.
107. Bronislaw Baczko, op. cit., p. 309.
108. *Última Hora*, Rio de Janeiro, 21 de novembro de 1955, p. 10.
109. Maria Celina D'Araujo, op. cit., p. 116.
110. Clifford Geertz, op. cit., p. 183.
111. Geertz, aqui, segue as indicações de E. Shils no estudo do carisma. Idem, p. 184.
112. *Correio da Manhã*, Rio de Janeiro, 13 de novembro de 1956, primeira página, segundo caderno.
113. *O Jornal*, Rio de Janeiro, 13 de novembro de 1956, p. 6.
114. As fontes que se seguem estão em *Correio da Manhã*, Rio de Janeiro, 13 de novembro de 1956, primeira página, segundo caderno.
115. Citado em Maria Celina D'Araujo, op. cit., p. 117.

116. José Murilo de Carvalho, op. cit.
117. José Murilo de Carvalho, "Vargas e os militares: aprendiz de feiticeiro", in Maria Celina D'Araujo (org.), *As instituições brasileiras da era Vargas,* Rio de Janeiro, Editora da Uerj/Editora da Fundação Getulio Vargas, 1999, p. 78.
118. Idem, pp. 116-118.

5. A LEGALIDADE TRAÍDA: OS DIAS SOMBRIOS DE AGOSTO E SETEMBRO DE 1961*

*"Avante brasileiros de pé,
Unidos pela liberdade,
Marchemos todos com a bandeira
Que prega a igualdade
Protesta contra o tirano
Recusa a traição
Que um povo só é bem grande
Se for livre sua Nação."*
(Hino da Legalidade. Lara de Lemos/Paulo César Pereio)

Na tarde de 27 de agosto de 1961, em Porto Alegre, o funcionário dos Correios e Telégrafos João Carlos Guaragna calibrava um receptor para radioamadores, um a mais, entre tantos outros. Com estranheza, João percebeu que, em uma das faixas do rádio, alguém transmitia mensagens em código Morse – algo não usual para aqueles aparelhos. Com a vivência dos profissionais, não foi difícil perceber a ansiedade do operador, refletida nos toques cada vez mais nervosos. Ao descobrir que a origem da transmissão provinha do QG do III Exército, sediado em Porto Alegre, imediatamente João muniu-se de um lápis e interceptou a mensagem do general Antônio Carlos Murici que, da capital do estado, alertava o general Orlando Geisel, em Brasília:

Comunico III Exército interceptou mensagem do governador, endereçada ao dr. Jango, oferecendo tropas do Rio Grande para serem enviadas via aérea para Brasília, a fim de garantir sua posse. Governador está armando o povo e provocando agitações no interior do estado. [...] Devido forte tensão é possível que menor incidente desencadeie a guerra civil, com graves consequências. [...] Operações-repressão em condições de serem desencadeadas momento oportuno.[1]

Assim, casualmente, João se deu conta de que o III Exército estava monitorando todas as comunicações do Palácio Piratini, sede do governo estadual. Preocupado e temeroso, João ainda interceptou diversas outras mensagens trocadas entre os altos escalões do Exército. Ao anoitecer, uma delas, em especial, o angustiou. Da Guanabara, generais instruíam o comandante do III Exército, general José Machado Lopes: "É necessário firmeza e energia do III Exército a fim não permitir que cresça a força do adversário potencial que tem todo o interesse em manter a ordem a fim de que o sr. João Goulart assuma a Presidência."

As mensagens eram graves e alarmantes. O bombardeio ao Piratini, inclusive, era uma ameaça real. Mesmo com a continuidade das transmissões em Morse, João saiu às ruas, já de madrugada, e correu até o Palácio. Por dentro dos portões de ferro e vidro, fechados e policiados, João avistou um amigo e, aos gritos, pediu-lhe que ficasse com os papéis e os entregasse a alguma autoridade. Ao virar a meia-noite, a emoção misturada ao temor apoderaram-se das pessoas dentro do Palácio Piratini. O bombardeio parecia iminente. Duas horas e meia mais tarde, a cidade começou a ouvir o ranger das lagartas dos tanques. Do temor ao desespero, do desespero ao pânico, eis o clima nas dependências do Piratini. Tudo tinha que ser mobilizado para enfrentar os tanques do III Exército. A Brigada Militar instalou ninhos de metralhadoras no alto do Palácio e na Catedral Metropolitana. Funcionários, jornalistas e civis receberam revólveres e granadas. Populares dispostos à luta assumiram comando militar. Caminhões, jipes e carros oficiais foram amontoados em volta do Palácio para impedir a passagem dos tanques. Convivendo com tantas tensões, alguns sorriam, como disfarce emocional. Outros, mais controlados, despediam-se de suas mulheres e filhos. Em comum, a crença em algo impossível: metralhadoras enfrentando tanques, revólveres de pequeno calibre competindo com morteiros, civis desafiando militares profissionais.

Embora o rangido das lagartas continuasse a ser ouvido, os tanques não chegaram à praça da Matriz. Mas o amanhecer do dia 28 continuou tenso, sobretudo pela espera do primeiro petardo. Às 10h30, o nervosismo novamente invadiu os salões do Palácio. O serviço de radioescuta do governo estadual captou ordens do ministro da Guerra, Odílio Denys, para que a FAB e o III Exército bombardeassem o Piratini, além de enviar uma força-tarefa da Marinha para o Rio Grande do Sul. Ao mesmo tempo, o general Machado Lopes comunicou ao governador Leonel de Moura Brizola que iria ao Palácio conversar com ele pessoalmente.[2]

A tensão era muito grande. Milhares de pessoas, reunidas na praça da Matriz, ansiavam por notícias mais precisas e, desorientadas, tentaram invadir o Palácio. As barricadas, no entanto, resistiram. Sentindo-se acuado e sem alternativas políticas, o governador acionou os microfones da Rede da Legalidade. Sentando-se à mesa de um estúdio improvisado, Brizola, com uma das mãos, segurou o microfone e, com a outra, uma metralhadora. Ao seu redor, jornalistas e funcionários civis e militares corriam, de um lado para outro, com revólveres presos à cintura. Alguns poucos conseguiram manter a ponderação, pedindo calma ao governador para receber o comandante do III Exército, embora fossem ouvidos com descrédito.[3]

Com a voz trêmula e embargada, Brizola deu início a um emocionado discurso. Pedindo calma, serenidade e frieza à população de Porto

Alegre, ressaltou a necessidade de se fecharem todas as escolas, resguardando as crianças. As pessoas, se achassem conveniente, poderiam ir ao trabalho. Ele, no entanto, ficaria no Palácio cercado por familiares e servidores civis e militares, com o apoio da Brigada Militar. Não eram muitos soldados para resistir, as armas eram poucas, mas ainda assim não sairia da sede do governo.

Segundo Brizola, o comandante do III Exército, Machado Lopes, solicitou-lhe uma audiência e estava a caminho do Palácio. Era possível, avisou o governador, que a visita do general fosse a de um amigo, que seria recebido com prazer e civilidade. Mas poderia também significar a comunicação de sua deposição do governo. Neste caso, argumentou Brizola:

> se ocorrer a eventualidade do ultimato, ocorrerão, também, consequências muito sérias. Porque nós não nos submeteremos a nenhum golpe. A nenhuma resolução arbitrária. Não pretendemos nos submeter. Que nos esmaguem! Que nos destruam! Que nos chacinem, neste Palácio! Chacinado estará o Brasil com a imposição de uma ditadura contra a vontade de seu povo. Esta rádio será silenciada [...]. O certo, porém, é que não será silenciada sem balas.[4]

Lembrando que, na noite anterior, o ministro da Guerra declarara no "Repórter Esso" que a posse ou o impedimento de Goulart na presidência da República significava a escolha entre o comunismo e a democracia, Brizola qualificou a declaração do general como "pueril": "Não nos encontramos neste dilema. Que vão essas ou aquelas doutrinas para onde quiserem. [...] Nada temos com os russos. Mas nada temos também com os americanos, que espoliam e mantêm nossa Pátria na pobreza, no analfabetismo e na miséria." Nos aeroportos de todo o país, continuou o governador, os aviões que chegavam do exterior eram vasculhados por tropas militares em busca de Goulart, para prendê-lo. As comunicações no Piratini eram monitoradas e todas as suas conversas sofriam interceptações. Embora sob forte pressão, não deixava de trocar impressões com Goulart. Naquele mesmo dia, por telefone, aconselhara-o a retornar imediatamente de Paris para o Brasil: "A decisão é tua! Deves vir diretamente a Brasília, correr o risco e pagar para ver. Vem. Toma um dos teus filhos nos braços. Desce sem revólver na cintura, como um homem civilizado. Vem como para um país culto e politizado como é o Brasil e não como se viesse para uma republiqueta, onde dominem os caudilhos, as oligarquias que se consideram todo-poderosas."

O ataque do governador, em seu discurso, voltou-se especialmente para o ministro da Guerra, Odílio Denys, o qual, ao lado dos ministros da Marinha, almirante Sylvio Heck, e da Aeronáutica, brigadeiro Grün Moss, pretendia romper com a ordem legal do país: "Este homem está doente! Este homem está sofrendo de aterosclerose, ou outra coisa." Agindo como um desatinado, disse Brizola, Denys jogaria o país no caos. Sem respeito, a ordem política e social somente poderia ser imposta pela força, pela ditadura: "Nas cidades do interior surgirão as guerrilhas para a defesa da honra e da dignidade, contra o que um louco e desatinado está querendo impor à família brasileira." Para comprovar a demência de Denys, Brizola leu as mensagens interceptadas pelo funcionário João, entregues no Palácio horas antes. Segundo o ministro da Guerra, Brizola era qualificado como o "inimigo potencial". Mais ainda, uma força-tarefa da Marinha de Guerra navegava para o Rio Grande do Sul, enquanto a Aeronáutica e o III Exército receberam ordens para bombardear o Palácio Piratini.

No entanto, continuou, havia esperanças de se evitar o pior. Tudo dependia do general Machado Lopes, prestes a chegar ao Palácio e, particularmente, da "sargentada humilde". Se eles não se intimidassem com os "atos de banditismo e vandalismo" de Denys, possivelmente o desfecho da crise seria outro. Por fim, Brizola conclamou a população da cidade a se concentrar diante do Palácio, protestando contra o desequilíbrio e a loucura do general. No entanto, se o ataque fosse consumado, que todos se refugiassem em suas casas. O governador, contudo, ficaria entrincheirado no Piratini até o fim: "Poderei ser esmagado. Poderei ser destruído. Poderei ser morto. Eu, a minha esposa e muitos amigos civis e militares do Rio Grande do Sul. Não importa. Ficará o nosso protesto, lavando a honra desta Nação. Aqui resistiremos até o fim. A morte é melhor do que a vida sem honra, sem dignidade e sem glória." Desafiando abertamente os ministros militares, Brizola concluiu: "Podem atirar. Que decolem os jatos! Que atirem os armamentos que tiverem comprado à custa da fome e do sacrifício do povo! Joguem estas armas contra este povo. Já fomos dominados pelos trustes e monopólios norte-americanos. Estaremos aqui para morrer, se necessário. Um dia, nossos filhos e irmãos farão a independência do nosso povo!"

O discurso de Brizola, ao mesmo tempo emocionado e desafiador, foi a culminância de uma série de movimentações políticas, e sobretudo militares, iniciadas com a renúncia de Jânio Quadros à presidência da República, em 25 de agosto de 1961. Com a ausência de João Goulart do país, em viagem ao exterior, o presidente da Câmara dos Deputados, Ranieri Mazzilli, assumiu o poder. Submetendo-se aos grupos civis e militares mais conservadores, Mazzilli enviou mensagem ao Congresso Nacional comunicando que os três ministros militares manifestaram-lhe a "inconveniência" do regresso de Goulart ao Brasil. Os partidos políticos, inclusive a UDN, não aceitaram a imposição militar. A crise política, portanto, estava deflagrada.

Entre os últimos dias de agosto e os primeiros de setembro de 1961, o país conheceu de perto a possibilidade da guerra civil. Dentre os vários projetos políticos que se apresentavam como alternativa de poder, e cuja concorrência somente aumentaria até o desfecho de março de 1964, dois se sobressaíram naqueles dias. Em um extremo, o governador trabalhista do Rio Grande do Sul, Leonel Brizola, representante da ala mais à esquerda do Partido Trabalhista Brasileiro; em outro, o líder direitista Carlos Lacerda, governador do estado da Guanabara, que apoiou entusiasticamente a tentativa de golpe dos ministros militares.

O meu objetivo, neste capítulo, é conhecer o cotidiano da crise política que se abriu com a renúncia de Jânio Quadros e os embates entre os defensores da legalidade democrática e os três ministros militares que, com o apoio do governados da Guanabara, Carlos Lacerda, tentaram golpear as instituições, coagindo o Congresso Nacional a impedir a posse do vice-presidente. Além disso, também é meu objetivo ressaltar os ideais de democracia e de legalidade como valores caros à sociedade brasileira da época. Por eles, diversos atores sociais se organizaram e se mobilizaram. É necessário, ainda, ressaltar que o conflito assumiu, sobretudo, uma luta por bens simbólicos vitais à legitimidade do poder. As imagens que descrevem o "grande líder" e o "bem comum", as qualidades do "bom cidadão" e do "militar patriótico", entre outras, são, nos momentos de crise, disputadas pelos grupos adversários e em concorrência política. Raros e limitados, e por isso mesmo ambicionados, os bens de caráter simbólico, segundo Bronislaw Baczko, permitem não apenas o controle do poder, mas garantem que a autoridade política não se imponha apenas pela força, mas, sobretudo, pela legitimidade.[5] Ao produzirem e manejarem um sistema de representações que traduziam a "melhor" legitimidade do poder, a ordem social "mais" racional e os "verdadeiros" interesses da Nação, os adeptos da posse de Goulart e seus adversários desencadearam um duro combate pela apropriação dos bens simbólicos que garantiam a autoridade política, bem como a intensificação de imagens, crenças e ideias que descreviam o futuro, grandioso ou sombrio, da coletividade.

O LEVANTE GAÚCHO

Na manhã do dia 25 de agosto, Leonel Brizola, surpreso com os boatos, procurou certificar-se de que Jânio Quadros de fato renunciara e não, como supôs inicialmente, fora deposto por pressões militares. No último caso, sua intenção era convidar Jânio para resistir em Porto Alegre. Ao saber da renúncia e do veto militar à posse de Goulart, declarou aos jornalistas: "Desta vez não darão o golpe por telefone."[6] Sua primeira atitude foi estabelecer contatos com generais com comando de tropa. Do comandante do III Exército, José Machado Lopes, ouviu a afirmação: "Bom, bom, governador, eu não posso me definir assim. Sou soldado e fico com o Exército." Do comandante do IV Exército, general Artur da Costa e Silva, o governador ouviu tão somente impropérios, devolvidos na mesma altura. A boa notícia, no entanto, veio do Rio de Janeiro, onde o marechal Henrique Teixeira Lott, reformado, mas com grande prestígio político, distribuiu, na noite do dia 25, um manifesto à Nação. Segundo o texto, apesar de ter se esforçado para demover o ministro da Guerra de impedir a posse de Goulart, seus apelos, afirmou, foram inúteis. Assim, declarou Lott: "Conclamo todas as forças vivas do país, as forças da produção e do pensamento, os estudantes e os intelectuais, os operários e o povo em geral, para tomar posição decisiva e enérgica no respeito à Constituição, em preservação integral do regime democrático brasileiro, certo, ainda, de que os meus camaradas das Forças Armadas saberão portar-se à altura das tradições legalistas que marcam a sua história no destino da Pátria."[7]

Com o manifesto, Lott expressou a divisão nas Forças Armadas. Para os ministros militares, silenciá-lo era imperativo. Antes de ser preso, por ordens de Denys, Lott orientou Brizola a procurar alguns militares no Rio Grande do Sul que seriam favoráveis à saída legal para a crise, entre eles os coronéis Roberto Osório e Assis Brasil, o comandante da Terceira Divisão de Cavalaria, general Pery Bevilaqua, e o comandante da Primeira Divisão de Cavalaria, general Oromar Osório.[8] Confinado na Fortaleza de Laje, Lott soube que diversos oficiais das três forças, fiéis à legalidade constitucional, também haviam sido presos em navios da Marinha.[9] Brizola convidou o general Amaury Kruel a ir para Porto Alegre com o objetivo de assumir o comando militar da resistência. O general atendeu o governador e, ao chegar no Piratini, ficou incógnito por vários dias.[10]

Ao final da tarde do mesmo dia 25, as primeiras manifestações de rua surgiram em Porto Alegre. Milhares de pessoas protestaram na praça da Matriz contra o golpe, outras a favor de Jânio, e a maioria defendeu a posse de Goulart. Com o apoio de alguns coronéis e generais alocados em postos-chaves no estado do Rio Grande do Sul e o protesto popular, o governador deu início ao movimento conhecido como Campanha da Legalidade. No dia 26, o país amanheceu em estado de sítio não oficial e Mazzilli surgiu como preposto de uma junta militar.

O precário dispositivo militar e o entusiasmo popular em Porto Alegre, no entanto, eram insuficientes para garantir a posse de Goulart. Para sustar o golpe, não bastava mobilizar apenas o Rio Grande do Sul, mas também o restante do país. Era preciso, por amplos meios de comunicação, disseminar ideias, imagens e representações que atingissem a dignidade das pessoas, mobilizando-as e incitando-as a ações e atitudes de rebeldia em grande escala. Como lembra Georges Balandier, o poder, nas sociedades contemporâneas, não é associado a uma figura longínqua, moldada tão somente na tradição, "mas a uma elaboração que dá aos responsáveis uma presença e um renome, fazendo-os personagens capazes de provocar a mais ampla adesão".[11] Assim, no dia 27 de agosto, um grupo de choque da Guarda Civil invadiu os estúdios da rádio Guaíba, colocando-a à disposição da Secretaria de Segurança. Tratava-se de um último recurso, pois o governo federal, em manobra rápida, fechara as rádios Capital, Farroupilha e Difusora, por se atreverem a divulgar os manifestos de Brizola. A Guaíba, ainda em funcionamento, teve seus estúdios transferidos para o Palácio Piratini e seus transmissores, na Ilha da Pintada, passaram a ser vigiados por 200 homens da Brigada Militar.[12] Criou-se, desse modo, a Cadeia Radiofônica da Legalidade, centralizando as transmissões de cerca de 150 outras rádios do estado, no resto do país e no exterior, atuando por ondas curtas.

A Cadeia da Legalidade foi de fundamental importância para o movimento. Ao difundir mensagens de diversas entidades políticas e grupos sociais na defesa da ordem democrática, a sociedade brasileira encontrou canais de informação que rompiam o cerco à censura. Transmitindo também em inglês, espanhol e alemão para o exterior, angariou a simpatia da opinião pública internacional. Nos microfones, Leonel Brizola desacatava os ministros militares, desmoralizando-os publicamente. A Cadeia também atuou como instrumento de guerra psicológica, lançando boletins que procuravam confundir os adversários. Sem fundamento algum, um deles dizia: "Atenção Operação Netuno! Atenção Operação Ícaro! Não ajam sem o sinal predeterminado. Ação deverá ser fulminante. Não ajam sem o sinal predeterminado! Ação deverá ser fulminante e sem sobreviventes!"[13]

Os clamores de Brizola para que a população reagisse e defendesse a posse de Goulart encontraram imediata adesão e entusiasmo. No pavilhão de exposições Mata-borrão, na esquina da avenida Borges de Medeiros com a rua Andrade Neves, cedido pelo governo estadual, foi instalado o Comitê Central do Movimento de Resistência Democrática, órgão unificador de dezenas de outros comitês. Inicialmente, centenas de pessoas, liderando inúmeros grupos de resistência, alojaram-se no Mata-

-borrão. As refeições eram doadas por armazéns, bares e restaurantes. A todo momento chegavam pessoas que, voluntariamente, entregavam seus pequenos caminhões, automóveis ou motocicletas para formar a "frota da legalidade". Um proprietário de uma rede de postos de gasolina entregou "vales" ao Comitê, permitindo que a frota fosse abastecida gratuitamente. Com o passar das horas, mais pessoas se inscreviam no Comitê do Mata-borrão. Calcula-se que, até a meia-noite do dia 30 de agosto, 45 mil voluntários tenham se apresentado. Embora armados com revólveres, não se têm notícias de incidentes entre os voluntários. Segundo Norberto da Silveira, até mesmo a criminalidade diminuiu naqueles dias, permitindo à Polícia Civil voltar sua atenção para a resistência política ao golpe.

As atitudes de solidariedade política ao governador foram inúmeras. Os donos do Hotel Aliado, na rua Voluntários da Pátria, colocaram o prédio à disposição do governo estadual, na eventualidade de transformá-lo em hospital, no caso de combates armados. Nos hospitais, sobravam auxiliares de enfermagem, sobretudo mulheres que se apresentavam espontaneamente. As geladeiras dos hospitais não davam conta do sangue doado por centenas de pessoas.[14]

A mobilização popular, no entanto, não se resumiu às movimentações no Mata-borrão. Além de centenas de comitês, formaram-se batalhões operários e populares que, armados, defendiam a cidade. Marchando pelas ruas de Porto Alegre, surgiam, a todo momento, batalhões de universitários, transviários, marítimos, ferroviários, escoteiros, bancários, artistas, intelectuais, secundaristas, enfermeiros, operários da construção civil, metalúrgicos, militares reformados, dos Centros de Tradições Gaúchas, entre outros. Um dos que mais chamou a atenção das pessoas foi o desfile, na avenida Borges de Medeiros, de mulheres provenientes das vilas populares. De aparência pobre, roupas humildes, algumas grávidas, elas marchavam, tal como soldados, com panelas e talheres nas mãos. Outros batalhões operários – como o do Comando

Sindical Gaúcho Unificado, composto por transviários, estivadores, vigias portuários, taifeiros, foguistas e eletricistas; o Praiano, formado por 3.100 homens filiados à União da Orla Marítima; e o Batalhão Tiradentes, com 300 voluntários que incluíam enfermeiros, telegrafistas e motoristas – defendiam partes estratégicas de Porto Alegre.[15]

Além de participar dos comitês de resistência e dos batalhões operários, a população também mobilizou-se na praça da Matriz, em frente ao Palácio Piratini. Lado a lado, populares e soldados da Brigada Militar colaboravam na defesa do Palácio. Os constantes boatos e as notícias desencontradas sobre o iminente ataque do Exército e da FAB bastavam para que milhares de pessoas corressem ao Piratini. Em uma manhã, por exemplo, um boato impeliu os estudantes universitários a obstruírem as ruas próximas, utilizando os bancos da praça como barricadas. Em diversas ocasiões, estudantes e populares aproximavam-se do Palácio e, aos gritos, clamavam: "– Armas para o povo, governador!"[16] Brizola armou o povo. No comércio da cidade, as autoridades estaduais recolheram cerca de mil revólveres. Homens e mulheres formaram filas para receber o armamento. A todos foram entregues os Taurus e, logo adiante, as instruções de tiro. Quando os revólveres acabaram, a Brigada entregou fuzis para os que ainda estavam nas filas, incluindo as mulheres. Todos receberam instrução de como manejá-los. Homens da cúpula do PCB procuraram o governador, perguntando se os comunistas sofreriam restrições na distribuição. "Como pode haver restrições?", retrucou Brizola. "Entrem na fila e ponham o pessoal de vocês em fila." Com o desfecho da crise, todas as armas foram devolvidas.[17]

O interior gaúcho não ficou alheio à resistência política. Em Caxias do Sul, Sapucaia, Pelotas, São Leopoldo, Soledade, Passo Fundo, Carazinho e em muitas outras cidades foram fundados comitês com milhares de voluntários. Em Passo Fundo, Romeu Barleze, enviado pelo governador, encontrou o apoio de mais de mil habitantes da cidade, os quais, para impedir o transporte de tropas militares pela ferrovia, despejavam óleo nos trilhos. Nos aeroclubes do interior, "teco-tecos" patrulhavam as fronteiras do estado.[18] Em Nonoai, o prefeito, apreciador de filmes de faroeste, construiu armadilhas de pedras nas encostas dos morros, *know-how* adquirido com os índios norte-americanos. Em Soledade, os Centros de Tradições Gaúchas, na falta de armas de fogo, fabricaram grandes quantidades de lanças, boleadoras e arcos e flechas.[19] Em Sapucaia, mulheres, jovens e idosas, acompanhadas de crianças, organizaram uma procissão até o túmulo do padre João Batista Reus, em São Leopoldo. Portando imagens de Nossa Senhora e quadros santificados, elas caminharam oito quilômetros rezando e cantando músicas religiosas. No cemitério, descalças ou de joelhos, muitas chorando, as fiéis pediram a Deus que a crise política fosse superada sem mortes ou sofrimentos.[20]

A mobilização popular pela posse de Goulart aproximou até mesmo inimigos e adversários. O Partido Libertador, opositor intransigente a Brizola, abandonou momentaneamente as desavenças e apoiou o governador naqueles dias. Os dirigentes dos clubes Grêmio e Internacional, rivais históricos do futebol gaúcho, declararam, em documento conjunto, solidariedade a Brizola. Tanto católicos quanto umbandistas riograndenses manifestaram apoio à posse de Goulart.[21]

Embora diversos grupos sociais tenham se mobilizado privilegiando os discursos formais e os pensamentos organizados, todos logicamente construídos, uma outra dimensão no conjunto de crenças de que partilhavam, menos ordenada e racionalizada, como as imagens, os símbolos e os mitos, também contribuiu para o desejo e o entusiasmo de barrar o golpe planejado pelos ministros militares. O conjunto de representações produzido pela sociedade gaúcha, no entanto, não surgiu aleatoriamente, de maneira arbitrária e sem laços de continuidade com tradições mais longínquas. Ao contrário, a imaginação social das coletividades contemporâneas está ancorada em mitos arcaicos, antigos e tradicionais, que sobreviveram ao longo processo de dessacralização do mundo e que persistem no tempo presente.

A elaboração de imagens e crenças pela população do Rio Grande, na crise de 1961, não fugiu a essa regra. Um dos mitos que mais atuaram para a mobilização popular, e manejado exaustivamente e com êxito por Leonel Brizola, foi aquele que Raoul Girardet define como "complô demoníaco". Segundo a narrativa do mito, em uma sociedade que se quer livre e autêntica, surgem, de maneira solerte e covarde, os homens do complô. Atuando nos bastidores e nas sombras, dissimulando seus pérfidos interesses e utilizando a deslealdade e a traição como métodos, o objetivo de seus membros é muito preciso: apoderar-se ilegitimamente do poder, inverter a ordem social e subjugar a sociedade. No entanto, os homens do "complô demoníaco", sempre associados a imagens negativas, deparam-se, nos momentos decisivos, com o seu oposto: a "santa conjuração". O mito político contemporâneo, assim, não se afasta das mitologias das sociedades tradicionais. "Se existe uma sombra ameaçadora", diz Girardet, "existe também uma sombra tutelar": os "Filhos da Luz". Trata-se daqueles que não se intimidam e, utilizando das mesmas armas, formam uma organização anticomplô. Denunciados e postos à luz do dia, o Mal ganha nomes e rostos. A narrativa do mito do "complô demoníaco", em diversas situações e temporalidades, diz Girardet, preenche uma função bastante determinada: ao medo de ser dominado por um grupo de malfeitores, sentimento gerador de temores, angústias e inquietações, segue-se a descoberta e o desmascaramento dos falsários, trazendo à sociedade a sensação de alívio e segurança, permitindo, ainda, a necessária coragem para lutar contra os inimigos.[22]

A população do Rio Grande do Sul viveu, naqueles dias, um momento muito particular de sua história política. Para explicar e racionalizar os acontecimentos, plenos de ameaças e perigos, diversos grupos sociais elaboraram representações em que sentimentos de identidade e de exclusão tornaram-se elementos constitutivos de um mesmo imaginário político. Ao lado da sensação de se verem excluídos – ou de se excluírem – de uma comunidade maior, como o próprio país, perceberam também a força simbólica que os unia, a crença de uma identidade própria e o mesmo destino que partilhavam. Surgiu, entre os vários segmentos da sociedade riograndense, a possibilidade de trabalharem simbolicamente o paradigma utópico, cujo primeiro movimento, segundo Bronislaw Baczko, é o de "reivindicar o seu direito próprio a pensar, imaginar e criticar o social e, designadamente, o político". A intensa participação política de grupos sociais organizados, o entusiasmo popular e a convicção dos ideais que defendiam permitiram à sociedade gaúcha imaginar-se como *autoinstituída*, ou seja, como uma reunião de indivíduos não submetidos a nenhuma coação, interna ou externa, constituindo-se como "uma comunidade detentora de todo o poder sobre si própria".[23]

Nem todos, no entanto, suportaram as naturais tensões provocadas pelas ameaças de um ataque bélico, sobretudo em Porto Alegre. Aulas suspensas, bancos fechados, batalhões operários nas ruas, boatos assustadores, insônia da população, entre outras situações, tensionavam as pessoas. O medo das consequências de uma guerra civil e dos bombardeios à cidade impeliu milhares de pessoas a abandonar a capital e a fugir para o interior. Enquanto normalmente cerca de três mil porto-alegrenses viajavam para o interior nos finais de semana, naqueles dias aproximadamente dez mil deixaram Porto Alegre.[24]

O GUERREIRO E O PROFETA

A tensão no Palácio Piratini e na praça da Matriz atingiu o auge quando, no dia 28 de agosto, logo após o emocionado discurso de Brizola, o general Machado Lopes, acompanhado de todos os generais do III Exército, entrou no Palácio. Atrás dele, na praça da Matriz, a multidão, calculada em 100 mil pessoas, gritava compassadamente "Brizola", "legalidade", "resistência". Esperava-se que o comandante, obedecendo ao ministro da Guerra, comunicasse ao governador a sua deposição. Brizola, em seu discurso desafiador, avisara que não se submeteria. Jornalistas e funcionários do Palácio estavam armados. Se Machado Lopez e seus generais ameaçassem o governador, eles renderiam os militares. A seguir, Brizola mostraria um telefone ao general, desafiando-o a ligar para o ministro da Aeronáutica e ordenar o bombardeio ao Piratini. No entanto, Machado Lopez e seus generais ficariam no Palácio. Brizola estava disposto a ir até as últimas consequências.[25]

Porém, contrariando todas as expectativas, Machado Lopes rompeu com Denys e, entendendo-se com o governador gaúcho, concordou que a ordem legal deveria ser preservada, garantindo-se a posse de Goulart. A movimentação dos tanques pelas ruas de Porto Alegre, geradora de tantas tensões durante a madrugada, não visava atacar o Piratini, mas defender a cidade contra o destroier *Baependi*, ancorado no cais do Porto sem motivos conhecidos.[26] Quando o procurador-geral do estado do Rio Grande do Sul anunciou, pelos alto-falantes do Palácio, o resultado das conversações entre o governador e o comandante, uma grande emoção tomou conta da população aglomerada na praça da Matriz. Entre gritos, risos e lágrimas, todos comemoraram com entusiasmo. A guerra civil, pelo menos naquelas horas, seria evitada. Ao lado do general, Brizola, visivelmente eufórico, da sacada do Palácio, falou ao povo:

> Aqui nos encontramos, harmônicos, o Poder Civil e as Forças Armadas. A nossa atitude, patrícios, não é e nunca foi de revolução. Resistiremos até a última gota de sangue de nossas energias, mas, se quiserem rasgar a Constituição, então a nossa atitude passará de resistência à revolução. É melhor perder a vida do que a razão de viver. Posso vos garantir, porém, e a todo o Brasil, que não daremos o primeiro tiro. Mas, creiam, o segundo será nosso.[27]

Em nota oficial distribuída à imprensa, Machado Lopes limitou-se a comunicar que "deseja tranquilizar a população do estado do Rio Grande do Sul, alertando-a de que o III Exército saberá manter a ordem legal e a defesa das instituições neste estado bem como em todo o território que está sob sua jurisdição".[28]

Segundo Norberto da Silveira, foi muito difícil para Machado Lopes rebelar-se contra seus superiores. Desconfiado dos civis, certo da superioridade da formação militar, mais submisso à hierarquia dos quartéis do que às leis do país, Lopes adquirira uma cultura que apontava, sobretudo, para a obediência. Certamente a influência de militares como Oromar Osório, Pery Belivácqua e Assis Brasil ajudou o comandante a superar suas dificuldades e hesitações.[29] O general possivelmente também foi persuadido pelas visitas que recebeu, como a de um grupo de senhoras, de deputados estaduais, do prefeito de Porto Alegre e até do conservador arcebispo D. Vicente Scherer. Todos desaconselharam enfrentamentos que resultassem em mortes e pediram o respeito à Constituição.[30] Outros depoimentos alegam que sua decisão não foi pessoal, mas sim do conjunto do Estado-Maior e da maioria dos oficias do III Exército. O general, a rigor, tinha duas alternativas. A primeira seria obedecer às ordens do ministro da Guerra, bombardeando o Palácio Piratini e praticando verdadeira carnificina em Porto Alegre, além de desencadear brutal repressão nas cidades do interior gaúcho. Sua carreira militar ficaria manchada com muito sangue. A segunda alternativa era mais simples e eficaz: recusar ordens absurdas – um direito dos militares – e obedecer à Constituição.

Embora pressionado e arriscando sua própria carreira, Lopes optou por acatar os preceitos constitucionais. Em represália, Odílio Denys destituiu-o do comando do III Exército e nomeou o general Osvaldo Cordeiro de Farias para o seu lugar. Além disso, convocou Lopes, juntamente com Belivácqua e Osório, a se apresentar no Ministério no prazo de oito dias, sob o risco de ser considerado desertor. O comandante rebelado, em resposta, enviou um enérgico telegrama a Denys reafirmando seu respeito à Constituição e declarou, oficialmente, que se Cordeiro de Farias pisasse em solo gaúcho seria preso.[31]

Ao ignorar as ordens de Denys, o reconhecimento popular a Machado Lopes aumentou ainda mais. No dia 30 de agosto, cerca de 40 mil pessoas aglomeraram-se na praça da Matriz para expressar seu apoio ao governador e a gratidão ao comandante rebelado. Aplaudido demoradamente e ouvindo os manifestantes gritarem "Lopes" por diversas vezes, o velho general, acostumado ao comedimento dos quartéis, sensibilizou-se. Visivelmente emocionado, Machado Lopes evitou falar, reprimindo desse modo as lágrimas, algo sempre inconveniente para um militar. Compreendendo os constrangimentos do general, Brizola tomou a palavra e, em nome dos manifestantes, agradeceu ao comandante por sua atitude corajosa. Nesse instante, porém, o locutor do Palácio anunciou que Carlos Lacerda teria renunciado ao cargo de governador do estado da Guanabara. A multidão, em coro, inicialmente comemorou gritando "Paredón!", para, mais adiante, mudar novamente para "Lopes!".[32]

O general Machado Lopes e o governador Leonel Brizola surgiram como personagens centrais nos episódios da crise de 1961, mas também se tornaram símbolos, personalidades emblemáticas. Ao se rebelarem contra os poderosos, o general e o governador fizeram suas *escolhas* e, por tal atitude, difícil e inusitada na política brasileira, perderam, na imaginação popular, sua condição profana, aquela do político ambicioso e particularista e a do militar elitista e reacionário. Quando se lançaram, com determinação e coragem, na luta contra os golpistas, ultrapassando a condição "normal" de homens públicos, as imagens que descreviam o "guerreiro patriota" e o "grande líder" se alteraram, alcançando uma nova dimensão ontológica: a da sacralidade. Como em um ritual de passagem "do âmbito profano para o sagrado, do efêmero e ilusório para a realidade e a eternidade, da morte para a vida, do homem para a divindade", diz Mircea Eliade, "a existência profana e ilusória de ontem dá lugar a uma nova, a uma vida que é real, duradoura, eficiente".[33] *Escolhendo* o "caminho difícil", a "descida aos infernos", *transpondo* os "rochedos que se tocam", Lopes e Brizola adquiriram, na cultura política popular, uma nova modalidade de ser no mundo.

No entanto, foi o governador Leonel Brizola que estabeleceu imagens e representações que traduziram anseios, impulsos, adesões e entusiasmos coletivos. Ao exprimir uma visão coerente e completa do destino histórico, ele transferiu-se, simbolicamente, para o domínio do legendário, elevado ao patamar de Homem providencial, Guia, Salvador e, particularmente, Herói – mas não o herói da normalidade e, sim, o da exceção.[34] Segundo Aldo Pinto, líder estudantil que participou daqueles acontecimentos, "o Brizola é um homem intuitivo por excelência, um homem que está anos à frente de todos nós, pela sua intuição, pela sua competência, pela sua sensibilidade. O Brizola era moço, ousado. Era um homem que não tinha medo de absolutamente nada".[35]

Quando as representações sobre um líder político alcançam uma amplitude coletiva como essa, surge, para Girardet, a combinação de imagens, imbricadas muitas vezes, culminando em um processo de heroificação de sua personalidade. Dos quatro modelos de heróis sugeridos pelo autor, Brizola encontrou no "arquétipo do profeta", Moisés, sua mais completa identificação no imaginário coletivo daqueles dias – e que se estenderia ao longo de sua carreira política. "Anunciador dos tempos por vir, ele lê na história aquilo que os outros ainda não veem. Ele próprio conduzido por uma espécie de impulso sagrado, guia seu povo pelos caminhos do futuro."[36] Carregando, em si mesmo, todo o passado da coletividade, as representações do líder profético afirmam a identificação de seu destino pessoal com o destino de toda a sociedade: "Eu tenho as virtudes e os defeitos de meu povo", disse Brizola naqueles dias.[37] Agindo pelo Verbo, dialogando com a coletividade, o arquétipo do profeta não surge necessariamente como seu representante, mas como sua própria encarnação.

Seja como for, com a adesão de Machado Lopes à causa da legalidade, à organização de resistência civil somou-se a militar. Constituiu-se o Comando Unificado das Forças Armadas do Sul, compreendendo o III Exército, a V Zona Aérea, a Brigada Militar e as Forças Públicas, todos sob o comando de Lopes. Além de possuir a mais poderosa artilharia e o mais completo parque de manutenção do país, o III Exército contava com importantes regimentos de infantaria, unidades blindadas e 40 mil homens. Somados aos 13 mil da Brigada Militar, armados e entusiasmados, Machado Lopes contava com um poder de resistência que não poderia ser subestimado pelos ministros militares.[38]

A rebelião militar alastrou-se pelo país. Inúmeros oficiais, em outros estados, acompanharam Machado Lopes em sua difícil decisão. O comandante da V Zona Militar, no Pará, general Benjamin Galhardo, declarou sua obediência à Constituição e ao III Exército; o coronel Luna Pedroso, comandante do 11º RI, em São João del Rey, aderiu à causa da legalidade; em São Paulo, vinte oficiais do CPOR apresentaram-se como prisioneiros ao comandante do II Exército, declarando-se rebeldes; o comandante da FAB, em Belém, coronel Fausto Oerp, insurgiu-se contra o comandante militar da Amazônia; um grande número de oficiais, da ativa e da reserva, abandonaram seus estados e rumaram para Porto Alegre, apresentando-se a Machado Lopes.[39]

No dia 31 de agosto, a possibilidade da guerra civil tornara-se algo assustador. Comandando tropas do I e do II Exército, o general Cordeiro de Farias escolheu a estratégia defensiva. Tomou a estrada que liga São Paulo a Curitiba, garantindo a fronteira dos dois estados, e protegeu Florianópolis, com o auxílio do porta-aviões e de tropas da Marinha. O general Machado Lopes, diversamente, optou pela ação ofensiva: enviou uma coluna pelo litoral até Criciúma, com o objetivo de alcançar a capital catarinense; uma outra, por ferrovia, deslocou-se até Ponta Grossa, no Paraná, visando alcançar o estado de São Paulo; reforçou a defesa de Porto Alegre, do litoral do estado e da fronteira com Santa Catarina e, por fim, garantiu a defesa do porto de Rio Grande.[40]

No entanto, foram os sargentos, sobretudo os da FAB, que tomaram as atitudes mais incisivas para evitar a deflagração da guerra civil. Na base aérea de Canoas, no Rio Grande do Sul, o comandante permaneceu fiel aos ministros militares, junto dos oficiais-aviadores. Dispondo dos aviões de caça ingleses *Gloster Meteor*, de duas turbinas, a ordem de Brasília era a de decolagem imediata para o bombardeio do Piratini. Os sargentos, insubordinados, deram-se as mãos em volta dos jatos para impedir a entrada dos pilotos. Mais decididos, esvaziaram os pneus e desarmaram os aviões.[41] O coronel-aviador Alfeu Monteiro, com uma pistola na mão, depôs o comandante e assumiu o controle da base com o apoio dos sargentos.[42] O comandante e os pilotos decolaram em um avião de passageiros para fora do estado. Como alternativa, os ministros militares recorreram a outra base aérea que dispunha dos P-15, os *Netunos*, aeronaves caça-submarinos equipadas com 16 foguetes, torpedos, duas torres de metralhadoras, bombas de queda livre e cargas de profundidade, com alcance de quase 6 mil km – indicando, assim, estar distante de Porto Alegre. Os sargentos, assustados com as ordens, cortaram alguns fios dos aviões e desligaram outros. Sabendo que isso pouco adiantava, instalaram ninhos de metralhadoras na cabeceira da pista, com o objetivo de danificar os pneus dos aviões durante a decolagem. Os *Netunos*, no entanto, não decolaram.[43]

UM INCENDIÁRIO NO RIO DE JANEIRO

No dia 28 de agosto, enquanto Brizola pronunciava seu discurso de desafio aos ministros militares, o jornal *Tribuna da Imprensa*, de propriedade do governador Carlos Lacerda, publicou na primeira página: "Denys, agora é escolher: comunismo ou democracia."[44] Segundo o texto de Lacerda, a paz e a tranquilidade dos brasileiros não poderiam ficar sujeitas a provocadores como Leonel Brizola, que, sob qualquer pretexto, incentivavam desordens. Insistindo que, em todo o país, a situação era da mais absoluta calma, a população atendera aos apelos das autoridades, embora não faltassem agitadores que, como sempre, agiam com má-fé. Para Lacerda, não se poderia usufruir da liberdade para destruí-la, transformando o Brasil em uma nação de escravos, de um só partido, de um só homem, de uma só ideia. Defender a liberdade, repudiar o comunismo, evitar a desordem e o caos e impedir que irmão lutasse contra irmão seria o dever de todos. As Forças Armadas, disse Lacerda, decidiram lutar contra os inimigos da liberdade. Portanto, "temos o dever de ajudá-las e garantir, para sempre, a liberdade e a paz entre irmãos".[45]

Ainda nesse mesmo dia, o jornal do governador publicou instruções para o comportamento da população do Rio de Janeiro:

> NÃO (RECEITA DE BOM CIDADÃO)
> Para sua segurança nestes dias, em que baderneiros aproveitam-se das circunstâncias para agitar as ruas, siga estas regras:
>   1. não ande sem documentos;
>   2. sempre que qualquer autoridade pedir, identifique-se;
>   3. obedeça sem discutir qualquer ordem da Polícia;
>   4. não pare para apreciar badernas na rua;
>   5. não aceite e não guarde qualquer tipo de "proclamação";
>   6. não corra nas ruas à toa;
>   7. não participe de grupinhos e aglomerações;
>   8. não discuta nas esquinas, principalmente política;
>   9. não ande armado;
>   10. não seja curioso.

A LEGALIDADE TRAÍDA

As imagens de ordem, tranquilidade, paz social e união de brasileiros obedientes às Forças Armadas, entretanto, não correspondiam ao que ocorria nas ruas do Rio de Janeiro. Logo no dia 25, com a notícia da renúncia de Jânio, populares se aglomeraram na Cinelândia diante do busto de Getúlio Vargas e, ali mesmo, realizaram um ato de protesto. Choques da Polícia Militar, agentes da Delegacia de Vigilância e turmas do Departamento de Polícia Política e Social (DPPS) dispersaram o povo a golpes de cassetetes e bombas de gás lacrimogêneo. Nos dois dias seguintes, as manifestações continuaram e, diante da desobediência da população, que insistia em protestar contra o golpe, os policiais acionaram as metralhadoras, atingindo várias pessoas. Em pânico, muitos correram, sem saber para onde. As casas comerciais, os cinemas e os teatros serviram de abrigo e refúgio para centenas de manifestantes. No entanto, os policiais, ainda assim, entraram nos cinemas Capitólio e Império e jogaram bombas de gás. O desespero popular aumentou ainda mais. Logo que os policiais se ausentaram, os manifestantes, revoltados, retornaram à Cinelândia. Após quebrarem as lâmpadas das ruas e os vidros de alguns prédios e lojas, acenderam uma fogueira diante do busto de Vargas.[46]

No dia 28, à noite, os distúrbios voltaram a ocorrer, pelo quarto dia consecutivo. Com a aglomeração popular na Cinelândia, agentes do DPPS e da Polícia Militar novamente investiram com bombas de gás e tiros, efetuando 20 prisões. Duas pessoas saíram feridas, uma com a perna quebrada e a outra com graves ferimentos no rosto. No dia seguinte, a polícia, incapaz de impedir que a população tomasse a praça, passou a prender arbitrariamente as pessoas: Jaime Furtado foi detido ao entrar em um cinema; o mecânico Nilo da Silva e o estudante Carlos Eiras tiveram o mesmo destino; um motorista do ônibus Cascadura-Lapa foi arrancado do veículo, espancado e preso porque não obedeceu à ordem policial de acelerar, mesmo argumentando que havia um automóvel à sua frente. Todos foram levados para lugar ignorado.

Quando alguém era preso, os manifestantes, em protesto, cantavam o Hino Nacional e davam vivas ao marechal Lott, a João Goulart, ao Exército e à democracia.[47]

No Rio de Janeiro, diversos sindicatos – como os dos alfaiates, bancários, mestres arrais, marceneiros, gráficos, ferroviários, metalúrgicos e radiotelegrafistas – foram invadidos e fechados pela polícia, e seus líderes presos.[48] A diretoria do Sindicato dos Aeronautas, em conjunto com outros líderes de trabalhadores, conseguiu *habeas-corpus*, acautelando-se contra as prisões arbitrárias.[49] Mesmo assim, e desconhecendo o documento judicial, foram presos os diretores dos sindicatos dos ferroviários, dos professores, dos foguistas da marinha mercante e dos metalúrgicos.

Não satisfeito, Lacerda impôs severa censura aos meios de comunicação do estado. Ainda no dia 25 de agosto, grupos de policiais invadiram a rádio Guanabara e depredaram seus transmissores. Logo depois, com a leitura do manifesto do marechal Lott pela rádio Continental, a polícia passou a controlar e a censurar todas as emissoras da cidade. O chefe da polícia, sob as ordens de Lacerda, praticou, abertamente, a censura telefônica, telegráfica e radiotelegráfica no estado da Guanabara.

À exceção dos sindicatos, a instituição que mais sofreu com a violência da polícia carioca foi a imprensa. A primeira vítima foi o *Diário Carioca*, por se atrever a publicar o manifesto do marechal Lott. No dia 26, toda a edição foi recolhida pelos policiais. No dia seguinte, as forças de repressão invadiram e interditaram as oficinas de *Última Hora* e apreenderam as edições do *Jornal do Brasil*, *Correio da Manhã*, *Diário da Noite* e *Gazeta da Noite*. As redações de *A Notícia* também foram ocupadas. O único jornal livre da censura foi o *Tribuna da Imprensa*, de propriedade do governador.

A cidade foi tomada pelas forças militares, com a anuência ou não de Lacerda. A Aeronáutica apoderou-se dos aeroportos, da praça XV e da Casa da Moeda; a Marinha invadiu o cais do Porto, a praça Mauá, o Arsenal de Marinha e toda a orla marítima; o Exército e a Polícia

Militar passaram a vigiar as estações de trens, as redações dos jornais e as embaixadas.[50]

A Guanabara, portanto, conheceu a mais dura repressão, afirma Argelina Figueiredo. Em desacordo com amplos e majoritários setores da sociedade brasileira que defendiam a legalidade democrática, e até contra seu próprio partido, a UDN, Lacerda foi a única "liderança política expressiva a sustentar, e mesmo a incitar, a intervenção militar".[51]

O ESPAÇO SAGRADO E O CENTRO DO MUNDO

Para Raoul Girardet, "os mitos políticos de nossas sociedades contemporâneas não se diferenciam muito [...] dos grandes mitos sagrados das sociedades tradicionais".[52] Insistindo no tema da ordem e da legalidade constitucional, o governador gaúcho resgatou mitos, de origem remota, mas que ainda povoam a imaginação das coletividades do presente. Em um de seus discursos na Rede da Legalidade, em certo momento Brizola declarou que sua atitude não era de revolução, mas de resistência democrática: "Aqui nos encontramos nessa barricada, *nossa terra* que é a própria *capital da legalidade*"[53] (grifos meus).

Deixemos de lado as interpretações que exaltam o passado e as tradições de luta pela liberdade da população gaúcha para explicar o levante riograndense. Mais interessante para o nosso objetivo é perceber, na crise política de 1961, a eleição do Rio Grande do Sul e, em especial, de Porto Alegre como lugares absolutamente diferentes de outras regiões e estados da federação. Sabemos, através de Mircea Eliade, que uma existência profana e destituída de experiências religiosas não se encontra em nenhuma sociedade, antiga ou contemporânea. Embora muitos optem por uma vida isenta de religiosidade, o comportamento mediado pelas relações com o sagrado nunca é abolido totalmente. É na distinção entre aquilo que é *sagrado* e aquilo que é *profano* que se manifesta a dimensão religiosa no homem, seja ele arcaico, antigo ou moderno.[54] Para este homem, portanto, o espaço geográfico não é homogêneo e linear. Sua percepção espacial inclui divisões, roturas e porções qualitativamente diferentes. É na oposição entre o espaço sagrado, o único que realmente existe, e o espaço profano, todo o resto tomado pelo caos e pela desordem, que ele encontra a orientação para definir sua própria existência. Sobretudo nos momentos de graves conflitos, como as crises políticas, sociais ou bélicas, a revelação do espaço sagrado permite a necessária orientação para enfrentar uma realidade incompreensível, adversa e ameaçadora. "É nos 'períodos críticos'", diz Girardet, "que os mitos políticos afirmam-se com mais nitidez, impõem-se com mais intensidade, exercem com mais violência seu poder de atração".[55] Diversos são os depoimentos de gaúchos e porto-alegrenses que, naqueles dias difíceis, vivenciaram, simbolicamente, uma ruptura espacial de nível ontológico. A taquígrafa Nydia Guimarães lembra que

> não se pode transmitir para aqueles que não a viveram como era o ambiente, o clima, o que a gente sentia, de empolgação total. Uma coisa linda! Era uma coisa tão bonita ver aqueles batalhões na rua, fazendo ordem unida, aprendendo a marchar, aprendendo a lidar com armas. Tinha gente de todas as idades, em toda parte. O pessoal que vinha do interior, montado a cavalo, lá na Praça da Matriz, se colocando às ordens do governador... Foi impressionante isso.[56]

Para ordenar um mundo que parecia querer se inverter e, portanto, tornar-se estranho, anômalo e hostil, a população do Rio Grande do Sul, mobilizada, insurgiu-se contra os ministros militares. Resgatando o patrimônio mítico das antigas sociedades, difundiram-se imagens que contrapunham o "cosmos", um mundo inteligível e organizado – o "nosso mundo" –, ao "caos", um lugar exterior, desconhecido e indeterminado, uma espécie de "outro mundo", confuso e destituído de sentido. O Rio Grande do Sul era representado sobretudo como o "verdadeiro mundo", porque surgia como um "cosmos" que se queria organizado. Segundo Eliade, "todo microcosmo, toda região habitada, tem o que poderíamos chamar um 'Centro', ou seja, um lugar sagrado por excelência".[57] Se o estado do Rio Grande do Sul foi percebido por sua população como um espaço sagrado, a praça da Matriz, em Porto Alegre, representou seu eixo, o ponto fixo, o Centro do Mundo. São vários os depoimentos que transformaram a praça em um núcleo, em um ponto central a partir do qual o "cosmos" se estruturava e se contrapunha ao "caos". A assistente social Maria Vieira diz que "o povo acorreu à praça da Matriz, que se transformou numa praça de guerra. A praça da Matriz era uma trincheira. Gaúchos, com seus trajes típicos, ali acamparam com a multidão. Aguardavam ordens noite e dia. Permaneciam atentos à divulgação de notícias; ouviam os manifestos revolucionários que a Rádio da Legalidade levava ao ar".[58] Espaço sagrado e Centro do Mundo, estado e capital mostravam uma realidade absoluta, *verdadeira*, pois sua população afirmava valores politicamente legítimos e lutava por eles: lei, ordem, constituição, legalidade, liberdade, democracia, entre diversos outros.

 Sobrevivendo ao processo de dessacralização do mundo, as antigas representações que opunham o espaço sagrado ao espaço profano, o "cosmos" em oposição ao "caos", atiçaram a imaginação de muitos, até mesmo dos mais ardorosos adversários do governador gaúcho. "O mito", diz Girardet, "só pode ser compreendido se é intimamente vivido, mas vivê-lo impede dar-se conta dele objetivamente".[59] Marino Boeira, na época um estudante com 20 anos de idade e adepto das teorias revolucionárias, costumava chacotear o governador, qualificando seus discursos, na Rede da Legalidade, como "populismo radical". No entanto, o discurso do dia 28, de desafio aberto aos ministros militares, despertou na imaginação do jovem antigas representações que dividiam o mundo em espaços simbolicamente antagônicos: "Naquele dia eu fiquei com um nó na garganta e a voz embargada ao ouvir o Brizola pelo rádio. Como milhares de outros, eu fui também para a frente do Palácio Piratini para defender a justiça da nossa causa. Como esses milhares, eu também tinha muito claro na cabeça que havia um lado certo e um lado errado. Que havia heróis e vilões."[60] De maneira similar ao homem tradicional, o espaço sagrado não é "escolhido" pelo homem moderno, mas, tão somente, "descoberto" por ele. De algum modo, trata-se sempre de uma "revelação". Em muitas situações, como a ameaça de invasão por forças exteriores ao seu território, o sagrado se mostra ao homem com grande vigor. A cidade levanta suas defesas, sem dúvida militares, mas sobretudo simbólicas. Há de se defender o mundo cosmicizado e provido de Centro dos inimigos que trazem o caos, a desordem e o desconhecido.[61]

No entanto, não há espaço sagrado sem espaço profano. Na imaginação política riograndense daqueles dias de crise, se os ministros militares *queriam* profanar e, portanto, caotizar o país, uma região, contudo, já havia sido profanada, transformada em terra estrangeira e destituída de sentido: o estado da Guanabara. No dia 26 de agosto, Brizola, antes mesmo de formar a Rede Radiofônica da Legalidade, recorreu inicialmente à televisão mostrando jornais do estado da Guanabara repletos de espaços em branco, resultado da censura imposta pelo governador Carlos Lacerda. Trabalhando com imagens antagônicas, contrapondo o Rio Grande do Sul livre ao resto do país, e particularmente à Guanabara, submetido ao arbítrio, as imagens da TV Piratini repercutiram com grande impacto.[62] Repressão às manifestações populares, invasão de sindicatos e prisão de seus dirigentes, censura à imprensa e às rádios, estado de sítio de fato, desconhecimento das decisões e das garantias judiciais, invasão do espaço público pelas Forças Armadas, arbítrio policial e apoio ostensivo do governador às pretensões dos três ministros militares, tudo isso permitiu a eleição da Guanabara como o lugar de terra estrangeira, caótica, um lugar que deixou de ser *mundo*, perdendo sua orientação e, portanto, seu próprio Centro: "No Rio de Janeiro", dizia Brizola, "não há liberdade. Lá existe um regime cruel e odioso de policialismo".[63]

As declarações do governador, como vimos anteriormente, não eram formuladas no vazio. Diante de uma sociedade temerosa com a crise política, os bens simbólicos que garantiam a legitimidade do poder e, sobretudo, o ideal de liberdade da nação, objeto de conflito e disputa naquele momento, pendiam cada vez mais para o governador gaúcho, cativando a opinião pública, em detrimento dos ministros militares e do governador Carlos Lacerda. No dia 3 de setembro, cerca de três a quatro centenas de jornalistas e locutores que se apresentaram como voluntários na Rede da Legalidade lançaram um manifesto ao país. Declarando que não eram filiados a qualquer partido político e ali estavam espontaneamente, exortaram seus colegas do Rio de Janeiro, São Paulo e de outros estados a se revoltarem contra a censura:

> Se vossos artigos são censurados, se a censura ditatorial de alguns loucos e mal formados manda vossos artigos para a censura, se vossas penas sofrem por terem que escrever artigos sob medida, que convenham aos antidemocratas que procuram rasgar a Constituição por meio do golpe – mandai vossos artigos para a Rede Nacional da Legalidade. Nós aqui os transmitiremos aos quatro cantos do país e podereis comprovar que no sul reina a mais completa liberdade de imprensa.[64]

Embora o homem moderno e dessacralizado insista em repudiar as antigas tradições das sociedades do passado, a imaginação política contemporânea está repleta de mitos que nossos antepassados nos herdaram. Se a *Terra-sem-mal*, mito presente em inúmeros povos do passado, foi o recurso utilizado pelos gaúchos para descrever o Rio Grande do Sul, outro mito, também antigo, mas igualmente presente na atualidade, atuou como contraponto para sustentar a imaginação política da crise de

1961: o *Mundo-às-avessas*.[65] Trabalhando com dicotomias, o esquema do *Mundo-às-avessas*, naqueles dias, era descrito a partir de ideias-imagens que contrapunham justiça e injustiça, liberdade e tirania, legalidade e arbítrio, participação popular e repressão policial, democracia e ditadura, livre expressão e censura, direitos dos trabalhadores e perseguição aos sindicalistas, entre outros. Em oposição ao "cosmos" gaúcho, espaço sagrado inteligível e verdadeiro, porque instituído de sentido, surgia o "caos" carioca, lugar privilegiado do *Mundo-às-avessas*, que representava um lugar irreconhecível, porque desorganizado e carente de legitimidade e liberdade.

Reinterpretando a crise vivida pelos mitos das antigas sociedades, a sensibilidade política naqueles dias projetava a oposição entre o "cosmos", o *nosso mundo*, que incluíam o Rio Grande do Sul e um país que se queria livre, embora ameaçado pelos ministros militares, e o estado da Guanabara, um espaço desconhecido, indeterminado, algo que não era um "cosmos", que deixou de ser "mundo", lugar da irracionalidade, do "caos", governado por demônios que oprimiam seus habitantes.

O PAÍS INDIGNADO

A mobilização popular no Rio Grande do Sul, a adesão do III Exército à solução legal para a crise e, particularmente, as ondas curtas da Rede da Legalidade, alcançando todo o país e o exterior, deram fôlego a amplos setores da sociedade brasileira que defendiam o cumprimento da Constituição, alterando a correlação de forças entre o Congresso Nacional e os ministros militares. A partir do dia 28 de agosto, o impedimento de Goulart não seria tão fácil.

No estado do Rio de Janeiro, tanto na capital, Niterói, quanto em diversas cidades do interior, trabalhadores dos transportes, das salinas, dos estaleiros e da construção civil, além de ferroviários, metalúrgicos e vidreiros, declararam-se em greve, reagindo contra o golpe. Um homem não identificado protestou nu pelas ruas centrais de Niterói. Diante das chacotas populares que o descreviam como o "índio niteroiense", ele, antes de ser detido, respondeu: "É assim que vai ficar o povo brasileiro quando for rasgada a Constituição."[66]

Em São Paulo, diversos setores da sociedade mobilizaram-se. O presidente da Assembleia Legislativa, o udenista Abreu Sodré, articulou, com outros partidos políticos, a Frente da Legalidade Democrática.[67] Muitos estudantes universitários entraram em greve, enquanto 4 mil funcionários da Estrada de Ferro Sorocabana decidiram paralisar os transportes se o golpe militar fosse consumado. O prefeito da capital, Prestes Maia, declarou-se pela legalidade constitucional.[68] Em Minas Gerais, a Federação da Juventude Operária Católica reafirmou a defesa da Constituição, assim como os estudantes da faculdade de direito de Belo Horizonte. No Paraná, 1.200 pessoas se inscreveram como voluntárias no Comitê de Arregimentação Democrática, instalado na prefeitura de Curitiba. Na Bahia, estudantes da rede pública estadual deflagraram greve geral. Em Natal, a Assembleia Legislativa apoiou requerimento de apoio à posse de Goulart.[69]

Embora os clamores do governador do Rio Grande do Sul pela posse de Goulart tivessem encontrado ressonância em todo o país, somente o governador de Goiás, Mauro Borges, acompanhou Brizola na resistência frontal aos ministros militares. Declarando que a lei do país emana do povo, e não da força das armas de Denys, Borges ameaçou: "Se não for respeitada a democracia, distribuirei armas ao povo e marcharei sobre Brasília."[70] Como Porto Alegre, Goiânia, naqueles dias, transformou-se em cidade rebelada. O Palácio das Esmeraldas foi cercado por barricadas e ninhos de metralhadoras, fortemente resguardado pela Polícia Militar. Por iniciativa do governador, instituiu-se o "Exército da Legalidade", composto por estudantes e populares que, armados e uniformizados, patrulhavam a cidade. Afinado com Brizola, Borges garantiu estar em condições de oferecer a Goulart toda a segurança para transitar de Goiânia a Brasília, se assim fosse a sua vontade.

A OAB, a CNBB e a UNE, cuja diretoria transferiu-se para Porto Alegre, exigiram o respeito da ordem constitucional. Líderes políticos de expressão manifestaram-se contra a tentativa de golpe. Da tribuna do Senado Federal, o pessedista e ex-presidente Juscelino Kubitschek discursou pedindo "ao ministro da Guerra que não insista em se opor à lei e à vontade do povo, colocando em oposição Forças Armadas e Nação".[71] O deputado udenista Adauto Lúcio Cardoso pronunciou-se na Câmara dos Deputados pedindo o impedimento de Ranieri Mazzilli e dos ministros militares por crime de responsabilidade, de acordo com a Lei nº 1.079, artigo 13, item I. Os quatro, segundo Cardoso, tentavam mudar o governo e a Constituição pela violência e impedir o livre funcionamento do Poder Executivo, constrangendo o vice João Goulart de assumir livremente o poder.[72]

Em todas as partes do país surgiam manifestações de apoio à posse de Goulart, sobretudo por meio de greves de trabalhadores. Além de lideranças políticas e sindicais, outros setores sociais, como a Igreja Católica, estudantes, intelectuais, associações comerciais e profissionais, repudiaram a atitude dos ministros militares.[73] Muitos arriscaram sua segurança individual para assegurar a posse de Goulart. Wilson Vargas, um dos fundadores do PTB e homem de confiança de Brizola, relata que o presidente da Varig adaptou aviões com autonomia para voar de Porto Alegre a Goiânia sem escalas com o objetivo de levar armas e munições ao governador Mauro Borges. Alguns deputados do PTB, como Ruy Ramos, tinham o apoio de muitos homens da Guarda Especial de Brasília e, com eles, tramaram tomar o Congresso Nacional pela força.[74]

Na interpretação de Argelina Figueiredo, o objetivo dos ministros militares era aglutinar apoio político para "um golpe de baixo custo", pressionando o Congresso a votar o impedimento de Goulart. Os partidos políticos, porém, não aceitaram o golpe. Dentro e fora do

Congresso, formou-se uma ampla coalizão visando à preservação da legalidade e da ordem democrática, incluindo tanto grupos de esquerda e nacionalistas quanto conservadores. No entanto, se os primeiros se batiam pela posse imediata de Goulart no regime presidencialista, os segundos, que incluíam as forças conservadoras da UDN e do PSD, com o apoio da ala legalista das Forças Armadas, conduziram as negociações que desembocariam no parlamentarismo.[75]

Com a resistência dos partidos em votarem o impedimento de Goulart, Odílio Denys, Sylvio Heck e Grün Moss, no dia 30 de agosto, reagiram com um "manifesto à Nação", cujo objetivo era intimidar o Congresso. Assumindo a responsabilidade de manter a lei, a ordem e as instituições democráticas, eles reafirmaram a absoluta inconveniência do retorno de Goulart ao país. Embora garantissem estar resignados com as intrigas, as falsas acusações e as distorções mais despudoradas, mentirosamente formuladas pelos inimigos do regime democrático, agora era o momento de denunciar o caráter deletério de Goulart. Segundo os três ministros, tanto no Ministério do Trabalho quanto na vice-presidência, ele demonstrou "suas tendências ideológicas, incentivando e mesmo promovendo agitações. E não menos verdadeira foi a ampla infiltração de ativos e conhecidos agentes do comunismo. Ainda há pouco, como representante oficial em viagem à URSS e à China comunista, torna clara e patente sua incontida admiração ao regime desses países".[76] Permitir que, por meio de Goulart, assumissem o poder "agentes da desordem e da desunião e da anarquia" seria incentivar o país a mergulhar no caos e na luta civil. O Brasil, assim, viveria "um período inquietador de agitações sobre agitações, de tumultos e mesmo choques sangrentos nas cidades e nos campos, ruindo as próprias instituições democráticas e, com elas, a justiça, a liberdade, a paz social". Por fim, lembrando que o povo brasileiro é cristão, ordeiro e patriota, os três ministros garantiram que as Forças Armadas permaneceriam serenas e decididas à manutenção da ordem pública.

Contudo, por mais que argumentassem, os ministros militares pareciam não convencer. O *Correio da Manhã*, com o título "DITADURA", assim avaliou o texto: "Lemos o manifesto dos ministros militares, coagindo o Congresso. É o golpe abolindo o regime republicano no Brasil. É a ditadura militar. Agora, a responsabilidade por tudo que acontecer ao Brasil é de: Odílio Denys, Sylvio Heck, Grün Moss."[77] Em resposta ao manifesto dos ministros militares, Brizola foi mais enfático: "Posso garantir que o primeiro tiro a ser disparado não será nosso. No segundo, porém, não erraremos o alvo, pois somos bons atiradores."[78]

Como em um drama teatral, os atores militares imaginavam um cenário pouco convincente ao público. Estabelecido unicamente pela força, diz Balandier, o poder teria uma existência constantemente ameaçada; baseado exclusivamente na razão, sua credibilidade seria frágil. Nem pela violência direta nem pela justificação racional, o poder "só se realiza e se conserva pela transposição, pela produção de imagens, pela manipulação de símbolos e sua organização em um quadro cerimonial".[79] Por mais que se esforçassem em representar a melhor ordem social para o país e, ao mesmo tempo, informar à sociedade sobre os perigos de Goulart no poder, os ministros militares perdiam cada vez mais a capacidade de manejar os símbolos que garantiam a legitimidade do poder. Nos jornais, editorialistas atacavam duramente a cúpula militar. O *Última Hora*, por exemplo, exigia que o Congresso reconduzisse as Forças Armadas à disciplina, pois não era possível o país continuar exposto aos impulsos temperamentais de alguns militares irresponsáveis: "O ministro da Guerra não concorda com as deliberações do Presidente da República, o da Marinha não aceita as decisões do Congresso, o da Aeronáutica se insurge contra a opinião pública."[80] Ainda segundo o mesmo jornal, "a paciência tem limites". Que os três ministros fossem mandados para casa, mas, em vez de vestirem pijamas, que usassem biquínis. Desmoralizados na imprensa, os ministros militares ainda sofriam com a insubordinação de seus comandados. No dia 5 de setembro, estavam detidos no navio *Custódio de Melo* vários oficiais da FAB por rebeldia, entre eles um brigadeiro, quatro coronéis, sete tenentes-coronéis, oito majores, dois capitães e um segundo-tenente.

Carlos Lacerda, por sua vez, conheceu os mais violentos ataques da imprensa carioca. Para os editores do *Correio da Manhã*, "esse homem, tido por inteligente pelos que confundem inteligência e verborragia, só foi sempre mestre em uma profissão: mentir e caluniar".[81] Ao sofrer de "dissociação de personalidade", Carlos Lacerda, segundo o jornal, pela hipocrisia e malignidade de seus atos "acaba de incendiar o país". Estava na hora, ainda afirmou o *Correio da Manhã*, de Lacerda descer da tribuna e subir no tribunal, "como réu". O Sindicato dos Proprietários de Jornais e Revistas do Estado da Guanabara enviou à Associação Interamericana de Imprensa uma nota pedindo a expulsão de Lacerda da entidade. Ao atuar no governo do estado de maneira ilegal e intolerante, o órgão patronal o acusou de impor severa censura aos jornais, apreender edições inteiras e mandar a polícia invadir redações e oficinas.[82]

Nas ruas do Rio de Janeiro, os ministros militares e Carlos Lacerda não encontravam a menor credibilidade. No dia 1º de setembro, um comício pró-legalidade, organizado por partidos políticos, entidades profissionais e sindicatos, foi realizado na praça Tiradentes. Vários trabalhadores tiveram acesso ao microfone, e quando alguém pronunciava os nomes dos ministros, qualificados de "traidores", e do governador, logo eram ouvidos vaias e apupos. Um dos oradores, o advogado Rivadávia Correia Maia, garantiu que o país retornaria à normalidade pois "cada Lacerda tem o seu Brizola".[83]

PARLAMENTARISMO COMO SOLUÇÃO

No dia 31 de agosto, o vice-presidente João Goulart desembarcou em Montevidéu. Durante a longa viagem de regresso, seus interlocutores privilegiados foram Leonel Brizola e Amaral Peixoto, presidente do PSD. O primeiro garantia sua posse imediata pelo enfrentamento; o segundo, ao contrário, aconselhava moderação e silêncio. Logo ao desembarcar na capital uruguaia, encontrou-se com Tancredo Neves. Após conversações com diversos grupos políticos, Ranieri Mazzilli pediu ao político mineiro que convencesse Jango a aceitar o parlamentarismo como solução para a crise política. Segundo Tancredo, a conversa foi difícil, sobretudo pela resistência de Goulart em ver seus poderes diminuídos. O principal argumento era o de que ele poderia chegar à presidência da República de duas maneiras: no regime parlamentar ou com todos seus poderes presidenciais, mas com as botas manchadas de sangue. "Isso nunca", retrucou. "Se eu tiver de derramar sangue brasileiro, renuncio à presidência agora mesmo." Jango resistiu ao parlamentarismo com veemência.[84] Tancredo, porém, insistiu na ameaça de guerra civil. De fato, o país estava passando por gravíssima crise militar e as fraturas políticas poderiam resultar em sérios conflitos. Foi o quadro de muitas mortes que dobrou a resistência de Jango. Após acertarem a saída parlamentarista, Tancredo relatou algumas exigências impostas pelos ministros militares: entre elas, a de que ele não se manifestasse até tomar posse na presidência da República, particularmente em Porto Alegre. Horas depois, questionado pelos jornalistas, Goulart afirmou que, como presidente constitucional, preferia silenciar e que caberia ao Congresso Nacional dar a palavra final.[85] Na madrugada do mesmo dia, o Congresso aprovou a emenda parlamentar por 233 votos contra 55.

Ao chegar a Porto Alegre, Jango foi saudado por mais de 70 mil pessoas na praça da Matriz. Ao lado de Brizola e Machado Lopes, ele limitou-se a acenar para a multidão. Retornou outras duas vezes, cedendo aos apelos populares para que falasse, mas novamente apenas levantou as mãos, voltando às negociações políticas. Embora a multidão exigisse sua presença, ele não mais apareceu. Após insistentes pedidos, a população, decepcionada, começou a vaiá-lo.[86] No Palácio Piratini, recebeu os repórteres que o esperavam para uma entrevista coletiva, mas se limitou a sentar e a sorrir para os fotógrafos.[87] Entre conversações com Brizola e lideranças de outros partidos, Goulart mostrava-se ambíguo e reticente. Ao declarar aos jornalistas, em coletiva de cinco minutos, os motivos que o levaram a aceitar a emenda parlamentar, afirmou que a medida unificaria as Forças Armadas e evitaria maiores sofrimentos ao povo, restituindo-lhe a liberdade ameaçada.[88]

Algo, sem dúvida, soava estranho para aqueles que se expuseram a tantos perigos para garantir sua posse. Odilon Lopez, na época ator, lembra que quando Goulart visitou o "porão da legalidade", onde se improvisou o estúdio radiofônico, os jornalistas fizeram um *corredor polonês* e ficaram de costas para ele. De acordo com sua sensibilidade, "apesar de Brizola ter planos, até, de transformar aviões comerciais da Varig em aviões de guerra, ter o povo e a Brigada Militar dispostos para a luta, o sr. João Goulart preferiu evitar o derramamento de sangue".[89]

No dia seguinte à aprovação da emenda parlamentar, Brizola, pela Rede da Legalidade, após declarar que a mudança do regime não poderia ser decidida em 24 horas e votada de madrugada, denunciou o processo, a seu ver espúrio: "O Congresso Brasileiro encontra-se sob coação militar. O Brasil está praticamente em estado de sítio. No Rio de Janeiro, existem milhares de presos. A imprensa censurada, o rádio censurado, com inúmeras emissoras suspensas. O Congresso se encontra prisioneiro do poder militar, coagido pelos ministros militares."[90]

A chegada de Goulart em Porto Alegre comprovou que a resistência democrática e os perigos enfrentados não foram inúteis. No entanto, rapidamente o sentimento popular se transformou: da alegria inicial pela vitória, dúvidas e incertezas se apoderaram da população. Embora o parlamentarismo tivesse sido aprovado, Brizola ainda resistia com o apoio popular. Era preciso que Goulart se pronunciasse – o que não acontecia. Atravessando a madrugada do dia 2 para o dia 3, os manifestantes esperaram qualquer mensagem do presidente, uma nota nos jornais, uma declaração nas rádios, um discurso no Palácio. O silêncio, no entanto, incomodava a todos. "Os governantes", diz Balandier, "gostam do segredo, o que é às vezes justificado pela razão de Estado; e os governados sabem que 'algumas coisas lhes são ocultadas'".[91] Ao amanhecer, a multidão rumou para o Palácio Piratini e, lá, encontrou milhares de outras pessoas, entre impacientes e indignadas. Por mais que o chamassem, mesmo com insistência, Jango não aparecia na sacada do Palácio. O silêncio, aos poucos, transformou a indignação em revolta. Com impaciência, alguém, da multidão, gritou: "arranquem as faixas". Rapidamente, todas as faixas e cartazes foram amontoados e, como ato de rebeldia, queimados. Algumas vozes o acusaram de "covarde" e "traidor". Oradores se pronunciaram, durante uma hora, de maneira contundente, contra o parlamentarismo e a moderação do presidente. Todos, na verdade, ainda esperavam que Goulart se aproximasse das janelas do Piratini. Cansados, abandonaram a praça da Matriz e foram para suas casas. Uma chuva torrencial, como poucas ocorrem, caiu sobre a cidade, expulsando os poucos esperançosos.

Nada mais havia a fazer. Goulart acatara a fórmula parlamentarista. Segundo Argelina Figueiredo, ele aceitara a mudança do regime para evitar a guerra civil, mas também porque não queria perder a oportunidade de assumir a presidência da República. Os ministros militares, sabedores de seu próprio isolamento político, perceberam que a solução negociada dar-lhes-ia uma "saída honrosa". A ala legalista das Forças Armadas, por sua vez, mesmo desconfiada de Jango, discordava das medidas de força dos ministros, acatando, assim, a solução intermediária.[92]

Com a decisão de Goulart de aceitar o regime de gabinete, a decepção popular, sobretudo no Rio Grande do Sul, foi imediata. Em Caxias do

Sul, líderes sindicais, que, com grande esforço, mobilizaram a população nos Comitês de Resistência Democrática, passaram do entusiasmo à frieza. Um deles, Bruno Segalla, declarou que "a aprovação do sistema parlamentarista fortaleceu ainda mais as posições imperialistas de grupos estrangeiros no país, no momento atual. Legalizaram o golpismo com a opressão estrangeira. No entanto, poderíamos tê-los destruído. O povo estava pronto para isso".[93] Em São Leopoldo, Novo Hamburgo e Passo Fundo, as reações foram as mesmas: comitês fechados, indignação de líderes sindicais e decepção da população.

No Rio de Janeiro, contudo, o clima foi outro. No dia 5, à tarde, quando as rádios noticiaram que Goulart estava viajando para Brasília, dos edifícios das avenidas Rio Branco e Presidente Vargas começaram a chover papel picado e serpentinas. Na sede do Sindicato dos Bancários, líderes sindicais, utilizando alto-falantes, convidavam o povo a participar da festa pela vitória da democracia. Nas ruas centrais da cidade, automóveis enfeitados davam um colorido especial à festa. No entanto, a Comissão Intersindical agiu com cautela. Segundo os sindicalistas, somente com a efetiva posse de Jango portuários, ferroviários, marítimos e operários dos estaleiros voltariam ao trabalho.[94]

Nem todos participaram da festa popular. Carlos Lacerda demonstrou profundo descontentamento não apenas com o parlamentarismo, mas com a própria posse de Goulart. Segundo suas ideias, a opinião pública foi chantageada com a ilusória ameaça de guerra civil e envolvida por uma tremenda propaganda que, muito bem articulada, desfigurou as intenções justas e legítimas dos chefes militares. A crise, alegou, tinha que ser examinada pelo aspecto da defesa da democracia e da segurança nacional, defendendo o país do comunismo, e não, como fez a opinião pública, pela perspectiva estreita e formal da legalidade. Embora os chefes militares cedessem e conciliassem, o Congresso golpeou a Constituição e o regime para entregar o poder "a um homem que representa tudo o que há de pior, de conspiração com os comunistas, da corrupção dos Institutos de Previdência ao conluio com os inimigos da liberdade e do Brasil, o Congresso golpeou a Constituição".[95] Em seu argumento, Lacerda afirmou não se tratar de "esquerda" ou de "direita", mas, como alegaram os ministros militares, da democracia ou do comunismo. O Brasil, a partir desse momento, atrelar-se-ia à China e à Rússia comunistas. Finalizando, o governador advertiu: "Os dias que se aproximam serão de injustiças, de suspeitas, de injúrias e de calúnias contra os que defenderam a Constituição. Dias muitos graves se preparam com essa posse."

PALAVRAS FINAIS: RUMO A 1964

Ao examinar os acontecimentos de agosto e setembro de 1961 no Brasil, o historiador se depara com parcelas significativas da sociedade imbuídas de algumas certezas, entre elas a necessidade da manutenção da legalidade democrática. Os patrocinadores do golpe, como os ministros militares e Carlos Lacerda, não apenas sofreram ataques e acusações provenientes de diversos setores sociais como também foram objeto de insultos e chacotas nos meios de comunicação. Qualquer tentativa de golpe, em 1961, não encontraria o menor respaldo político e, sobretudo, social. Se levado adiante, com um custo altíssimo, os embates deixariam a dimensão política para atuar no campo das armas.

No entanto, é intrigante que, menos de três anos depois, em março de 1964, a sociedade brasileira tenha assistido, sem maiores reações ou protestos, para não dizer paralisada, a marcha de soldados vindos da cidade de Juiz de Fora para a Guanabara. Se abandonarmos as interpretações que denunciam a todo-poderosa conspiração direitista-imperialista ou as que ressaltam os inelutáveis fatores estruturais econômico-políticos, é no mínimo curioso como, em período tão curto, a sociedade brasileira, combativa e ciosa da legalidade democrática em 1961, tenha aceito a solução autoritária em 1964, como se nenhuma outra alternativa existisse além dela.

Logo após a posse de Goulart, os jovens estudantes Alcy e Paulo, que há pouco tinham participado com entusiasmo dos acontecimentos na praça da Matriz e no Mata-borrão, retornavam às suas cidades por trem. Decepcionado, Alcy perguntou ao amigo: "– Dez dias sonhando em levar o Presidente Goulart até Brasília. Todos, estudantes, operários, de revólver na cintura. Nomes registrados no Mata-Borrão. O III Exército firme conosco. Na Brigada, nem se fala. O que foi que faltou?"[96] A resposta de Paulo veio rápida: "– O que faltou? O discurso de Jango."

Para Alcy, aquelas cenas foram duras demais. O povo diante do Palácio, Goulart aparece na janela, acena e retorna. "– São coisas que a gente até nem gosta de lembrar. O homem tão esperado não voltou mais à sacada. E o povo foi-se dispersando, já muitos falando no conchavo, na sujeira que fora tramada em Montevidéu." "– E o Brizola?", perguntou Paulo. "– Dizem que atirou um cinzeiro pesado no Jango." "– É o que dizem", retrucou o amigo, "mas errou".

Ao pararem em uma estação, eles desceram do trem e, aproveitando a noite, urinaram nos trilhos. Logo um facho de luz atingiu seus rostos e uma voz, com autoridade, exigiu a devida compostura. Paulo rapidamente sacou o revólver e, acompanhado por Alcy, reagiu: "– Apaga essa merda!" Após convencerem o funcionário ferroviário a deixá-los em paz, eles riram e refletiram sobre sua própria participação na Campanha da Legalidade. Segundo Alcy: "– Rindo de nós mesmos, da cara assustada do guarda, da nossa Revolução da Legalidade, que acabara numa palhaçada. Afinal, para alguma coisa haviam servido as nossas armas."

NOTAS

* Versão revisada e ampliada de artigo publicado em *Tempo*, Revista do Departamento de História da Universidade Federal Fluminense, nº 3, Rio de Janeiro, Relume-Dumará, junho de 1997.
1. João Carlos Guaragna, "Um radioamador conta a sua história", in *Nós e a Legalidade*. Depoimentos. Porto Alegre, Instituto Estadual do Livro/Editora Age, 1991, pp. 229-230. A citação seguinte é da mesma fonte.
2. *O Semanário*, nº 277, 19 a 25 de setembro de 1961, p. 6.
3. *Revista do Globo*, Porto Alegre, nº 803, 16 a 29 de novembro de 1961, Ed. Globo, p. 11.
4. Citado em Joaquim Felizardo, *A legalidade. O último levante gaúcho*, Porto Alegre, Editora da UFRGS, 1988, pp. 33-40. As citações que se seguem são da mesma fonte.
5. Bronislaw Baczko, op. cit., p. 301.
6. Amir Labaki, *1961. A crise da renúncia e a solução parlamentarista*, São Paulo, Brasiliense, 1986, p. 66.
7. *O Semanário*, nº 277, 19 a 25 de setembro de 1961, p. 12.
8. Norberto da Silveira, *Reportagem da legalidade – 1961/1991*. Porto Alegre, NS Assessoria em Comunicação Ltda., 1991, pp. 15-17; Joaquim Felizardo, op. cit., pp. 44-48.
9. Amir Labaki, op. cit., p. 58.
10. F.C. Leite Filho. *El Caudilho*. Leonel Brizola. Um perfil biográfico, São Paulo, Aquariana, 2008, p. 98.
11. Georges Balandier, op. cit., p. 64.
12. *Folha da Tarde*, Porto Alegre, 28 de agosto de 1961, p. 32.
13. Amir Labaki, op. cit., pp. 82-83.
14. Norberto da Silveira, op. cit., pp. 126-128; *Folha da Tarde*, Porto Alegre, 31 de agosto de 1961, p. 18.
15. Norberto da Silveira, op. cit., pp. 127 e 138.
16. Moacyr Scliar, "Sem revólver nem guarda-chuva", in *Nós e a legalidade*, op. cit., p. 150.
17. *Jornal do Brasil*. Rio de Janeiro, 20 de agosto de 2001, p. 3.
18. Romeu Barleze, "Teco-tecos, patrolas e forças de resistência", in Idem, p. 209.
19. Norberto da Silveira, op. cit., p. 128.
20. *Folha da Tarde*, Porto Alegre, 2 de setembro de 1961, p. 10.
21. *Última Hora*, citado em Norberto da Silveira, op. cit., p. 140, e *Última Hora*, Rio de Janeiro, 31 de agosto de 1961, p. 4.
22. Raoul Girardet, op. cit., pp. 16 e 53-60.
23. Bronislaw Baczko, "Utopia", in *Enciclopédia Einaudi*, Anthropos-Homem, vol. 5. Lisboa, Imprensa Nacional-Casa da Moeda, 1985, p. 344.
24. *Última Hora*, citado em Norberto da Silveira, op. cit., p. 154.
25. Vivaldo Barbosa, *A rebelião da legalidade*, Rio de Janeiro, Editora da Fundação Getulio Vargas, 2002, p. 112

26. *O Semanário*, n° 277, 19 a 25 de setembro de 1961, p. 6. 27.
27. Citado em Amir Labaki, op. cit., p. 93. O general Machado Lopes aliou-se a Leonel Brizola por razões de ordem política, sem, no entanto, dedicar ao governador a menor simpatia pessoal. Em seu livro de memórias, citado pelo autor, o general alega: "sempre mantivemos boas relações protocolares, sem nunca nos aproximarmos muito, dado o antagonismo de gênio e de propósitos que nos possuía." Mais ainda, descreve Brizola como "ambicioso ao extremo", "agitador" e com a "ideia fixa de cubanização do Brasil", pp. 89–90.
28. *A Hora*, citado em Norberto da Silveira, op. cit., p. 168.
29. Idem, pp. 105–109.
30. F.C. Leite Filho, op. cit., p. 119
31. *Folha da Tarde*, Porto Alegre, 31 de agosto de 1961, p. 5 e 30 de agosto de 1961, p. 5.
32. *Última Hora*, citado em Norberto da Silveira, op. cit., pp. 109–111.
33. Mircea Eliade, *Mito do eterno retorno*, São Paulo, Mercuryo, 1992, p. 27.
34. Raoul Girardet, op. cit., p. 70.
35. Aldo Pinto, "Os estudantes na legalidade", in *Nós e a legalidade*, op. cit., p. 49.
36. Os outros modelos, segundo Girardet, são Cincinato, símbolo da experiência, prudência e moderação, Sólon, o legislador, e Alexandre, representação da conquista e da aventura. Ver a esse respeito o capítulo "O Salvador" em Raoul Girardet, op. cit., p. 78.
37. Geraldo Stédile, "O medo do medo", in *Nós e a legalidade*, op. cit., p. 94.
38. *Folha da Tarde*, Porto Alegre, 30 de agosto de 1961, p. 15, e *O Semanário*, n° 277, 19 a 25 de setembro de 1961, p. 8.
39. *Folha da Tarde*, Porto Alegre, 2 de agosto de 1961, p. 6, e *Última Hora*, citado em Norberto da Silveira, op. cit., pp. 193–194.
40. Amir Labaki, op. cit., pp. 97–98.
41. Idem, p. 222.
42. Flávio Tavares, op. cit., p. 205.
43. Norberto da Silveira, "Sargentos heroicos", in *Nós e a legalidade*, op. cit., pp. 161–163.
44. *Tribuna da Imprensa*, Rio de Janeiro, 28 de agosto de 1961, pp. 1 e 7.
45. Idem, 29 de agosto de 1961, pp. 1–2.
46. *Correio da Manhã*, Rio de Janeiro, 29 de agosto de 1961, p. 5.
47. *Última Hora*. Rio de Janeiro, 29 de agosto de 1961, p. 3 e 30 de agosto de 1961, p. 2.
48. Idem, 30 de agosto de 1961, p. 2.
49. Idem, 1 de setembro de 1961, p. 2.
50. *Tribuna da Imprensa*, Rio de Janeiro, 29 de agosto de 1961, p. 6.
51. Argelina Figueiredo, *Democracia ou reformas? Alternativas democráticas à crise política: 1961–1964*, São Paulo, Paz e Terra, 1993, p. 42.
52. Raoul Girardet, op. cit., p. 15.
53. *Última Hora*, Rio de Janeiro, 31 de agosto de 1961, p. 4.
54. Mircea Eliade, *O sagrado e o profano. A essência das religiões*, Lisboa, Edições "Livros do Brasil", s/d.

55. Raoul Girardet, op. cit., p. 180.
56. Nydia Guimarães, "O tanque das cinco e outras histórias", in *Nós e a legalidade,* op. cit., pp. 170-171.
57. Mircea Eliade, *Imagens e símbolos,* op. cit., p. 35.
58. Maria Flor Vieira, "Sonho de uma noite de inverno" in *Nós e a legalidade,* op. cit., p. 139.
59. Raoul Girardet, op. cit., p. 23.
60. Marino Boeira, "A última utopia", in *Nós e a legalidade,* op. cit., p. 146.
61. Mircea Eliade, *Tratado de história das religiões,* op. cit., pp. 297 e 199.
62. Norberto da Silveira, op. cit., p. 205.
63. *Última Hora,* citado em Norberto da Silveira. op. cit., p. 73.
64. *Folha da Tarde,* Porto Alegre, 4 de setembro de 1961, 2ª edição, p. 19.
65. Bronislaw Baczko, op. cit., 1985.
66. *Última Hora,* Rio de Janeiro, 29 de agosto de 1961, p. 2; 30 de agosto de 1961, p. 3 e 31 de agosto de 1961, p. 3.
67. Amir Labaki, op. cit., p. 100.
68. *Última Hora,* Rio de Janeiro, 31 de agosto de 1961, p. 4.
69. Vivaldo Barbosa, op. cit., pp. 300 e 303.
70. *Última Hora,* Rio de Janeiro, 31 de agosto de 1961, pp. 3-4.
71. *O Semanário,* nº 278, 26 de setembro a 2 de outubro de 1961, p. 34.
72. Idem, nº 277, 16 a 29 de novembro de 1961, p. 12.
73. Argelina Figueiredo, op. cit., pp. 26-38.
74. Wilson Vargas, "Brasília–Goiânia: boataria, trincheiras e articulações", in *Nós e a legalidade,* op. cit., pp. 216-219.
75. Argelina Figueiredo, op. cit., pp. 36-38.
76. *Última Hora,* Rio de Janeiro, 31 de agosto de 1961, p. 2. A citação seguinte é da mesma fonte.
77. *Correio da Manhã,* Rio de Janeiro, 31 de agosto de 1961, primeira página.
78. *Última Hora.* Rio de Janeiro, 31 de agosto de 1961, p. 4.
79. Georges Balandier, op. cit., p. 7.
80. *Última Hora,* Rio de Janeiro, 6 de setembro de 1961, p. 3.
81. *Correio da Manhã,* Rio de Janeiro, 31 de agosto de 1961, p. 6.
82. Idem, primeira página. Assinaram o documento os diretores dos Diários Associados, *Diário de Notícias, Jornal do Brasil, Correio da Manhã, Última Hora, Manchete, Luta Democrática, A Notícia, O Dia, Gazeta de Notícias, Publicidade e Negócios, Vida Doméstica, A Noite* e *Diário Carioca.* Vale observar a ausência do jornal O Globo.
83. *Correio da Manhã,* Rio de Janeiro, 2 de setembro de 1961, p. 2.
84. Markun Paulo e Duda Hamilton, *1961. Quer as armas não falem,* São Paulo, Editora Senac, 2001, pp. 313-314.
85. *Folha da Tarde,* Porto Alegre, 1º de setembro de 1961, pp. 89-90.
86. Marfisa Simon, "Rádio da legalidade", in *Nós e a legalidade,* op. cit., p.131.
87. Amir Labaki, op. cit., p. 118.
88. *Folha da Tarde,* Porto Alegre, 4 de setembro de 1961, 2ª edição, p. 9.
89. Odilon López, "Movidos pelo carisma de um revolucionário", in *Nós e a legalidade,* op. cit., p. 192.

90. *Folha da Tarde*. Porto Alegre, 2 de setembro de 1961, p. 3.
91. Georges Balandier, op. cit., p. 13.
92. Argelina Figueiredo, op. cit., pp. 45–46.
93. *Última Hora*, citado em Norberto da Silveira, op. cit., pp. 220–221.
94. *Última Hora*, Rio de Janeiro, 6 de setembro de 1961, p. 2.
95. *Tribuna da Imprensa*, Rio de Janeiro, 4 de setembro de 1961, p. 1 e 05 de setembro de 1961, p.1. A citação seguinte é da mesma fonte.
96. Alcy Cheuiche, "O trem da fronteira", in *Nós e a legalidade*, op. cit., pp. 41–43.

6. O ÚLTIMO ATO: SEXTA-FEIRA 13 NA CENTRAL DO BRASIL

"Um dia meu pai chegou em casa, nos idos de 63.
E da porta ele gritou orgulhoso, agora chegou a nossa vez.
Eu vou ser o maior, comprei um Simca Chambord.

E no caminho da escola eu ia tão contente.
Pois não tinha nenhum carro que fosse na minha frente.
Nem Gordini nem Ford, o bom era o Simca Chambord.

Mas eis que de repente, foi dado um alerta.
Ninguém saía de casa e as ruas ficaram desertas.
Eu me senti tão só, dentro do Simca Chambord.

Tudo isso aconteceu há mais de vinte anos.
Vieram jipes e tanques que mudaram os nossos planos.
Eles fizeram pior, acabaram com o Simca Chambord."
(M. Nova/M. Cordeiro/G. Mullen/Hummel)

No dia 25 de janeiro de 1964, alguns minutos antes das 21 horas, João Pinheiro Neto entrava no Edifício Chopin, ao lado do Copacabana Palace.[1] Convocado pelo presidente João Goulart para uma reunião em seu apartamento, o presidente da SUPRA, Superintendência da Política

Agrária, com alguma ansiedade, parou em frente da porta e tocou a campainha. Quem o recebeu foi um dos mais devotados aliados do presidente, José Gomes Talarico. No sofá da ampla sala, Goulart, como de costume, mostrava o colarinho solto, a gravata caída de lado na camisa, as pernas esticadas e o cigarro entre os dedos. Segundo Pinheiro Neto, ele o recebeu com o mesmo sorriso, humilde e cordial, que dedicava a todos. Como a sala estava cheia, Jango preocupou-se em apresentar o recém-chegado: "– Já conheces todos?" Bastou um rápido olhar para o presidente da SUPRA reconhecer um grupo de sindicalistas, bastante conhecidos quando exerceu, ainda que por um curto e atribulado período, a pasta do Trabalho.

Goulart, sem muito esperar, comunicou uma decisão: "– Pinheiro, estamos aqui para decidir algumas providências com relação ao comício da Central do Brasil, no próximo dia 13 de março, quando vamos assinar em público os decretos da SUPRA,[2] das refinarias, da remessa de lucros, congelamento de aluguéis etc." Diante da reação de absoluta surpresa do interlocutor, o presidente completou: "– É. Está resolvido. Vamos fazer uma grande manifestação popular em frente ao Ministério da Guerra. O Jair [general Jair Dantas Ribeiro, então ministro da Guerra] já está de acordo. E tudo está sendo preparado: palanque, tanques do Exército, tudo programado. Que é que tu achas?" Ainda assustado com a notícia, Pinheiro Neto pensou: "quem sou eu para discordar de um fato consumado" e limitou-se apenas a responder com um tímido "bom". Na verdade, sua resposta foi sincera. Com a situação delicada do governo federal, talvez o apoio do ministro da Guerra, com seus tanques, reforçasse a autoridade presidencial. Seu otimismo, no entanto, foi sustado quando Talarico disse que havia um problema, o da ordem dos oradores. "– Que ordem?", perguntou Pinheiro Neto. "– Todos os líderes, políticos e sindicais", respondeu Talarico, "querem falar logo em seguida ao Presidente. O Brizola não abre mão dessa prerrogativa, o Arraes também não, e o Eloy Dutra [na época vice-governador do então estado da Guanabara] também. Todos eles, intransigentes, estão criando caso. Sugeri até um sorteio, falando pelo telefone com Brizola e o Eloy, que não aceitaram. Só não consegui falar com o Arraes". Diante do silêncio de Goulart, um sindicalista perguntou: "– E agora, presidente?" "– Não opino. Vocês que decidam", respondeu.

Passando da surpresa para a preocupação, João Pinheiro Neto meditou sobre a fragilidade humana, particularmente a respeito da vaidade dos homens. Exatamente quando o barco do governo começava a vazar água, ameaçando afundar tragado pelo golpismo em plena marcha, líderes populares tarimbados, ao longo de tormentosa vida pública, estavam empenhados em saber quem teria direito a um realce maior. "Aquilo tudo", pensou, "me pareceu uma ridícula pantomina, uma ridícula exacerbação de vaidades."

Enquanto a discussão se alongava, ele percebeu que o presidente, com semblante carregado, se levantou para ir ao banheiro. Com discrição, Pinheiro Neto, aproximando-se, sugeriu alternativas: "– Presidente, o senhor não acha que em vista de toda essa confusão, de toda essa disputa, seria mais aconselhável transferir a assinatura dos decretos para o Palácio da Alvorada, em cerimônia solene na qual o senhor, e mais ninguém, fosse o orador?" Após pensar por alguns instantes, Goulart respondeu: "– Boa ideia. Vamos voltar para a sala. Mas por enquanto não digas nada." Conhecedor da personalidade de Jango, Pinheiro Neto, alegando cansaço, desculpou-se e retirou-se para casa. No dia seguinte, o jornal *Última Hora* anunciava:

> Dia 13 de março na Central do Brasil. Grande comício pelas Reformas de Base. Falarão Jango, Brizola, Arraes, Eloy Dutra, líderes sindicais e estudantis. São esperadas mais de 100 mil pessoas. TODOS À CENTRAL COM O PRESIDENTE JOÃO GOULART.

Em agosto de 1961, João Belchior Marques Goulart saiu do Brasil como vice-presidente em viagem à China e voltou como presidente da República sob gravíssima crise militar, com as contas públicas descontroladas, tendo que administrar um país endividado interna e externamente, além da delicada situação política. Ainda mais grave, ele não tinha como implementar seus projetos reformistas. O sistema parlamentarista, implantado às pressas, visava, na verdade, impedir que ele exercesse seus poderes. Assim, a estratégia inicial do presidente foi a de desarmar seus opositores conservadores, procurando ampliar sua base política com o apoio do centro, sobretudo com o PSD, mas, ao mesmo tempo, não querendo abrir mão de suas relações com as esquerdas. Em um primeiro momento, Jango tudo fez para sabotar o sistema parlamentarista, demonstrando sua inviabilidade política e administrativa. Depois, o passo seguinte foi o de unir o centro e a esquerda, reforçando a tradicional aliança entre o PSD e o PTB, no sentido de implementar reformas negociadas e pactuadas no Congresso Nacional. Reformas que não poderiam ser tão tímidas, como queriam os pessedistas, mas também não tão radicalizadas, como defendiam as esquerdas, incluindo setores consideráveis do trabalhismo. No entanto, apesar do esforço do presidente de implementar as reformas unindo a esquerda e o centro, ele não obteve sucesso. Sua estratégia de compor um amplo acordo de centro-esquerda e, com maioria no Congresso Nacional, viabilizar as reformas sob o regime democrático, era denunciada pelas esquerdas como "política de conciliação". Acuado pela direita, sofrendo a desconfiança do PSD e perdendo o controle de seu próprio partido, João Goulart, no início de 1964, aliou-se às esquerdas e ao movimento sindical. Em 6 de março, recebendo 300 prefeitos em cerimônia no Palácio do Planalto, afirmou que o país não necessitava de nenhum figurino estrangeiro para melhorar o nível de vida da população:

Não basta falarmos em democracia para o povo", alegou, "é preciso que ele possa senti-la. A paz verdadeira é a paz que promova o progresso, a paz que assegura a justiça social. A paz para as minorias não resolveria o problema de nosso país. A paz que nós desejamos não é apenas a que aparece nas ruas asfaltadas, mas a que leve a justiça social aos nossos caboclos do interior, que entre no lar humilde dos trabalhadores e incorpore todo o povo à sociedade que nós todos desejamos, à sociedade cristã de um país livre e independente.[3]

Após entregar tratores importados aos prefeitos e anunciar um plano para suplementar os salários dos professores de todo o país, completou: "O que nós desejamos com essas reformas é integrar na sociedade brasileira mais de quarenta milhões de irmãos nossos, também brasileiros, que precisam participar da vida de seu país e da riqueza nacional."

Dias depois, em 11 de março, antevéspera do comício, o presidente falou aos trabalhadores do Arsenal de Marinha. Conduzido ao palanque pelo ministro da Marinha e outros almirantes, Goulart argumentou que as grandes ameaças à democracia são as estruturas econômicas e sociais inteiramente superadas. Ao discursar aos operários do Arsenal, disse que, nas 48 horas seguintes, encontraria os trabalhadores em praça pública para dialogar com eles, garantindo, assim, o direito legítimo do povo em qualquer democracia: o "de dizer o que pensa e o que sente, inclusive o de falar com o presidente da República".[4] Para Goulart, os trabalhadores não deveriam se preocupar com "certas camadas da reação brasileira" que insistem em mistificar e aterrorizar o povo com notícias alarmantes sobre o comício. Quem ameaça o regime democrático, alegou, não é a voz do povo nas ruas.

O que ameaça a democracia é a fome, é a miséria, é a doença dos que não têm recursos para enfrentá-la. Esses são os males que podem ameaçar a democracia, mas nunca o povo na praça pública no uso dos seus direitos legítimos e democráticos. Ameaçam a democracia aqueles que se levantam contra as reformas necessárias ao desenvolvimento nacional, ou então os que pretendem limitar-nos a um regime democrático estruturado para atender somente aos interesses do grupo privilegiado.

O objetivo deste capítulo é conhecer o cotidiano político do país nas duas primeiras semanas de março daquele ano, culminando no comício do dia 13. Naqueles dias, uma ampla coalizão de esquerda pró-reformas, organizada na Frente de Mobilização Popular (FMP), acreditou na possibilidade de alterar as estruturas econômicas e sociais do país, apostando alto na radicalização, embora não percebesse suas próprias limitações. O comício de 13 de março de 1964, assim, repercutiu de maneira impactante no quadro político brasileiro da época. Para as esquerdas, a notícia do evento surgiu como a vitória dos grupos reformistas que, desde a posse de Goulart na presidência da República, procuravam tê-lo como aliado nas mudanças econômicas e sociais que defendiam; para as direitas e os conservadores, ao contrário, a manifestação atuou como um alerta, como uma senha que unificou grupos e propostas heterogêneas no sentido de romper com o jogo democrático. O evento, nas palavras de Argelina Figueiredo, desencadeou forças "à esquerda e à direita que o governo não mais podia controlar".[5]

O PARTIDO DA LIBERTAÇÃO NACIONAL

João Goulart iniciou sua carreira política em nível nacional em 1952 como presidente do PTB e, no ano seguinte, como ministro do Trabalho. Em fevereiro de 1954, ele deixou a pasta, mas com grande prestígio no movimento sindical e como uma liderança incontestável no partido. Nas eleições presidenciais que se seguiram após a morte de Vargas, Goulart comprovou sua importância no cenário político. Como candidato à vice-presidência na aliança PTB–PSD, cabalou mais votos que Juscelino Kubitschek, obtendo 3.600.000 votos, enquanto o candidato à presidência obteve 3.079.410.

Naquele momento, enquanto crescia o número de organizações de trabalhadores e operários sindicalizados, aumentava também a influência que exerciam sobre o governo federal. A aproximação entre petebistas, comunistas, líderes sindicais e grupos nacionalistas, todos estimulados pela carta-testamento de Vargas, reforçava o movimento pelas reformas. Desconhecendo a legislação oficial, os sindicalistas, especialmente após greves que uniam diferentes categorias, formavam as chamadas intersindicais, a exemplo do Pacto de Unidade Intersindical, o Conselho Sindical dos Trabalhadores de São Paulo, a Comissão Permanente das Organizações Sindicais, o Pacto de Unidade e Ação, entre outras que se seguiram, até culminar com a fundação do Comando Geral dos Trabalhadores.

O PTB, por sua vez, não apenas crescia com a eleição de cinco governadores de estado no pleito de 1958, a exemplo de Leonel Brizola no Rio Grande do Sul e Roberto da Silveira no Rio de Janeiro, mas, nesta segunda metade dos anos 1950, conheceu mudanças significativas em seu perfil ideológico. Segundo Maria Celina D'Araujo, mesmo com perdas decorrentes das expulsões de dissidentes, o PTB firmou suas posições no movimento sindical, aliando-se aos comunistas; aproximou-se de setores do Exército após o golpe preventivo do general Lott, com a fundação da Frente de Novembro, organizada por militares, sindicalistas, comunistas e dirigentes petebistas; formou grupos parlamentares comprometidos com as reformas, como o Grupo Compacto; optou pela estratégia da ação direta, com a mobilização de estudantes, trabalhadores e populares; e, embora no governo, surgiu também como partido de oposição. Em sua Convenção de 1957, o PTB assumiu um projeto de cunho claramente reformista, decidindo convocar, para o ano seguinte, o I Congresso Mundial Trabalhista, com convidados do *Labour Party* e de partidos trabalhistas e socialistas de diversos países. No encerramento dos trabalhos, Goulart pronunciou um discurso radical e nacionalista a favor das reformas econômicas e sociais. Na avaliação de D'Araujo, o mérito do PTB, naquele momento, resultou de sua capacidade de acompanhar o debate ideológico da época e de se tornar o porta-voz de um discurso que invadia a América Latina e que criaria profundas raízes no Brasil. "Trata-se", no dizer da autora, "do discurso nacionalista que, de maneira geral, atribuía as dificuldades dos países sul-americanos às pressões econômicas e aos interesses 'imperialistas' da América do Norte". Assim, para o PTB, em fins dos anos 1950, não se tratava mais de defender e ampliar a legislação social proveniente da época de Vargas, mas da convicção de que tais direitos somente seriam atingidos plenamente após o Brasil alcançar autonomia política e econômica, sobretudo libertando-se dos interesses "imperialistas" dos Estados Unidos. Para Maria Celina D'Araujo, o objetivo de garantir e ampliar as leis sociais, naquele momento, foi substituído por uma tarefa histórica maior: a libertação econômica do país.[6]

Decididos a assumir o poder, os trabalhistas lançaram o marechal Henrique Teixeira Lott para disputar a presidência da República em 1960, com João Goulart para vice, novamente pela aliança PTB–PSD. Jânio Quadros venceu as eleições, mas o líder trabalhista novamente reafirmou seu grande prestígio político, eleito para a vice-presidência.[7] Perdida a eleição, o PTB, logo nos primeiros meses do novo governo, impôs-se como partido oposicionista, radicalizando ideologicamente, afinado que estava com os movimentos sindical e nacionalista. Sob a liderança de Goulart e a influência crescente de Brizola, com o aval de políticos nacionalistas e reformistas do partido, sobretudo os do Grupo Compacto, o PTB voltou suas atividades para os movimentos populares e aproximou-se ainda mais do PCB.

Com a renúncia de Quadros, o PTB, finalmente, chegou ao poder. Porém não sem conflitos. O veto dos ministros militares à posse de Goulart, com o ostensivo apoio do governador da Guanabara, Carlos Lacerda, desencadeou um amplo movimento pela manutenção da ordem democrática. Com a iniciativa do governador do Rio Grande do Sul, Leonel Brizola, de resistir ao golpe, acompanhado, mais adiante, pelo governador de Goiás, Mauro Borges, a sociedade brasileira mobilizou-se pela ordem legal. Além das greves de trabalhadores, nos partidos políticos, sindicatos e igrejas, entre estudantes, intelectuais e associações de profissionais liberais e de capitalistas, nas facções das Forças Armadas e na imprensa, entre diversos outros grupos sociais e instituições políticas, havia os que recusaram qualquer solução para a crise que não a da legalidade e a da democracia. A intransigência pela saída legal incentivou, inclusive, que setores da população, sobretudo trabalhadores e estudantes, aceitassem com entusiasmo a convocação de líderes políticos, como Brizola e Borges, para a resistência armada.[8]

Em solução negociada, Goulart assumiu a presidência da República em 1961 em regime parlamentarista. Mesmo alcançando o poder com um quadro institucional conturbado, inflação em alta, descontrole das contas públicas, insatisfações na área militar, greves constantes e sofrendo a disputa política com outras lideranças, o presidente encontrou momentos de grande prestígio político. Nas eleições legislativas de 1962, o PTB passou de 66 para 116 deputados, reduzindo o número de cadeiras dos partidos conservadores, enquanto no plebiscito que decidiu pela volta do sistema presidencialista, em janeiro de 1963, com o apoio de um amplo leque político e, inclusive, militar e empresarial, Goulart obteve grande votação a seu favor.

No entanto, o movimento sindical e o PTB não eram os mesmos da época em que ele fora ministro do Trabalho, em 1953. Ao longo desses anos, sindicalistas e petebistas cresceram em número, alteraram suas formas organizativas e radicalizaram em termos ideológicos. Nesse momento, o presidente do PTB e da República não mais usufruía do quase monopólio do prestígio que exercia entre os sindicatos e no próprio partido. Jango surgira no cenário político em uma época de transição no PTB: de uma situação de subordinação e dependência a Getúlio Vargas, o partido procurou, após o desaparecimento do líder, construir um novo programa e definir, com maior clareza, sua própria identidade política. João Goulart foi a figura central nesse momento de transição organizativa, programática e ideológica do partido. Os tempos eram outros: de radicalização. Assim, Leonel Brizola adentrou o cenário político como o expoente mais radicalizado do PTB. Reunindo sob sua liderança a ala esquerda de seu partido, estudantes, sindicalistas, suboficiais das Forças Armadas, como sargentos da Aeronáutica e fuzileiros navais, e, inclusive, grupos trotskistas, Brizola passou a disputar com Goulart a liderança do movimento popular.

Sob influência crescente do PCB e da esquerda do PTB, o movimento sindical unificou-se sob a sigla do CGT, o Comando Geral dos Trabalhadores. Durante todo o governo Goulart, grandes mobilizações e greves gerais agitaram o país. Atuando na política nacional, o CGT promoveu uma paralisação nacional contra a indicação do conservador Auro de Moura Andrade para o cargo de primeiro-ministro, propôs uma grande mobilização pela aprovação das reformas de base pelo Congresso, transformada em nova greve geral pelo plebiscito a favor do presidencialismo, além de paralisações por aumentos salariais ou benefícios sociais diversos, como o 13º salário. O movimento sindical, com feições autônomas e mobilizações crescentes pelas reformas, radicalizava seu discurso e sua estratégia política. Segundo depoimento de Raul Ryff, Goulart, diante de greves sucessivas, teria dito que "tanta reivindicação não é possível. Vai acabar tendo uma ditadura".[9]

O PTB, por sua vez, conheceu uma "real guinada à esquerda da maioria de seus quadros", avalia Lucília de Almeida Neves. Desde finais dos anos 1950, os novos militantes eram, na sua maioria, adeptos de um reformismo socializante. No Congresso, parlamentares de diversos partidos, majoritariamente do PTB, passaram a formar "frentes políticas" na luta pelas reformas econômicas e sociais sob o ideário do nacionalismo. A começar pelo Grupo Compacto, seguido pela Frente Parlamentar Nacionalista, pela Frente de Libertação Nacional e pela Frente de Mobilização Popular – uma espécie de "parlamento das esquerdas" –, além da Frente Progressista liderada por San Tiago Dantas, as "frentes" atuavam como fator de mobilização pelas chamadas reformas de base. Como lembra a autora, o período permeou, sem disfarces, a prática político-partidária com a sindical. Nas frentes, sindicalistas, políticos reformistas, dirigentes petebistas e membros da equipe governamental esforçavam-se para reformular as estruturas econômicas e sociais do país. As frentes suprapartidárias, afirma Lucília Neves, potencializaram a realização da cidadania dos trabalhadores levando-os "a adquirir maior capacidade de pressão sobre o Congresso Nacional".[10] Sob a liderança dos nacionalistas-reformistas, o PTB estabeleceu, sobretudo no governo Goulart, uma dupla estratégia, segundo Maria Celina D'Araujo: optou pela via parlamentar, investindo suas forças nas eleições, visando obter representação suficiente para promover as reformas, mas, ao mesmo tempo, investiu na ação direta, mobilizando sindicatos, soldados, sargentos, estudantes e trabalhadores como forma de pressionar o governo.[11]

Enquanto o PTB se mobilizava pelas reformas no Congresso Nacional e nas ruas, outras lideranças surgiram no partido, apresentando-se, muitas vezes, como mais progressistas que o presidente, rivalizando e disputando com ele o prestígio popular. Em outro contexto político, e sobretudo com o crescimento e a maior complexidade do partido, Goulart não tinha como recorrer às purgas para eliminar concorrentes ou dissidentes, como fizera no passado. Durante todo o seu governo, afirma Abelardo Jurema, "Jango era um homem preocupado em não perder a liderança para o Brizola, que fazia força para tomar conta da liderança popular".[12] Outros políticos de projeção nacional, como

Miguel Arraes, igualmente esforçavam-se para pregar as reformas com mais contundência, cobrando suas imediatas implementações pelo presidente da República. Para Raul Ryff, que viveu aqueles episódios, "todo mundo queria bombardear o governo para sua posição mais radical, para mostrar que eram mais trabalhistas, mais populares, eram mais à esquerda que o presidente".[13]

Goulart estava comprometido com mudanças econômicas e sociais, as "reformas de base", como ficaram conhecidas, embora afirmasse que não avançaria além disso. Diversos grupos nacionalistas e de esquerda, a maioria próxima ao PTB, apoiavam o programa de reformas. Embora divididas e heterogêneas, as correntes reformistas insistiam, sobretudo, na questão da reforma agrária que, se não contasse com o aval do Congresso, argumentavam, seria implementada por vias extralegais. Leonel Brizola, por exemplo, pregava a necessidade de o presidente intervir e fechar o Congresso Nacional. "Esse Congresso que aí está não fará reforma nenhuma", disse ele.[14] Desde que Jango tomara posse, ele aconselhava o presidente a dar um golpe de Estado: "se não dermos o golpe, eles o darão contra nós." Somente se Goulart assumisse todos os poderes, desconhecendo a Constituição, pregava o líder trabalhista gaúcho, as mudanças seriam implementadas. A alternativa, no entanto, era descartada pelo presidente. Não estava em seus planos tornar-se um ditador. Comprometido com o programa de reformas, evitava, contudo, atropelar os canais institucionais.

Ao mesmo tempo que, de um lado, o movimento sindical, os grupos nacionalistas e o PTB e, de outro, os setores mais conservadores e de direita da sociedade radicalizavam suas posições, Goulart, sofrendo a desconfiança de ambos, equilibrava-se em bases políticas bastante frágeis. Aproximar-se do centro, como tentou com o PSD, desagradava a sua base política com a qual construiu sua carreira: os assalariados e o movimento sindical. O abandono do Plano Trienal pelo presidente é ilustrativo. Formulado por Celso Furtado, ministro extraordinário do Planejamento, e San Tiago Dantas, ministro da Fazenda, as metas principais do plano de estabilização eram as de combater a inflação sem comprometer o desenvolvimento econômico e, em um passo seguinte, implementar as reformas, sobretudo no aparelho administrativo, no sistema bancário, na estrutura fiscal e, em particular, a agrária. Assim, o programa incluía medidas ortodoxas, como as para a estabilização econômica negociadas com o FMI, e a alternativa estruturalista, como a reforma agrária. Primeiro a estabilização econômica, depois a reforma agrária, defendia o ministro. Embora os objetivos propostos por Celso Furtado fossem praticamente consensuais, avalia Argelina Figueiredo, eles implicavam restrição salarial, limitação do crédito e dos preços, bem como cortes nas despesas governamentais, afetando, assim, interesses de capitalistas e de trabalhadores.[15] O argumento governamental para a cooperação entre eles era o da consequência em longo prazo. Com o estado debilitado da economia, o país não suportaria aumentos salariais e lucros elevados. O Plano Trienal, concordam vários analistas, era uma inovação. Pela primeira vez o país enfrentaria um processo inflacionário sem apelar, unicamente, para o equilíbrio financeiro, com medidas estritamente monetaristas, recorrendo, também, à estratégia estruturalista para solucionar os problemas que o país enfrentava.

As esquerdas, no entanto, recusaram o Plano. Luiz Carlos Prestes atacou duramente as medidas apresentadas pelo ministro do Planejamento, acusando-as de preservar os interesses dos capitais internacionais e da burguesia associada a eles, privilegiando o imperialismo e os grupos agrário-exportadores.[16] "A verdade", avaliaram os dirigentes do PCB, "é que o governo continua na sua política de conciliar com os inimigos da nação". O CGT também manifestou sua oposição, sobretudo no tocante às restrições aos reajustes salariais. Para os sindicalistas, o Plano Trienal, de "caráter reacionário", deveria ser abandonado e, em seu lugar, o governo adotaria a política nacionalista e reformista, como a nacionalização das empresas estrangeiras, a expansão dos monopólios estatais, a reforma agrária, entre outras medidas. Francisco Julião exigiu a revogação da política econômica do governo, definindo-a como "antipopular, antinacional e pró-imperialista". Vinícius Brant, presidente da UNE, foi enfático: "O Plano não se volta contra o latifúndio nem contra o imperialismo; ao contrário, serve aos interesses dos monopólios estrangeiros, e por isso conta com o apoio das autoridades e da imprensa norte-americana." Leonel Brizola, por sua vez, passou a liderar a oposição ao Plano Trienal. Celso Furtado, cansado das críticas formuladas pelas esquerdas, declarou com certa irritação: "Devo esclarecer que não me encomendaram um projeto de revolução, mas um plano de governo." Com a oposição de empresários, sindicalistas e das esquerdas, o presidente não encontrou sustentação política para o programa de estabilização. "Entre um plano no papel e a dificuldade dos trabalhadores", teria dito Goulart, "prefiro ficar ao lado do trabalhador".[17] Assim, durante todo o ano de 1963, o presidente evitou adotar o programa defendido pelas esquerdas. Em fins daquele ano, por exemplo, aproximou-se de Brizola, mas nomeou o banqueiro Nei Galvão para o Ministério da Fazenda – cargo pleiteado pelo próprio Brizola.

No início de 1963, sob a liderança de Leonel Brizola, surgiu a Frente de Mobilização Popular (FMP), qualificada por Ruy Mauro Marini como um "parlamento das esquerdas".[18] Ali estavam reunidas as principais organizações de esquerda que lutavam pelas reformas de base. A FMP esforçava-se para que João Goulart assumisse imediatamente o programa reformista, sobretudo a reforma agrária, mesmo à custa de uma política de confronto com a direita e os conservadores, incluindo o PSD. Ao mesmo tempo, procurava se impor como força viável às reformas diante das posições do PCB, interpretadas como moderadas. Na FMP estavam representados os estudantes, com a UNE e a União Brasileira dos Estudantes Secundaristas (UBES), os operários urbanos, com o CGT, a Confederação Nacional dos Trabalhadores na Indústria, o Pacto de Unidade e Ação e a Confederação Nacional dos Trabalhadores nas Empresas de Crédito, os subalternos das Forças Armadas, como sargentos, marinheiros e fuzileiros navais por meio de suas associações, facções das Ligas Camponesas, grupos de esquerda revolucionária como a Ação Popular (AP), a Organização Revolucionária Marxista Política Operária (ORM-POLOP), o Partido Operário Revolucionário Trotskista (POR-T) e segmentos de extrema esquerda do PCB, bem como políticos do Grupo Compacto do PTB e da Frente Parlamentar Nacionalista. A penetração da FMP entre os subalternos das Forças Armadas era algo sem precedentes. Cálculos sugerem que, dos 40 mil sargentos na ativa, 22 mil eram brizolistas. Leonel Brizola, ao falar na televisão, muitas vezes aparecia com dois fuzileiros navais, empunhando seus fuzis, um de cada lado do líder. Segundo Herbet de Souza, o Betinho, na época militante da AP, a FMP foi uma experiência rica para as esquerdas. "Foi uma experiência aberta, um fórum de debates, de articulação, de politização."[19] A Frente liderada por Brizola procurava convencer Goulart a implementar as reformas de base unicamente com o seu apoio político, desconhecendo outras organizações do leque partidário brasileiro, inclusive as de centro – em particular, o PSD.

Embora com o abandono do Plano Trienal, as reformas continuaram na ordem do dia, particularmente a agrária. Discutida no Congresso e interpretada como necessária para o desenvolvimento do país, a maioria de centro, sobretudo o PSD, aceitava a legislação que alterava o modelo fundiário, desde que fosse moderada e com limitações. As esquerdas marxistas, socialistas, cristãs e trabalhistas, no entanto, exigiam uma reforma agrária radical; a questão central girava em torno da forma de indenizar o proprietário. Ignorando o poder de veto dos conservadores no Congresso, diz Argelina Figueiredo, a coalizão radical pró-reformas organizada na FMP exigia um programa radical, optando pela estratégia da mobilização política e negando-se a concessões e a compromissos. Em abril de 1963, Goulart enviou ao Congresso Nacional proposta de emenda constitucional para a reforma agrária. Tratava-se de projeto para negociação com o PSD: reforma agrária apenas em terras improdutivas, com pagamento em títulos da dívida pública resgatados em 20 anos. A bancada trabalhista desconheceu a maioria conservadora e modificou a proposta presidencial: a reforma agrária seria também em terras produtivas e sem indenização alguma. E ainda incluiu a reforma urbana. Os parlamentares do PTB sabiam que seu substitutivo seria terminantemente recusado pelo PSD. Mas este era o objetivo, demonstrando o quanto os pessedistas eram contra as reformas.

Enquanto isso, nas ruas, Leonel Brizola, liderando a FMP e apoiado pelo CGT, Frente Parlamentar Nacionalista e movimento estudantil, promoveu comícios, manifestações e ameaças de greve geral. Em discurso transmitido pelas rádios, Brizola chegou mesmo a dar um ultimato no Congresso: os deputados deveriam aprovar o projeto do PTB no prazo de 40 dias, ou outros meios seriam utilizados para implementá-lo.[20] O projeto foi rejeitado pelos parlamentares, e embora o PSD tivesse apresentado outro, mais moderado e próximo ao de Goulart, o PTB negou apoio político e votou contra. A UDN ainda apresentou sua proposta de reforma agrária, mas pessedistas e trabalhistas não dariam aos udenistas tamanho protagonismo. A intransigência dos partidos políticos causou grande derrota política a Goulart. Naquela legislatura, ele não poderia apresentar outro projeto.

Enquanto os grupos de centro e de esquerda negavam-se a pactos e compromissos, Jango mostrava-se incapaz de neutralizar os setores mais radicais de seu partido e de conter o avanço do movimento sindical, perdendo, assim, o apoio das lideranças do PSD que, paulatinamente, se aproximavam da UDN. Em outubro de 1963, com a escalada das greves, a insatisfação da oficialidade das Forças Armadas, sob feroz ataque de Carlos Lacerda, sofrendo a desconfiança do PSD e isolado pela esquerda do PTB, o presidente, com apoio dos altos escalões do Exército, propôs o estado de sítio – para, logo depois, recuar. Goulart, nesse momento, encontrava-se isolado politicamente.

A conjuntura política, portanto, era muito grave, e diversos personagens que partilharam da convivência com Goulart na presidência da República alegam que seu temperamento agia como fator complicador da crise. Incapaz de uma atitude de cólera ou de vingança pessoal ou política, de índole pacífica e conciliatória, disposto à negociação, ao entendimento e ao diálogo,[21] sua qualidade mais marcante, reafirmam os depoimentos, era a sua bondade. Mesmo convivendo com uma sucessão de crises políticas, certo dia ele chamou o chefe da Casa Civil em seu gabinete e, demonstrando preocupação, disse que três parelhas de burro do carroção de uma família que acabara de chegar em Brasília, vinda do Rio Grande do Sul, morreram e as pessoas não tinham como voltar. Hugo de Faria, percebendo as intenções do presidente, afirmou que era ilegal a Casa Civil comprar outros burros e que, inclusive, desconfiava daquela história. Goulart retrucou: "Não, coitado, ele está no carroção com a mulher, os filhos... Nós temos que dar um jeito." Com a negativa de Hugo de Faria, o presidente entrou em contato com um amigo que comprou os burros. Assim, diversos depoimentos enfatizam a bondade, a paciência e a perspectiva humanitária como traços característicos de sua personalidade.

Nos meses finais de seu governo, sob ataques das direitas e das esquerdas, Goulart transmitia a impressão de imobilidade para as pessoas mais próximas. Argelina Figueiredo avalia a ambiguidade e a oscilação de Jango como os resultados de seu isolamento de seus aliados em potencial: o PTB, sobretudo de sua ala esquerda, e o PSD. Ceder às reivindicações pelas reformas radicais do primeiro ou aos limites impostos pelo segundo acarretaria uma relação de dependência a um dos grupos políticos. Para Argelina Figueiredo, a hesitação do presidente pode ser interpretada como "uma tentativa de ganhar tempo para formar uma base de apoio político independente".[22]

No entanto, tempo era o que não havia mais. A conspiração, patrocinada naquele momento pelo complexo IPES-IBAD, encontrou campo fértil para proliferar na sociedade. Ela também avançava entre os escalões médios da hierarquia militar, de majores a coronéis, os mesmos que, mais tarde, ocupariam postos estratégicos no regime ditatorial.[23] A propaganda anticomunista aumentou sua amplitude, repercutindo de maneira eficaz. Havia, evidentemente, exagero nas mensagens que aludiam ao perigo do comunismo, como afirma, com razão, Rodrigo Patto Sá Motta. No entanto, o anticomunismo, afirma o autor, "foi a linguagem comum utilizada para aproximar os diferentes grupos e interesses sociais que se uniram para derrubar o governo Goulart."[24]

No início de 1964, com a desconfiança dos grupos economicamente dominantes comprometidos com os capitais nacionais e estrangeiros, sem o apoio do PSD e perdendo o controle sobre o seu partido, Goulart aproximou-se do CGT, dos setores mais à esquerda do PTB, da FMP, do grupo político de Miguel Arraes e obteve, ainda, o apoio político do PCB. Goulart, assim, selou seu compromisso com o movimento sindical e as esquerdas em 13 de março, em comício na Central do Brasil, no Rio de Janeiro. A estratégia adotada era a de realizar uma série de comícios com o objetivo de mobilizar os trabalhadores contra o Congresso Nacional, obrigando, desse modo, que os parlamentares aprovassem as reformas de base. Segundo informações, seriam realizados grandes eventos em abril: dia 3 em Santos; 10 em Santo André; 11 em Salvador; 17 em Ribeirão Preto; 19 em Belo Horizonte; 21 em Brasília. O último deles seria em São Paulo, marcado para o dia 1º de maio, Dia do Trabalho. O evento na capital paulista seria o ponto culminante da campanha pelas reformas de base, com a concentração esperada de 1 milhão de pessoas e a deflagração de uma greve geral.[25] Ao se comprometer com a coalizão pelo programa máximo de reformas, Jango passou a compartilhar das mesmas crenças de seus aliados: em um confronto com os conservadores, ele sairia vitorioso. Ao tomar tal escolha política, entre outras disponíveis, suas opções futuras tornar-se-iam bastante restritas.

O ÚLTIMO ATO

OS CAMINHOS DA RADICALIZAÇÃO

Até os primeiros dias de março de 1964, nos grandes meios de comunicação, a imprensa em particular, não havia unanimidade sobre o governo Goulart. Na cadeia Diários Associados, de Assis Chateaubriand, as críticas ao governo muitas vezes careciam de maior profundidade e, inclusive, de seriedade. Por exemplo, sobre a proposta do Ministério da Educação de produzir a coleção "História Nova do Brasil", de autoria de Nelson Werneck Sodré, Rubem César Fernandes, Joel Rufino dos Santos, entre outros, *O Jornal*, alegando ter entrevistado professores estaduais da Guanabara, atacou dois jovens universitários colaboradores do texto didático: Rubem César Fernandes e Joel Rufino dos Santos. Além de atuarem na área de História Medieval, e não em Brasil, mesmo assim eles teriam fracassado nos estudos medievais: o primeiro teria ficado em exame de segunda época, enquanto o segundo teria sido reprovado na matéria. Segundo a avaliação da reportagem, a "História Nova do Brasil", além de uma "má leitura, com ensinamentos subversivos", constitui-se em "uma obra primária, elaborada por primários".[26] Algumas vezes, Assis Chateaubriand criticava o presidente visando a seus próprios interesses comerciais, sem mesmo o cuidado de dissimulá-los.

Apesar do ambiente de radicalização política, a imprensa não patrocinava oposição sistemática ao presidente, como ocorrera com Vargas em seu segundo mandato, embora não lhe desse apoio irrestrito. O discurso proferido por Goulart no dia 10 de março, em cadeia de rádios, por exemplo, foi interpretado de diferentes maneiras nas páginas de opinião dos jornais. Sobre as medidas anunciadas para conter a inflação, solucionar a crise cambial, incrementar as exportações, intervir no mercado de títulos, combater a sonegação de impostos e reescalonar os compromissos externos para equilibrar a balança de pagamentos, liam-se no editorial de *O Dia* palavras elogiosas ao presidente:

Em nenhum outro ensejo o presidente João Goulart se dirigiu ao povo brasileiro com tanta oportunidade [...]. Disse precisamente aquilo que a Nação precisava ouvir do seu primeiro magistrado, do principal responsável pela condução dos seus destinos no momento em que as forças de subversão se empenham em colocá-lo em mau caminho.[27]

Outros avaliaram de maneira bastante negativa o discurso presidencial. Para *O Estado de S. Paulo*,

nunca houve no Brasil, antes do sr. João Goulart, um presidente da República que falasse tanto e realizasse tão pouco. Raro é o dia em que o chefe do Executivo Nacional não deita fala, quer em comícios de sabor revolucionário, quer através da televisão e do rádio para expor planos e projetos à Nação. De uma forma ou de outra, porém, os pronunciamentos do sr. João Goulart têm a rara particularidade de não adiantarem coisa nenhuma.[28]

O *Correio da Manhã*, por sua vez, avaliou o discurso presidencial dizendo que "as reformas de base se impõem por si mesmas. Não é possível adiá-las por muito tempo. Já deveriam ter sido aprovadas".[29] Assim, não há razões, afirmou o editorial, para acreditar que o Brasil "se encontra à beira do abismo", pois sua indústria é capaz de satisfazer 85% das necessidades do país, a balança comercial está equilibrada e os credores estrangeiros aceitaram receber as parcelas atrasadas da dívida externa. Havia, decerto, a inflação: "Mas a inflação dos países na fase do desenvolvimento não é igual a dos países desenvolvidos. Não se pode combatê-la drasticamente com rigorosas medidas deflacionárias. Por meio de decretos e portarias de natureza teórica. Num país como o nosso, a inflação só será vencida com o acréscimo racional da produção." Mais ainda, argumenta o *Correio da Manhã*, existem ameaças ao regime democrático. No entanto, o amadurecimento político do país, o clima de confiança na legalidade constitucional e a fidelidade do povo à democracia, comprovados em 1955 e 1961, permitem afirmar que o Brasil não é uma republiqueta sul-americana de caudilhos. Ninguém, continua o editorial, deseja uma quartelada, um *putsch* ou uma convulsão sangrenta, que venham prejudicar o desenvolvimento nacional. "As conspirações provocam outras conspirações, os golpes geram outros golpes, as desordens trazem consigo o germe de futuras desordens." Assim, conclui o jornal, a ameaça de radicalização da esquerda ou da direita ocupa uma pequena área da superfície política, sem grande aprofundamento social: "os radicais da direita e da esquerda não sensibilizam as grandes massas da população brasileira. O povo trabalhador deve compreender o que representa a perda da liberdade. E a ditadura mais promissora se transforma com o tempo numa tirania bonapartista e totalitária que sufoca igualmente as classes produtoras, a classe média e a classe operária."

O conflito entre as esquerdas e os conservadores girava, sobretudo, em torno de como implementar a reforma agrária. Para as esquerdas, as alterações na estrutura agrária não poderiam acarretar indenizações prévias em dinheiro, como exigia a Constituição, sob o risco de se tornarem, como se dizia na época, uma "negociata rural". O PSD, maioria no Congresso, concordava em ressarcir com títulos da dívida pública e, avançando para o perfil conservador do partido, aceitava que o princípio das desapropriações por interesse social atingisse o latifúndio improdutivo ou inadequadamente cultivado. No entanto, para os grupos e partidos organizados na FMP, qualquer proposta que incluísse indenizações era inaceitável. Assim, desconhecendo o poder de veto da maioria parlamentar pessedista do Congresso, as esquerdas partiram para a estratégia de pressionar o governo e de mobilizar os trabalhadores nas ruas, excluindo, nas palavras de Argelina Figueiredo, concessões ou compromissos políticos.[30] Atacando o Congresso e cobrando medidas imediatas de Goulart, as esquerdas avançavam em seu processo crescente de radicalização.

Para algumas tendências de esquerda, a opção era pelo extremismo político. Em Dianópolis, no interior de Goiás, foi descoberto um campo de treinamento militar das Ligas Camponesas. Ali foram encontradas muitas bandeiras cubanas, retratos e textos de Fidel Castro e de Francisco Julião, manuais de instrução de combate armado, planos de implantação de outros focos de sabotagem, descrição dos fundos financeiros enviados pelo governo cubano para montar diversos acampamentos guerrilheiros, bem como esquemas para sublevação armada das Ligas Camponesas em outras regiões do país. Desde a crise de agosto 1961, setores mais radicais das Ligas substituíram a proposta de organizar os trabalhadores pela revolução socialista, tendo como ponto de partida a aliança operário-camponesa.[31] A organização, assim, foi dotada de um braço armado, tendo como exemplo a experiência guerrilheira cubana. Diversas bases foram implantadas no país. A de Rio Preto, interior do estado do Rio, visava sabotar as vias rodoviárias, ferroviárias e energéticas entre São Paulo, Rio de Janeiro e Belo Horizonte, enquanto a do Acre tinha como objetivo estocar armas compradas na Bolívia. Para Flávio Tavares, em pleno regime democrático, "uma agrupação de esquerda preparava a derrubada pelas armas de um governo no qual, pela primeira vez na história do Brasil, havia ministros de esquerda, socialistas e comunistas".[32]

A aproximação dos sargentos com os movimentos estudantil e sindical era, em 1963, uma realidade. Em ato público que reuniu sindicalistas, estudantes e sargentos, o subtenente paraquedista Gelcy Rodrigues Correia fez um pronunciamento contundente: "Quem são os trabalhadores que nos oferecem apoio? São irmãos, pais, cunhados e primos nossos, enfim, é a família brasileira, é o povo brasileiro que vem a público dizer em alto e bom som que todos são iguais perante a fome!" Continuando, disse que a união entre trabalhadores e militares se reforçava e, em tom de ameaça, afirmou: "pegaremos em nossos instrumentos de trabalho e faremos as reformas juntamente com o povo, e lembrem-se os senhores reacionários que o instrumento de trabalho do militar é o fuzil."[33]

As esquerdas estavam certas de sua superioridade sobre as direitas e, sobretudo, da necessidade de um confronto com elas. Cobravam de Goulart seu afastamento do PSD e do PTB fisiológico, com a implantação de um governo nacionalista e popular. Neiva Moreira, escrevendo em *Panfleto*, jornal do grupo brizolista e porta-voz da FMP, assegurou: "O risco da contrarrevolução é imenso, mas esse perigo desaparecerá rapidamente se o presidente, com a visão do apoio nacional a um programa novo e dinâmico, marchar para o governo popular e nacionalista e para um programa claro e coerente."[34] O próprio Luiz Carlos Prestes, em abril de 1963, garantiu: "A roda da História anda para a frente e esmagará o imperialismo norte-americano. Todos nós, irmãos latino-americanos, levados por uma emulação natural, queremos ser o segundo país no caminho glorioso da Revolução Socialista Americana."[35] Em janeiro de 1964, Prestes declarou a possibilidade de reeleição de Goulart ou que ele e Brizola poderiam desempenhar, no Brasil, o mesmo papel de Fidel Castro em Cuba.[36] Em março, atacou o Congresso e afirmou: "Não podemos ficar encerrados no 'círculo de giz' da legalidade."[37] As esquerdas, excessivamente confiantes, tomadas por um sentimento de euforia, acreditavam que, após acumularem forças, havia chegado a hora do confronto. Brizola, a jornalistas, declarou: "Vejam como andam as formigas da reação. Parecem formigas de asas, traçando de lá e para cá, querendo levantar voo. A situação se aproxima rapidamente de um desfecho. Em breve atingirá os quartéis. Admito até a possibilidade de o sr. João Goulart não chegar ao término do seu mandato."[38] O "desfecho" era ansiado pelas esquerdas.

As esquerdas tinham seu programa, seus objetivos e suas estratégias. Qualquer outra alternativa, sobretudo aquela que admitisse acordos e compromissos com grupos de centro, era descartada. Ainda em fevereiro de 1964, o secretário-geral do CGT, Oswaldo Pacheco, declarou que "o melhor caminho para acabar com a inflação é realizar as reformas de estrutura reclamadas por todo o nosso povo, a começar pela reforma agrária, pelo monopólio de câmbio e pela liquidação dos privilégios desfrutados pelas empresas estrangeiras".[39] O Congresso Nacional também era atacado: "O Congresso é o grande mudo, enrolado no varejo da pequena legislação ou fazendo o jogo de aparências e farisaísmo que nada tem de comum com as angústias do povo."[40] A solução era a convocação de uma Assembleia Nacional Constituinte que, sem a influência do poder econômico, elegeria operários, camponeses, sargentos e oficiais militares nacionalistas. A estratégia era desmoralizar o Congresso, comprovando que se tratava de uma instituição ultrapassada, formada por "raposas" políticas distantes do povo. Os fundamentos da democracia liberal, instituídos pela Constituição de 1946, igualmente começaram a ser questionados pelas esquerdas. O regime político surgia como um empecilho às reformas, estando a serviço dos privilégios de classe. Severino Schnnaipp, presidente da Federação Nacional dos Trabalhadores no Comércio Armazenador, afinado com o discurso das esquerdas agrupadas na FMP, alegou que não se pode compreender a legalidade democrática como uma ordem jurídica "obsoleta, aviltante da condição humana", tornando-se, assim, "imoral e perniciosa". Portanto, é necessária a "revisão do conceito de democracia", uma vez que alguns dispositivos constitucionais servem apenas para "manter os privilégios de uma minoria". Para o líder sindical, "a maioria do povo brasileiro evoluiu o suficiente para entender que as classes dominantes estão comprometidas com interesses escravagistas, impostos pelos testas-de-ferro do capitalismo internacional, particularmente o norte-americano, que suga, como um polvo insaciável, as nossas riquezas".[41]

Ao mesmo tempo, grupos políticos, empresariais e militares de direita articulavam-se para, de maneira organizada, conspirarem contra o governo. O IPES, fundado no início de 1962, tornou-se um órgão orientado nesse sentido. Outra organização, o IBAD, financiou candidaturas de parlamentares conservadores. O complexo IPES-IBAD desencadeou ampla campanha baseada na histeria anticomunista, convencendo setores significativos de empresários, políticos, jornalistas, religiosos, sindicalistas, profissionais liberais, militares e trabalhadores de que Goulart, de fato, tinha intenções de comunizar o país. Havia, no dizer de Rodrigo Motta, uma mistura complexa de "sinceridade e oportunismo". Para o autor, "muitos líderes realmente acreditavam na existência de forte ameaça comunista no Brasil; seus temores eram exagerados, mas não insinceros." Outros, no entanto, "manipulavam a boa-fé e os sentimentos conservadores de uma parte da população de maneira oportunista, para ganhar dinheiro e/ou poder".[42]

Em 11 de setembro de 1963, o Supremo Tribunal Federal julgou e considerou inelegíveis os sargentos eleitos no ano anterior. Em Brasília, os sargentos, após uma assembleia, decidiram desencadear uma insurreição de âmbito nacional, um "protesto armado". Alcançar o poder pelas armas, eis a decisão. Após tomarem a capital da República, convocaram diversas unidades militares do país a aderirem ao movimento. Os comunicados eram assinados pelo "Comando Revolucionário de Brasília". O episódio enfraqueceu bastante o governo. No mês seguinte, ocorreu uma nova crise política quando o governador Carlos Lacerda, em entrevista concedida a um jornal norte-americano, insultou Jango e pediu a intervenção norte-americana no processo político brasileiro. Os ministros militares, indignados, pediram ao presidente a decretação do estado de sítio. As reações vieram de todas as partes. Direitas e esquerdas reagiram com contundência à proposta. Para os diversos grupos reunidos na FMP, a conclusão era a de que o estado de sítio seria uma armadilha que resultaria na prisão de Arraes, de Prestes, do próprio Brizola e na dizimação da esquerda. Após enviar o pedido ao Congresso Nacional, Goulart, sem apoio político, o retirou, desgastando ainda mais seu governo.

Isolado pelos conservadores e pela direita, Jango se viu ainda mais sozinho quando as esquerdas romperam com ele. Imediatamente após a retirada do pedido de estado de sítio, líderes de grupos e partidos de esquerda que integravam a FMP, representantes de Leonel Brizola e Miguel Arraes, delegados da UNE e do CGT, além de organizações menores, concluíram, em conjunto, que "o presidente João Goulart estava realizando apenas um governo de interesse exclusivo das classes conservadoras, distanciando-se dos grupos que haviam assegurado a sua posse na crise de 1961. Logo, as esquerdas deveriam romper com o governo".[43] Enquanto isso, o minoritário grupo civil-militar golpista começou a ganhar terreno no plano conspiratório. O governador de Minas Gerais, Magalhães Pinto, após conversas com o marechal Odílio Denys, passou a integrar o movimento. Uma das primeiras medidas foi duplicar o efetivo da Polícia Militar do estado. Armas pesadas entravam no país clandestinamente, campos de pouso clandestino de helicópteros foram construídos em Teresina e na Guiana Inglesa e, somente no ano de 1962, quase cinco mil cidadãos norte-americanos entraram no país.[44]

O COMÍCIO DAS REFORMAS

Preocupado com a possibilidade de golpe de Estado perpetrado pelas direitas, a hostilidade crescente do PSD às medidas do presidente e a oposição agressiva das esquerdas ao governo, San Tiago Dantas, liderando um grupo de políticos moderados do PTB, do PSD e de outros partidos, formou a Frente Progressista de Apoio às Reformas de Base. A Frente Progressista, qualificada pelo próprio Dantas de "esquerda positiva", para diferenciá-la da "esquerda negativa", referindo-se, certamente, à FMP de Leonel Brizola, procurava impedir o crescimento da conspiração da direita civil-militar reagrupando as forças de centro--esquerda no sentido de apoiar o governo. Seu objetivo era garantir que as reformas de base fossem realizadas com a garantia do regime democrático. Diferente era a estratégia da FMP que, nessa altura, defendia o confronto aberto com as direitas e os conservadores. Escrevendo em *Panfleto*, Max da Costa Santos declarou que a Frente proposta por San Tiago Dantas não passava de conciliação. "Insistir na conciliação é fugir à luta, é debilitar o ânimo do povo, é ajudar Lacerda, que não cessa de lutar." Para o dirigente da FMP, "a hora da conciliação já passou".[45] Optando pela luta extraparlamentar, a estratégia era a da ação direta, com comícios, manifestações, passeatas e greves, pressionando, assim, o Congresso "reacionário" e o presidente "conciliador". Contra a Frente Progressista, Brizola pregava a formação da Frente Única de Esquerda.

Goulart, àquela altura dos acontecimentos, estava convencido de que a radicalização política impediria qualquer reforma, sobretudo a agrária, de maneira pactuada entre o centro e a esquerda. As alternativas para o entendimento entre o PTB e o PSD eram mínimas, se não nulas. A grande qualidade do presidente – a capacidade de costurar acordos, tecer negociações, buscar o entendimento – era repudiada por suas próprias bases de sustentação: as esquerdas. Para elas, tudo não passava de "política de conciliação", cujo significado, naquele momento, exprimia o que havia de pior em uma liderança popular. Para a esquerda do PTB, a FMP, o PCB, o sindicalismo, os camponeses em suas Ligas, o movimento estudantil e para as organizações dos subalternos das Forças Armadas, somente a "política do confronto" poderia levar a resultados promissores para os trabalhadores e a implementação das reformas de base. Na imaginação política das esquerdas, elas teriam acumulado forças suficientes para o confronto com as direitas. A hora final, acreditavam sem a menor dúvida, havia chegado. Bastava que o presidente da República se decidisse pelo embate. Com sectarismo e, no jargão comunista, "baluartismo", ou seja, a crença desmedida em suas capacidades e possibilidades, as esquerdas provocaram Goulart a embarcar em seu projeto desde a vitória do plebiscito. O clima era de radicalização. Assim, tanto os conservadores quanto as esquerdas escolheram como estratégia o confronto. O presidente, até então, procurara conciliar o inconciliável, sobretudo quando, para os grupos de esquerdas de diversas matizes, as palavras conciliar, acovardar e trair eram tidas como expressões sinônimas.

No início de março de 1964, Jango decidiu-se pela estratégia de confronto das esquerdas, abortando a proposta moderada de San Tiago Dantas. Desse modo, o clima político tornar-se-ia bastante difícil para o governo. Desde o ano anterior, afirma Rodrigo Motta, "foi se formando uma polarização direita x esquerda".[46] Mas, naquele momento, assumiu proporções preocupantes para a manutenção da ordem democrática, particularmente com o anúncio da realização do comício. Com o evento, a aliança do governo com os movimentos sindical urbano e rural, as organizações estudantis, as esquerdas reunidas na FMP, o grupo político de Miguel Arraes, o PCB e a ala esquerda do PTB, foi selada. O presidente governaria, a partir de 13 de março, com a Frente Única de Esquerda.

Um restrito grupo de sindicalistas comunistas e trabalhistas tomou à frente da organização do evento, desde as medidas de segurança, em acordo com o Exército, até mesmo as difíceis negociações para que subissem, no mesmo palanque, Goulart, Brizola e Arraes. Até o último momento corriam notícias de que outro palanque seria armado ao lado do oficial para receber o ex-governador gaúcho. Por trás da comissão, apoiando-a e assinando as notas de convocatória para o evento, um amplo leque de organizações sindicais, políticas, estudantis e femininas.[47] Interessadas na implementação das reformas, elas publicaram um manifesto convocando a população para o comício. Defendendo a reformulação da política econômico-financeira do país, sindicalistas, nacionalistas e estudantes exigiram a manutenção do monopólio estatal do petróleo e a reforma agrária. Para eles, compete ao povo "legitimamente traçar os rumos definitivos dos destinos nacionais", sobretudo recorrendo às mobilizações na defesa das alternativas populares e nacionalistas.[48] "Tudo pela unidade do povo e a ampliação da democracia brasileira", afirmaram. "Tudo pela concretização das Reformas de Base", pregaram. Outras notas foram publicadas, sempre em tom mobilizador. Com o desenho de uma mão segurando uma enxada, o texto dizia:

> VOCÊ DEVE ESTAR PRESENTE AO COMÍCIO DAS REFORMAS
> Dia 13 – às 17:30 horas
> Estação Pedro II – Central do Brasil
> Você também está convocado a participar desta jornada cívica em favor da concretização imediata das REFORMAS que o Brasil reclama! E, como ponto de partida, vamos realizar a REFORMA AGRÁRIA para dar ao Brasil mais proprietários de terras produtivas para ampliar o mercado consumidor, para criar mais empregos na indústria e acelerar o progresso econômico do País!
> POR VOCÊ E PELO BRASIL
> Compareça dia 13, às 17:30 horas
> GRANDE COMÍCIO DAS REFORMAS
> COM JANGO
> FALANDO AO POVO![49]

Entrevistados por um repórter, vários trabalhadores manifestaram a decisão de comparecer ao evento.[50] Muitos vinculavam o programa de reformas do presidente com as lutas do povo e dos trabalhadores. O portuário Fernando F. Silva, além de garantir a participação de outros colegas de sua categoria, declarou que "o ideal das reformas é de todos nós e da classe trabalhadora em geral"; igualmente o gráfico Juraci Leal disse que testemunharia "com o povo mais essa etapa pelas reformas de base de que o Brasil tanto necessita, pois os trabalhadores brasileiros confiam no seu presidente"; o pintor José Onofre Rodrigues, mesmo doente, argumentou que não deixaria de assistir ao comício, pois "quero aplaudir a conduta do presidente João Goulart nessa luta que também é nossa – do povo"; com o mesmo sentimento coletivo, o motorista Mário M. dos Santos insistiu que estaria presente "porque sou povo e sem povo não sairá as reformas" e que é preciso "que todos deem seu apoio ao presidente João Goulart, pois a união faz a força"; o livreiro Márcio Dias afirmou que não faltaria pois "minha presença no comício é a própria luta que travo em favor do bem-estar de minha família". Outros mostravam-se mobilizados sobretudo com a assinatura do projeto de reforma agrária. O servente de pedreiro Manuel Rocha compareceria para "ver de perto a realização da reforma agrária, que trará grandes benefícios ao camponês e ao Brasil"; igualmente preocupado com a questão agrária, o gráfico Amarildo Ferreira garantiu não perder "um comício a favor do Brasil" e que no dia 13 iria "aplaudir o presidente João Goulart na assinatura do decreto da SUPRA"; o motorneiro Orgel A. Costa, por sua vez, frisou que não desperdiçaria a chance de assistir "a assinatura histórica, pelo Presidente, da Reforma Agrária". Alguns, certamente se sentindo oprimidos pelos altos preços dos aluguéis, preocupavam-se com outros pontos do programa presidencial, como o trabalhador da Light, Benedito C. Belitario, interessado nos decretos "em favor do Brasil" e, em especial, da "reforma urbana". Muitos assalariados ressaltavam o conjunto das reformas, como o bancário Washington de Sá Viana alegando que compareceria de "qualquer maneira" e "ainda que morresse hoje iria em espírito", pois desejava "participar da luta pela nossa emancipação política, econômica e social"; por sua vez, o eletricista Afonso Porto, com entusiasmo, garantiu sua presença porque, declarou, "sou trabalhista e luto por seus ideais".

Para outros, no entanto, um comício para anunciar reformas econômicas e sociais pecava pela inconveniência. Austregésilo de Athayde, por exemplo, definiu o ato como desapropriado: "Já imaginaram a Princesa Isabel", perguntou, "descendo à rua para assinar a Lei da Abolição? Teria sacrificado a grandeza da cerimônia, comprometendo-se também a sua majestade histórica." Para o escritor, "a assinatura de um decreto como o da SUPRA realizada entre as algazarras de um *meeting* adquire logo aspecto totalitário. Lembra Hitler ou Mussolini com os seus sequazes, vociferando nas praças públicas".[51] Defendendo a assinatura dos decretos "com recato e senso de dignidade", concluiu: "Como se pretende fazer é transformar a lei num instrumento de propaganda de um partido e de estímulo aos desvairamentos das esquerdas revolucionárias. Os democratas ressentem-se, e convém não esquecer que eles são a sólida maioria do Brasil."

O anúncio do comício, assim, mobilizou o movimento sindical e as esquerdas, mas acirrou os ânimos das direitas. No Recife, uma comissão intitulada "Mulheres pela Liberdade" prestou homenagens ao comandante do IV Exército. No estado da Guanabara, as lideranças da "Campanha da Mulher pela Democracia", da "Rede das Entidades Democráticas" e dos "Círculos Operários da Guanabara" convidaram o povo para um comício em defesa dos princípios democráticos. Para mobilizar a população, os líderes pregavam:

> Estudante, defende o teu futuro. Compareça à concentração contra a legalização do Partido Comunista.
> Operário, não permitas que te escravizem.
> Carioca, siga o exemplo dos mineiros.
> Comerciante, defende a tua liberdade de trabalho.
> Trabalhador, lute por um sindicato livre e democrático.
> Bancário, defende a tua pátria.
> Cidadão, defende o direito de família.
> Mulher brasileira, de tua bravura depende o futuro de seus filhos.[52]

Outros setores, sobretudo uma classe social poderosa, se mobilizaram contra as reformas de Goulart. Afirmando que a causa principal dos males do país reside na política governamental que "faz o jogo da investida totalitária, transigindo, ostensivamente, com os comunistas", os representantes dos empresários de todo o país, em uma "Mensagem ao Povo Brasileiro", denunciaram que o Brasil "assiste estarrecido ao permanente desrespeito à Constituição e às leis. Deturpa-se o direito de greve, com o aliciamento ostensivo à desordem, em reivindicações comandadas, quase sempre, por organismos espúrios". Além de um manifesto à Nação, os empresários fundaram o Comando Nacional das Classes Produtoras, com sede, não casualmente, no estado da Guanabara.[53]

O governador da Guanabara, Carlos Lacerda, inimigo declarado do presidente, também contra-atacou, decretando ponto facultativo para o funcionalismo público e determinando que o dia 13 não contaria nos prazos fixados nos contratos assinados com as empreiteiras. Segundo os argumentos do governador, o povo está "desejoso de paz e saudoso do amparo da Lei e do uso legítimo da Forças Armadas para defender a Lei e a Ordem e não a subversão, o poder pessoal". A Central do Brasil, alegou, ficaria entregue aos promotores da desordem, "cujo agente direto é o deputado Hércules Corrêa e cujo orador oficial é o presidente da República".[54]

A realização do comício em um estado chefiado por um governo hostil, dispondo de amplos efetivos de policiais civis e da Polícia Militar, requeria medidas para proteger o presidente da República. Assim, o dispositivo militar para preservar a ordem no ato público e, sobretudo, a segurança física de João Goulart mobilizou milhares de homens. Sob as ordens do general Âncora, comandante do I Exército, foram empregadas as tropas dos Dragões da Independência, do Batalhão de Guardas, do 1º Batalhão de Carros de Combate, do 1º Batalhão de Polícia do Exército, do Regimento de Reconhecimento Mecanizado e uma Bateria de Refletores da Artilharia da Costa. No interior do Ministério da Guerra, uma tropa do Batalhão de Guardas ficou em alerta para reforço eventual. Nove carros de combate e três tanques cercavam a praça Duque de Caxias, enquanto seis metralhadoras estavam assentadas no Panteão de Caxias. Carros de choque do Exército perfilaram-se em funil no acesso ao palanque.[55]

O ambiente político, sem dúvida, era de radicalização e, no campo e nas cidades, os trabalhadores vinham mobilizando-se pelas reformas havia bastante tempo. Todavia, o anúncio do comício do dia 13 pareceu agir como o marco vitorioso das lutas sociais que se arrastavam por longos anos. Os conflitos, assim, se acirraram ainda mais. Em São Paulo, proprietários rurais pediram proteção à polícia contra as invasões de terras.[56] Em Minas Gerais, o líder camponês de Governador Valadares, conhecido por Chicão, convidou o deputado Leonel Brizola para uma grande concentração de trabalhadores rurais naquela cidade. No mesmo dia, Josafá Macedo, presidente da Federação das Associações Rurais de Minas Gerais, adiou o encontro de fazendeiros do estado. Em Magé, estado do Rio de Janeiro, camponeses se apossaram de terras desocupadas, mesmo com o cerco da Polícia Militar. Em Niterói, a polícia vigiava dois prédios desocupados, ameaçados de invasão por bancários da cidade.

A radicalização avançava à medida que se aproximava o evento. No dia 12 de março, véspera do comício, na praça Sete, Centro de Belo Horizonte, partidários do IBAD conclamavam as pessoas a assinarem um documento ofensivo contra o arcebispo D. João de Resende da Costa, outro contra a Ação Católica e outro ainda contra o clero progressista, repudiando o apoio que eles deram às reformas de base. Por volta das 10 horas, com suas mesas e cartazes, eles abordaram um homem, pedindo sua assinatura. Com a recusa, alegando que apoiava o arcebispo, os ibadianos começaram a agredi-lo verbalmente. Na mesma hora, formou-se uma aglomeração em volta das mesas. As pessoas, contra as assinaturas, mostraram-se indignadas com os termos ofensivos do documento. Pressionados, os partidários do IBAD, sem alternativas, recolheram todo o material e fugiram pelas ruas próximas. No entanto, cerca de 5 mil pessoas já tomavam a praça, discutindo política e repudiando as agressões ao arcebispo. A Polícia Militar e os agentes do Dops, recém-chegados, investiram contra o povo na tentativa de dispersá-lo. Durante as cinco horas seguintes, o Centro da capital mineira assistiu ao conflito entre policiais e populares: 50 pessoas saíram feridas, entre elas o estudante Edval Ribeiro, espancado a golpes de cassetetes, e Florisvaldo da Silva, com ferimentos decorrentes de uma bomba que explodiu em seus pés. Os ânimos se acirraram ainda mais quando um fusca e uma caminhonete Aero Willys passaram pela praça jogando panfletos contra o clero progressista. Contudo, das janelas dos edifícios caíam boletins de apoio aos religiosos. O bancário Pedro Pilo encontrou, na porta do banco, uma bomba de alto poder explosivo deixada, segundo ele, por um ibadiano. Às 15 horas, finalmente, a calma se restabeleceu no Centro de Belo Horizonte.[57]

Embora o chefe da Casa Militar de Goulart, general Assis Brasil, garantisse ter montado um "dispositivo militar" para sustar qualquer tentativa de golpe, um grupo de coronéis, convencidos de que seus superiores dificilmente tomariam a iniciativa de conspirar contra o presidente, decidiram tomar para si a tarefa. O Estado-Maior das Forças Armadas tornou-se o centro da conspiração, enquanto seu chefe, o general Castelo Branco, assumiu a liderança do movimento sedicioso. No início de 1964, os contatos entre grupos civis, alguns governadores de estados e parlamentares conservadores já estavam bem articulados. O anúncio do comício, no entanto, transformou uma ação inicialmente defensiva em ofensiva. "Já não se tratava de resistir, mas de intervir no processo para liquidar uma situação tida como intolerável", diz o jornalista Carlos Castelo Branco.[58]

Nesse clima de radicalização crescente, aproximava-se o grande dia.

DIA 13, NA CENTRAL

No início da tarde, por volta das 14 horas, cerca de 5 mil pessoas já se concentravam nas imediações da Central do Brasil e do Ministério da Guerra. Divididos em vários grupos, os trabalhadores improvisaram pequenos comícios, cujos temas versavam sobre as reformas agrária e urbana, além da legalização do Partido Comunista. Os bares das redondezas, mesmo abertos, foram proibidos de vender bebidas alcóolicas.[59]

No entanto, por volta das 16 horas, Clodismith Riani, deputado estadual por Minas Gerais e presidente do CGT, comunicou ao comunista Hércules Corrêa, um dos organizadores do evento, que Goulart acabara de lhe dizer que não compareceria, alegando falta de segurança.[60] Riani e Corrêa, junto com o sindicalista Paulo Melo Bastos e os comunistas Oswaldo Pacheco e Roberto Morena, àquela altura, tinham trabalhado incansavelmente para a realização do comício. O próprio ministro do Exército garantiu que distribuiria soldados em todas as janelas do Ministério. "– Não é possível!", exclamou Hércules Corrêa, alarmado com a decisão presidencial. Decidido, ele entrou em um tanque de guerra estacionado ali perto e, pelo rádio do blindado, ouviu do próprio Goulart de que havia informações seguras do pessoal militar de que um tiro poderia ser disparado do prédio da Central do Brasil. "– E se a gente colocar um companheiro nosso ao seu lado, cobrindo o ângulo do prédio da Central?", apelou o sindicalista. Com a concordância de Goulart, Oswaldo Pacheco foi escolhido para a "tarefa de honra", para usar o jargão partidário. Horas mais tarde, no palanque, as pessoas veriam o presidente acompanhado, de um lado, por Maria Thereza Goulart e, de outro, por um homem de alta estatura e com o rosto cerrado.

Enquanto Hércules Corrêa tentava convencer Jango, o trânsito na avenida Presidente Vargas, entre a Candelária e a Central do Brasil, tornou-se lento e difícil devido às inúmeras caravanas de trabalhadores que se dirigiam para o local do comício. Caminhando de braços dados, de uma calçada à outra, atravessando as pistas, as delegações de operários e algumas de estudantes e intelectuais impediam o tráfego de veículos. A primeira a chegar nas imediações do prédio do Ministério da Guerra, a da Associação dos Carregadores e Ensacadores de Café, trazia um cartaz: "No dia 13 de maio de 1888, os pretos tiveram sua liberdade; no dia 13 de março de 1964, os pretos-trabalhadores terão a sua independência." Logo depois chegaram os primeiros tanques do I Exército, enquanto pelotões dos Fuzileiros Navais e da Polícia do Exército ocuparam pontos estratégicos. Das várias delegações, chamava a atenção uma delas, composta por centenas de camponeses representantes de diversas associações rurais, como as do estado do Rio de Janeiro, Minas Gerais, Espírito Santo, entre outros. Carregando as mochilas nas costas, eles liberavam suas mulheres para, ali mesmo, alimentarem os filhos. Às 17 horas, uma multidão de trabalhadores e populares, calculada inicialmente em 100 mil pessoas, tomou todas as imediações da Central do Brasil à espera do evento e, meia hora mais tarde, uma banda da Polícia Militar, executando marchas militares, chegou pela rua Moncorvo Filho, provocando, segundo o relato de um jornalista, "tremenda ovação por parte do povo".

Nesse mesmo momento, entravam no Ministério da Guerra os ministros da Marinha, Sílvio Mota, o da Aeronáutica, Anísio Botelho, e o da Justiça, Abelardo Jurema. Recebidos pelo ministro do Exército, Jair Dantas Ribeiro, que os esperava em seu gabinete com 13 generais com comando de tropa, todos ouviram de Jurema o plano reformista do presidente da República, em particular sobre o decreto da SUPRA e a encampação das refinarias particulares. Após tomarem conhecimento das medidas que Goulart anunciaria no comício, eles dirigiram-se para a sala de refeições do gabinete do ministro. Durante o jantar, o ministro da Justiça observou a satisfação dos militares quando, da janela, olhavam o povo na praça: "Povo e Exército confraternizados!", declarou com satisfação um deles. De fato, a cena era inusitada. Milhares de trabalhadores concentrados em frente ao Ministério da Guerra aguardavam o início do evento, e muitos conversavam ao mesmo tempo que descansavam, apoiando as costas e os pés na blindagem dos tanques. Segundo Jurema, os generais ficaram entusiasmados com o cenário de aproximação dos populares com o Exército.[61] Também das janelas, podia-se ler os dizeres de algumas faixas: "Nacionalização para os laboratórios farmacêuticos"; "Jango. Pedimos cadeia para os exploradores do povo"; "Jango. Defenderemos suas reformas. Volta Redonda"; "Jango. Assine a reforma agrária que nós cuidaremos do resto."

O trabalho de mobilização para que os trabalhadores comparecessem ao comício ficou a cargo das organizações sindicais. Convocados nas fábricas, empresas e cais do Porto, a resposta aos sindicalistas foi muito positiva. Segundo José Gomes Talarico, muitas delegações não compareceram em virtude das medidas tomadas pelo governador do estado, Carlos Lacerda, proibindo que as empresas de transportes cedessem coletivos para levar os trabalhadores à Central do Brasil e erguendo barreiras policiais nas estradas do interior, impedindo a passagem de ônibus especiais. "Quem veio", afirma o velho trabalhista, "veio por vontade própria, por meios próprios".[62]

Às 18 horas teve início o comício. José Lellis da Costa, presidente do Sindicato dos Metalúrgicos da Guanabara e membro da Comissão Permanente das Organizações Sindicais, defendeu os direitos do povo de reclamar, em praça pública, a satisfação de seus anseios e pretensões, entre os quais citou, sobretudo, as reformas de base.[63] A seguir, Olímpio Mendes, presidente da União Brasileira de Estudantes Secundaristas, protestou contra a discriminação política e ideológica nas escolas e solidarizou-se com João Goulart pela assinatura do decreto da SUPRA. Nesse momento, porém, o coronel José de Almeida Ribeiro, chefe do Posto de Comando do Policiamento, recebeu, por telefone, a notícia de que o presidente acabara de assinar o decreto no Palácio Laranjeiras.

Ao tomar conhecimento, a multidão, calculada naquele momento em 150 mil pessoas, irrompeu em aplausos demorados.

Às 18h20, o deputado Sérgio Magalhães, em nome da Frente Parlamentar Nacionalista, tomou a palavra. Além de defender a mobilização das forças democráticas e populares, reconheceu que "o atual governo federal tem sido sensível" a essas reivindicações. Mas enquanto o parlamentar falava ao povo, o sr. Jair Ribeiro, representante de 15 mil terreiros de umbanda no Brasil, dizia, no corredor que levava ao palanque, que o presidente João Goulart era protegido pelo caboclo Boiadeiro, dona Maria Thereza tinha como guia a cabocla Jurema, enquanto o deputado Leonel Brizola era filho de Xangô – orixá que, segundo ele, regia o ano de 1964. O líder umbandista também afirmou que, naquele momento, dois grupos de médiuns realizavam uma sessão na praça da República pedindo a proteção do presidente.

A seguir, o governador do Sergipe, Seixas Dória, afirmou sobre a necessidade e a extraordinária importância da encampação das refinarias particulares e exaltou as reformas de base. Para o governador, "a revolução que pregamos é a que Cristo realizou na História da humanidade, Einstein no campo da matemática e que Jango fará na história do Brasil". O governador, no palanque, podia ler outras mensagens nas faixas empunhadas pelos trabalhadores: "Reforma Agrária já"; "A Reforma é a solução para o desemprego"; "Para salvar, só reformar"; "Fora com os tubarões"; "Jango, a Ilha das Flores é um paraíso. Ilha Grande para os tubarões."

Eram 18h30 quando o senador Artur Virgílio, líder do PTB no Senado, iniciou seu discurso afirmando que o Congresso não poderia desconhecer os trabalhadores que, no comício, apoiavam as reformas: "Escute o Congresso esta advertência e o clamor deste povo", concluiu. Contudo, nesse momento, os archotes conduzidos por operários da Petrobras caíram no chão junto a algumas faixas. As chamas, que logo se espalharam, provocaram início de tumulto. Os soldados da Polícia do

Exército tentaram conter a multidão que, em pânico, avançou para o palanque. Na confusão, mais de uma centena de pessoas se feriu. Dante Pellacani, ex-presidente do Comando Geral dos Trabalhadores, fez um apelo para que todos mantivessem a tranquilidade. Com o controle das chamas e a execução de uma marcha militar por uma das bandas presentes, a calma se restabeleceu.

Às 18h50, o sr. João Pinheiro Neto, presidente da SUPRA, iniciou seu discurso explicando o teor das medidas assinadas pelo presidente Goulart. A seguir, com uma intervenção inflamada, o sr. José Serra, presidente da União Nacional dos Estudantes, exigiu a extinção da "política de conciliação" para se efetivar todas as medidas de amparo e garantia às classes populares. Após ressaltar a importância do fim da vitaliciedade das cátedras, contida na reforma universitária, Serra atacou, em tom agressivo e contundente, aqueles que defendiam o fechamento do CGT e exaltou, como uma realidade animadora no quadro político brasileiro, a presença da "classe dos sargentos que emerge para as lutas populares".

Miguel Arraes foi esperado com muita expectativa. "O decreto elaborado pela SUPRA", disse ele, "é um passo ainda débil em relação à Reforma Agrária, na extensão que o povo deseja", embora, avaliou o governador de Pernambuco, trate-se de uma conquista concreta que justifica o comício. Para Arraes,

> o povo exige atos e definições cada vez mais concretas. Ninguém se iluda, este país jamais será governado sem o povo. O povo está de olhos abertos, não suporta mais a manutenção dos privilégios das minorias. A unidade das forças populares é consciente, apesar das divergências de superfície. Toda a nação tem que estar unida no sentido de assegurar as medidas que redundem na conquista da independência econômica definitiva e liquidação dos grupos internacionais que nos esmagam. Nossa posição é irredutível. Pernambuco, unido ao povo brasileiro, exige as reformas.

Logo após Arraes encerrar sua intervenção no evento, às 19h32, Hemílcio Fróes presidente do Sindicato dos Radialistas e diretor da Rádio Nacional, anunciou que o presidente da República acabara de assinar o decreto de encampação das refinarias particulares. Minutos depois chegavam ao palanque os três ministros militares, motivo de aplausos demorados dos trabalhadores.

As pessoas aplaudiam fortemente os oradores. Mas o que pensavam aqueles milhares de trabalhadores que foram ao comício? Como conhecer suas expectativas políticas e avaliar o grau de autonomia em relação aos líderes trabalhistas? Os dizeres estampados nas faixas certamente oferecem algumas respostas. No entanto, para a sorte do historiador, o governador Carlos Lacerda teve a mesma curiosidade. Utilizando as modernas técnicas de pesquisa de opinião, ele infiltrou na multidão uma grande e experiente equipe de pesquisadores profissionais, utilizando a metodologia do flagrante. O resultado estarreceu os próprios patrocinadores da pesquisa. Ali não estavam, como se supunha, uma maioria de janguistas e comunistas atuando como claque. Esses, na verdade, compunham apenas 5% do público. O restante, os 95%, demonstrava um pensamento legalista, reformista e portador de um alto grau de politização: queria eleições presidenciais em 1965, bem como as reformas de base; mas não admitia o fechamento do Congresso nem a reeleição de Goulart.[64]

Hélio Ramos, deputado baiano que se apresentou em nome da "ala agressiva do PSD", tomou a palavra enfatizando o caráter de urgência das reformas como imperativo para a afirmação nacional.[65] Destacando o caminho pacífico das reformas, Ramos definiu o comício como a "união entre o povo e o governo". Doutel de Andrade, líder do PTB na Câmara, a seguir, retomou a expressão de Hélio Ramos, mas acrescentou que a solução para a crise brasileira é a "união do povo com o governo contra a burguesia reacionária e vingativa que está aniquilando os recursos do país, levando o povo para a miséria e para a fome". Eram 19h45 quando

O ÚLTIMO ATO

Doutel de Andrade interrompeu seu discurso para saudar a chegada do presidente João Goulart ao palanque, qualificando-o como o "seguidor fiel do idealismo de Getúlio Vargas". Retomando seu discurso, o líder petebista concluiu que "o Brasil, a partir daquele momento, estava caminhando para deixar de ser a meca de um povo escravizado de quem os capitais estrangeiros têm tirado os maiores proveitos".

O presidente, naquele momento, podia passar os olhos pela multidão e ler algumas mensagens que as faixas lhe dirigiam: "Encampação das refinarias"; "Cadeia para os tubarões"; "Legalidade para o PCB"; "Voto para os Soldados, Cabos e Sargentos." Algumas, em particular, chamavam a atenção: "Jango, prepare a caneta para assinar o atestado de óbito do Lacerda"; "Solidariedade a Cuba"; "O povo de quem fui escravo não será mais escravo de ninguém"; "Brizola 65". O encontro de Goulart com o ex-governador do Rio Grande do Sul, aliás, foi, para a curiosidade de muitos, de extrema afetividade. Após trocarem um longo abraço, eles conversaram, um no ouvido do outro, terminando com sorrisos e novos abraços.

A seguir, um dos oradores mais esperados: o deputado Leonel Brizola, que discursou por quase 20 minutos. Falando em nome da Frente de Mobilização Popular, ele iniciou denunciando que sua palavra e sua presença no evento tinham sido impugnadas, mas que ele se apresentava como representante do mesmo povo que reagiu com armas nas mãos em 1961 e disse "não" no plebiscito que devolveu os poderes ao presidente João Goulart. O decreto da SUPRA e a encampação das refinarias, definidos como "bons atos do governo", poderiam surgir como o início da libertação do povo brasileiro da espoliação estrangeira. Depois de dizer que "o povo não é um rebanho de ovelhas, que tem de concordar com tudo", Brizola elogiou a atitude de Goulart de comparecer em praça pública, "onde certamente dialogará com os trabalhadores". No entanto, ele defendeu medidas mais definidas, como o fim da política de conciliação do presidente, bem como a formação de um governo popular e nacionalista que represente a vontade do povo e atenda às suas aspirações. Para isso, seria preciso o fechamento do atual Congresso Nacional e a convocação de uma Assembleia Nacional Constituinte como soluções para o "impasse entre o povo e o atual Congresso reacionário". O novo parlamento, defendeu, deveria ser constituído por operários, camponeses, oficiais militares nacionalistas e sargentos, todos "autênticos homens públicos, para eliminar as velhas raposas do Poder Legislativo". Visivelmente contrariados com o que ouviram, os ministros Oliveira Brito e Expedito Machado abandonaram o evento, embora muitos desviassem mesmo a atenção com a chegada da sra. Maria Thereza Goulart ao palanque. Mais contundente, continuou o deputado, "irão dizer que a minha proposta é ilegal, que é inconstitucional. Por que então não resolvem o problema através da realização de um plebiscito em torno da questão da Constituinte?" Com eleições realmente democráticas, com o voto dos analfabetos e sem a influência do poder econômico e da imprensa alienada, "o povo votaria em massa pela derrubada do atual Congresso e pela convocação da Assembleia Constituinte". Pedindo que levantassem os braços aqueles que desejavam um governo popular e nacionalista, a resposta foram milhares de mãos voltadas para cima. Também ao levantar os braços, acompanhados do paletó, via-se, na cintura do deputado, um Taurus 35. Mais enfático ainda, Leonel Brizola afirmou:

> Chegamos a um impasse, pois até as nossas liberdades estão sendo ameaçadas e garroteadas em Belo Horizonte, São Paulo e mesmo no Rio Grande do Sul, onde o governo local, reacionário, está queimando os ranchos dos camponeses, e aqui na Guanabara, governada por um energúmeno. Para se falar na praça pública foi necessária a ajuda das Forças Armadas. [...] Na verdade, precisamos romper esse impasse pernicioso. [...] O Congresso não dará mais nada ao povo brasileiro. [...] O Congresso não está identificado com o povo. [...] A verdade, meus

patrícios, é que o Brasil e os brasileiros não podem continuar assim. Aqui vai a palavra de quem só deseja uma saída para essa situação, que deseja ver o país reestruturado e reformado, como rezava a Carta de Getúlio Vargas. Se os poderes da República não decidem, por que não transferirmos essa decisão para o povo brasileiro, que é a fonte de todo o poder?

Por fim, Brizola aplaudiu as Forças Armadas que, em gesto de alto patriotismo, garantiu o diálogo entre o presidente e o povo.

Embora Jango já estivesse no palanque pronto para falar ao povo, outros oradores ainda se manifestaram. Enquanto isso, ele recebeu daqueles que estavam no palanque vinte pedidos de emprego. O vice-governador do estado da Guanabara, Eloy Dutra, declarou que, assumindo o executivo estadual, "providenciará a eliminação de todos os focos reacionários", transformando o Rio em quartel-general das reformas de base. Afirmou, ainda, que o presidente poderia sentir-se em paz e com a consciência tranquila porque está cumprindo sua missão ao patrocinar as reformas que o povo exigia. Badger da Silveira, governador do estado do Rio de Janeiro, por sua vez, lembrou que Goulart encontraria nele todo o apoio para defender os interesses populares.

Enquanto isso, a sra. Maria Thereza Goulart corria os olhos pela massa humana, calculada, nesse momento, em 200 mil pessoas, com indisfarçável espanto. Do alto do palanque ela podia ver, além da multidão, as centenas de faixas e algumas figuras caricaturizadas, a exemplo de um gorila de óculos com a corda no pescoço, com o rosto estilizado de Carlos Lacerda, acompanhado dos dizeres: "Este é o destino dos gorilas." Uma outra figura do governador era ilustrada com a frase: "Sexta-feira 13, não é de agosto." Sem que os seguranças percebessem, um repórter aproximou-se do palanque e perguntou à primeira dama: "– A senhora também é a favor das reformas?" Sem entender as palavras do jornalista devido aos fortes aplausos, logo foi socorrida pelo marido. Goulart, transmitindo as opiniões de sua mulher, respondeu que ela classificava o comício de "maravilhoso, muito bom". Mais ainda, disse o presidente ao repórter: "Ela disse que é reformista e pergunta se você é também."

Até às últimas horas da manhã, Jango tentou convencer sua mulher a não acompanhá-lo no comício. Alegou as confusões, aglomerações e o natural cansaço que, certamente, ocorreriam. Segundo informações palacianas, o casal chegou mesmo a um pequeno desentendimento. Ao final, venceu a determinação feminina: "– Eu vou de qualquer jeito", disse Maria Thereza, encerrando a discussão.[66] Com um vestido azul e penteado "bolo de noiva", à moda da época, ela conhecia um mundo inédito até então. O poder político de seu marido, na verdade, sempre a enfastiara, cansada que estava com os palácios, os protocolos, as cerimônias e as recepções oficiais. Aquele mundo, sentido como muito chato, era vivido com algum desprezo. Certa vez, ela chegou mesmo a exigir de Goulart que, nos Palácios Laranjeiras e Alvorada, só entrassem pessoas verdadeiramente amigas e não interesseiros e bajuladores: "– Quero estar à vontade", teria dito ao marido. "Não quero a casa cheia dessa gente que só vem aqui porque você é o presidente da República." Jango, paciente e compreensivo com sua mulher, pensou em despachar no Catete para agradá-la. Mas no palanque, vivenciando a alegria e a festa do comício, a ternura e a preocupação de Maria Thereza pelo marido cresceram. Dias depois, aos amigos mais próximos, chegou mesmo a confidenciar que "pela primeira vez na vida achei simpático o título de primeira-dama do país!"

Por fim, o último orador a anteceder o presidente, Lindolfo Silva, representante do movimento camponês e do Comando Geral dos Trabalhadores, afirmou que "sem as reformas continuaremos à mercê do imperialismo e do latifúndio".[67] A reforma agrária, alegou, deveria ir além das medidas da SUPRA, pois "os camponeses devem tomar em suas mãos a parte principal da tarefa de aplicação da medida governamental". Proclamou, ainda, a necessidade de um "governo nacionalista e democrático" que exclua os grupos monopolistas e que desenvolva uma política econômico-financeira de acordo com os "interesses do povo".

Goulart, enquanto esperava sua vez de falar ao povo, demonstrou consciência do significado da presença popular no evento. Humilde, reconheceu, para um jornalista, que "aquela massa não estava ali por minha causa": "– Eu passo, você também passa. A única coisa que continua é o povo, o Brasil. Os políticos passam sempre. E passam logo quando esquecem e desprezam os problemas do povo e do país."[68]

Eram 20h46 quando João Goulart tomou a palavra. Imediatamente foram acesos os poderosos holofotes do Exército que, além do palanque, iluminaram, por medida de segurança, todas as janelas do prédio da Central do Brasil. Sob forte calor e grande tensão emocional, Jango falou durante uma hora e cinco minutos, bebeu dois copos de água mineral e passou o lenço no rosto 35 vezes.

TRABALHADORES!

> Dirijo-me a todos os brasileiros, e não apenas aos que conseguiram adquirir instruções nas escolas. Dirijo-me também aos milhões de irmãos nossos que dão ao Brasil mais do que recebem e que pagam em sofrimento, pagam em miséria, pagam em privações o direito de serem brasileiros e o de trabalhar de sol a sol pela grandeza deste país.[69]

Escolhendo seus interlocutores, Goulart iniciou seu discurso afirmando que usaria uma linguagem franca, que poderia surgir como rude para muitos, mas, no entanto, seriam palavras sinceras, de esperança e de coragem. Muitos setores tentaram impedir o comício, utilizando-se, inclusive, do terror ideológico, denunciou. Declararam que o ato seria um atentado ao regime democrático: "desgraçada democracia a que tiver de ser defendida por esses democratas", ironizou. "A democracia que eles desejam impingir-nos é a democracia do antipovo, a democracia antirreformas, a democracia do antissindicalismo [...], a democracia dos privilégios, a democracia da intolerância e do ódio. A democracia que eles querem, trabalhadores, é para liquidar a Petrobras, é a democracia dos monopólios nacionais e internacionais."

Jango falou de improviso. Segundo testemunhas, ele utilizou, com brilhantismo, os recursos oferecidos pela oratória, infundindo-lhes emoção. É verdade que, anteriormente, chegou a preparar um discurso, ditando algumas notas para seu secretário de imprensa, Raul Ryff.[70] No entanto, momentos antes de falar aos trabalhadores, guardou os papéis no bolso e passou a pronunciar "frases certas e certeiras", na avaliação de um conhecido jornalista.[71] Após denunciar a indústria do anticomunismo, o presidente citou a doutrina social do Papa João XXIII para negar que o cristianismo possa ser utilizado como escudo para garantir os privilégios de uns poucos. A paz social, garantiu, somente seria conquistada com a justiça social e não com medidas repressivas contra o povo, contra o seu direito de reivindicar. Assim, ressaltou a necessidade de revisar a Constituição, pois ela não mais atende aos anseios do povo e às necessidades do desenvolvimento do país. Poderiam chamá-lo de subversivo, mas, na verdade, o texto constitucional estava antiquado e superado, legalizando uma estrutura socioeconômica injusta e desumana: "O povo quer que se amplie a democracia, quer que se ponha fim aos privilégios de uma minoria; que a propriedade da terra seja acessível a todos; que a todos seja facultado participar da vida política do país, através do voto [...]; que se impeça a intervenção do poder econômico nos pleitos eleitorais e que seja assegurada a representação de todas as correntes políticas, sem quaisquer discriminações, ideológicas e religiosas."

O presidente falava acompanhado, à sua direita, pela mulher, Maria Thereza, que, algumas vezes, parecia imóvel, quase paralisada. Possivelmente, com sua atitude, ela procurasse disfarçar a emoção, a preocupação com o marido e a falta de vivência em comícios políticos, sobretudo um tão grandioso como aquele. À sua esquerda, o alto e forte sindicalista Oswaldo Pacheco que, de rosto cerrado, protegia o presidente de um possível atentado vindo das janelas da Central do Brasil. Prestando contas de seu governo aos trabalhadores, Goulart referiu-se a sua luta contra forças poderosas, embora estivesse confiante na "unidade do povo e das classes trabalhadoras, unidade que irá encurtar o caminho de nossa emancipação". Por isso, é preciso lamentar a cegueira de certas parcelas da sociedade de instrução superior que continuam insensíveis à realidade nacional. No entanto, o governo ao lado do povo, dos operários, dos camponeses, dos militares, dos estudantes, dos intelectuais e dos empresários patriotas, com esse apoio, prosseguirá na luta pela emancipação econômica e social do país. "O nosso lema, trabalhadores do Brasil, é progresso com justiça, e desenvolvimento com igualdade." Lembrando dos milhões de brasileiros inconformados com a ordem social imperfeita, injusta e desumana, o presidente afirmou: "Sabemos muito bem que de nada vale ordenar a miséria neste país. Nada adianta dar-lhe aquela aparência bem-comportada com que alguns pretendem iludir e enganar o povo brasileiro. Meus patrícios, a hora é a hora das reformas."

A seguir, Jango explicou as medidas do decreto da SUPRA, da especulação de terras com as obras governamentais, a exemplo da construção de estradas, ferrovias, açudes e irrigação, além dos lucros que os latifundiários obteriam com a indenização prévia em dinheiro. Assim, para realizar a reforma agrária, seria preciso alterar a carta constitucional, como foi feito no Japão, Itália, México e Índia. Trata-se, alegou, de uma necessidade para o país, beneficiando milhões de camponeses explorados e miseráveis, mas também industriais e comerciantes com o aumento do mercado interno. A reforma agrária, concluiu, "só prejudica uma minoria de insensíveis, que deseja manter o povo escravo e a Nação submetida a um miserável padrão de vida". O ministro Darcy Ribeiro aproveitava as pausas no discurso, oportunidade em que o presidente passava o lenço no rosto, para sussurrar observações e até frases feitas.

Em certo momento, ao falar perto do microfone, ouviu-se a voz do ministro: "Fale mais devagar, presidente."[72]

Goulart comunicou, também, a encampação das refinarias particulares e referiu-se à mensagem que enviaria, nos próximos dias, ao Congresso Nacional. Nela estavam contidas a reforma universitária, eliminando as cátedras vitalícias, e a eleitoral, permitindo que "todo alistável deva ser também elegível", bem como o decreto que regulamentaria os aluguéis de imóveis urbanos e rurais: "Sei das reações que nos esperam, mas estou tranquilo, acima de tudo porque sei que o povo brasileiro já está amadurecido, já tem consciência de sua força e de sua unidade, e não faltará com o seu apoio às medidas de sentido populares e nacionalistas." Após agradecer aos trabalhadores pela presença, afirmou que nenhuma força seria capaz de impedir que o governo assegurasse a liberdade ao povo, contando, para isso, com a compreensão e o patriotismo das Forças Armadas. Com a solidariedade dos trabalhadores, concluiu, reafirmou o propósito inabalável de lutar pelas reformas: "Não apenas pela reforma agrária, mas pela reforma tributária, pela reforma eleitoral, pelo voto do analfabeto, pela elegibilidade de todos os brasileiros, pela pureza da vida democrática, pela emancipação econômica, pela justiça social e pelo progresso do Brasil."

Ao encerrar o discurso, o presidente, sob forte escolta policial, dirigiu-se, com muita dificuldade, para o automóvel. Absolutamente estafado e cambaleante, Jango, ao procurar forças para entrar no carro, bateu fortemente com a cabeça no teto do veículo. Com a mão protegendo o ferimento, o presidente ensaiou deitar-se no banco, sendo socorrido por sua mulher, que logo soltou-lhe a gravata e, com um leque, esforçou-se para levar ar ao marido.[73] Muito emocionado, Goulart chegou a assustar Maria Thereza e auxiliares mais diretos pelo súbito mal-estar.[74] A multidão que o aplaudiu com entusiasmo, o forte calor, as potentes luzes dos holofotes, o cerco dos soldados da PE, o inflamado discurso que proferiu, a pouca comida e o muito uísque atuaram como fatores que o

O ÚLTIMO ATO

perturbaram emocionalmente. Assim, ao entrar no carro, a sensação de indisposição se manifestou fortemente. No entanto, bastou o automóvel se movimentar para o presidente demonstrar rápida recuperação. O ar que entrava pelas janelas certamente o revigorou. Possivelmente, as manifestações de apoio popular que recebia no trajeto da Central do Brasil ao Palácio Laranjeiras ajudaram-no a se restabelecer. Ao ouvirem as sirenes dos batedores, as pessoas saíam de suas casas e se aglomeravam nas calçadas, formando imensos cordões humanos. Pelas ruas, Goulart assistia a milhares de pessoas batendo palmas e gritando "Jango, Jango". Novamente ele voltou a se emocionar, sem, no entanto, se sentir mal, respondendo às manifestações com acenos da janela do automóvel.

Ao chegar ao Palácio, o presidente estava irreconhecível: o terno amarrotado e a camisa sem botões eram provas do grande cansaço, embora, mesmo assim, demonstrasse um semblante de tranquilidade. Dos vários funcionários que serviam no Palácio, um, em especial, veio receber o presidente. O velho Braguinha, de 85 anos de idade, responsável pela alimentação de diversos outros presidentes, aproximou-se e, em gesto afável, perguntou: "– Que foi que lhe aconteceu, presidente? O senhor parece que está vindo de uma guerra." Goulart retrucou com um sorriso e, rapidamente, subiu aos seus aposentos acompanhado por Maria Thereza que, naquele momento, não escondia a preocupação com a saúde do marido.

Na sensibilidade de um jornalista que viveu aqueles dias, quando Jango finalizou seu discurso, os decretos da reforma agrária, da encampação das refinarias e, na manhã seguinte, o anúncio da reforma urbana pareciam ter transformado o país, no campo e na cidade. "Os latifundiários e os proprietários de imóveis sentiam-se profundamente atingidos. Os camponeses teriam o seu pedaço de terra, os inquilinos não seriam mais explorados pelos aluguéis escorchantes. Um comício bastou", alegou Araújo Neto.[75] No dia seguinte ao comício, Goulart acordou cedo e, com a família, ele mesmo no volante do automóvel, partiu para um passeio, há muito prometido e adiado. Nada de jornais, nada de política. Enquanto isso, as esquerdas, no Congresso, reconciliaram-se com o presidente. A nota de protesto da UDN, escrita pelo deputado Pedro Aleixo, sequer foi objeto de consideração. Vinte e quatro horas depois do evento, tudo parecia muito natural, lógico e coerente. A velha estrutura econômica e social do país acabara de sofrer um forte abalo, lembra o jornalista: "As surpresas da véspera pareciam ter embotado a sensibilidade e o raciocínio de quase todos." Goulart foi ao comício, explicou as reformas ao povo, voltou para casa e, no outro dia, viajou com a família para um passeio.

Dias depois, o presidente enviou uma Mensagem ao Congresso. Como algo rotineiro e sem novidades, o texto propunha o direito de voto dos analfabetos, sargentos e praças; a supressão da vitaliciedade das cátedras nas universidades; a tão esperada reforma agrária, sem indenizações prévias em dinheiro; um plebiscito para que o povo se manifestasse sobre as reformas de base; a delegação de poderes do Legislativo ao Executivo, revogando, na prática, o princípio de indelegabilidade de poderes; por fim, a revisão do capítulo das inelegibilidades, substituído apenas pela frase "são elegíveis os alistáveis", permitindo, assim, que concorressem para cargos executivos os parentes consanguíneos e afins, como Leonel Brizola, e instituindo, na prática, a reeleição, beneficiando o próprio Goulart.

A Mensagem criou dúvidas e temores entre os grupos de centro e liberais sobre as intenções do governo, bem como convenceu as direitas de que um golpe liderado por Jango e Brizola estaria sendo planejado. Afinal, qual o objetivo do governo em ter, além das prerrogativas do Poder Executivo, também as do Legislativo? Além disso, era sabido que um plebiscito sobre as reformas de base seria aprovado com votação esmagadora, dando a Goulart a legitimidade para impor sua vontade sobre o Congresso Nacional. Mais ainda, a mudança na lei de elegibilidades permitiria sua continuidade por mais quatro anos ou a eleição de Leonel

Brizola. O direito dos analfabetos ao voto muito certamente beneficiaria o PTB, partido muito popular naquele momento. Assim, enquanto direitistas e liberais questionavam as medidas contidas na Mensagem, interpretando-as como um plano golpista patrocinado pelo governo, as esquerdas, excessivamente confiantes, tomadas por um sentimento de euforia, acreditavam que, após acumularem forças, havia chegado a hora do confronto. O "desfecho", tão ansiado, estava próximo.

Tudo parecia muito normal, mas, saberiam todos no fim do mês, não estava.

PALAVRAS FINAIS: O COLAPSO DA DEMOCRACIA

A realização do comício na Central do Brasil, em 13 de março, significou a escolha do presidente pela política de enfrentamento com as direitas e os conservadores pregada pelas esquerdas. Unidos na Frente de Mobilização Popular, transformada em Frente Única de Esquerda, os grupos e partidos sob a liderança de Brizola passaram a exigir um plebiscito sobre a necessidade de convocação de uma Assembleia Nacional Constituinte para realizar as reformas de base. A estratégia era a de enfraquecer o Congresso, incitando a população contra ele. Como afirmavam, o Congresso Nacional era reacionário e não aprovaria as mudanças exigidas pelos trabalhadores. Com o parlamento fragilizado pela pressão do povo nas ruas, as esquerdas acreditavam que encontrariam amplo respaldo popular para alterar a Constituição. Em editorial, *Panfleto* dizia: "Quando o povo luta pela revisão constitucional, está certo. O fetichismo da ordem jurídica intocável é absurdo. O nosso compromisso é o da democracia verdadeira, que é o regime do povo. Uma Constituição pode ou não ser popular e, se não for, deixará necessariamente de ser democrática."[76] Assim, continuava o texto, a consulta popular sobre a convocação da Constituinte pode não ser constitucional, mas é democrática, "uma saída contra a guerra civil". De acordo com a imaginação das esquerdas, "o povo quer as reformas. O Congresso as recusa. Diante do impasse, [...] esta é a hora de definição e de luta. O povo deve vigiar e agir".

As esquerdas, em março de 1964, pensaram repetir agosto/setembro de 1961 e janeiro de 1963. A luta pela posse de Goulart e a vitória no plebiscito que restaurou o sistema presidencialista foram episódios em que as esquerdas e organizações liberais-democráticas convocaram a sociedade para lutar por seus direitos políticos e foram vitoriosas. A luta em 1961 e 1963 era pela manutenção da ordem jurídica e democrática. Nesse sentido, as esquerdas e os grupos nacionalistas defenderam, nos dois episódios, não reformas econômicas e sociais, mas, sim, a ordem legal. O movimento, portanto, era defensivo.[77] Os setores direitistas, por sua vez, ao pregarem abertamente o golpe de Estado e a alteração da Constituição, perderam a legitimidade. Ou seja, em 1961 e 1963 a vitória foi das esquerdas, mas a luta era pela legalidade. Em março de 1964, no entanto, os sinais se inverteram. O lema que pregava ser "a Constituição intocável" passou a ser defendido pelas direitas. Para impedir as reformas, líderes conservadores proferiam discursos de defesa da ordem legal. As esquerdas, diversamente, pediam o fechamento do Congresso, a mudança da Constituição e questionavam os fundamentos da democracia liberal instituídos pela Carta de 1946. Enebriadas pelas vitórias de 1961 e 1963, as esquerdas acreditaram que poderiam repeti--las em 1964. Não perceberam a importância da questão democrática.

Daquela sexta-feira, dia 13, até 1º de abril, o conflito político entre os grupos antagônicos se redimensionou. Não se tratava mais de medir forças com o objetivo de executar, limitar ou impedir as mudanças, mas sim da tomada do poder e da imposição de projetos. As direitas tentariam impedir as alterações econômicas e sociais, excluindo, se possível, seus adversários da vida política do país, sem preocupações de respeitar as instituições democráticas. O PTB, por sua vez, cresceu e se confundiu com os movimentos sociais que defendiam as reformas. Assim, a coalizão radical pró-reformas, formada pelos movimentos sindical, estudantil, camponês, dos subalternos das Forças Armadas, além das esquerdas marxistas, socialistas, cristãs e trabalhistas, exigia as reformas, mas, igualmente como seus adversários, sem valorizar a democracia-liberal. Com a mobilização popular cada vez mais próxima do Estado, afirma Maria Celina D'Araujo, o projeto reformista incluía a tomada do poder pelos setores mais radicais do PTB.[78] Como conclui Argelina Figueiredo, a questão democrática não estava nas agendas da direita e da esquerda. A primeira sempre esteve disposta a romper com tais regras, utilizando-as para defender seus interesses. A segunda, por sua vez, lutava pelas reformas a qualquer preço, inclusive com o sacrifício da democracia representativa. Direitas e esquerdas, diz a autora, "subscreviam a noção de governo democrático apenas no que servisse às suas conveniências. Nenhum deles aceitava a incerteza inerente às regras democráticas".[79] Entre a radicalização da esquerda e da direita, uma parcela ampla da população apenas assistia aos conflitos, silenciosa.

Alguns dias depois do comício, a rebelião dos marinheiros e a anistia que receberam do governo atingiram profundamente a integridade profissional das Forças Armadas. Todo o conjunto de ideias, crenças, valores, códigos comportamentais e a maneira como os militares davam significado às suas instituições encontravam-se subvertidas. A disciplina e a hierarquia, os fundamentos básicos que exprimiam o que era "ser militar", se esfacelaram. Goulart, o CGT e as esquerdas, por sua vez, não perceberam a gravidade do episódio. Acreditaram ser algo sem importância. A esquerda radical do PTB, que há muito mantinha relações políticas com os marinheiros e fuzileiros navais, não apenas tinha apoiado e incentivado o motim, mas tentava dar um significado político à rebelião. No entanto, para os militares, tratava-se simplesmente da quebra definitiva da disciplina e do rompimento da hierarquia, com apoio governamental. Algo que, para eles, era intolerável. Os oficiais legalistas, que até então resistiam a qualquer movimentação que violasse as instituições democráticas da Carta de 1946, ficaram sem argumentos diante do avanço dos colegas golpistas.

O golpe militar, avalia com razão Maria Celina D'Araujo, foi contra o PTB, sua prática política e suas lideranças. O partido surgiu aos olhos dos militares como um inimigo a ser combatido. A ruptura constitucional foi uma reação aos compromissos dos trabalhistas com as esquerdas no clima da Guerra Fria, as alianças que tentaram com setores militares, as propostas de fazer dos trabalhadores o sustentáculo privilegiado do poder e a estratégia de atuar pela via da participação direta. Além disso, o PTB era o partido que estava no poder.[80] Não casualmente a queda de Goulart foi seguida pelo declínio político dos trabalhistas, com vários parlamentares cassados e, mais tarde, com a própria extinção do partido, bem como da grande repressão ao movimento sindical, com intervenções em diversas entidades, prisões e cerceamento das liberdades básicas, como o direito de greve.

A derrubada de Jango da presidência e o colapso da democracia no Brasil repercutiram entre os grupos nacionalistas e reformistas com grande surpresa. No entanto, para todos os protagonistas dos conflitos daquela época, como as esquerdas, a direita civil e os próprios militares, o golpe, em certa medida, surgiu como uma grande incógnita. Como alguns depoimentos confirmam, não havia um projeto a *favor* de algo, mas *contra*. A questão imediata era depor Goulart e, depois, fazer uma "limpeza" política. Somente mais adiante, e com difíceis entendimentos entre facções das Forças Armadas, surgiria um "ideário" do regime dos militares.[81] Segundo algumas versões, Goulart inicialmente imaginou que a intervenção militar repetiria a de 1945: o presidente é deposto, conhece o exílio dentro do território nacional e depois a vida política do país retomaria os caminhos normais.[82] O governo trabalhista, a sociedade brasileira e mesmo os patrocinadores da derrocada da democracia não perceberam que, em abril de 1964, ocorrera um golpe de tipo novo.

Receosos de perderem seus privilégios, setores conservadores das elites políticas e empresariais, por meio de um golpe militar, atentaram e desmantelaram as instituições democráticas. No entanto, muito embora por motivos diversos, as esquerdas também não valorizaram o regime instituído pela Carta de 1946. A democracia era repleta de "formalismos jurídicos" e, devido a um Congresso "conservador" e a uma Constituição "ultrapassada", as reformas de base eram bloqueadas. Assim, para implementar as mudanças econômicas e sociais, era necessário "superar" os limites impostos pelas instituições liberais-democráticas em vigor no país, sobretudo os dispositivos legais que impediam a realização das reformas, sobretudo a agrária.

Ao longo de sua história, os trabalhistas, diz Maria Celina D'Araujo, atuaram pela via liberal-democrática, investindo no jogo eleitoral e parlamentar na luta pelas reformas, mas, sobretudo no governo Goulart, optaram também pela via da ação direta, mobilizando trabalhadores urbanos, camponeses, estudantes, militares e organizações populares. Ao final de sua história, em 1964, tentaram ainda uma terceira estratégia, a de atribuir poderes legislativos ao Executivo, aterrorizando os conservadores e confundindo seus próprios adeptos. Portanto, afirma com razão a autora, "o projeto petebista não foi modesto. Quanto mais oposição enfrentava, mais insistia em soluções ousadas e contraditórias. Quis a massa como mola do poder contra o reacionarismo desse mesmo poder que ajudava a controlar. Quis fazer do Congresso um *locus* reformista, mas o condenava como um instrumento moroso e incompatível com a dinâmica socioeconômica do país. Por fim, quis um governo popular, mas atribuía à sua cúpula dirigente um papel vanguardista e de protagonista das mudanças".[83]

Acompanhar e avaliar o crescimento e as alterações organizativas e ideológicas do PTB não são tarefas fáceis, sobretudo pela rapidez dos acontecimentos e pela velocidade das mudanças. Mas, talvez, a simplicidade argumentativa de um dirigente sindical que viveu aqueles anos possa oferecer pistas que esclareçam o sucesso e o colapso do trabalhismo brasileiro. Segundo depoimento do sindicalista Clodismith Riani,

> nós fomos do PTB, Getúlio Vargas era respeitado por nós, os trabalhadores, os operários, porque um dia ele se lembrou da nossa classe. Continuamos muito respeitosos e agradecidos a ele. Mas os tempos mudaram e nós começamos a querer um pouco mais: o CGT, o direito de falar junto ao governo sobre os nossos interesses, o direito de greve.
> O PTB podia falar por nós, defender as reformas de base, o nosso salário. Mas você imagina bem, nós do movimento sindical também fizemos parte do PTB. No governo João Goulart, como dirigentes sindicais, como membros do PTB, e alguns companheiros que eram do PCB, frequentávamos a antessala do Ministério do Trabalho e até a de Jango. Nós participamos e influímos nas decisões do governo, até vetamos ministro. Até decidimos sobre administração da previdência.
> [...] Nós fomos ao Congresso Nacional [...] nós sonhamos e levamos nosso sonho lá dentro do governo. E aí tinha gente que não queria os trabalhadores tão perto do poder. E aí veio o golpe. E aí acabou o PTB, o CGT [...] Nós nunca estivemos tão perto e tão longe das reformas de base.[84]

NOTAS

1. João Pinheiro Neto, *Jango*. Um depoimento pessoal, Rio de Janeiro, Record, 1993, pp. 84–86.
2. O decreto estabelecia a desapropriação das propriedades rurais superiores a 500 ha situadas na faixa de 10 km nas margens das rodovias federais, bem como aquelas superiores a 30 ha nas margens de açudes e obras de irrigação construídas com recursos federais.
3. *O Jornal*, Rio de Janeiro, 7 de março de 1964, p. 3.
4. Idem, 12 de março de 1964, p. 3.
5. Argelina Cheibub Figueiredo, op. cit., p. 198.

6. Maria Celina D'Araujo, *Sindicatos, carisma e poder*, op. cit., pp. 141 e 121-122.
7. Lott, com 3.846.825 votos, perdeu para Jânio Quadros, com 5.636.623. Goulart, no entanto, obteve mais votos que Lott, com 4.547.010 votos, e 300.000 a mais que Milton Campos, candidato à vice pela UDN.
8. Veja capítulo 5, "A legalidade traída: os dias sombrios de agosto e setembro de 1961".
9. Raul Ryff (Depoimento), op. cit., p. 239. As greves tornaram-se uma constante em seu governo.
10. Lucília de Almeida Neves, op. cit., pp. 221 e 236.
11. Maria Celina D'Araujo, op. cit., p. 147.
12. Abelardo Jurema (Depoimento), Rio de Janeiro, CPDOC/FGV – História Oral, 1983, p. 263.
13. Raul Ryff (Depoimento), op. cit., p. 247.
14. Moniz Bandeira, *O governo João Goulart*. As lutas sociais no Brasil (1961-1964), Rio de Janeiro, Civilização Brasileira, 1977, pp. 55 e 131.
15. Argelina Cheibub Figueiredo, op. cit., pp. 91-94.
16. As citações que se seguem estão em Denis de Moraes, *A esquerda e o golpe de 64*, Rio de Janeiro, Espaço e Tempo, 1989, pp. 115, 189, 191-192 e 195, 48, 49, 69-70, 95.
17. Moniz Bandeira, op. cit, p. 242.
18. Citado em Lucília de Almeida Neves, op. cit., p. 236. Sobre a Frente liderada por Leonel Brizola, ver Jorge Ferreira, "A estratégia do confronto: a Frente de Mobilização Popular", *Revista Brasileira de História*, vol. 24, n. 47, São Paulo, Anpuh, jan-jun. 2004.
19. Citado em Denis de Moraes, op. cit., p. 259.
20. Argelina Cheibub Figueiredo, op. cit., pp. 73 e 115-119.
21. Raul Ryff (Depoimento), op. cit., p. 333; Abelardo Jurema (Depoimento), op. cit., pp. 268 e 316 e Hugo de Faria (Depoimento), op. cit., p. 270.
22. Argelina Cheibub Figueiredo, op. cit., p. 167.
23. Maria Celina D'Araujo, Gláucio Ary Soares, Celso Castro. *Visões do golpe. A memória militar de 1964*, Rio de Janeiro, Relume-Dumará, 1994.
24. Rodrigo Patto Sá Motta, *Passados presentes*. O golpe de 1964 e a ditadura militar, Rio de Janeiro, Zahar, 2021, p. 48.
25. Moniz Bandeira, op. cit., p. 162.
26. *O Jornal*, Rio de Janeiro, 8 de março de 1964, p. 11.
27. *O Dia*, Rio de Janeiro, 11 de março de 1964, p. 2.
28. *O Estado de S. Paulo*, São Paulo, 11 de março de 1964, p. 3.
29. *Correio da Manhã*, Rio de Janeiro, 11 de março de 1964, primeira página.
30. Argelina Figueiredo, op. cit., p. 73.
31. Para informações mais precisas, veja Denis de Moraes, op. cit., pp. 83-93.
32. Flávio Tavares, *Memórias do esquecimento*, São Paulo, Globo, 1999, pp. 77-79.
33. Citado em Paulo Eduardo Castello Parucker, *Praças em pé de guerra*. O movimento político dos subalternos militares no Brasil, 1961-1964, Niterói, PPGH/ICHF/UFF, dissertação de mestrado, 1992, pp. 69-70.
34. Citado em Denis de Moraes, op. cit., p. 189.
35. Citado em idem, pp. 127-128.

36. José Antônio Segatto, *Reforma e Revolução*. As vicissitudes políticas do PCB (1954–1964), Rio de Janeiro, Civilização Brasileira, 1995, p. 164.
37. Paulo Schilling, *Como se coloca a direita no poder*, vol. 2, Os acontecimentos, São Paulo, Global, 1981, p. 41.
38. Citado por Araújo Neto, in Vários autores, *Os idos de março e a queda de abril*, Rio de Janeiro, José Álvaro, 1964, p. 50.
39. *Panfleto*, Rio de Janeiro, 24 de fevereiro de 1964, p. 6.
40. Idem, 9 de março de 1964, p. 33.
41. Idem, 16 de março, p. 8.
42. Rodrigo Patto Sá Motta, op. cit., p. 23.
43. Citado em Marieta de Moraes Ferreira, e César Benjamin, *Dicionário Histórico--Biográfico Brasileiro pós-1930*, Rio de Janeiro, CPDOC/FGV, em CD-rom, versão 1.0.
44. Moniz Bandeira, op. cit., pp. 133–137.
45. Citado em Paulo Schilling, *Como se coloca a direita no poder*, vol. 1, Os protagonistas, São Paulo, Global, 1979, p. 9.
46. Rodrigo Patto Sá Motta, op. cit., p. 28.
47. Os manifestos de convocação ao comício eram assinados pelo presidente do Comando Geral dos Trabalhadores, Dante Pellacani, pelos dirigentes das Confederações dos trabalhadores na indústria, no comércio, na agricultura, dos servidores públicos, dos jornalistas, em transportes terrestres, marítimos, fluviais e aéreos, bem como em empresas telegráficas, radiotelegráficas e radiotelefônicas. Assinavam também os dirigentes das Uniões dos portuários, dos previdenciários, dos servidores postais e telegrafistas, além da União Nacional dos Estudantes e da União Brasileira de Estudantes Secundaristas. A Federação dos Portuários, o Comando dos Trabalhadores Intelectuais, o Pacto de Unidade e Ação, a Comissão Permanente das Organizações Sindicais, a Frente Parlamentar Nacionalista e a Liga Feminina da Guanabara igualmente referendavam os documentos.
48. *Novos Rumos*, Rio de Janeiro, 6 a 12 de março de 1964, p. 8.
49. *Última Hora*, Rio de Janeiro, 13 de março de 1964, p. 4.
50. Idem, 13 de março de 1964, primeira página.
51. *O Jornal*, Rio de Janeiro, 4 de março de 1964, p. 3.
52. Idem, 7 de março, de 1964, p. 5.
53. Idem, 12 de março de 1964, primeira página.
54. Idem, 8 de março de 1964, primeira página.
55. *Correio da Manhã*, Rio de Janeiro, 14 de março de 1964, pp. 2 e 5.
56. *O Jornal*, Rio de Janeiro, 3 de março de 1964, p. 4.
57. *Última Hora*, Rio de Janeiro, 12 de março de 1964, p. 2.
58. Carlos Castelo Branco, in Vários autores, *Os idos de março...*, pp. 287–290.
59. *Jornal do Brasil*, Rio de Janeiro, 14 de março de 1964, p. 5.
60. Hércules Corrêa, op. cit., pp. 89–90.
61. Abelardo Jurema (Depoimento), op. cit., pp. 335–336.
62. José Gomes Talarico (Depoimento), Rio de Janeiro, CPDOC/FGV – História Oral, 1982, p. 153.
63. As fontes que se seguem são: *Jornal do Brasil*, Rio de Janeiro, 14 de março de 1964, pp. 4–5; *O Jornal*, Rio de Janeiro, 14 de março de 1964, p. 6; *Correio da Manhã*, Rio de Janeiro, 14 de março de 1964, p. 14.

64. Araújo Neto, in Vários autores, *Os idos de março...*, op. cit., pp. 37–38.
65. As fontes que se seguem são: *Jornal do Brasil*, Rio de Janeiro, 14 de março de 1964, pp. 4–5; *O Jornal*, Rio de Janeiro, 14 de março de 1964, p. 4; *Correio da Manhã*, 14 de março de 1964, p. 14.
66. Araújo Neto, op. cit., pp. 34–35.
67. As fontes que se seguem são: *Jornal do Brasil*, Rio de Janeiro, 14 de março de 1964, pp. 4–5; *O Jornal*, Rio de Janeiro, 14 de março de 1964, p. 4.
68. Araújo Neto, op. cit., p. 37.
69. A íntegra do discurso está em João Pinheiro Neto, op. cit.
70. Raul Ryff (Depoimento), op. cit., p. 273.
71. Alberto Dines, in Vários autores, *Os idos de março...*, op. cit., p. 311.
72. *O Jornal*, Rio de Janeiro, 14 de março de 1964, p. 6.
73. *Jornal do Brasil*, Rio de Janeiro, 14 de março de 1964, p. 5.
74. *Última Hora*, Rio de Janeiro, 16 de março de 1964, p. 3.
75. Araújo Neto, op. cit., pp. 41–43.
76. *Panfleto*, Rio de Janeiro, 23 de março de 1964, p. 8.
77. Daniel Aarão Reis, Ditadura e sociedade: as reconstruções da memória, In Daniel Aarão Reis; Marcelo Ridenti; Rodrigo Patto Sá Motta (orgs.), *O golpe e a ditadura militar: 40 anos depois (1964–2004)*, Bauru, Edusc, 2004.
78. Maria Celina D'Araujo, op. cit., p. 146.
79. Argelina Figueiredo, op. cit., p. 202.
80. Maria Celina D'Araujo, op. cit., p. 140.
81. Maria Celina D'Araujo, Gláucio Ary Soares e Celso Castro, op. cit., p. 18.
82. Raul Ryff (Depoimento), op. cit., p. 216. Abelardo Jurema (Depoimento), op. cit., p. 319.
83. Maria Celina D'Araujo, op. cit., p. 158.
84. Citado em Lucília de Almeida Neves, op. cit., pp. 288–289.

Palavras finais

A experiência de democracia-liberal brasileira de 1945 a 1964 representou um período em que trabalhadores e populares participaram ativamente do processo político. Após estabelecerem em sua cultura política a noção de que eram cidadãos no plano social e, portanto, merecedores de uma legislação protetora do trabalho, eles, com a democratização que se abriu em 1945, muito rapidamente aprenderam a lidar com os direitos políticos. Com partidos doutrinários e ideológicos enraizados na sociedade, a exemplo do PTB e da UDN, sem contar com o PCB, a política nacional era discutida nas ruas, nos sindicatos, na imprensa e nos quartéis. Vários foram os episódios, como vimos, que mobilizaram a sociedade em torno dos ideais de democracia e de reformas.

Nesse período, diversos projetos se apresentaram ao país como alternativas de desenvolvimento econômico e de elevação do nível de vida da população. No entanto, paulatinamente, dois deles se impuseram à sociedade brasileira. Em um polo, influenciado pelo crescimento das esquerdas a nível planetário, o nacional-estatismo dos trabalhistas aliados aos comunistas, com suas propostas de manutenção e ampliação dos direitos sociais e políticos dos trabalhadores, com reformas que alterassem o perfil econômico e social do país, como a da estrutura agrária, o nacionalismo, o fortalecimento das empresas estatais como estratégia para enfrentar os grandes monopólios multinacionais e políticas públicas baseadas em uma forte solidariedade social. Em outro polo, o projeto liberal-conservador, hegemonizado pela UDN, defensor da abertura do país ao capital estrangeiro, do jogo do livre mercado como regulador "natural" das relações entre empresários e trabalhadores, do anticomunismo e da imposição de limites aos sindicatos em suas reivindicações econômicas e, sobretudo, políticas.

Em um contexto ideológico marcado pela Guerra Fria, mas também pelo crescimento das esquerdas europeias, do comunismo de vertente soviética na Ásia e dos nacionalismos nos países africanos e latino-americanos, o conjunto de trabalhadores da cidade e do campo no Brasil fez as suas escolhas. Participando da política nacional, tomando consciência de seus direitos, organizando-se em partidos e sindicatos, os assalariados, desde a época do queremismo, mobilizaram-se em torno do projeto das esquerdas e dos nacionalistas e, nos primeiros anos da década de 1960, avançaram a ponto de ameaçar a ordem social e econômica do país.

O sucesso eleitoral e a capacidade de mobilização popular dos trabalhistas, assim, não foram casuais ou arbitrários e muito menos resultaram, como ainda se pensa, da ação maquiavélica da mão esquerda de Vargas. O PTB, participando dos movimentos sociais e das lutas sindicais, canalizando demandas operárias e populares, agiu no sentido de "dialogar" com a população, atuando como elemento institucional de interlocução entre Estado e classe trabalhadora. Aliados aos comunistas, os trabalhistas ganharam os sindicatos. Teceram alianças com militares nacionalistas, oficiais, mas também subalternos. Hegemonizaram outras propostas políticas, como o CGT, a UNE, as Frentes Parlamentares, deputados de outras agremiações, como a "ala moça" do PSD e a "bossa nova" da UDN, partidos menores, como o MRT e o PSB, além do próprio PCB. Atuaram pela via parlamentar, mas também pela ação direta, mobilizando trabalhadores, sindicalistas e estudantes nas ruas. Tomados por um forte sentimento reformista, setores identificados com o trabalhismo radicalizaram a ponto de desprezar as instituições da democracia representativa e ameaçar a ordem econômica e social reinante. Todos, sindicalistas, camponeses, estudantes, trabalhadores e até mesmo marinheiros resolveram se insubordinar. Ao longo de sua trajetória, portanto, o PTB superou sua fase getulista, propondo-se tão somente a garantir a legislação social promulgada nos anos 1930, e, sem abandonar o fisiologismo, as práticas autoritárias e o personalismo, alcançou um perfil programático e ideológico, defendendo grandes mudanças econômicas e sociais, o nacionalismo e a independência do país frente ao capital internacional. Ao final, lutando pelas reformas, principalmente a agrária, os trabalhistas, sobretudo sua ala mais radical, decidiram ir para o confronto. Perderam. Mas quem vai para o confronto pode perder ou ganhar. Como perderam, surgiu uma literatura que definiu o processo de radicalização política e social vivido pela sociedade brasileira, os trabalhistas à frente, de "colapso do populismo".

Depois, vivemos a longa ditadura militar, período em que o país conheceu profundas modificações, e uma outra história seria contada sobre aquele passado. Assim, imediatamente após o golpe, os discursos foram reconstruídos. Para a direita civil-militar, à procura de legitimação política, o rompimento institucional visava salvar a Nação do comunismo e livrá-la da corrupção, da demagogia e do "populismo". Era preciso sanear o sistema democrático, livrando-o dos "pelegos", da manipulação dos discípulos de Vargas e da corrupção trabalhista-oficial. 1964, portanto, veio no sentido de "purificar" a democracia, assim como pregavam liberais e conservadores. Quase ao mesmo tempo, as esquerdas revolucionárias igualmente reconstruíram seus discursos, interpretando o apoio dos trabalhadores e do movimento sindical aos líderes trabalhistas como peleguismo, paternalismo, desvio da linha justa e consciências desviadas dos seus "verdadeiros" e "reais" interesses. Em busca de explicações para a facilidade com que os militares golpearam a democracia, organizações marxistas-leninistas, fazendo coro com os liberais, igualmente culparam os trabalhistas e os "pelegos". Ambos, para os revolucionários, prestaram-se ao triste papel de encobrir a consciência de classe dos operários. Com suas práticas reformistas e assistencialistas, os "pelegos", próximos ao poder, afastaram-se das bases e iludiram os operários com promessas de uma vida melhor, mas dentro da lógica capitalista. Os líderes trabalhistas, aqui renomeados de "populistas", tiveram uma atuação ainda mais odiosa. Apresentados como líderes burgueses de massas, eles agiram de acordo com as tradições de sua classe, traindo os trabalhadores no momento mais decisivo da luta.

A direita civil-militar golpista e os marxistas-leninistas, logo após 1964, uniram-se, portanto, em um mesmo processo de desqualificação. Mas faltava um componente, lembra Daniel Aarão Reis Filho: setores da intelectualidade brasileira, percebendo as mensagens que se formavam, ofereceram uma teoria "científica" a tudo isso, rebatizando a democracia-liberal brasileira antes de 1964 de "regime populista". O período entre 1945 e 1964, assim, deixou de ser uma experiência de democracia representativa, e o trabalhismo brasileiro mudou de nome. Como "populismo", eles entraram para a história. Nas décadas de 1970 e 1980, o conceito já estava tão disseminado que, nos meios acadêmicos, não havia mais alternativas teóricas para qualificar politicamente a temporalidade anterior a 1964. Trabalhistas, liberais, udenistas, líderes de direita e esquerda, organizações operárias, estudantis ou camponeses, não importa, todos eram "populistas". O conceito encontrou, nesses anos, seu apogeu. E todas as lutas dos trabalhadores urbanos e rurais pela utopia da justiça social foram desqualificadas, merecedoras do esquecimento político e do desprezo acadêmico.

No entanto, o processo de desqualificação, como vimos, começou muito antes do golpe militar. Ao longo de 1945 a 1964, liberais e conservadores fabricaram e manipularam imagens e expressões desmerecedoras do adversário que se queria combater. Lideranças sindicais que participavam da política – fossem elas trabalhistas, comunistas, socialistas ou independentes, não importa – logo eram desqualificadas como "pelegos". As vitórias eleitorais da coligação PSD–PTB não eram reconhecidas como legítimas, porque fruto da manipulação e da demagogia. As políticas governamentais eram duramente atacadas, porque se via corrupção e subversão na máquina estatal. Trabalhando com representações extremamente negativas, o liberalismo brasileiro, naqueles anos, formulou a imagem de uma "democracia impura", destituída de legitimidade, porque viciada pela manipulação eleitoral, pela corrupção oficial e pela participação política dos "pelegos". A democracia brasileira, portanto, pecava por sua origem, pelo passado getulista que a amaldiçoou.

Na história contada pelas direitas, esquerdas, liberais e pelos teóricos do "populismo", os trabalhadores surgem como indivíduos cooptados, manipulados e iludidos que não teriam conseguido livrar-se das amarras ideológicas tecidas na época do Estado Novo. Cerceados em suas lutas pela manutenção da legislação corporativista e a tutela estatal dos sindicatos, eles ainda foram traídos com a atuação dos "pelegos" sindicais e confundidos politicamente com as lideranças "populistas", as mais antigas como Vargas, as mais recicladas como Goulart. Os comunistas, igualmente iludidos com o nacionalismo, reforçaram os laços, já apertados, da teia "populista". No entanto, tal história, como é contada, não é nova. No Brasil, o pensamento liberal e autoritário, de direita ou esquerda, e por caminhos variados, diagnosticou que os males do país provêm de uma relação desigual, destituída de reciprocidade e interlocução: a uma sociedade civil incapaz de auto-organização, "gelatinosa" em algumas leituras, e a uma classe operária "débil" impõe-se um Estado que, armado de eficientes mecanismos repressivos e persuasivos, seria capaz de manipular, cooptar e corromper. A interpretação ainda foi reforçada por um entendimento do marxismo que defendia um modelo de classe trabalhadora, uma determinada consciência que lhe corresponderia e um caminho único, e portanto verdadeiro, a ser seguido. Nesse caso, se a classe não surgiu como se imaginava, se a consciência não se desenvolveu como se previa e se os caminhos trilhados foram outros, a explicação poderia ser encontrada no poder repressivo de Estado, nos mecanismos sutis de manipulação ideológica e, ainda, nas práticas demagógicas dos políticos "populistas". A teoria do "desvio", assim, reforçou a interpretação que polarizava Estado e sociedade. Como lembra José Murilo de Carvalho, a postura antiestatal, maniqueísta em sua definição, inviabiliza qualquer noção de cidadania e, na prática, "acaba por revelar uma atitude paternalista em relação ao povo, ao considerá-lo vítima impotente diante das maquinações do poder do Estado ou de grupos dominantes. Acaba por bestializar o povo".[1] Culpabilizar o Estado e vitimizar a sociedade, eis alguns dos fundamentos da noção de "populismo".

A história política brasileira de 1930 a 1964, assim, passou a ser explicada por essa estranha teorização que fala de líderes burgueses de massa, crise de hegemonia das classes dominantes, operários sem consciência, camponeses que vestiram macacão, propaganda política, doutrinação das mentes, corporativismo sindical, cegueira nacionalista dos comunistas e, inclusive, totalitarismo. Em síntese, uma grande conspiração tramada pelas classes dominantes para manipular, dominar e desvirtuar os proletários de seus caminhos "naturais". A teoria do "populismo" tornou-se, assim, a teoria do equívoco. Todos, sobretudo entre 1945 e 1964, se confundiram, de comunistas a udenistas, de trabalhistas a socialistas, de sindicalistas a camponeses, dos trabalhadores às camadas médias. Só quem estava correto e conseguia enxergar as luzes, mas somente após 1964, claro, foram as esquerdas marxistas-leninistas e os que formularam a teoria do "populismo". Portanto, tudo o que ocorreu entre a queda do Estado Novo e o golpe civil-militar de 1964 deveria ser desmerecido, criticado e condenado. Um passado, enfim, lastimável para a história da classe trabalhadora brasileira, digno de ser, merecidamente, enterrado, e de maneira definitiva, pelos militares.[2]

Como apontam alguns estudiosos, a exemplo de John French, o "consenso populista" surgiu como um "acerto de contas" dos intelectuais com o passado político do país.[3] Angustiados com a facilidade do grupo civil-militar em tomar o poder em 1964, setores da intelectualidade brasileira forjaram uma vontade coletiva para desmerecer o movimento sindical e suas lutas, os partidos de esquerda e suas estratégias, as organizações populares e suas mobilizações. Todos, trabalhadores e camponeses, sindicalistas e estudantes, oficiais e subalternos nacionalistas das Forças Armadas, por se "iludirem" com o reformismo dos trabalhistas e comunistas, teriam contribuído para o desastre de 1964. Para Hélio da Costa, houve, a partir da segunda metade dos anos 1960, um "enquadramento" da memória dos trabalhadores do período anterior. Tratados como uma peça da engrenagem do Estado, vitimados pela cooptação dos "populistas" e dominados pela ideologia burguesa, eles foram tidos como incapazes de se expressarem como classe. Para o autor, "a experiência concreta da classe operária ficou subsumida à ideologia formal do populismo ou dos partidos de esquerda mais diretamente ligados a ela".[4] Fernando Teixeira da Silva igualmente chama a atenção para o impacto que o golpe militar exerceu sobre os estudiosos do movimento operário e sindical, permitindo que grande parte das análises procurasse compreender a luta dos trabalhadores após 1945, ou 1930, de maneira retrospectiva, ou seja, a partir do "colapso do populismo". Como o desastre já estaria determinado muito antes de 1964 pelo jogo político inaugurado nas "origens do populismo",[5] caberia ao analista apenas apontar os erros e desvios da classe, todos derivados do "pecado original". Em síntese, a geração que viveu a ditadura militar, sentindo-se infelicitada por isso, culpabilizou, com o "consenso populista", a geração que a precedeu. Por suas ilusões nacionalistas ou reformistas, seus antecessores foram condenados pelo infortúnio do regime inaugurado pelos militares. Cabe, ao menos, uma pergunta: seriam as gerações posteriores a 1964, inclusive a atual, melhores do que aquela que foi desprezada – a do tempo de Jango?

Nesse sentido, não há como dissociar a expressão que se tornou clássica, "populismo na política brasileira", das relações entre história, memória e poder. Para exercer o poder no tempo presente, diz Elisabeth Xavier Ferreira, é necessário formular certa versão sobre o passado, apresentada como verdadeira. Para a autora, "o desconhecimento das várias histórias que compõem a ampla história de um vasto grupo subtrai-lhe a possibilidade de melhor compreender os processos sociais em que está envolvido no presente, cerceando sua capacidade de escolha e de autodeterminação".[6] A posse e a interpretação da memória, sugerindo uma maneira particular de lembrar e um processo seletivo sobre o que deve ser lembrado, são inerentes aos grupos que almejam o poder ou sua manutenção. Sofrendo um "enquadramento da memória", nas palavras de Michael Pollak,[7] as lutas dos operários do passado anterior a 1964 foram reinterpretadas, surgindo, assim, uma maneira de lembrar e de contar o passado cuja versão, desqualificadora e pejorativa, foi digna de esquecimentos e silêncios. As opções políticas dos trabalhadores, suas formas de organização em partidos e sindicatos, suas crenças e ideias políticas socialmente compartilhadas, bem como a maneira como atuavam na dimensão política do país foram nomeadas de "populismo" e interpretadas como manipulação de classe. Nada, portanto, teríamos a aprender com eles.

Contudo, o trabalhismo, como tradição da classe trabalhadora, permaneceu. O conjunto sistematizado de ideias, crenças e imagens socialmente compartilhadas que herdamos do passado pré-64 ainda continua presente nos discursos das esquerdas hoje, embora com outros nomes e outras propostas. A tradição se fez mais forte, porque resultado de experiências históricas, e o trabalhismo ainda se mantém como elemento importante da cultura política das esquerdas brasileiras. Ele está presente nas exigências de garantia, manutenção e ampliação das leis e dos benefícios sociais; no clamor pela soberania nacional diante das pressões das grandes potências capitalistas; na luta pela reforma agrária; na defesa das empresas estatais em setores estratégicos, sobretudo a Petrobras; na tradição da unicidade sindical; nas demandas por educação e saúde públicas de qualidade; nas reivindicações por reajustes salariais que garantam o poder de compra dos trabalhadores; no fortalecimento do poder público frente às ambições desmedidas, e muitas vezes espúrias, dos grupos privados; na regulamentação e disciplinarização do mercado; nos programas para desconcentrar a renda, na salvaguarda das tradições populares e do patrimônio público em suas várias modalidades, entre outras políticas públicas. Na verdade, descontando temporalidades e conjunturas tão afastadas, são projetos de economia e de sociedade que, no início do século XXI, as esquerdas defendem. Suas bandeiras ainda são similares às dos trabalhistas e comunistas do passado. Não casualmente, e exatamente por isso, as esquerdas são qualificadas pelos liberais brasileiros de arcaicas, atrasadas, xenófobas e, insulto maior, "populistas".

NOTAS

1. José Murilo de Carvalho, *Os bestializados*. O Rio de Janeiro e a república que não foi, São Paulo, Companhia das Letras, 1989, pp. 10–11.
2. Para a crítica ao conceito de populismo veja Jorge Ferreira (org.), *O populismo e sua história*. Debate e crítica, Rio de Janeiro, Editora Civilização Brasileira, 2001.
3. John French, op. cit., p. 7.
4. Hélio da Costa, "Trabalhadores, sindicatos e suas lutas em São Paulo", in Alexandre Fortes et alii, op. cit., p. 91.
5. Fernando Teixeira da Silva, "Direitos, política e trabalho em Porto Alegre", idem, pp. 53–54.
6. Elisabeth F. Xavier Ferreira, *Mulheres, militância e memória*. Histórias de vida. História de sobrevivência, Rio de Janeiro, Editora da Fundação Getulio Vargas, 1996, p. 71.
7. Michael Pollak, "Memória, esquecimento, silêncio", in *Estudos Históricos* (3), Rio de Janeiro, Editora da Fundação Getulio Vargas, 1989, p. 9.

Bibliografia

Aarão Reis, Daniel; Ridenti, Marcelo; Motta, Rodrigo Patto Sá (orgs.). *O golpe e a ditadura militar: 40 anos depois (1964-2004)*. Bauru: Edusc, 2004

Almeida Júnior, Antonio Mendes de. "Do declínio do Estado Novo ao suicídio de Getúlio Vargas". In *História Geral da Civilização Brasileira*. São Paulo: Difel, 1983, tomo III, volume 3.

Ansart, Pierre. *Ideologias, conflitos e poder*. Rio de Janeiro: Zahar, 1978.

Attias-Donfut, Claudine. "La notion de génération. Usages sociaux et concept sociologique". In *L'home et la société*, n. 90, XXII année, 1988.

Baczko, Bronislaw. "Imaginação social". In *Enciclopédia Einaudi*. Anthropos-Homem, vol. 5. Lisboa: Imprensa Nacional-Casa da Moeda, 1985.

_____. "Utopia". In *Enciclopédia Einaudi*. Anthropos-Homem, vol. 5. Lisboa: Imprensa Nacional-Casa da Moeda, 1985.

Balandier, Georges, *O poder em cena*. Brasília: Editora da UnB, 1982.

Bandeira, Moniz. *O governo João Goulart*. As lutas sociais no Brasil (1961-1964). Rio de Janeiro: Civilização Brasileira, 1977.

Barbosa, Vivaldo. *A rebelião da legalidade*. Rio de Janeiro: Editora da Fundação Getulio Vargas, 2002.

Benevides, Maria Victoria de Mesquita. *A UDN e o udenismo*. Ambiguidades do liberalismo brasileiro (1945-1965). São Paulo: Paz e Terra, 1981.

Bojunga, Claudio. *JK. O artista do impossível*. Rio de Janeiro: Objetiva, 2001.

Burke, Peter (org.). *A escrita da história*. Novas perspectivas. São Paulo: Editora da Unesp, 1992.

Cabral, Elza Borghi de Almeida. *O queremismo na redemocratização de 1945*. Niterói, Programa de Pós-Graduação em História da Universidade Federal Fluminense, 1984, dissertação de Mestrado, mimeo.

Chartier, Roger. *A história cultural*. Entre práticas e representações. Lisboa: Difel, 1987.

_____. "'Cultura popular': revisitando um conceito historiográfico". In *Estudos Históricos*, n. 16. Rio de Janeiro: Editora da Fundação Getulio Vargas, 1995.

Carloni, Karla. *Forças Armadas e democracia no Brasil: o 11 de novembro de 1955*. Rio de Janeiro: Garamond/Faperj, 2012.

_____. *Marechal Lott*. A opção das esquerdas. Uma biografia política. Rio de Janeiro: Garamond/Faperj, 2014.

Carvalho, José Murilo. *Os bestializados*. O Rio de Janeiro e a república que não foi. São Paulo: Companhia das Letras, 1989.

D'Araujo, Maria Celina. "Partidos trabalhistas no Brasil: reflexões atuais". In *Estudos Históricos* (6). Rio de Janeiro: Editora da Fundação Getulio Vargas, 1990.

_____. *Sindicatos, carisma e poder*. O PTB de 1945-65. Rio de Janeiro: Editora da Fundação Getulio Vargas, 1996.

_____. (org.). *As instituições brasileiras da era Vargas*. Rio de Janeiro: Editora da UERJ/Editora da Fundação Getulio Vargas, 1999.

Darnton, Robert. *O grande massacre de gatos e outros episódios da história cultural francesa*. Rio de Janeiro: Graal, 1986.

_____. *O beijo de Lamourette*. Mídia, cultura e revolução. São Paulo: Companhia das Letras, 1990.

Dicionário Histórico-Biográfico Brasileiro pós 1930. Rio de Janeiro: CPDOC/FGV, em CD-rom, versão 1.0.

BIBLIOGRAFIA

Eliade, Mircea. *O sagrado e o profano*. A essência das religiões. Lisboa: Edições "Livros do Brasil", s/d.

_____. *Mito e realidade*. São Paulo: Perspectiva, 1972.

_____. *Imagens e símbolos*. Ensaios sobre o simbolismo mágico-religioso. São Paulo: Martins Fontes, 1991.

_____. *Mito do eterno retorno*. São Paulo: Mercuryo, 1992.

_____. *Tratado de história das religiões*. São Paulo: Martins Fontes, 1993.

Ferreira, Elisabeth F. Xavier. *Mulheres, militância e memória*. Histórias de vida. História de sobrevivência. Rio de Janeiro: Editora da Fundação Getulio Vargas, 1996.

Felizardo, Joaquim. *A legalidade*. O último levante gaúcho. Porto Alegre: Editora da UFRGS, 1988.

Ferreira, Jorge. *Trabalhadores do Brasil*. O imaginário popular. Rio de Janeiro: Editora da Fundação Getulio Vargas, 1997.

_____. (org.). *O populismo e sua história*. Debate e crítica. Rio de Janeiro: Civilização Brasileira, 2001.

_____. "A estratégia do confronto: a Frente de Mobilização Popular". *Revista Brasileira de História*, vol. 24, n. 47. São Paulo: Anpuh, jan–jun. 2004.

_____. & Delgado, Lucilia de Almeida Neves (orgs.). *O Brasil Republicano*. O tempo da experiência democrática, volume 3. Rio de Janeiro: Editora Civilização Brasileira, 2003.

Ferreira, Marieta de Moraes e Amado, Janaína (orgs.). *Usos e abusos da história oral*. Rio de Janeiro: Editora da Fundação Getulio Vargas, 1996.

Figueiredo, Argelina. *Democracia ou reformas?* Alternativas democráticas à crise política: 1961–1964. São Paulo: Paz e Terra, 1993.

Fortes, Alexandre; Negro, Antonio Luigi; Silva, Fernando Teixeira da; Costa, Hélio da; Fontes, Paulo. *Na luta por direitos*. Estudos recentes em História Social do Trabalho. Campinas: Editora da Unicamp, 1999.

French, John D. *O ABC dos operários*. Conflitos e alianças de classe em São Paulo. 1900–1950. São Paulo/São Caetano do Sul: Editora Hucitec/Prefeitura de São Caetano do Sul, 1995.

Girardet, Raoul. *Mitos e mitologias políticas*. São Paulo: Companhia das Letras, 1987.

_____. "Du concept de génération a la notion de contemporanéité". In *Revue D'Histoire Moderne e Contemporaine*, avr/juin, 1988,

Geertz, Clifford. *A interpretação das culturas*. Rio de Janeiro: Jorge Zahar, 1978.

_____. *O saber local*. Novos ensaios em antropologia interpretativa. Petrópolis: Vozes, 1999.

Gomes, Angela de Castro. *A invenção do trabalhismo*. Rio de Janeiro: Vértice/Iuperj, 1988

_____. D'Araujo, Maria Celina. *Getulismo e trabalhismo*. São Paulo: Ática, 1989.

_____. (org.). *Vargas e a crise dos anos 50*. Rio de Janeiro: Relume-Dumará/Editora da Fundação Getulio Vargas, 1994.

Hobsbawm, Eric. *Rebeldes primitivos*. Estudos das formas arcaicas dos movimentos sociais no séculos XIX e XX. Rio de Janeiro: Jorge Zahar, 1978.

Labaki, Amir. *1961*. A crise da renúncia e a solução parlamentarista. São Paulo: Brasiliense, 1986.

Lattman-Weltman, Fernando. "Cidadania e razão na imprensa escrita: retórica e prática excludente em períodos democráticos (os anos 50 e 90)". Trabalho apresentado no XIX Simpósio Nacional da ANPUH. Belo Horizonte: Cadernos de Resumos, 1997.

Leite Filho, F.C. *El Caudillo*. Leonel Brizola. Um perfil biográfico. São Paulo: Aquariana, 2008.

Markun, Paulo e Hamilton, Duda. *1961*. Que as armas não falem. São Paulo: Editora Senac, 2001.

BIBLIOGRAFIA

Macedo, Michelle Reis. *Trabalhadores na luta por direitos*. Rio de Janeiro: 7 Letras, 2013.

Moisés, José Álvaro. *Greve de massa e crise política (Estudos da greve dos 300 mil em São Paulo – 1953/54)*. São Paulo: Livraria Editora Polis, 1978.

Moore Jr., Barrington. *Injustiça*. As bases sociais da obediência e da revolta. São Paulo: Brasiliense, 1987.

Moraes, Denis de. *A esquerda e o golpe de 64*. Rio de Janeiro: Espaço e Tempo, 1989.

Motta, Rodrigo Patto Sá. *Passados presentes*. O golpe de 1964 e a ditadura militar. Rio de Janeiro: Zahar, 2021.

Neves, Lucília de Almeida. *PTB: do getulismo ao reformismo (1945– 1964)*. São Paulo: Marco Zero: 1989.

Pandolfi, Dulce (org.). *Repensando o Estado Novo*. Rio de Janeiro: Editora da Fundação Getulio Vargas, 1999.

Parucker, Paulo Eduardo Castello. *Praças em pé de guerra*. O movimento político dos subalternos militares no Brasil, 1961–1964. Niterói: PPGH/ICHF/UFF, dissertação de Mestrado, 1992.

Pollak, Michael. "Memória, esquecimento, silêncio". In *Estudos Históricos* (3). Rio de Janeiro: Editora da Fundação Getulio Vargas, 1989.

Przeworski, Adam. *Capitalismo e social-democracia*. São Paulo: Companhia das Letras, 1989.

Rodrigues, José Carlos. *Tabu do corpo*. Rio de Janeiro: Achiamé, 1979.

Rudé, George. *Ideologia e protesto popular*. Rio de Janeiro: Jorge Zahar, 1982.

Segatto, José Antônio. *Reforma e Revolução* – As vicissitudes políticas do PCB (1954–1964). Rio de Janeiro: Civilização Brasileira, 1995.

Sahlins, Marshall. *Cultura e razão prática*. Rio de Janeiro: Jorge Zahar, 1979.

Skidmore, Thomas. *Brasil: de Getúlio a Castelo*. Rio de Janeiro: Saga, 1969.

Spindel, Arnaldo. *O Partido Comunista na gênese do populismo*. São Paulo: Edições Símbolo, 1980.

Tavares, Flávio. *Memórias do esquecimento*. São Paulo: Globo, 1999.

_____. *O dia em que Getúlio matou Allende e outras novelas do poder*. Rio de Janeiro: Record, 2004.

Thompson, E.P. *Tradición, revuelta y consciencia de clase*. Barcelona: Editorial Crítica, 1979.

_____. *A miséria da teoria ou um planetário de erros*. Uma crítica ao pensamento de Althusser. Rio de Janeiro: Jorge Zahar, 1981.

_____. *A formação da classe operária inglesa*. São Paulo: Paz e Terra, 1987.

_____. "Folclore, antropologia e história social". *A peculiaridade dos ingleses e outros artigos*. Campinas/São Paulo: Editora da Unicamp, 2001.

_____. *Costumes em comum*. Estudos sobre a cultura popular tradicional. São Paulo: Companhia das Letras, 1998.

Sobre o autor

JORGE FERREIRA é doutor em história social pela Universidade de São Paulo e professor aposentado titular de História do Brasil da Universidade Federal Fluminense. Pela Civilização Brasileira, publicou os cinco volumes da coleção O Brasil Republicano (em coorganização com Lucília de Almeida Neves Delgado), *Elisa Branco: uma vida em vermelho, João Goulart: uma biografia* e *1964: o golpe que derrubou um presidente, pôs fim ao regime democrático e instituiu a Ditadura Militar no Brasil* (em coautoria com Angela de Castro Gomes).

Este livro foi composto na tipografia ClassGaramond BT,
em corpo 11/16,5, e impresso em papel off-white no
Sistema Digital Instant Duplex da Divisão Gráfica
da Disitribuidora Record.

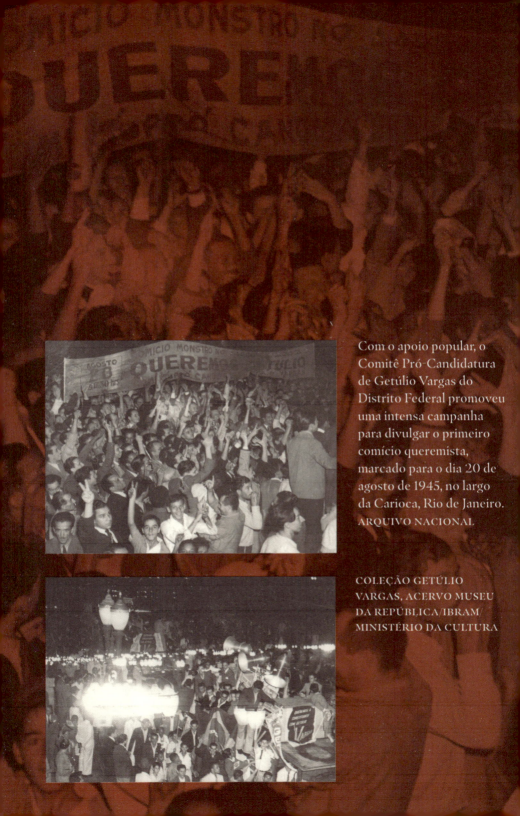

Com o apoio popular, o Comitê Pró-Candidatura de Getúlio Vargas do Distrito Federal promoveu uma intensa campanha para divulgar o primeiro comício queremista, marcado para o dia 20 de agosto de 1945, no largo da Carioca, Rio de Janeiro.
ARQUIVO NACIONAL

COLEÇÃO GETÚLIO VARGAS, ACERVO MUSEU DA REPÚBLICA/IBRAM/ MINISTÉRIO DA CULTURA

No registro, o grupo de homens, muito possivelmente, fazia parte de uma organização de cidadãos pretos integrada ao movimento queremista. Um deles lê uma carta para Vargas e, ao que tudo indica, solicitava que o político se candidatasse à presidência da República. ARQUIVO NACIONAL

No Palácio Guanabara, residência presidencial, Getúlio Vargas recebeu os manifestantes que participaram do comício no largo da Carioca. Em resposta aos pedidos para continuar no governo, Vargas limitou-se a agradecer as manifestações de apoio. ARQUIVO NACIONAL

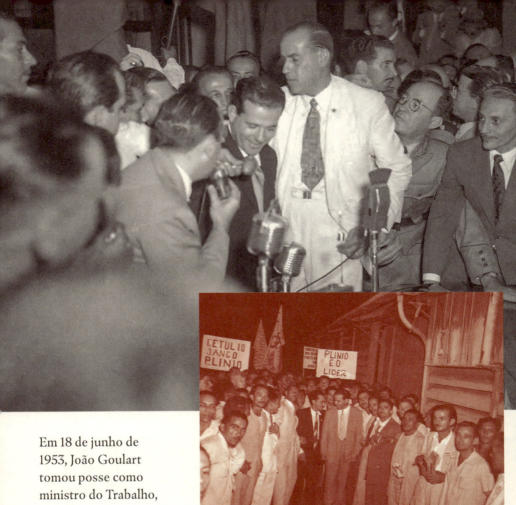

Em 18 de junho de 1953, João Goulart tomou posse como ministro do Trabalho, Indústria e Comércio do governo de Getúlio Vargas. Seu diálogo com o movimento sindical e as iniciativas que beneficiaram os trabalhadores criaram sérios atritos com os empresários e as elites políticas conservadoras.
ARQUIVO NACIONAL

O Amazonas foi o primeiro estado que o ministro do Trabalho visitou em sua viagem às regiões Norte e Nordeste do país. Goulart chegou a Manaus em 12 de outubro de 1953, conversando com sindicalistas e líderes políticos trabalhistas. Na fotografia, Jango encontra-se com trabalhadores, sobretudo seringueiros, acompanhado de Plínio Ramos Coelho, de terno preto na foto. Então deputado federal do PTB-AM, Plínio foi governador do Amazonas duas vezes. Em junho de 1964, com o AI-4, seu mandato de governador foi cassado e seus direitos políticos foram suspensos por dez anos.
ARQUIVO NACIONAL

Após visitar Mossoró, Natal, João Pessoa, Recife, Maceió e Aracaju, Goulart terminou sua viagem em Salvador. Lá, o ministro do Trabalho participou de um comício e novamente se encontrou com trabalhadores, sindicalistas e políticos do PTB. ARQUIVO NACIONAL

PÁGINA AO LADO:
Com a notícia da morte de Vargas, logo no início da manhã do dia 24 de agosto de 1954, imensas filas se formaram nas ruas do Catete: Silveira Martins, Ferreira Viana e praia do Flamengo, todas em torno do palácio presidencial. O objetivo dos populares era ver Vargas pela última vez.
ARQUIVO NACIONAL

Em Fortaleza, Goulart conversou com líderes do PTB local, sindicalistas e jangadeiros. Na fotografia, ele conversa com Mestre Jerônimo, um dos quatro jangadeiros que participaram do *raid* da jangada São Pedro em 1941, entre Fortaleza e Rio de Janeiro. Possivelmente, Jango financiou outro *raid* liderado por Mestre Jerônimo, em 1958, entre Fortaleza e Buenos Aires. Não casualmente, Mestre Jerônimo batizou sua jangada com o nome de *Maria Tereza*, em homenagem à esposa do então ministro. ARQUIVO NACIONAL

PÁGINA AO LADO:
Entre o Palácio do Catete e o aeroporto Santos Dumont, o cortejo seguiu pela praia do Flamengo, rua do Russel e avenida Beira-Mar. Em certo momento, a multidão retirou o caixão da carreta e várias pessoas o carregaram nos ombros. A mensagem era clara: Vargas pertencia ao povo.
ARQUIVO NACIONAL

Em decorrência da morte de Vargas, na rua Dr. Flores, em Porto Alegre, a multidão invadiu e incendiou uma loja de automóveis estadunidenses, a Importadora Americana S.A. Estabelecimentos cujos nomes aludiam aos Estados Unidos também foram invadidos e depredados, como a fábrica da Coca-Cola, enquanto outros foram incendiados, como a American Boite. ARQUIVO NACIONAL

No muro da rua da Glória, mulheres assistiram ao cortejo. Entre a população presente no evento, a tristeza, a indignação e a revolta eram sentimentos comuns. ARQUIVO NACIONAL

PÁGINA AO LADO, ABAIXO: Durante a passagem do cortejo, mulheres homenagearam Vargas acendendo velas nos balaústres da rua da Glória. ARQUIVO NACIONAL

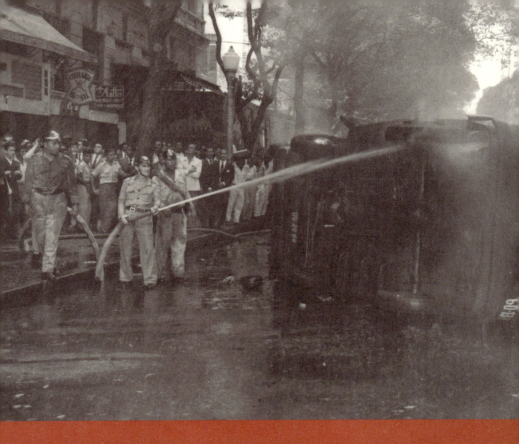

Na cidade do Rio de Janeiro, populares revoltados viraram caminhões de entrega de jornais *O Globo*. ARQUIVO NACIONAL

PÁGINA AO LADO:
A partir de 1955 e até o início da década de 1970, tornou-se rotineiro o encontro de populares na Cinelândia, Rio de Janeiro, diante do busto de Getúlio Vargas para homenageá-lo, fosse em 19 de abril, data de seu aniversário, fosse em 24 de agosto, quando perdeu a vida. Na fotografia, pessoas reverenciam sua memória, umas choram enquanto outras rezam na noite de 19 de abril de 1966. ARQUIVO NACIONAL

PÁGINA AO LADO:
Soldados do Exército invadem o 1º Distrito Naval no Rio de Janeiro, base militar da Marinha de Guerra. Em frente ao arco de entrada, soldados observam o Edifício Almirante Gastão Motta, sede da Diretoria de Administração da Marinha. ARQUIVO NACIONAL

Em 11 de novembro de 1955, soldados do Exército tomaram pontos militares estratégicos na então capital federal, como o aeroporto Santos Dumont, a Base Aérea do Galeão e o 1º Distrito Naval, e protegeram o Palácio Tiradentes, sede da Câmara dos Deputados, e o Palácio Monroe, sede do Senado Federal. Também invadiram repartições públicas, como as sedes da Companhia dos Correios e Telégrafos e do Banco do Brasil. ARQUIVO NACIONAL

Em 12 de novembro de 1955, registro da refeição da noite dos soldados que participaram do movimento militar que depôs Carlos Luz da presidência da República. ARQUIVO NACIONAL

Em dezembro de 1957, foi realizado, em Porto Alegre, o Primeiro Congresso dos Trabalhadores nas Indústrias Metalúrgicas, Mecânicas e de Material Elétrico no Brasil. Participaram do evento 4 federações e 54 sindicatos de metalúrgicos, além de um representante da Confederação Nacional dos Trabalhadores na Indústria. A mesa recebeu mensagens de solidariedade do presidente Juscelino Kubitschek e do vice João Goulart, além de ministros, parlamentares e do presidente do Tribunal Regional do Trabalho. ARQUIVO NACIONAL

ABAIXO: Soldados da Brigada Militar protegeram o Palácio Piratini, sede do governo do Rio Grande do Sul, durante a crise política provocada pela renúncia do presidente Jânio Quadros. ARQUIVO NACIONAL

João Goulart chegou a Porto Alegre vindo de Montevidéu. Do aeroporto até o Palácio Piratini, foi acompanhado pelo governador Leonel Brizola e pelo general Machado Lopes, comandante do III Exército.
ARQUIVO NACIONAL

Em 11 de dezembro de 1955, um mês após o movimento militar que garantiu a posse de Juscelino Kubitschek, o candidato à vice-presidência eleito João Goulart, o prefeito de Porto Alegre Leonel Brizola e o ministro da Guerra Henrique Teixeira Lott conversaram durante 90 minutos no gabinete da vice-presidência da República. Depois, posaram para fotógrafos e câmeras de televisão. ARQUIVO NACIONAL

PÁGINA AO LADO, ABAIXO:
Tropas do I e do II Exército, lideradas pelo general Cordeiro de Farias, a mando da Junta Militar, estacionaram na estrada BR-2, fronteira entre os estados de São Paulo e Paraná. Atualmente, trata-se da rodovia Régis Bittencourt, trecho da BR-116 que liga a cidade de São Paulo e a divisa dos estados do Paraná e de Santa Catarina. ARQUIVO NACIONAL

ACIMA: Em 19 de fevereiro de 1960, na convenção que indicou Henrique Teixeira Lott para concorrer à presidência da República, trabalhadores das comunidades cariocas compareceram em apoio à sua candidatura, entre eles os do Morro da Vila Cosmos. ARQUIVO NACIONAL

Em 13 de dezembro de 1963, na Guanabara, Leonel Brizola discursa em evento de solidariedade aos cabos, sargentos e fuzileiros navais presos. Três meses antes, em 12 de setembro, 600 deles tomaram Brasília em movimento armado. A exigência dos partidos e organizações de esquerda era a anistia a todos os revoltosos.
ARQUIVO NACIONAL

Ainda antes do início do comício da Central do Brasil, trabalhadores da Petrobras armaram uma torre de extração de petróleo, feita de madeira, expressando a necessidade da empresa estatal e do monopólio para o desenvolvimento do país. ARQUIVO NACIONAL

Em 13 de março de 1964, ao discursar no comício da Central do Brasil, o deputado Leonel Brizola pediu que levantassem os braços os que desejavam um governo popular e nacionalista. ARQUIVO NACIONAL

Ao lado da primeira--dama Maria Thereza Goulart, o presidente discursou no comício da Central do Brasil defendendo as reformas de base (a reforma agrária, em particular). ARQUIVO NACIONAL

Entre 200 a 250 mil pessoas participaram do comício da Central. Em muitos cartazes e faixas liam-se: "Legalidade para o PCB", "Solidariedade a Cuba", "Brizola 65", "Cadeia para os tubarões" e "Manda brasa, presidente". ARQUIVO NACIONAL